죽림칠현

빼어난

속물들

죽림칠현, 빼어난 속물들

짜오지엔민 지음 | 곽복선 옮김

2007년 3월 26일 초판 1쇄 발행
2012년 10월 26일 초판 3쇄 발행
펴낸이 · 박혜숙 | 펴낸곳 · 도서출판 푸른역사
주소 ♀ 110-040 서울시 종로구 통의동 82
전화: 02)720 · 8921(편집부) 02)720 · 8920(영업부) | 팩스: 02)720 · 9887
E-Mail: 2013history@naver.com | 등록: 1997년 2월 14일 제13-483호

책임편집 · 신상미 | 디자인 · 조현주 | 영업 및 제작 · 변재원

ⓒ 곽복선, 2007
ISBN   978-89-91510-44-9 03900

· 잘못 만들어진 책은 교환해드립니다.

죽림칠현

백 년 넘은 속물들

짜오지엔민 지음 ─ 곽복선 옮김

푸른역사

일러두기

1. 중국의 과거 인명, 지명 등은 우리 한자음대로 읽어 한글과 한자를 병기하되, 현대의 것은 중국어 표기법에 따라 표기했다.

2. 번역자의 주석(역주)은 괄호( ) 혹은 격자 괄호[ ]에 넣어 회색 글씨로 본문에 나란히 두었다. 단, 긴 것은 해당 단어에 '*' 표시하여 바로 아래 두었다.

죽림칠현, 13억 중국인의 자화상

죽림칠현竹林七賢은 격변의 시대를 온몸으로 살다간 선비들이다. 칠현七賢 중 생몰연대가 밝혀지지 않은 유령劉伶과 완함阮咸을 제외한 다섯 명의 생존연대를 보면 산도山濤(205~283), 완적阮籍(209~263), 혜강嵇康(223~262), 상수向秀(227~272), 왕융王戎(234~305)의 순이다. 이들은 우리가 익히 알고 있는 《삼국지》에서 중원의 패권을 다투던 위魏, 촉蜀, 오吳 삼국 중 주로 북부의 위나라에서 활약했던 인물들이다. 이들이 살다간 시대는 동한東漢 말엽에서 삼국시대를 거쳐 서진西晉 말엽까지, 말 그대로 동란의 시기였던 만큼 그 삶도 파란만장하다.

여기저기 역사의 편린으로만 남은 칠현의 삶을 일관된 흐름으로 보여주기는 어렵다. 그들 개개인의 면면이 매우 다르며, 걸어간 궤적에서도 많은 차이가 난다. 한때 죽림竹林(지금의 중국 하남성河南省 초작시焦作市 북부지역)에 모여 청담淸談을 주고받으며 속세에 초탈한 모습을 보여주었던 칠현. 그러나 인연이 다하고 때가 오자 하나하나 죽림을 떠나 각자 가슴에 품었던 세상을 향해 헤엄쳐 나가기 시작한다. 속세에서 죽림을 그리워하며 한 곳에 모였던 그들은, 막상 죽림에 들어서자 삶의 고독을 이기지 못했던 것이다.

죽림칠현 하면 가장 먼저 떠오르는 이가 혜강이다. 부러질지언정 굽히지 않는 대나무의 올곧음과 늘 푸름을 간직한 채 자신의 시대와 맞섰던 그에게서 선비의 깨끗함과 의연함을 느낄 수 있다. 사마의司馬懿와 그 아들들이 세상을 좌지우지하던 삼국시대에 혜강은 붓 한 자루로 결연히 그들과 맞섰다. 불사이군不事二君! 혜강은 위나라 조씨 황제들에게는 머리를 숙였지만 사마씨에게는 그럴 수 없었기에, 결국 40세의 젊은 나이에 형장의 이슬로 사라졌다. 불의한 시대와 타협하지 않았던 참 선비, 그가 바로 혜강이다.

넘치는 해학과 속 깊은 재주를 지니고 영웅의 기상으로 천군만마를 호령하고 싶었으나, 정권의 꽃병에 머물고 만 완적阮籍. 그는 남들이 알리 없는 울분을 술과 시로 달래며 인생을 소비했다. 겉으로는 원융무애圓融無碍, 거칠 것이 없었으나 속으로는 참다운 자기를 향해 한 걸음도 내딛지 못하였다. 폭압적 현실에서 이러지도 저러지도 못했던 완적은, 젊은 혜강이 억울하게 죽는 것을 지켜보면서도 권력자 사마소司馬昭에게 일언반구의 항의도 할 수 없었다. 속으로만 울고 있었던 그는 붓을 들어 군주도 신하도 존재하지 않는 '무군무신론'을 써내려가며 그 슬픔을 달랬다. 그리고 거기에 나약한 문필을 휘두르는 수많은 지식인들의 처지가 완적의 모습과 겹쳐진다. 뜻과 어긋난 현실에서 갈 바를 몰라 머뭇거리며 그림자로 살아간 선비, 그것이 완적의 초상이다.

산도山濤는 죽림의 장자로 불리며 나이만큼이나 원숙함을 보여주었다. 일찍이 노장老莊에 침잠하여 세상사를 다투려 하지 않았고, 누가 물으면 그저 웃기만 할 뿐 아무런 대답도 하지 않았다. 그러나 가슴 속에는 늘 세상을 경륜하려는 욕망을 품고 있었다. 위나라에 빚진 것이 없었던 그는 혜강과 달리 적극적으로 사마소를 도왔으나, 권력의 회오리가 몰아칠 때도, 관료 세계의 무분별과 혼탁 속에서도 늘 청정을 유지하였다. 관료로서 그의 초상은 죽림의 배움을 현실에 옮겨다 놓은 담담한 모습이었다. 관료가 되어서도 죽림의 옛 친구들을 잊지 않았으며, 부귀와 공명을 얻고도 조강지처만을 끔찍이 아꼈다. 40세에 벼슬길에 나가 거듭된 사퇴에도 불구하고 삼공三公의 자리에 올랐던 그는, 혜강의 아들을 사마소에게 천거하며 끝까지 돌보았다. 그러면서도 재물을 탐하지 않은 깨끗한 관료였다. 청렴한 관리의 표상이라 할 수 있는 선비, 그가 산도다.

유령劉伶의 생명수는 술이었다. 그의 인생은 자신이 아니라 술이 써내려갔고, 술로 빚어진 그는 늘 술의 덕德을 찬양해 마지않았다. 그러나 흉중에는 그 누구도 꿈꾸지 못한 심원한 우주가 담겨 있었다. 현실의 좀스러움을 벗어난 호연지기浩然之氣! 허나 현실에서는 늘 패배자로 자리매김하였던 그는 술지게미 위에 가부좌를 틀고 앉아 세상을 흐릿하게 바라보았다. 누구도 헤아릴 수 없었던 그의 넓고 깊은 사유 세계는 그를 죽림의 현자가 되게끔 하였다. 취한 채로 비틀거리는 세상을 살아가고 싶었던 그가 술에서 깨어난 적이 있었을까? 자신이 취한 것일까, 세상이 취한 것일까? 욕망도 탐욕도 내려놓은 지 오래, 현실의 삶을 똑바로 응시할 수 없어 세상을 퍼마셨던 술꾼! 술을 찬양하는 노래로 이름을 남긴 유령의 모습이다.

완함阮咸은 현실의 속박에서 벗어나 정신의 자유를 추구했던 시대의 반항아였다. 미친 듯이 달린 물건을 흔들어 대며 속세 것들을 비웃고, 울적하면 술 한 잔 걸치고 비파로 시름을 달래곤 했다. 마음 내키는 대로, 발길 닿는 대로 퍼마시고 고꾸라지며 미친 자보다 더 미치고자 했던 그는 자신의 시대를 비껴갔던 국외자였다. 하지만 숙부 완적의 명성에 눌려 늘 아류에 머물러야 했던 바, 학문으로 보나 노는 물로 보나 그는 한 수 아래였다. 그럴수록 더욱 기행을 일삼으며 내심의 허함을 감싸려 했던 미치광이! 완함은 쇠코잠방이를 바람에 높이 날리며 자존심을 하늘로 띄워버렸다.

상수向秀는 최고의 학자가 되어 역사에 길이 이름을 날리는 명예를 얻고 싶었다. 한 획, 한 글자, 한 구절 그르침 없이 새기면서 자신의 세계를 열기 위해 부단히 노장을 궁구하였다. 마침내 '장자주해莊子註解'로 세상을 놀라게 했던 그는, 낮이면 친구의 밭일을 도와주거나 대장간에서 풍구질을 했고, 잘 못 마시는 술이지만 가끔은 죽림에서 느긋이 홀짝이며 세상을 조롱하곤 했다. 그러나 그것도 잠시, 죽림의 친구들이 다 떠나가자 결국 권력의 꽃병이 될 수밖에 없었다. 벼슬길에 발을 들여놓은 순간 이미 자신이길 그친, 그 누구도 아닌 바로 자신에게 변절한 선비! 그가 상수였다.

왕융王戎은 어린 나이에 그 배포와 학식, 담론으로 이미 명성을 드날렸다. 좋은 가문과 배경, 당대의 인재들이 인정한 재능으로 말미암아, 가장 어린 나이에도 불구하고 죽림의 빼놓을 수 없는 구성원이 되었다. 또한 자신의 소원대로 삼국 통일의 마지막을 장식한 오나라와의 무창 대첩에서 혁혁한 전공을 세우며 역사의 한 페이지를 장식했다. 그러나 벼슬이 수직으로 상승하면 할수록 어찌된 일인지 그는 점점 더 속물로 변해갔다. 높은 자리에 전전하는 그의 노골적인 구걸행각은 치사할 정도였다. 정말 죽림에 머무르기나 했던 것일까? 후대 뜻 있는 선비들에 의해 죽림칠현에서 제명당하는 왕융. 지금도 권력과 부귀만을 애타게 쫓는 자들을 보면 그들의 교활한 웃음과 속물적 태도가 겹쳐 떠오른다. 그것은 이미 선비도 더더욱 현자도 아닌 왕융의 모습이다.

이 책의 저자인 상하이대학교上海大學校 짜오지엔민趙劍敏 교수와 인연을 맺은 지 어느새 10년이 되어간다. 일전에 그의 《개원의 치세盛世魂》

를 번역하고 나서, 다시 이 책 《죽림칠현, 빼어난 속물들》(원제목: 《죽림칠현竹林七賢》)에 매달렸다. 맛깔스럽고 그윽하며 운율이 한껏 실린 그의 글을 온전히 살려낼 수 없음이 안타까웠지만, 이 책만큼은 반드시 우리 독자들에게 소개하고 싶었기 때문이다.

우리가 일반적으로 알고 있는 죽림칠현은 속세를 초탈한 사람들일 것이다. 그러나 짜오지엔민은 역사적 현실의 장으로 그들을 호출한다. 격변의 역사를 살았던 죽림칠현은 피가 끓고 욕망이 소용돌이치며 피와 살을 가진 우리들과 다를 바 없는 인간이었다. 그들은 끝없이 벌어지던 정치적 암투와 위, 촉, 오 삼국 간의 전쟁, 그리고 조조曹操도, 유비劉備도, 손권孫權도 아닌 사마염司馬炎이 겨우 통일하는가 싶었는데, 왕들 간의 치열한 권력쟁탈전이 벌어지면서 다시 혼란으로 빠져든 격랑의 시대 한가운데를 살았다.

이 책은 1,700여 년 전 죽림칠현의 행적과 글을 통해 그들이 난세를 헤쳐 가는 모습을 적나라하게 그리고 있다. 그 모습을 보면 국가와 국가, 기업과 기업, 개인과 개인 간의 무한 경쟁이 이루어지는, 이른바 세계화 시대를 살아가고 있는 우리의 초상과 다르지 않음을 알 수 있다. 정치계의 목숨을 건 권모술수, 치사할 정도로 현실에 아부하는 학자들의 무기력함, 그 와중에 지조를 끝까지 지키려 외로운 길을 택하는 올곧은 이들, 무한을 향하여 끝없이 깊은 세계를 천착하는 참다운 학자들, 경박한 천재들 간의 권력을 향한 싸움, 돈과 권력을 끝까지 움켜쥐려고 온갖 추태를 보이는 군상 등 무엇보다도 난세에 살아남기 위해 치열하게 현실과 대결한 인간들의 갖가지 양태를 볼 수 있다. 또한 죽림칠현의 이야기가 주선율로 깔리면서, 삼국시대의 중심축에 섰던 정치명문가 사마씨(사마의-사마사-사마소-사마염)와 죽림칠현 사이에 벌어진 암묵적 대결과 정치적 흥정이 흥미진진하게 펼쳐지고 있다.

이 책은 옛 역사와 인물들을 다룬 인문서적이지만, 동시에 실재적 삶의 지혜를 가르치는 철학서이자 현실경영의 전략을 습득할 수 있는 경영서이며, 복잡한 정치 세계를 파헤친 정치서이다. 특히 중국의 정치와 문화, 역사와 인간을 이해하는 데 이만큼 좋은 길잡이도 드물 것이다. 현재 중국은 변모를 거듭하며 경제성장을 구가하고 문화적 외양을 달리하고 있지만, 중국인의 실생활과 내면에는 고대에서부터 변하지 않는 모습이 있다. 그것은 죽림칠현과 같이 '죽림'과 현실을 오가는 삶의 태도다. 중국인 특유의 삶의 양식에 죽림칠현의 모습이 적잖이 반영되어 있다는 말이다. 죽림칠현은 중국적 삶의 원형으로, 거기에는 13억 중국인의 초상이 집약되어 있다고 할 수 있다. 따라서 중국의 옛 모습뿐 아니라 현대 중국인의 특성을 이해하는 데 죽림칠현은 근본적이고도 유용하다.

먼저 이 책이 나오기까지, 번역을 허락해 준 짜오지엔민 교수에게 감사한다. 주말 시간을 봉사하지 못하는데도 묵묵히 곁을 지켜주며 격려해 준 아내 선미와 출간을 측면 지원한 딸 혜린, 그새 키가 제 아비를 훌쩍 넘어선 아들 인철에게 고마움을 전한다. 그리고 무엇보다 출판을 가능하게 해준 도서출판 푸른역사 관계자 여러분의 노고에 진심으로 감사드린다.

2007년 3월
봄 안개 피어나는 칭다오에서
곽복선

서문

죽림竹林은 너무나 평이한 경치다. 시골마을이나 산과 들에서 바라보면 눈에 흔히 띄는, 조금도 기이하지 않은 경치다. 그러나 선비들이 이 평범한 경치의 대나무 숲속을 거닐게 되면서 뜻밖에도 문화사文化史의 기묘한 모습, 정치사의 기적과 심령사의 기이한 이야기들이 생겨났다. 기묘한 모습, 기적, 기이한 이야기, 이 세 가지 기이함이 위진魏晉 시대에 칠현七賢(혜강嵇康, 완적阮籍, 산도山濤, 상수向秀, 완함阮咸, 유령劉伶, 왕융王戎)을 배출해 냈다. 죽림과 칠현은 혼연히 한몸이 되어 떼어놓고는 이야기할 수 없기에 사람들은 그들을 죽림칠현이라고 부르게 되었다.

죽림칠현은 노장老莊을 믿었으며 특히 장자莊子를 숭배했다. 그들과 죽림이 하나로 물화物化된 모습을 장자의 나비 이야기에 빗대어 표현하자면, 죽림이 칠현으로 변한 것인지, 칠현이 죽림으로 변한 것인지 구분하기 어려웠다. 죽림칠현은 하나의 무리로, 마치 서로 다른 일곱 그루의 대나무들 안개 낀 대숲에 삐쭉삐쭉 서 있는 것 같았다.

어떤 이들은 죽림칠현을 탈속한 사람들로 생각하고 있지만 사실 속된 구석이 많았으며, 또한 각기 서로 다른 속물스러움을 지니고 있었다. 그들이 남긴 가장 귀중한 유산은 스스로 속됨을 멸시하고, 속됨을 깨뜨리고, 속됨을 넘어서기 위해 노력한 것이다. 정말 슬픈 구석은 속됨을 벗어나려는 노력이 실패하자 낙망해 길을 헤맸지만 올바른 길을 찾지 못하고 오던 길로 되돌아가는 수밖에 없다는 태도로 속됨과 다시 어울리게 되었다는 점이다.

그들 모두는 공통점을 가지고 있었다. 적어도 한때는 그랬다. 속세를 벗어나 은둔자가 되고, 신선술을 배우고, 인간 세상의 번잡함과 일정한 거리를 유지하고 있었다. 이와 같은 구석이 없었다면 그들은 '죽림칠현'이라고 불릴 수 없었을 것이다.

그러나 이 세상에 완전히 똑같은 대나무가 없듯이, 죽림칠현은 각기 다른 모습이었다. 이 일곱 그루의 '대나무'는 여러 모습으로 바람에 흔들렸다. 각자의 독특한 춤사위, 각자의 독특한 시절, 각자의 독특한 정신을 가지고 있었다.

그들에겐 강렬히 대비되는 점이 있었다. 환난을 바탕으로 얻은 부귀영화에 어떻게 대처했느냐, 번뇌를 같이하는 일가족의 생명을 어떻게 처리했느냐, 적막을 주 선율로 하는 길고 긴 생애를 어떻게 지냈느냐, 헛되기도 하고 그렇지 않기도 한 생전과 사후의 명성에 어떻게 대처했느냐에 따라 다른 점이 생겨났다.

이러한 다른 점이 없었다면 죽림은 너무나 평이하고 조용하며, 칠현의 생존 상황 역시 너무 간단하게 된다. 또한 죽림칠현이 오랜 세월 인구에 회자되는 의미를 바로 잃어버리게 된다. 다름 속에 같음이 있으며, 같음 속에 다름이 있기에 죽림칠현은 매우 생동적인 삶의 모습을 빚어내었다. 이로써 죽림칠현이 살아 있는 선비의 모임이 된다.

죽림칠현의 정신은 선비와 대나무를 하나로 묶는 인연을 만들어냈다. 동진東晉의 왕자였던 유獻는 매번 새집으로 이사를 갈 때마다 대나무를 심게 하면서, "이 군자가 없다면, 내 어찌 하루라도 지낼 수 있으랴!"라고 읊조리곤 했다.

북송北宋의 소동파蘇東坡는 참담한 현실에 직면해서도 소탈한 심정으로 "먹을 고기가 없을 수는 있지만, 머무는 곳에 대나무가 없을 수는 없다"라고 했다.

누군가는 물어볼 것이다. 기왕에 책으로 만들었으면 장章과 절節을 구분해 단숨에 써내려갈 일이지 힘들여 한편 한편 조각내어 구성한 것은 어인 일인지, 새로운 조류를 좇거나 유행을 배우려한 것은 아닌지 하고 말이다.

아니! 그렇지 않다. 이렇게 구성한 두 가지 이유가 있다. 첫째, 역사 자료의 많고 적음이 일정치 못하다. 죽림칠현 중 혜강, 완적, 산도, 왕융은 역사 자료가 충분했다. 그러나 《진서晉書》 중의 상수 전기를 펼쳐보면 일순간 눈이 휘둥그레진다. 주인공의 기이한 행동이나 명성 때문이 아니라 그 전기가 너무나 짧기 때문에 그렇다. 짧아도 너무 짧아 그리 길지 않은 문장인 '사구부思舊賦'를 빼고 나면 단지 아홉 줄뿐이다. 아니 더 정확히 이야기하자면 여덟 줄 반밖에 없다. 도무지 무슨 자료다운 형태를 구성하기 어려운 분량이다. 상수의 전기가 그 모양이며, 완함, 유령 두 사람의 전기도 별 차이가 없다.

세 사람의 전기가 이처럼 적다면 다른 역사 자료에서 빌려 올 수는 없는 것인가? 여러 자료를 검토해 본 결과 《세설신어世說新語》에 나와 있는 몇몇 줄의 기록을 제외하고는 그들에 관한 기록이 거의 없다. 기왕 죽림칠현 전체를 다루려고 했으니 상수, 완함, 유령을 그냥 지나칠 수도 없었다. 하지만 이처럼 적은 양의 사료로 세 사람의 전기를 쓰려니 옷깃을 여미면 팔꿈치가 나오고, 팔꿈치를 가리자니 어깨가 드러나는 식의 어려움이 있었다. 더욱이 다른 네 사람들과 균형이 맞지 않았다.

둘째, 등장 인물들이 거쳐간 시대 배경이 현저한 차이를 보였다. 살신성인한 혜강은 물론이고 질병으로 생을 마감한 완적은 삼국시대 위曹魏 황조가 붕괴되는 시기에 사라진 위나라 사람이다. 나머지 다섯 사람은 모두 삼국이 진晉으로 귀속된 시대에 살았는데, 산도는 진의 무제 시절에 활동을 했고, 왕융은 진나라 말엽 팔왕자의 난을 겪었으며, 상수, 완함, 유령은 살아간 시대가 명확하지 않다. 말하자면 처음과 끝을 꿰어주는 주선主線이 없다. 만일 억지로 책을 꿰면 읽을 때 반드시 난잡해질 것이었다. 시대 배경이 다른 역사 자료를 다루는 것은 정말 곤란하다. 이러한 곤란함이 죽림칠현을 전체적으로 연구한 성과가 왜 샛별 보듯이 적었었는지에 대한 답변이 될 것이다.

손자孫子왈 "다양한 변화의 이치에 통달한 자가 군사를 부릴 줄 안다通於九變之地利者知用兵矣"고 했다. 병법은 변화의 묘를 마음속에 새기고 있어야 한다. 당연히 글을 쓰는 법 또한 같은 이치이다. 이리저리 생각하고 고민하면서 비로소 방법이라고도 할 수 없는 방법을 찾게 되었다. 이 방법 아닌 방법이란 매 편마다 선명한 주제를 선정해 적절한 길이와 사료의 상호보완성을 갖도록 하는 것이다. 나눠보면 매 편마다 하나의 주제가 되고 합해 보면 전체적인 주제를 이루게 하는 것이다.

중국 역사를 주제로 글을 쓴다고 하면 사람들은 정확한 사료 더미 속에서 손 가는 대로 자료를 집어다가 순서에 따라 배열, 번역, 설명하여 옛사람을 생생하게 전달해 준다고 생각한다. 사실은 그렇지 않다. 작자가 마주하는 것은 이미 흙 속에 파묻힌 시대로, 증인이 없이 단지 세월의 풍화로 낡아져 몇몇 자료에나 남아 있는 시대다. 진나라 때 사람들이 바라보던 달이나 한나라 때 사람들이 넘나들던 관문들은 예나 지금이나 같지만秦時明月漢時關(원문장은 왕창령王昌齡의 〈출색出塞〉에 나오는 시구로 진나라 때의 전쟁이 한나라 때에도 계속되는 오랜 시간에 걸친 전쟁이란 의미를 가지고 있다) 옛사람의 옛일, 오래된 물건과 낡은 책 이야기를 부활시키는 것은 결코 간단한 일이 아니다.

역사를 오늘의 일로 살려내는 것은 글자 그대로 평면적이 아니라 입체적이어야 하며, 더욱이 뚝뚝 끊어진 점선이어서는 안 된다. 생각은 쉽지만 실제 이를 구성할 때는 상당히 어려운 법이다. 이를 해결하는 방법은 적정한 한계를 어떻게 장악하느냐에 있다. 지나치게 분위기에 휩쓸리면 소설에 가까워지고 그렇게 되면 생동감이 있기는 하나 신뢰성이 떨어져 그 시대의 맛을 잃어버린다. 그렇다고 지나치게 사료에 충실해야 함을 강조하면 피도 살도 없이 무미건조해진다. 따라서 과도하게 허구적이거나 고지식할 수 없었으며 일종의 특수한 중용의 도를 저작의 원칙으로 삼게 되었다.

지나간 시대를 완전하게 재현하는 것은 불가능한 일이기에 부득이 차선책으로 과거에 다가갈 수 있는 한 가까이 다가가서 가능한 한 많은 것을 캐내기로 했다. 주제가 되는 사상을 정한 후에 역사적 사실을 조사한 다음 문학적 문장, 철학적 사고, 심리적 분석을 가해 역사 현장과 인물들의 활동, 풍토와 인정을 되살려 냈다. 또한 그 시대, 왕조, 인물들이 역사 속에 남긴 궤적을 그려내고, 태평성대와 쇠망이란 오르막과 내리막을 드러내며, 성공과 실패가 서로 이웃한다는 비극적 요소와 화복禍福이 서로 잇대어 있다는 변함없는 명제를 그려냈다.

역사학은 생활의 기록이고, 문학은 생활의 묘사이며, 철학은 생활의 사색이다. 이 세 가지는 삼위일체를 이룬다. 그리고 이 모든 것이 사람의 기본 생활에 그 근원을 두고 있다. 학문을 순수 학문으로 변화시켜 사람의 생활에서 멀어지게 하는 것은 그 첫 지향점을 위배하는 것이다.

역사 자료는 뼈대를, 문필은 피와 살을, 사변은 정신을 이룬다. 사마천司馬遷의 《사기史記》가 문화사에서 위대한 기념비이자 문文과 사史 두 분야의 경전이 될 수 있었던 것과 그가 문장을 지어 내려간 방식은 그 깊은 뜻을 음미해 보게 한다.

청清대의 재사 원매袁枚는 사각도장을 가지고 있었다. 거기에 "전당강의 소동파 아해는 한 고장 사람이다"라고 새겨놓았다. 필자는 재사가 아니지만 사각도장을 새기되 거기에 "하양夏陽의 사마천이 스승이다"라고 새기려 했다. 이러한 도장을 갖게 되면 겁 많고 심약한 내 담력이 커질 수 있을지도 모르기 때문이다.

차례

절교의 배후

가는 길이 다른 혜강과 산도

혜강嵇康을 이야기할 때면 그 유명한 〈산도와의 절교서與山巨源絶交書〉를 거론하지 않을 수 없다(이 절교서는 혜강이 생을 마감하기 2년 전인 서기 261년에 쓰여졌으며 산도가 첫 천거를 했을 때가 아니라 두 번째 천거를 했을 때 쓴 것임). 혜강이 천고의 명성을 얻게 된 것도, 죽음이라는 화를 당하게 된 것도 모두 이 절교서와 관계가 있다. 이 절교서는 마땅히 혜강의 인생과 문인文人역사의 이정표라고 할 수 있다.

이 이정표의 토대 위를 걸어가노라면 대나무 잎이 흔들리는 한 폭의 〈칠현도〉가 나타난다. 흔들리는 버드나무 곁에서 쇠를 두드리는 소리가 들려온다. 도부수의 칼날이 허공을 가르자 〈광릉산廣陵散〉의 곡조가 영원을 감싸고 돈다. 홀연히 밝아졌다 사라지는 혜강의 그림자가 그 절교서를 들고 불안스럽게 압박해 온다. 혜강의 이 절교서는 산거원山巨源에게 써준 것으로, 산거원은 바로 죽림칠현의 한 사람이자 혜강의 좋은 친구인 산도山濤를 말한다. 사실 혜강과 산도는 좋은 친구 정도가 아니라 정말로 막역한 사이였다. 그런 그들이 어째서 갑자기 절교를 해야만 했을까?

만일 이 문제를 길 가는 사람들에게 물어본다면 틀림없이 다음과 같이 대답할 것이다. "산도가 혜강을 배반하고, 혜강을 해코지했다. 적어도 산도가 혜강에게 미안한 일을 한 것이다"라고 말이다. 내막을 잘 모르는 학자의 대답도 이런 범주를 벗어나지 못할 것이다. 혜강과 산도가 절교한 이유는 이익관계의 변화, 정파입장의 변동, 도덕윤리의 상실에 있다. 게다가 책임은 산도 측에 있었다.

그러나 역사서를 펼쳐 그 까닭을 살펴보면, 그야말로 문인과 관리들을 깜짝 놀라게 할 일이 전개된다. 문제의 발단은 산도가 혜강에게 관리 선발을 장악하는 이부랑吏部郎이란 요직에 나가도록 요청한 데서 생겨났다. 원래 이 자리는 산도가 맡고 있었으나 그가 좀더 높은 벼슬로 올라가면서 혜강이 그 자리를 대신하도록 천거했던 것이다. 산도는 혜강을 단순히 추천한 것이 아니라 이 요직을 확실히 혜강에게 주려 했다. 산도가 모든 것을 잘 안배해 놓았었기 때문에 혜강이 승낙만 하면 바로 부임할 수 있는 상황이었다.

어느 각도에서 보더라도 혜강은 산도의 좋은 뜻을 받아들여야 했다. 그때 혜강은 중산대부中山大夫라는 벼슬에 있었다. 벼슬길에 오르지 못한 자의 눈에 혜강의 자리는 상당한 위치였지만, 정권의 중심에 선 자의 관점에서 보면 한직에 불과한 고문직으로 관료사회의 장식품에 불과한 벼슬이었다.

혜강은 중산대부 자리를 내던지고, 산도의 천거를 받아들여야 했다. 관리官吏가 중심 구성원인 국가에서 벼슬을 한다는 것은 재물, 지위, 영예를 누리는 것을 의미한다. 혜강은 비록 중산대부란 벼슬에 있었지만 봉급이 아주 적어 대장장이를 하며 겨우 생계를 꾸려나갈 수 있었다.

혜강은 노장老莊과 신선술을 배워 아무런 구속도 받지 않은 채 속세 밖에서 노닐고 싶어했다. 그러나 신선술을 배우고 단약을 다려먹는 것은 상당한 지출이 따르는 일이다. 하안何晏은 노장과 신선 숭상을 창시한 사람이다. 그 역시 벼슬을 했으며, 가능한 방법을 다 동원해 높은 벼슬자리를 얻으려고 했다. 높은 벼슬에 따른 두둑한 녹봉에 기대어서야 비로소 신선이 되려는 일을 멋지게 할 수 있었기 때문이다. 중산대부의 벼슬, 대장장이의 수입으로는 입에 풀칠하는 수준밖에 유지할 수 없었다.

혜강은 중산대부 자리를 내던지고, 산도의 천거를 받아들여야 했다. 이왕 벼슬을 하려면 벼슬자리를 관리하는 자리에 앉아야 한다는 속말이 있다. 이부랑이란 직책은 관리들의 '출세 길'을 쥔 중요한 자리였다. 벼슬을 하려거나 높은 자리로 올라가려는 자들이 늘 주변에 늘어서서 떠받들게 되는데, 이부랑의 안색 살피기를 자기의 부모 모시는 것보다 열심히 했다. 누구나 꿈에도 잊지 못하고 그 자리를 얻으려고 했지만, 얻으려 해도 얻지 못하는 게 바로 이부랑 자리였다.

혜강은 위황실의 패왕沛王인 조림曹林의 사위였다. 조림은 조비曹丕(아버지 조조의 기틀 아래 한나라를 멸망시키고 위나라를 건국한 위 무제武帝)의 배다른 형제로 위나라의 귀한 신분이었지만 당시 사마씨들(당시 삼국지의 유명 인물인 사마의司馬懿의 아들인 사마소司馬昭가 정권을 장악하고 있었다)이 정권을 장악하고 있었기에 철지난 시든 꽃에 불과했다. 그러니 조림의 사위라는 것은 망해가는 용 위에 올라탄, 거론할 가치도 없는 일이었고, 즐거운 일은 더더욱 아니었다(중국에서는 귀한 신분 집안의 사위가 되는 것을 승룡쾌서承龍快婿라고 했는데 조림의 사위가 된 것이 결코 쾌快하지 않다는 뜻이다).

당시 정치 대세의 큰 변화로 위曹魏황실의 위세는 이미 기울어져 황제의 귀하신 몸인 조모曹髦는 기껏해야 허수아비 역할밖에 하지 못하고 있었다. 그 당시에는 황제를 갈아치우는 일이 언제라도 발생할 수 있었다. 위황실 방계의 인척이 된 혜강은 위정권이 그에게 치명적인 위험을 가져다줄 것을 알고 있어야 했다. 걸출한 인물이라 함은 시대의 상황이나 형세를 제대로 파악할 수 있는 능력을 갖춰야 했다.

　황실에 충성을 다하고 정통을 지키는 일은, 먹고사는 문제가 우선인 수많은 벼슬아치들에게는 기껏해야 계층적 도덕을 지키는 것에 불과했다. 만일 세상에 정말로 도덕이란 것이 있었다면 조조가 천자를 위협해 제후들에게 명령한 일이나 조비가 한漢을 무너뜨리고 자기 왕국을 세운 일을 어떻게 해석해야 하는가? 사마씨들의 일들이나 행위가 비록 여론의 비난을 받고는 있었지만, 실제 관점에서 본다면 시간과 장소와 사람만 바뀐 것으로, 위가 한에게 했던 일을 반복하고 있을 뿐이었다. 때문에 이를 지나치게 책망하기는 어렵다. 또한 책망할 일을 보고도 책망하지 않아야 비로소 대장부의 기개가 드러나게 된다고 할 것이다.

　혜강은 중산대부 자리를 내던지고 산도의 천거를 받아들여야 했다.

　산도는 그렇게 생각했다, 아주 명백하게.

　산도가 혜강을 천거한 이유에는 개인적 친분이 작용했겠지만 공정하게 말하자면 꼭 그렇다고만 할 수 없다. 이부랑은 천하의 공인公人들을 장악하는 중요한 자리로 이를 맡는 사람은 높은 덕망을 가지고 있어야 하며, 문제를 종합적으로 살펴볼 수 있어야 하고, 군자의 도를 가지고 선발 대상을 헤아려 볼 수 있어야 한다. 노장을 숭상하는 혜강이야말로 이러한 요구 조건들을 모두 충족하는 인물이었다. 그는 당대의 대단히 명망 있는 인사로 청담淸談에 정통해 있었으며, 사람 됨됨이가 소탈해 구애됨이 없고 생각이 깊었다. 또한 기쁨과 슬픔을 겉으로 드러내지 않는 사람으로 조정과 재야에서 상당한 명성을 얻고 있었다. 혜강이 종교적 색채의 언어로 솔직 담백하게 펼쳐놓은 이야기를 보자.

대저 군자라 함은 마음을 옳고 그름을 따지는 데 두지 않고, 행동은 도를 벗어나지 않는 자를 일컫는다. 무엇을 일컫는 말인가? 대저 마음이 편안하고 안정된 자는 외양적인 것에 마음을 두지 않는다. 몸가짐이 바르고 마음이 곧은 자는 그 감정이 욕망에 흔들리지 않는다. 외양을 마음에 두지 않는 까닭에 명분을 넘어서 자연스럽게 일을 처리할 수 있게 된다. 감정이 욕망에서 벗어난 까닭에 귀하고 천한 것을 살펴볼 수 있고 사물의 정리에 통달할 수 있게 된다. 사물의 정리에 잘 통하게 되면 그 도를 행함에 어그러짐이 없게 되며, 그 마음이 명분을 초월해 자연스럽게 되는 까닭으로 옳고 그름을 따지지 않게 된다. 이러한 까닭으로 군자는 따지지 않는 마음을 중심으로 하고 사물의 정리에 통하게 되는 것을 아름다움으로 삼는다고 하는 것이며, 소인은 있는 그대로를 숨기므로 그르다 하고 도리에 벗어남으로 잘못되었다고 하는 것이다. 어째서 그러한가? 있는 그대로를 숨기고 보잘것없는 것을 아끼는 것이 소인의 악함이 되는 것이며, 빈 마음으로 시비를 가리지 않는 것이 군자의 독실함이 되는 것이다.
따라서 대도大道로써 말하게 된다. "나에게는 얽힐 외물이 없으니, 내 어찌 무엇을 근심하리요?"(《진서晉書》〈혜강전〉 중에서)

개인적인 정으로 본다면 혜강은 산도가 너무나 잘 아는 지기知己였다. 산도는 20여 년의 산양山陽 시절, 같이 노닐던 죽림을 잊지 않고 있었다. 서로의 마음을 기울여 주고받던 인생에 관한 이야기들을, 같은 기질로 서로를 격려하던 글들을 마음에 아로새기고 있었다. 비록 의견 차이로 불쾌한 일도 있었지만 산도는 혜강을 높이 평가하고 아꼈다. 또한 이렇게 고매한 친구가 있다는 것에 기쁨과 위안을 느꼈다. 아니 기쁨과 위안을 넘어 자랑으로 여겼다. 죽림을 떠나 조정에 들어간 뒤에도 산도는 단 한순간도 옛 친구를 잊지 못했다. 늘 그의 소식에 관심을 갖고 있었으며 마음속으로 그가 잘 살아가기를 바랐다. '부귀하게 되더라도 서로를 잊지 말라.' 혜강과의 그 사귐을 귀중하게 여기던 산도는 좋은 기회가 생기자 제일 먼저 옛 친구를 떠올리게 되었다. 물론 다른 여러 가지 정황도 고려하고 있었다.

산도는 관료 사회에서 여러 해를 지내면서 복잡다단한 벼슬길의 쓴맛을 깊이 맛보았다. 어느 정파에도 속하지 않고 혼자 고군분투하던 그는 처신이 어려움을 뼈저리게 느꼈다. 눈앞에서 던져지는 창과 뒷덜미로 은근히 날아오는 화살들을 막기 어려운 상황이 한두 번이 아니었기 때문이다. 자신의 정치세력권이 없기 때문에 정파의 틈새를 가까스로 헤쳐나갈 수 있었을 뿐이었다. 한 명의 뛰어난 인물이 나오려면 여러 명의 조수가 있어야 한다는 말처럼, 혜강을 불러들이면 정말 강력한 조력자를 얻는 것이었다.

산도는 혜강을 마음에 들어 했으며, 그를 추천하는 일을 신중하게 고려했다. 또한 공정성과 사적인 우의를 전부 감안했다. 산도는 혜강이 그의 천거를 받아들여 즉시 부임하기를 충심으로 기대하고 있었다. 절교라는 결과가 생기리라고는 전혀 생각지도 못한 채 말이다.

산도의 천거는 결코 짧다고 할 수 없는 과정을 거친 것이다. 혜강이 여안呂安 등 친구들에게서 소식을 들은 때로부터, 혜강이 정식으로 〈산도와의 절교서〉를 보낼 때까지는 약 4년의 세월이 있었다. 혜강이 천거를 거절하고 붓을 들어 절교서를 쓸 때까지 겪은 심란함이란 외부인에게 쏟아 놓기 극히 어려운 것이었다.

완적을 빼고는 오랜 세월 혜강이 가장 중시한 인물은 바로 산도였다. 나이로 보더라도 산도는 죽림칠현 중에서 가장 위였다. 완적보다 네 살, 혜강보다는 열여덟 살 위로, 나이를 계산치 않는 우정이라고 할 수 있었다. 처음 죽림을 거닌 것은 혜강·완적·산도 세 사람으로 상수·유령·완함·왕융 네 사람은 뒷날 합류한 것이다. 함께 어울리는 세월 동안 혜강은 산도에게 적지 않은 가르침과 도움을 받았다. '죽림'의 풍모가 빛을 발할 수 있었던 데는 산도의 공이 상당히 컸다.

단순히 이부랑 천거 건만 봐도 알 수 있듯이 산도는 정말 지극 정성을 다했다. 도량이 큰 산도는 혜강의 재능을 질투해 본 적이 없으며 변함없이 그의 올곧음을 받아들이고, 연장자의 품격으로 정성을 다해 보살펴 주었다. 가슴에 손을 얹고 생각해 봐도 산도가 자기를 박하게 대하지 않았다는 것을 혜강은 알고 있었다. 그렇다면 왜 그가 산도의 천거를 거절하고 절교라는 행동을 취했는가?

누군가는 혜강이 정신이 나갔다고 했다. 명성과 영예를 얻으려고 말이다. 누군가는 혜강이 신선술을 배워 이미 속세인의 정을 느끼지 못했으며, 좋고 나쁨을 구분하지 않게 되었기 때문이라고 했다. 또 누군가는 혜강이 산림에 은거하려 부귀를 거절했다고 했다. 그러나 이것은 어느 한편에 기운 이야기거나 마음대로 추측한 것들이었다. 당사자인 혜강만이 씁쓸하고 떨떠름한 괴로움을 갖고 있었다.

혜강을 시대 전체의 배경 속에 놓고 살펴보지 않으면 그를 깊이 이해하기 어렵다. 혜강의 심리 세계를 열어보지 않는다면 산도와 절교하게 된 미묘한 이유를 들여다볼 수 없다.

혜강이 아무것에도 거리낌 없는 호방함을 가졌다던가, 초탈한 풍모를

가졌다던가, 신선과 같다던가, 자연스럽고 대범한 삶을 살아 일반 사람
은 도저히 그의 경지에 이를 수 없다고 여기는 것은 잘못된 생각이다.
사실 그는 줄곧 상당히 비관적으로 자기가 때를 만나지 못했다고 생각
했다. 정말 드문 말세에 태어나 살아간다고 여겼으며, 이로 인해 살을
도려내는 듯한 아픔을 여러 차례 표현했다.

그러나 세상을 다스리는 대도大道가 이미 쇠했고, 교사스러운 지혜만 넘쳐나
고 있다. 세상의 풍속이 나빠지고, 사람들의 욕망이 끝이 없다. 이익이 있는
곳이면 (사람들은) 마치 보통의 새들이 난鸞새의 자리를 탐하듯 이익을 추구
한다(〈복의卜疑〉 중에서).

부귀는 사람들이 바라는 바이다. 대체로 말세에는 (사람들이) 가난함과 천함을
혐오하고 부귀를 좋아하기 때문이다(〈답난양생론答難養生論〉 중에서).

왕도의 덕이 쇠해지고, 세상을 다스리는 대도가 땅에 떨어졌다. 지혜를 날마
다 동원하지만, 점차 자기와 친한 사람을 중하게 여긴다. 만물이 자기로부터
벗어날까봐 두려워하며, 어깨를 걷어붙이고 자비와 인의를 숭상한다. 탐욕
과 거짓이 더욱 심해지고 번잡한 예절이 점점 많아진다. 형벌과 교육이 실시
되면서 사람의 본성과 참됨을 해친다. 말세에는 대도가 행해지지 않고⋯⋯
(〈태사잠太師箴〉 중에서).

혜강은 자기가 살던 시대를 낮추어 보았다. 눈을 들어 바라보면 사람
들이 추구하는 것은 오로지 돈과 권력과 명성과 이익뿐이었다. 사람들
은 몸 밖에 있는 사물은 무엇이든지 추구하지만, 유일하게 신앙, 즉 인
간 본연에 대한 추구는 없었다. 사람은 일종의 동물, 식욕과 성욕만을

아는 동물, 탐욕과 향락만을 아는 동물이 되었다. 심지어는 비천하고 쌍스럽기가 일반 동물만도 못한 존재가 되었다. 동물의 욕망은 생존을 유지하기 위한 것이지만 사람의 욕망은 인간의 존엄을 해치기 위한 것이었다.

인간의 욕망이 넘쳐나면서 비리고 퀴퀴한 냄새가 가득 찼다. 이러한 썩은 냄새 가득한 욕망을 감추기 위해 인간들은 천을 하나씩 들고 나왔다. 정치와 형벌로, 명분으로, 예의로 이리 감추고 저리 덮으려고 했지만, 가리지 못해 염치가 없게 되었으며 오히려 거짓과 간사함, 도덕이 없는 교활함과 완고함만을 만들어냈다. 솔직하고 참된 혜강은 이러한 모습과 냄새를 참지 못해 도피하려고만 했다. 정신적으로는 노장의 날개 아래로, 신선의 깨끗한 경지로 도피하려 했으며, 실제 대나무의 성긴 그림자 속으로, 버들가지 늘어진 길가의 대장간으로 도피했다. 혜강은 원래 고독하고 도도한 성격이었는데, 사회생활로 인해 거듭되는 자극을 받으면서 그 고독은 더욱 깊어갔다. 따라서 그와 뜻이 맞는 친구가 아주 적었으며, 도도함은 하늘을 찌를 듯했다.

혜강은 사회에서 도피했다. 도피하는 것 또한 상당히 피로한 일이었지만 완강한 의지력으로 겨우 자신의 기질을 안정시켰다. 그런데 생각지도 않게 산도가 다시 그를 '불러내려' 했던 것이다. 혜강은 산도가 자신을 추천하려는 뜻을 거두어주기를 희망했지만 산도는 혜강의 마음을 전혀 모른다는 듯이 단념하지 않았다. 이에 혜강은 참을 수 없는 지경에까지 이르게 되었다. 이리 뒤척 저리 뒤척 잠을 이루지 못하는 수많은 밤을 보내고 나서 그는 마침내 붓을 들었다.

붓을 든 혜강의 손이 천근만근 무거웠다. 전대미문의 절교서를 쓰는 일은 그에게도 어려운 일이었다. 그는 본래 문장을 쓰는 데 민첩했다. 게다가 스승 없이 5년간 독학한 기초가 있어 평소에 시를 지으면 마치 구름

이 흘러가듯 물이 흘러가듯 단숨에 써내려갈 수 있었다. 그러나 이번에
는 붓을 들었다 놓기를 여러 번, 반나절 동안 단 한자도 쓰지 못했다.

혜강이 누추한 초가집 방문을 나서서 뜨락의 사립문을 열고 밤하늘을
바라본다. 별빛이 드문 하늘, 옅은 안개가 달빛을 가리고 한줄기 바람이
불어오면서 산비탈의 대나무들이 희미한 파도소리를 내기 시작했다.
'아! 저 파도 소리는 예나 지금이나 같건만 산도는 변했구나.' 혜강은
일종의 계시를 받은 듯 생각이 점차 또렷해지는 것을 느꼈다.

그는 책상으로 돌아와 붓을 휘갈겨 쓰기 시작했다. 절교서가 다 써졌
다. 특별한 풍격을 지닌 글이었다. 읽어보면 산문 같기도 하고, 잡문 같
기도 하고, 논문 같기도 하고, 아니 전혀 격식이 없는 글 같기도 했다.
혜강류의 글이라고나 할까. 혜강은 오늘을 빌려 옛 것을 논하고, 옛 것
을 들어 오늘을 말했다. 이를 대강 나누어보면 절교서는 대체로 세 겹의
내용을 가지고 있다.

혜강의 절교서에 나타난 첫 겹은 산도를 향한 것이었다. 그는 사실에
입각해 사물의 득실을 논하는 일반 형식을 깨고, 바로 산도의 사람 됨됨
이를 드러내며 산도의 인격을 평가했다. 겉으로는 칭찬하는 것이었지
만 실상은 그를 깎아내리는 내용이었다. 산도를 비꼬는 수법을 사용했
던 것이다.

혜강은 우선 글 첫머리에서 산도는 자신의 지기가 아니라는 사실을
명확히 했다.

선생은 예전에 선생의 숙부(영천 태수를 지낸 산금山嶔)에게 내가 벼슬을 원하
지 않는다고 말했습니다. 나는 늘 이 일이 우리 사이에 서로를 잘 알고 하는

말이라고 여겼습니다. 하지만 내가 벼슬하지 않겠다는 것을 선생에게 이야기한 적이 없었는데, 어디서 알게 되었을까 하고 늘 이상하게 생각했습니다.

지기란 무엇을 일컫는가? 바로 서로의 마음을 알아주는 사귐을 말하는 것이다. 같은 종류의 사물이 서로 감응하듯, 의기투합해 서로의 마음과 추구하는 바, 상대방의 경지를 이해하는 것을 말한다. 그러나 이번 일을 겪으면서 비로소 원래 지기라고 일컫던 일들이 커다란 오해에 불과했다는 것을, 근본적으로 서로가 서로를 모른다는 것을 알게 되었다. 자신과 산도가 지기라는 사실을 반박하기 위해 혜강은 단호하게 말했다.

선생과는 저는 우연히 알게 되었습니다.

혜강의 눈에 드는 사람은 많지 않았다. 그는 지기들과만 친구로 지냈는데 산도는 원래 그중 한 사람이었다. 그러나 이제는 산도가 지기일 수 없기 때문에 이전의 사귐은 의미를 잃어버리게 되었다. 혜강은 두 사람의 성격이 너무나 달라 도저히 일반 기준으로는 잴 수 없다는 데 유감을 느꼈다.

선생은 임기응변에 능해 남에 대한 관용이 많고 남을 적게 나무라지만, 나는 성격이 직선적이고 속이 좁아 수많은 상황들을 감당하지 못합니다.
한 사람은 세상 물정에 밝고 원만해 세상 일에 책망할 것을 보고도 책망하지 않고 인정과 이치에 순응하지만, 다른 한 사람은 직선적인 성격으로 자기 주장을 굽히지 않고, 세상에 타협하거나 순응하지 않으며, 자기 마음에 거슬리는 일은 하지 않으려 해서 수많은 일들을 그냥 보아 넘기지 못할 뿐만 아니라

도저히 용납하지 못합니다. 성격의 차이가 이다지 큰데 어찌 지기가 될 수 있겠습니까?

예전에 책을 읽을 때 세상을 능히 잘 다스리면서도 심성이 바르고 곧은 사람 非介之人이 있다는 것을 배운 적이 있습니다. 어떤 이들은 그런 사람은 이 세상에 없다고 말합니다. (그러나) 오늘에서야 이러한 사람이 정말로 있다는 것을 알게 되었습니다. 본성이란 세속의 일을 완전히 다 받아들일 수 없는 법으로, 이를 강요할 수는 없는 것입니다. 지금 세상 사람들은 세상 일을 다 용납하는 달인이 있다고 말하면서, 그들이 겉모양은 일반 사람과 다르지 않으나 마음으로는 정도를 잃지 않고 세상 물결과 같이 흘러가면서도 그에게 재앙이 닥치지 않는다고 합니다.

혜강은 산도를 "세상을 능히 다스리면서도 심성이 바르고 곧은 사람"이라고 표현했다. 하지만 그는 산도에게 은어적으로 야유를 보내고 있는 것이다. 산도가 정말로 보기 드문 '달인'이어서 겉으로는 능히 다른 사람들의 의중을 헤아리고 누구에게나 두루 곱게 보이는 처세로 세상 인심에 따르지만, 안으로는 원칙을 갖고 이념을 굳게 지키며 도의를 다하고 있다고 비꼬고 있다. 큰 속됨과 큰 우아함이 어우러져 밑바닥까지 속되고 우아해 물결 가는 대로 파도치는 대로 가면서, 화禍를 없애고 복을 취하는 당대에 빼어난 기인이라고 말하고 있는 것이다. 혜강은 이러한 반어적 표현을 통해 산도를 향한 감정을 생생하게 드러냈다. 그는 기억하고 있었다, 그 옛날 죽림에서 거닐던 산도를. 속세를 달관한 그 표일한 모습과 깨끗함이 가득 찬 그의 말, 꼿꼿이 그 지조를 말하고, 산림에서 평생을 지내겠다던 그의 기개를…….

산도는 여러 해를 견디며 마흔이 넘은 중년에 이를 때까지 그 기개를 간직했지만, 끝내는 물질의 궁핍함과 적막하기 그지없는 환경, 세상 사람들의 무관심을 견뎌내지 못하고 벼슬길로 들어서고 말았다. 자기가 했던 일을, 자기가 내뱉었던 말들을 깡그리 잊어버린 채! 아니, 그 정도가 아니다! 그는 은둔자(은사)라는 밑천으로 명성을 얻었으며, 죽림을 구름판 삼아 한달음에 조정관직을 손에 넣었다. 욕망과 이익을 위해 죽림을 배반한 것이다. '적어도 나, 혜강을 배반한 것이다. 자기가 흙탕물에 빠져 뒹구는 것이야 내가 무어라고 말할 수 없지만, 다시 돌아와 나까지 그 흙탕물에 끌어들이려고 하다니…….'

혜강은 계속해서 자신의 입장을 써내려갔다.

노자, 장자가 내 스승이며 유하혜柳下惠(춘추 시대 노나라 인물), 동방삭東方朔(한무제 시대 문장과 골계로 일세를 풍미했던 인물)이 내 친구입니다. 그들은 낮고 비천한 직위에서도 편안히 지내면서 유유자적하는 가운데 즐거움을 얻었다. 정말 내게 가장 좋은 모범이 되는 사람들입니다.
통달한 때는 선을 베풀되 평생 변함이 없으며, 실의에 빠졌을 때는 스스로 자족해 근심함이 없습니다.

"실의에 빠졌을 때는 스스로 자기수양을 쌓고, 통달한 때는 세상에 널리 선을 베푼다"는 맹자의 명언을 혜강이 해체해 사용했다. 그는 벼슬길에 오르려는 자는 스스로 그 길을 택해 끝까지 갈 수 있으며, 은둔하려는 자는 아무리 적막할지라도 절대로 마음 어지러이 번민할 수 없다고 생각했다. 세상은 너무나 넓으며, 생활 형식 역시 다양한 것이어서 사람들은 자기의 뜻이나 취향에 따라 그 길을 선택할 수 있다. 누구를 막론하고 모두 벼슬길에 뛰어들 수도 없으며, 또 그럴 필요도 전혀 없는 것이다. 허유許由(요임금 시대 은자. 요임금이 천하를 그에게 물려주려 하자 이를 거절하고 기산箕山으로 가 은거했음)는 요임금의 양위를 거절하고 바위굴로 숨어들어갔다. 장량은 유방을 도와 공신이 되었다. 접여는 길을 막고 미친놈처럼 노래를 부르며 공자에게 은둔하라고 권유했다. 그 모두가 각자 하려는 일을 한 좋은 예들이다.

벼슬길에 들어서면 거기에 빠져 그 밖으로 나오지 않으며, 산림에 은거하면 속세로 다시 돌아가지 않습니다.

산도, 당신이 좋아하는 것은 부귀공명이니 그 속에서 심신의 만족을 얻고. 나, 혜강은 맑은 바람 밝은 달을 사랑하니 그 속에서 심신의 편안함을 얻고.

사람이란 다 각자의 뜻이 있는 것으로 다른 사람을 어려움에 처하도록 강요해선 안 됩니다. 좋은 관직─당신 자신은 그것을 위해 살고, 묘한 경관─나 자신은 거기에 거닐고……. 서로가 서로에게 방해가 되지 않고 각자 자기의 길을 가면 되는 것입니다.

혜강의 뜻은 명확했다. 노장학의 상당한 경지에 이른 산도에게 주의를 환기시키고 있는 것이다, 가는 길이 같으면 같이하고, 가는 길이 다르면 서로 같이 일을 꾀하지 않는다는 도리를.

혜강은 절교서 가운데 두 번째 의도를 써내려갔다. 죽순 껍질을 벗겨가듯 전혀 비껴감 없이 자신이 고관이 되기에 부적합한 까닭을 밝힌다. 비록 어투는 평화롭지만, 그 평화로움 가운데 맹렬히 부딪히는 무언가가 있었다. 마치 물 표면은 거울 같이 평화로워 보이지만 속은 급류가 휘몰아치는 것과 같았다. 비록 문자 하나 하나에는 골계가 넘쳤지만, 그 골계 속에는 슬픔과 고통이 배어나오고 있었다. 마치 뻥탕후루氷糖胡蘆 (일반적으로 과일 표면을 설탕으로 덧입혀 만든 먹거리로 달콤하면서도 시큼한 맛에 중국 어린 아이들이 좋아한다) 같이 달콤한 맛이 다하면 새콤한 맛이 뚫고 나온다.

나는 매번 상자평尙子平, 대효위臺孝威의 이야기를 읽을 때마다 감개무량해 그들을 앙모하고 그런 사람이 되려 했습니다.

혜강은 직언을 서슴지 않았다. 그 자신은 은자들을 무척이나 경모한 다고, 특히 지위가 낮지만 (출세 못 해도) 초조해하지 않는 은자들을 경모 한다고. 거친 들판에 살지만 스스로 즐거워하고 만족해하는 그런 은자 들을 경애하며, 부귀를 싫어하고 가난을 사랑하며 조정의 부름을 회피 하는 그런 은자를 경모한다고. 혜강은 동한東漢 시대의 이 두 은자를 우 러러보는 이유를 자신의 경력, 품행, 기호가 그들을 따라하기에 적합하 기 때문이라고 생각했다.

어려서 아버지를 여의고, 모친과 형이 나를 키웠는데, 온갖 사랑을 받으면서 자라 스스로 교만해져 유가의 경서들을 읽기 싫어했습니다. 성격이 야물지 못 하고 몸이 둔하고, 근육도 단단하지 못하며, 머리나 얼굴이 그리 가렵지 않아 목욕하기를 싫어했습니다. 한 달에 보름정도는 씻지 않고 지내는 것이 보통이 었으며, 침상에 누우면 언제나 소변을 참는데 방광 속에서 소변이 계속 순환 토록 하다가 정말로 참을 수 없을 때가 되어서야 몸을 일으키곤 했습니다. 제멋대로 뒹굴며 산 지가 오래되어 오만방탕한 습성이 몸에 배어 (세상의) 예 법에 맞게 살지 못하고 도리어 게으르고 오만한 것에 적합하게 되었으나, 다행히도 동년배들이 잘 이해해 주고 나의 허물을 공격하지 않았습니다. 본래 이러한 습성을 이미 감당하기 어려운 판인데, 거기에다 노장의 글을 읽게 되어 날이 갈수록 더욱 방종하게 되었습니다. 이로 인해 부귀영화를 얻으려는 진취심이 날로 약해지고, 실무적인 생각만이 더욱 굳어지게 되었습니다. 이것은 마치 들판의 사슴이 어릴 때 훈련을 받으면 조련사의 말을 잘 듣지만, 다 자라고 나서 속박을 받게되면 미친 듯이 울부짖으며 물불 가리지 않고 아무데나 마구 뛰어들며, 금줄 고삐나 맛있는 먹이를 하찮게 여기고 숲속과 풍성한 풀을 그리워하는 것과 같습니다.

나는 다른 사람의 단점 지적하기를 좋아해, 다른 사람의 잘못을 이야기하지 않는 완적의 기풍을 본받으려고 하지만 아무리 해도 그러기가 쉽지 않았습니다. 완적은 이러한 기풍으로 인해 다른 사람들에게 미움받는 경우가 적으며, 단지 예법을 지키지 않는 일로 여론의 공격을 받지만 대장군(사마소司馬昭를 말함)이 이것을 막아주고 있습니다. 나는 완적의 장점이 없는데도, 오히려 오만하고 게으른 단점을 가지고 있으며, 더욱이 세상 인심을 알지 못하고 처세의 도리를 이해하지 못하며, 행동과 말을 삼갈 줄을 모르면서, 늘 다른 사람의 단점을 낱낱이 폭로하고 있습니다. 이와 같은 식으로 오래 일을 하게 된다면 반드시 시시비비가 일게 되어, 비록 자신은 재앙에서 멀리 떨어지려고 원할지라도 그리 하기 어렵게 될 것입니다. 또한 인륜관계는 예법의 구속이 있으며, 조정에는 법도가 있어 어떠한 일을 하든 심사숙고해 규칙과 틀을 따라야 하는데 나는 그리하기가 너무나 어렵습니다.

행하기가 매우 어렵지만 억지로 해야 한다고 강요해도, 도저히 참아낼 수가 없는 일곱 가지와, 절대 불가한 두 가지가 있습니다. 일곱 가지 참아낼 수 없는 것은 무엇인가? 새벽에는 침상에서 빈둥거리며 누워 있기를 좋아하는데 문을 지키는 하급관리가 어서 일어나라고 재촉하니 이것이 참아낼 수 없는 첫째 일이요, 야외에서 거문고를 뜯으며 음률을 읊조리며 새와 물고기를 잡으려 하지만 역졸들이 쫓아다니며 지켜보니 마음 내키는 대로 하지 못하는 것이 참아낼 수 없는 둘째 일이요, (관청에서) 일을 처리할 때는 오랫동안 단정하게 앉아 있어야 하는 까닭에 다리가 마비되지만 조금도 꿈쩍할 수 없으며, 몸에 이가 많은데도 긁적거리거나 옷을 벗어 이를 잡지 못하고, 도리어 관복으로 몸을 감싸고 윗사람에게 연신 머리를 조아려대야 하니 이것이 참아낼 수 없는 셋째 일이요, 원래 서찰을 잘 꾸미지도 못할 뿐만 아니라 편지 쓰기를 싫어하지만, 다양한 인간관계는 늘 많은 서찰, 서신 더미가 책상에 쌓이게 만드는데, 이에 대해 회답을 하지 않으면 예절에 어긋나며, 억지로 회신을 하려고 하면 일일이 대꾸할 능력이 없으니 이것이 참아낼 수 없는 넷째 일이요, 나는 초상집에 문상하는 것을 좋아하지 않는데, 세상 사람들은 이를 중요하게 여기는지라 다른 사람들이 나의 이런 태도를 용서해 주기 어렵다. 비록 다른 사람에게 비방중상을 받을까 두려워 하지만 본성을 고칠 수 없으며, 본심과 달리 속세의 예법을 따르려고 하면 본성이 충돌을 일으키니, 어찌하더라도 허물도 없고 명예도 없는 경지에 다다르지 못하니 이것이 참아낼 수 없는 다섯째 일이요, 속된 사람들을 싫어하나 그들과 같이 일을 해야 하거나 좌중에 손님들이 가득 찰 때, 그 소란스럽고 시끄러움이 귀를 피로하게 하며, 여기저기 속된 모습을 드러내며 각자가 자기 재주를 뽐내는 꼴들이 눈앞에서 전개되는 것을 참아낼 수 없으니 이것이 여섯째요, 내 마음은 번잡함을 견디어 내기 어려운데, (벼슬을 하게 되면) 공무로 바빠지고, 정무가 마음을 얽어매고 세상사가 번뇌를 불러일으키니 이것이 참아낼 수 없는 일곱째 일입니다.

그러면 절대 불가한 일 두 가지는 무엇인가?

나는 늘 상商 탕왕湯王과 주周 무왕武王을 비난하고, 주공周公과 공자를 낮추어 보는데, 세상이 이러한 언론을 받아들이지 않기 때문에 세상의 주류를 이루고 있는 유가들의 배척을 받게 될 것이니 이것이 불가한 첫째입니다.

직선적이고 올곧으며, 악을 원수 보듯이 싫어하고, 경솔할 정도로 거리낌 없이 바른 말을 내뱉는 성격이어서 일단 마음에 맞지 않는 일에 부닥치면 바로 발작하니 이것이 절대 불가한 둘째입니다.

절대 참아낼 수 없는 일곱 가지와 불가한 두 가지가 합쳐져 아홉 가지 근심이 됩니다.

나는 속이 좁고 이런 아홉 가지 근심을 갖고 있어, 비록 외부적 요인으로 인한 재앙이 없다 할지라도 내심의 병을 막기 어려우니 이래서야 어찌 벼슬길에 오래 있을 수 있겠습니까?

오직 득도한 스승의 가르침을 따르고, 도술을 연마하고, 신단神丹을 먹으며 장수를 구할 뿐입니다. 산과 호수를 거닐며 물고기와 새를 감상하며 마음의 즐거움을 얻는 길뿐입니다. 일단 관리가 되고 나면 이런 길이 다 없어질 터인데 어찌 즐거움을 버리고 두려워하는 일을 해야 한다는 말입니까!

병치레가 많은 몸, 지금과 같이 누추한 곳을 계속 지키면서 자손들을 가르치고 키우며, 때때로 친지들과 한가로이 이야기를 나누고 인생을 이야기하고, 술 한 잔 기울이며 칠현금을 뜯으면 그것으로 나는 족합니다.

제일 좋기로는 내 스스로 신선의 날개를 달고 저 멀리 속세 밖으로 날아가는 것입니다.

혜강의 세 번째 의도는 특정한 문장의 단락을 형성하지 않고 그때그때 절교서의 행간에 끼워 넣는 식으로 나타난다. 명확하게 드러내 말하는 것 같기도 하고, 마치 그 말끝을 흐리듯이 아무것도 말하지 않는 것 같기도 하다.

그는 아주 명확한 말로 산도에게 이야기 한다, 나는 당신이 번거로움도 마다하지 않고 나를 추천하는 것에 대해 감사를 느끼지 않을 뿐만 아니라 도리어 당신을 깊이 원망한다고. 당신이 나를 정치권 속으로 끌어넣으려는 것은 나를 도와주는 것이 아니라 망치는 일이라고.

선생이 나를 욕보이며 사망의 골짜기로 굴러 떨어지게 할 필요는 없습니다. 일단 이런 일을 강요받으면 틀림없이 발광을 할 것입니다.
선생이 쓸데없는 일을 만들어 내어 나를 잘못된 길로 들어서게 해 장차 죽어도 몸 둘 곳이 없게 하고 있습니다. 나는 결코 인생이 이렇게 끝장나기를 원치 않습니다. 선생이 기어코 그렇게 일을 진행한다면 난 틀림없이 미친 병이 도질 것입니다. 나는 부귀도 두려워하고, 명예와 지위도 두려워하며, 권력도 두려워하고, 당신들이 그리도 좋아서 미치는 모든 것을 두려워합니다. 이렇게 두려워하는 것은 다른 일 때문이 아니라 화가 내게 미칠까봐 그것을 염려해서 그런 것입니다.

사람들이 세상에서 제일 귀중한 것으로 여기는 그런 것들을 누군들 생각하지 않고 누군들 원치 않겠는가? 문제는 그런 것들이 그저 조금밖에 없어서 서로 빼앗고 뺏기고, 재판을 하고, 사람의 목숨을 앗아가고 나중에는 대재앙을 불러일으킨다는 것이다. 역사를 살펴보면 이와 같은 대재앙의 이야기는 무궁무진할 뿐만 아니라 오늘날까지도 끊임없이 연출되고 있다. 혜강은 부귀가 화를 불러온다고 두려워하는 심리 상태를 말로 표현하거나 시문을 통해서 드러냈다.

영화와 명성은 몸을 더럽히는 것이며   榮名穢人身
높은 지위는 재앙을 늘리는 것이다.   高位多災禍

〈〈여완덕여與阮德如〉 중에서〉

부富는 좀을 쌓이게 하고   富爲積蠹

귀貴는 다른 사람의 원한을 쌓이게 한다.   貴爲聚怨

(〈복의卜疑〉 중에서)

혜강이 부귀가 재앙을 불러올까 두려워한다는 것, 그가 산도와 절교하게 된 주요한 이유가 여기에 있다는 것, 그리고 이 말이 진심에서 우러나온 말이라는 것을 알 수 있는 글이다. 이러한 이유로 혜강과 산도는 절교를 했으며 세상 사람들은 이를 두고 말이 많았다.

어떤 사람은 이를 아쉽게 여겼다. 산도는 좋은 뜻으로 천거를 한 것인데, 이런 하책을 들고 나올 필요까지 있는가? 그렇게 재앙이 두렵다면 벼슬길에 나아가지 않으면 되는 것 아닌가? 혜강은 자신이 갖고 있는 문학적 재능을 살려 산도에게 감사의 편지를 쓰고 서로의 우정을 남겨 놓는 것이 좋았다. 앞길이 창창한데 크게 성공한 친구를 둔다면, 장래에 예측하기 어려운 일들이 발생했을 때 기댈 수도 있지 않겠는가.

어떤 이는 이 일을 이해하지 못했다. 혜강의 이야기가 도리에 맞지만, 절교서에 써내려간 이유만으로 산도와 절교를 하는 지경에까지 이른다는 것은 근본적으로 말이 안 된다고 생각했다.

어떤 이는 혜강을 비난하고 나섰다. 혜강은 산도의 천거를 거절했지만 여전히 중산대부라는 관직에 머물러 있지 않았는가? 이 직위가 아무리 낮고 천하더라도 관직은 관직이며, 조정에서 정식으로 임명해 얻은 자리다. 그가 관직에 연연하지 않는다면 어째서 이것마저 같이 차버리고 철저한 은자가 되지 않았는가?

이런 말을 듣는 혜강은 그저 쓴웃음만 지을 뿐이었다. 해야 할 말은 모두 다 했다. 그러나 절교서의 문자만으로는 그가 가슴에 담아둔 말들을 모두 드러낼 수 없었으며, 어떤 말들은 직접 이야기할 수 없어 행간에 숨겨놓아야 했다. 사실 혜강은 벼슬을 거절하지 않았다. 그는 일찍이 다른 사람보다 앞서가겠다는 강렬한 생각을 가지고 있었다. 부귀, 명성, 이익과 같은 다른 사람들이 추구한 모든 것을 추구했다. 그렇지 않다면 그가 왜 조위曹魏(조조의 아들 조비가 세운 위나라)왕실 사람과 혼인했으며 중산대부라는 직위를 받았는지 해석하기가 어렵게 된다. 시간이 흐르고 상황이 변하자 그는 사마씨(당시 그 유명한 사마의의 아들 사마소가 정권을 지배하고 있었으며, 조씨의 위나라는 간신히 명맥을 유지하고 있었음)가 주는 관직과, 사마씨가 베푸는 부귀와 명리를 거절했던 것이다. 그가 중산대부직을 고수하고 있던 이유는 절대로 벼슬에 연연해서 그런 것이 아니라, 위황실이 정권을 장악하고 있을 때 내려준 직책이기 때문이었다. 그는 그 직위를 무척 중시했는데, 그 이유는 직위의 높고 낮음 때문이 아니라 역사적 정분과 일종의 사회적 도의 그리고 자신의 양심에 따른 것이었다. 그는 위황실이 자신에게 은혜를 베풀었다고 느꼈으며, 그 은혜가 많든 적든 대장부가 은혜를 입었으면 그에 대한 보답을 하는 것이 도리라고 생각했다. 위황실이 정권을 유지하기 어려운 상황에서 다른 높은 직위를 바라는 기술을 부릴 수 없었던 것이다. 중산대부는 별달리 할 일이 없는 자리였다. 정말 구하려 해도 얻을 수 없는 직위이기에, 그는 도리에 어긋나지 않는다는 편한 마음을 가지고 지낼 수 있었다. 물론 아주 적은 봉록이지만 텅 빈 부뚜막을 조금이나마 채울 수 있다는 대단히 실제적인 고려도 있었다.

혜강이 정말 외치고 싶었지만, 내뱉을 수 없었던 한마디는 사마씨 집단을 경멸하며 절대로 협력할 수 없다는 말이었다. 이때 세상일을 잘 아는 친구가 이런 그를 일깨워주었다. 왕조가 바뀌는 일은 역사에서 늘 보는 일이다. 황제의 씨가 따로 있는 것이 아니라 힘 있는 자가 그 자리에 앉는 것이다. 네가 충성을 바치고 있는 것은 위황실이지만 조조 부자가 힘을 빌려 강제로 세상을 취해 대신한 것이다. 지금 사마씨의 행위에 비록 부당함이 있을지라도 조씨가 걸어간 길을 다시 걸어가는 것에 불과하다. 시대가 이렇거늘 무얼 그리 지나치게 그러는가.

그러나 혜강은 그렇게 여기지 않았다. 그는 조변석개하는 것과 옛것을 버리고 새로운 것을 싫어했으며, 일신의 이익을 위해 공도를 저버리는 행태를 혐오했다. 사람다운 사람이 되려면 인격의 완정성을 추구하는 것이 필요하며 주변의 환경이 불리하든 유리하든 응당 앞뒤가 일관된 태도를 견지해야 한다고 생각했다. 비록 조위曹魏 정권이 음모와 폭력으로 쟁취된 것에는 그가 관여할 능력이 없었지만, 사회의 기강이 순박함을 향해 전진해 네가 속이고 내가 속이는 그런 일들은 끝내야 한다고 생각했다. 혜강이 겉으로 드러내놓고 세상의 기풍을 어지럽게 하는 사마씨 집단을 책망할 수는 없었지만 그들 정권과 손잡는 일 또한 결코 할 수 없는 것이었다.

혜강이 산도를 용서할 수 없는 이유는 산도가 이전의 도덕적인 약속을 저버렸기 때문만이 아니었다. 산도가 벼슬과 이익을 위해 자리바꿈을 한 것이라든가, 산도가 뻔뻔스럽게도 자기를 유혹하려 했다는 것 때문만도 아니었다. 더욱 깊은 이유는 산도가 혜강의 특수한 입장을 이해하지 못했다는 데 있다. 그는 전형적인 위황실 방면의 사람이었기 때문이다. 도의적인 것을 제쳐놓더라도 정치세력에서도 약속이란 것이 있다. 정치투쟁의 풍향은 복잡하게 뒤섞여 분명히 구별할 수 없는 것으로 쌍방의 힘 겨루기가 아직 끝나지 않은 상황에서, 만일 사마씨 집단이 무너져 내리면 혜강은 장차 위황실의 엄청난 죄인이 되는 것이었다. 그때 가서 어떻게 그가 얼굴을 들고 인간 세상에서 목숨을 부지해 갈 수 있겠는가. 산도의 천거는 그를 너무나 난처한 입장에 놓이게 했던 것이다. 절교, 오직 절교만이 혜강 자신의 처세 표준을 드러내놓을 수 있는 것이며 난처한 입장에서 벗어날 수 있는 방법이었다. 이로써 절교가 산도의 천거에 대한 혜강의 답변이 되었다.

죽림칠현 가운데 가장 젊은 왕융이 감탄조로 말한 적이 있다. "혜강과 20년을 같이 지냈지만 한 번도 그에게서 기쁘거나 불쾌한 기색을 본 적이 없었다." 이렇듯 기쁨이나 성냄을 드러내지 않는 것이 혜강의 모습이었다. 비교적 큰 도량을 지니고 있던 그는 어떠한 사람에게도 화를 내지 않았다. 절교서를 써서 산도와 절교하려는 지경에 이르렀다는 것은 그의 마음속에 분노가, 억누를 길 없는 분노가 가득 찼음을 말해 준다. 그리고 또 한편으로는 슬픔이, 떨쳐버릴 수 없는 슬픔이 가득 찼음을 의미한다.

절교서가 전달된 후에 사람들은 혜강과 산도의 관계가 완전히 끝장났다고 생각했다. 산도는 절교서를 받아들고 오랫동안 마음 아파했다. 이 절교서가 혜강이 사마정권에게 미움을 받는 가장 큰 요인이 되었기에 산도는 더욱 가슴 저렸다. 사실 혜강은 그저 말로만 절교를 했을 뿐이며 마음속에서는 여전히 산도를 그리워했다. 이러한 논법에 무슨 증거라도 있는가? 혜강이 처형되기 전에 뱉은 한마디가 그 증거이다.

형장에서 혜강이 〈광릉산廣陵散〉을 연주하고 난 후에 태연자약하게 아비를 잃게 되는 자기의 아들 혜소嵇紹(군계일학群鷄一鶴 고사의 주인공)에게 말했다.

"거원巨源(산도)이 있으니 네가 결코 외롭지 않을 것이다."

혜강의 예상 대로 그가 죽은 후에 산도는 마음을 다해 혜소를 돌보아 주었으며 금기를 깨고 비서승秘書丞으로 발탁했다. 또한 여러 해가 지난 후에 미안함을 품고 이야기했다.

"자네를 도와주려 생각한 지 오래네. 천지와 사계절도 왕성함과 쇠함이 있는데 하물며 사람이야 일러 무엇 하겠는가."

실제 상황을 연구해 보면 절교서가 세상에 알려진 후에도 혜강과 산도는 여전히 우정을 굳게 지키고 있었다. 아주 명확한 점은 혜강의 〈산도와의 절교서〉는 산도를 향해서 쓴 게 아니라는 것이다. 그는 억누르고 있은 지 오래된, 어디에도 쏟아낼 수 없었던 비분강개한 심정을 이때 이런 방식을 빌려 폭포처럼 쏟아낸 것으로 잠시 산도가 그 대상이 되었던 것이다.

이 절교서는 하나의 깃발이다. 지조를 굳게 지킨 깃발이고, 품평을 널리 알리는 깃발이며, 당시 정권과 협력을 거절한 깃발이었다.

'대장부의 뜻과 기개는 부탁을 할 수는 있어도, 빼앗을 수는 없는 것이다!'

이 절교서는 하나의 선언이다. 속세를 떠나 고고한 생활을 한다는 선언이며, 가난하지만 굽히지 않겠다는 선언이며, 온 세상을 깜짝 놀라게 하려는 뜻을 가진 선언이다.

만일 속세 사람들이 모두 부귀영화를 좋아한다 할지라도 나 혼자만은 이를 멀리 할 수 있다. 이 어찌 통쾌하지 않으랴! 이 절교서를 통해 '혜강'은 통속적인 의미의 이름에서 벗어났다. 그의 이름은 일종의 특수한 정신적 부호가 되었다. 이 부호는 나머지 죽림칠현과도 구별되는 것이며, 풍류를 다투는 명사들과도 다른 것이었다. 혜강은 문화라는 산맥 중 눈에 번쩍 띄는 석벽 위에 새겨진 부호이며, 당대와 후대 문인들의 영혼을 자극하는 부호가 되었다.

불의한 시대와 타협하지 않았던 참 선비, 그가 바로 혜강이다.

보이지 않는 거대한 새총

혜강과 종회의 어긋난 만남

칠 척 팔 촌의 훤칠한 키. 전혀 꾸미지 않고 타고난 자질에 따라 살아 가지만 풍류와 시원스러움, 웅대한 기상을 가진 사람.

스승의 가르침 없이 스스로 통달해 고금의 경전을 두루 익혔다. 특히 노자와 장자의 학^學을 좋아해 줄줄 외울 정도였다. 현묘한 도를 설파하 는데 뱉었다 하면 명문이 되었으며, 그가 쓰는 글과 시는 마치 비단을 토해 내는 듯했다.

푸른 소나무, 자욱한 향불 연기 속 칠현금 한 틀, 명인의 손길이 닿자 작은 곡조가 흐르고 큰 곡조가 뒤따른다. 맑은 소리는 높은 구름, 푸르 스름한 안개와 홀연히 하나가 되고 격한 소리는 하늘과 땅 사이를 격동 하며 감싸 돈다. 천성적으로 그런 것인지, 아니면 담백함으로 뜻을 명확 히 하고, 고요함으로 심원함에 이르는 제갈공명의 정신을 체득한 것인 지 모르지만 지극히 평안하고 고요함으로, 무욕으로, 검소함과 소박함 으로 치욕을 참으며 큰일을 할 수 있고, 다른 사람의 단점을 포용할 수 있었다.

바위 골짜기, 시냇물, 대나무숲, 버드나무, 들꽃, 풀, 소, 초가집, 쇠망치, 모루, 칠현금, 탁주, 단약, 희멀건 죽, 채소뿌리, 무릎 아래서 즐거이 노니는 아이들, 전원의 풍광, 넘쳐나는 의지와 취향. 이러한 담담함 속에서 생활하니 사람들은 그를 진짜 군자로 불렀다.

그가 바로 위魏나라 말엽 가장 기개를 떨쳤던 혜강이다. 용모면 용모, 재능이면 재능, 도량이면 도량, 우아함이면 우아함, 혜강은 이 모든 것을 갖추었다. 세상을 초월한 사람, 등불을 밝혀들고도 찾기 어렵고, 쇠신 바닥이 다 헤어지도록 찾아다녀도 찾을 수 없었던 사람, 그런 사람이 돌연히 눈앞에 나타났을 때 어찌 사람들이 절묘하다고 외치지 않았겠는가?

여안呂安(혜강의 막역한 친구)이 절조絕調를 외치며 그와 평생 친구가 되었다. 도사 손등孫登(당시 도사 중에서도 뛰어난 도사였으며 일반 사람과는 어울리려 하지 않았다)이 절조를 외치며 이례적으로 혜강과 함께 유람했다. 한 무명의 칠현금 명인이 절조를 외치며 천고의 절창인 〈광릉산〉을 그에게만 전수해 주었다. 완적·산도가 그 뒤를 이어 상수·유령·완함·왕융이 절조를 외쳤다. 이리하여 혜강과 더불어 명성이 자자했던 '죽림칠현'이 되었다. 이 외에도 많은 사람들이 절조를 외쳤으나 서로 만날 인연이 없어 이를 애석해 했다.

가문의 역사가 오래되고 명성이 높아 명사가 끊임없이 배출되고, 고관대작이 나타났다. 고조부 종호鍾皓는 한漢 말 정치를 논한 지도자였으며, 아버지 종요鍾繇는 위왕조의 결성자 중 한 사람으로 역사에 길이 남을 서예 대가로서 명성을 누렸는데, 조비曹丕가 '일세의 위인'이라고 칭할 정도였다. 이렇듯 몇 손가락 안에 꼽히는 가문 덕분에 그에게는 나면서부터 부귀가 함께했다. 그는 총명하고 민첩하며 권모술수에 능하면서, 다재다능하고, 풍류를 즐길 줄 알아 동년배 중에서는 군계일학이었다. 특히 통찰력이 뛰어나 윗 연배인 장제蔣濟가 '비상한 사람'이라고 말하기도 했다.

그는 모친의 좋은 가르침 아래, 네 살에 《효경》을, 일곱 살에 《논어》를, 열 살에 《상서》를, 열한 살에 《주역》을, 열두 살에 《춘추좌씨전》과 《국어》를, 열세 살에 《주례》과 《예기》를, 열 네 살에 《성후역기成侯易記》를 떼고 열다섯에 태학에 입학해 세상의 기이한 문장들과 다양한 학설들을 배웠다.

유가 경전을 공부하는 데 힘을 쏟았을 뿐만 아니라, 널리 도가와 법가의 학문에 통달했다. 당시 시대적 조류를 따라 현학玄學(도가의 학문으로 주로 위진남북조 시대의 것을 말함. 당현종시에는 숭현학이라고도 했음), 명리名理(위진시기 청담의 내용 중 하나로 명名을 구별하고 리理를 해석하는 학문)를 밤낮없이 연구해 깊이 빠져들었다. 이렇듯 박학함으로 세상에 그의 학문이 널리 알려졌다.

그가 바로 위나라 말기 재자의 색채가 가장 뛰어났던 종회鍾會다. 부를 논하면 부가, 귀함을 논하면 귀함이, 박학을 말하면 박학이, 학문의 정도를 논하면 학문이, 이 모든 점에서 종회는 명성이 자자했다.

종회, 그는 한 시대의 운명적 총아로 시대의 조류를 이끌어간 사람이었다. 일반 사람들은 감히 바라보지도 못할 정권의 핵심으로 들어가는 문들이 그의 앞길에는 활짝 열려 있었다. 비서랑秘書郎 직위로 벼슬길에 발을 들여놓은 이래, 상서중서시랑尙書中書侍郎의 계단을 밟아 관내후關內侯의 작위를 받았다.

무구검毋丘儉을 정벌했고, 사마소司馬昭가 군사대권을 잡도록 도왔다(무구검을 정벌한 것은 사마소의 형인 사마사司馬師이며 이때 종회는 사마사의 참모였음. 사마사가 병을 얻어 죽고 나서 사마소가 군권을 장악하는 데 일조했음). 반역한 제갈탄諸葛誕의 작전을 예측하고, 오吳나라 수춘壽春을 정복하는 등 지모와 술수를 부리는 족족 성공해 장량張良이 다시 태어났다고 찬탄받았다. 이로써 삼엄한 군사 방면의 대문 또한 그의 앞에 활짝 열렸다.

종회는 현학의 청담준론자들 대열에 끼어 학술을 저작하고 정시正始 시기의 현학명사正始名士(정시는 위 명제의 아들 조방曹芳 집권시기인 240~249년 10년간으로 당시 현학의 대가들이 출현한 시기임)들과 관계를 맺어 왕필王弼(노자 주석으로 유명한 천재)과 교류했으며 하안何晏을 위한 논술을 집필해 당시 문화전당의 대문을 열었다. 조정의 벼슬문, 사마씨의 권문, 권력층 인사들의 크고 작은 대문들. 종회라는 신성 앞에 열리지 않는 문은 없었다.

세상의 도리가 격변하는 바로 그때, 출중한 두 인물이 동일한 시공 속에서 만나게 되었다. 종회가 혜강보다 한 살 아래이지만 동년배나 다름없었다. 만약 뛰어난 재능을 가진 이 두 사람이 서로를 도와주었다면 후대에 아름다운 이야기를 남겼을 것이다. 그러나 사정은 정반대였다. 그들 두 사람이 마주치게 되자 세상에서 가장 참혹하고 캄캄한 운명의 막이 열렸던 것이다. 사건의 발단은 종회에게서, 현학으로부터 비롯되었다.

한漢대는 유가가, 위魏대는 법가가 주류였다. 한대는 태평성대를 구가하며 왕도를 실행해 유가가 독보적인 지위를 차지했으나 위나라는 지극히 혼란한 시기로 패도를 받들면서 법가를 숭상했다. 두 학파는 인정과 근본 도리 면에서 각각 극단을 향해 갔다. 어느 학파가 더 좋고, 유용하며, 가치가 있는지를 간단하게 말할 수는 없었다. 오직 당시 사회 형세와 그 학파가 내세우는 학문이 서로 어울리냐를 두고 유효 여부를 말할 수 있을 뿐이었다. 그런 까닭에 한 시대에는 한의 도리가, 위 시대에는 위의 도리가 있었다. 역사가 삼국시대 말기로 접어들면서 당연히 새로운 사회 형태가 출현했다. 당시에는 말세의 특징이 명확히 드러나 법가만으로는 사회를 이끌어갈 수 없었다. 오랜 기간 법가의 법을 실행하면서 끝없는 폭력과 음모, 가혹한 형벌이 나타나게 되었고, 이로 인해 사람들은 점차 법가를 혐오했기 때문이다.

당시는 국가 통치와 인간 생존을 위해 단순한 법가 학술을 대신할 학술사상을 필요로 하고 있었다. 그러면 무슨 학술인가? 유가? 유가사상은 인간 윤리와 사회 규범을 구해내고 인성을 새롭게 할 수 있지만 간사하고 사악한 무리를 처벌하기는 어려웠다. 명가名家는? 명가는 명名을 통한 실제의 추구, 인위적인 정함과 자연스러움의 상호작용을 통해 사회 질서를 반영해 낼 수 있지만 너무나 이론화되어 속세의 요구에 맞지 않았다. 도가 학설은? 도가 학설은 이익과 욕심을 감소시켜 사람들을 깨끗하고 소박하게 만들 수는 있지만 사회 번영에는 장애가 되었다. 불교는? 불교는 초기 단계로 아직 중국에서 철저하게 받아들여지지 않았다.

탐구자들은 길을 찾아 헤매었지만 순수 학설만으로는 세상을 이끌어갈 수 없었다. 결국에는 하안何晏, 왕필王弼, 하후현夏侯玄 등이 방법이라고도 할 수 없는 방법을 들고 나왔다. 즉 각 학파의 학설을 한 데 섞은 것이다. 법가, 유가, 명가, 도가, 불교를 용광로에 집어넣어 용해시키고 그중에서 유가와 도가의 성분을 주류로 해 섞어찌개를 만들었다. 그들은 통치자가 왕도와 패도 두 가지를 다 써서 세상을 다스릴 수 있으며, 신하와 백성들은 속세에 있을 수도 속세를 벗어날 수도 있다고 했다. 그들은 늘 무리지어 청담淸談을 주고받고 명리名理를 분석해 변론을 전개하고 저작을 했다. 또한 자기의 필요에 따라 싫어하는 바를 공격하고, 자신의 장점으로 타인의 단점을 공격하면서 공리공담을 했다.

역사가들은 이러한 활동을 현학玄學이라고 불렀다. 현학은 정시 년간에 흥성했기 때문에 '정시의 소리'라고 칭했다. 또한 현학의 촉진을 제창한 학자들을 '정시의 명사正始名士'라고 했다.

바야흐로 현학 혁명이 일어나고 있을 때, 몸소 그 성대한 장면을 접한 종회는 적극적으로 현학에 몰입했다. 그는 자신의 장점을 살려 새로운 조류의 한자리를 차지하려 했다. 현학의 두 중심 인물인 하안과 왕필의 총애를 얻기 위해, '성인은 희로애락이 없다'는 하안의 주장에 동조하는 문장을 썼다. 또한 왕필이 《노자老子》의 주해로 명성을 날리자 그도 노자를 재주해했다. 하안과 왕필은 종회의 지극 정성에 마음이 움직였으며, 그의 정신에 감화되어 현학자로 받아들였다. 이를 통해 종회의 학문적 명성이 온 조야에 전해졌다.

그러나 현학이 '정시명사'에 의해서만 좌지우지된 것은 아니었다. 특히 하안과 왕필이 세상을 떠난 후에는 현학의 중심지가 변화해 많은 이들이 뒤늦게 일어선 '죽림명사竹林名士'의 휘하로 옮겨갔다. '죽림명사'는 주로 '죽림칠현'으로 구성되었는데, 그중에서도 혜강, 완적이 대표적인 인물이었다. 훌륭한 스승과 친구를 잃어버린 종회는 정시명사들 틈에서 이미 짝 잃은 기러기 신세가 되었다. 우선 하후현이 그를 무시했을 뿐만 아니라, 정시명사들에게서는 이미 지난날의 흥성함과 떠들썩함을 구할 수 없었다. 종회는 학술계의 뛰어난 인재로서 지위를 계속 유지해 갈 필요가 있었으며, 이렇게 하려면 현학의 새로운 중심 인물, 곧 혜강, 완적 두 인물의 인정을 받아야만 했다.

이를 위해 종회는 허세를 버리고, 다른 세 사람과 함께 쓴, '재능과 성격의 네 근본'이라 불리던 《사본론四本論》을 특별히 정리했다. 그는 혜강과 만나는 상견례 자리에 그것을 준비했다. 상당히 수준 있는 이 책은 재능과 성격의 같음과 다름, 합해짐과 떨어짐의 네 가지 관계를 집중 토론해, 재능과 성격의 결합 상태에 따라 인간에게 미치는 운명적 사고를 다루었다. 많은 시간을 들여 정리를 끝낸 후 책을 가슴에 품고 혜강의 집 앞까지 갔던 종회는 갑자기 마음이 약해졌다. 면전에서 난처한 처지를 당하지 않을까 하는 두려움이 앞서, 혜강의 집 문 앞에 책을 던져버리고는 그냥 황망히 되돌아갔던 것이다. 이에 대해 혜강이 어떻게 반응했는지는 역사서에 기록이 없어 알 수 없다. 이 일이 있고 나서 상당한 시간이 흐른 후, 두 현학자는 마침내 얼굴을 마주했다. 두 사람의 만남은 너무나 특수했다. 도가의 무언의 방식으로 만남을 시작해, 현학가의 청담으로 끝을 맺었다. 만남의 전 과정이 마치 한 편의 무언극 같았다.

(장소) 혜강의 집 앞

(배경) 큰 버드나무, 장도리, 모루, 풍구의 가죽 주머니, 연단을 기다리는 물건들

(막이 열리며) 거친 천으로 된 적삼을 걸친 혜강이 땀을 비 오듯 흘리며 망치로 쇠를 힘껏 내려치고 있고, 상수向秀가 조수 역할을 하며 가죽 주머니로 바람을 일으켜 불을 피워대고 있다. 좋은 옷을 입고 살찐 말에 높이 앉은 종회는 수많은 종자와 손님을 대동하고 호기롭게 와서, 이름을 들은 지는 오래되었지만 만나지 못했던 혜강을 방문했다. 혜강은 그들이 온 것을 모르는 체 자기 일에만 몰두해 쇠를 계속 두드려 댔다. 잠시 그 앞에 서 있던 종회는 주인의 무례함에 화가 치밀어 올라 발걸음을 되돌렸다. 종회가 발걸음을 떼려는 순간, 갑자기 혜강이 동작을 멈추고 툭 질문을 던졌다.

"그대는 무엇을 들었기에 이곳에 왔으며, 무엇을 보았기에 돌아가는가?"

종회는 혜강의 질문을 슬쩍 비틀어 대답했다.

"들은 것을 들었기에 이곳에 왔으며, 본 것을 보았기에 돌아간다."

《세설신어교전世說新語校箋》卷 下 중에서)

비극은 이 극과 같은 만남에서 잉태되었다. 들은 것을 들었다니? 그가 들은 것은 혜강의 명성이었다. 본 것을 보았다니? 그가 본 것은 혜강의 도도함이었다. 그가 혜강을 만나러 올 때는 가슴 가득 앙모의 심정이었지만, 돌아갈 때는 원한을 품게 되었다.

이 만남에서 혜강이 종회에게 도도하게 굴었던 데는 나름대로 이유가 있었다. 혜강은 종회를, 그가 가진 능력 또한 잘 알고 있었다. 특히 그가 정치계에서 잘 나가는 인물로, 이미 사마씨 집단의 주요 구성원이자 모사가라는 것 역시 잘 알고 있었다. 혜강은 사마씨 집단을 적대시해 협력하지 않았다. 두 사람은 서로 다른 두 갈래 길을 달리는 마차로 같은 길을 갈 수 없었다.

혜강이 가장 받아들이기 어려웠던 것은 종회가 현학의 정시명사들을 배반한 것이었다. 사마씨 집단이 조상曹爽과 같은 일당이란 죄목으로 하안을 주살한 후, 종회는 도의를 저버리고 부귀공명을 탐해 사마씨 집단에 들어갔다. 혜강의 입장에서 볼 때 종회는 소인에다 비열하기 짝이 없으며, 바탕에 큰 차이가 나는 인간이었다. 이와 같은 사람은 근본적으로 현학을 논할 자격이 없었다. 혜강은 그와 사귈 수 없는 것은 물론이고 응당 모욕을 주어 인간 세상에는 아직 올바른 기개가 살아 있다는 것을 알려주어야겠다고 생각했다. 그가 종회에게 보여준 도도함은 자신의 올곧은 기개를 드러내려는 혜강만의 특수한 형식이었던 것이다.

더구나 종회가 혜강을 찾아간 방식에도 문제가 있었다. 비단옷을 걸치고 마상에 높이 앉아, 겉만 뻔지르르한 이른바 명사현인들을 데리고 와자지껄 기세도 등등하게 그를 찾아왔던 것이다. 종회에게는 방문하는 자의 정성이 없었다. 마치 자신의 신분을 과시해 주인이 보잘것없는 사람이라는 것을 말하려는 듯했다. 이러한 것들은 혜강의 반감을 자아내기에 충분했다.

처음 혜강을 찾아갈 때 종회는 아직 사마씨 집단에서 각광받는 사람이 아니었다. 학술상으로도 중요한 위치를 차지하지 않았지만 인정받기 위해 열심히 노력하고 있었다. 그러할 때 종회는 혼자서 그것도 성의를 가지고 혜강을 찾아갔던 것이다. 만일 좀더 자신감을 가지고 찾아갔더라면, 혜강이 아무리 도도하게 그를 꾸짖고 난처하게 할지라도 최소한 종회의 욕심 없는 마음에 위안을 느꼈을 것이었다. 만약 그렇지 않더라도 적어도 학술적 담론은 만들 수 있었다. 하지만 종회는 혜강에게 무시당할까봐 겁이 나서 책만 던져두고 돌아 나왔다. 두 사람이 부드러운 분위기에서 편한 마음으로 대화를 나눌 수 있는 기회를 잃어버린 것이다. 사실 혜강을 두 번째 찾아갔을 때에도 종회는 여전히 겁을 내고 있었다. 그렇지 않았다면 자신을 일군의 무리들로 에워싸는 거짓된 후광을 만들어낼 필요가 전혀 없었다.

종회는 총명하기로 이름이 났지만 혜강을 전혀 이해하지 못했다. 혜강과 가까이 할 수 없게 되자 종회는 깊은 원한을 갖게 되었다.

종회가 혜강을 철저히 이해하지 못했던 것처럼, 혜강 역시 마찬가지였다. 두 사람은 모두 노장의 학문을 좋아했다. 혜강은 '무無를 근본으로' 보는 노장 사상에 마음이 끌렸다. 자신의 인생 경력과 처지를 통해 그는 모든 인간의 변화함은 일종의 환상에 불과하며, 눈앞에서 사라지는 연기와 같다고 느꼈다. 생명의 본체를 연장하려면 단순하고 질박한 생활과, 구애됨이 없이 속세 밖에 소요하는 신선술을 빌려야 한다. 재능과 혼돈의 우주를 하나가 되게 해 '무無'를 '도道'로 변하게 하고, 그 도에서 자연스럽고 평화로운 인생을 체험하는 것이다.

종회는 '무'를 받아들였을 뿐만 아니라 '유有'를 배척하지 않는 창조적 견해로 '무'와 '유'를 같이 놓고 보았다. '무'는 도로 사람과 우주의 관계이다. 이러한 상태를 느끼지 못하면 일상의 자질구레함과 미망의 세계로 빠지며 현실의 고통과 근심에 짓눌리게 된다. '유'는 참뜻으로 사람과 사회와의 관계다. 짧은 생명은 마치 아침 이슬 같아서 기회를 꽉 움켜쥐어야만 비로소 생존할 수 있으며, 특히 고급스러운 생존에 필요한 이利(이익)와 명名(명성)을 쥐어야 한다. '무'는 내면적인 것으로 인간의 정서를 조절하는 데 사용하며, '유'는 외면적인 것으로 사람의 이익을 얻는 데 사용한다. 무와 유는 상호 보완하고 돕는 작용을 한다. 나아갈 때는 자신 있게 세상 속으로 들어가고, 실의했을 때는 표연히 속세에서 벗어난다.

혜강과 종회는 똑같이 노장학의 신봉자였지만 숭상하는 출발점과 체득 방식이 달랐다. 또한 성격의 차이로 실천 방식이 달랐기 때문에 궁극적으로 지향하는 바가 천양지차였다. 혜강은 자유, 탈속, 여유를 추구했으며 세상과 다투지 않고 권력자를 낮추어봐 인격의 존엄성을 지켰다. 종회는 권세, 부귀, 공명을 추구했고 권력을 얻는 데 열중해 정권의 핵심 인물들과 함께했으며, 이를 통해 거칠 것이 없는 앞날을 보장받았다.

혜강의 마음은 순수하고 깨끗했다. 다른 사람을 해치려는 마음이 조금도 없었을 뿐만 아니라 방비하려는 마음도 없었다. '자기 스스로 올바르게 생각하고 행동하면서, 정직한 사람이 되어 도의의 기준을 따르고 양심에 맞게 살며, 시빗거리에 뛰어들지 않고 정치적 소용돌이에 들어가지 않는다면 여론의 비방과 정단에서 냉대받는 것을 두려워할 필요가 어디에 있는가? 소인배, 간신배, 아첨배의 공격과 박해를 두려워할 이유가 어디에 있는가?' 하고 혜강은 생각했다. 술 한 잔 마시며 칠현금을 뜯고 단약을 복용하면서 스스로 즐거움과 만족을 얻었다.

종회는 음험했다. 그는 사람의 본성을 본래 악한 것으로 보았다. 모든 사람은 생존을 위해 사리사욕을 꾀하며, 각자 재주를 발휘해 그 악을 끝까지 밀고가면서도 얼굴에는 선한 낯빛을 보이는데, 이는 서로 필요성 때문에 의식적으로 위장하는 것이라고 생각했다. 또한 강자가 약자를 잡아먹는 세태에서 믿음과 의리, 인정과 우의, 윤리만을 중시할 수 없으며, 객관적 정황에 근거해 악으로 악을 제거한다는 믿음으로 경쟁 상대를 쓰러뜨리고 크고 작은 장애물들을 제거해야 한다고 생각했다. 적절하게 자기를 보존하려면 일들을 교묘하게 처리하되 남이 알지 못하게 하고 흠 없이 처리해야 한다. 이때 제일 좋은 방법은 다른 사람을 이용해 또 다른 사람을 제거하는 것이다.

남보다 뛰어난 사람, 역사에 길이 이름을 남길 사람, 고금을 뛰어넘는 잘난 사람이 반드시 되겠다는 것이 종회의 처세 태도였다. 이러한 경지에 다다르려면 큰 공을 세우고, 큰 업적을 이루고, 큰 명성을 날려야만 한다. 큰일을 하려는 자는 작은 일에 얽매이지 않기에, 그 과정에서 세속의 금기는 뛰어넘고, 도덕의 규범을 무시할 수 있으며 목적 달성을 위해 수단 방법을 가리지 않는다. 그러나 반대로 대중들 사이에서는 아름답고 숭고한 형상을 세워야 한다. 큰 효자, 청렴자, 대학자, 대군사 거기에 대정치가를 더하면 대현자가 된다. 여기서 '현賢'은 일반적 의미의 현명함을 말하는 것이 아니라 '성聖'과 같이 거론되는 현, 즉 성현의 '현'을 말한다. 서한과 동한 연간의 대사상가인 환담桓譚이 세상의 현자를 다섯 품계로 나눈 적이 있다.

현자는 다섯 품계로 나뉘어진다. 집안일에 근신하며 주도면밀하고, 속한 무리들에게는 공손하고 우애가 있는 자는 향리의 선비다. 건전하고 은혜를 밝히며, 문文과 사史에 힘쓰되 다른 사람에게 해를 끼치지 않는 자는 현縣(우리의 군郡급)의 선비이다. 믿음과 성실함으로 독실히 행하며 청렴하고 공평해 아

랫사람을 도리로 다스리고 윗사람에게 성실한 자는 주군州郡(우리의 도道급)의
선비이다. 경전과 실무에 정통하고 고결한 행동으로 이름을 떨치면서 능히
정치에 종사할 수 있고, 관대함을 굳게 지키는 자는 삼공과 재상급의 선비이
다. 재주가 비상하고 탁월해 일반 대중과 다르며 큰 전략을 만들어내고 세상
에 큰 공을 세울 수 있는 자는 천하의 선비이다.

대현자가 되려 한 종회는 향리와 현급, 주군급의 선비가 아니라 삼공
三公(가장 높은 세 가지 벼슬. 주周 시대에는 태사太師, 태부太傅, 태보太保를, 전
한前漢 시대에는 승상丞相, 태위太尉, 어사대부御史臺夫를 칭했는데 전한 후기에
는 대사도大司徒, 대사마大司馬, 대사공大司空으로 개칭하였음. 후한後漢에서는
태위太尉, 사도司徒, 사공司空으로 칭했음)과 재상급의 선비를 거쳐 마지막
에는 천하의 선비가 되려 했다.
혜강과 종회는 성격과 추구하는 바가 전혀 달랐다. 때문에 충돌을 피
하기 어려웠다. 그리고 이 충돌이 생사를 건 싸움으로 번졌다는 것은 문
인 역사상 슬픈 일이 아닐 수 없다.

종회는 방향을 돌려 완적의 환심을 사려 했다. 비교적 성격이 좋은 이
죽림의 장자가 혜강에게서 얻지 못한 것을 줄 수 있기를 희망했다. 혜강
과 달리 완적은 멍청한 척했다. 그리고 이런 연기를 하는 완적은 종회의
가려운 곳을 긁어줄 수 없었다. 혜강의 강경함과 완적의 부드러움, 종회
의 학술적 지위는 제자리를 맴돌고 있었다. 종회는 혜강과 완적에게 인
정받는다면 자기의 학술적 지위를 이, 삼류에서 일류로 끌어올릴 수 있
다고 판단했다. 그러나 그 계획은 어그러지고 말았다. 혜강과 완적에게
인정받을 수 없었을 뿐 아니라 치욕까지 당했던 것이다.

고통이 가라앉은 뒤 종회는 그 고통을 회상하면서 아예 방법을 바꾸기로 했다. 그들을 없애버리자! 그들의 육신을 없애버리면, 그 현학의 대가들을 사라지게 하면 자신이 현학계의 우두머리가 될 수 있을 것이다. 또한 단번에 원수를 갚게 되고 마음에 쌓여 있는 사악한 기운을 쏟아낼 수 있을 것이다. 하지만 종회에게는 혜강과 완적을 없앨 수 있는 권한이 없었다. 이때 그가 생각해낸 방법은 정치에 불만을 가졌다는 죄명을 씌워 사마씨 가족들로 하여금 그들을 처리토록 하는 것이었다. 종회는 해코지할 수 있는 '진짜 근거와 증거'를 얻기 위해 변함없이 완적을 가까이 했다. 그리고 계속해서 완적을 공경하는 태도를 보였다. 아무 일도 없는데 일을 만들어 완적을 찾아갔다. 가르침을 받으려는 겸손한 자세로 당시의 정치상황에 대한 의견을 말해 달라고 요청했다. 완적이 얼마나 노련한 사람인데 이런 수법에 걸려들겠는가.

완적은 세상사는 이야기하지 않는다는 뜻을 일관되게 밀고나가, 횡설수설하면서 큰 술잔을 연신 기울이기만 했다. 완적은 만나는 족족 술에 취해 그 '근거'를 도무지 얻지 못한 종회는 포기할 수밖에 없었다.

종회는 방법을 바꾸어 공격의 창끝을 전부 혜강에게 겨누었다. 그는 다시는 혜강과 직접 접촉할 방법이 없다는 것을 잘 알고 있었다. 비록 접촉한다 하더라도 그가 필요로 하는 말을 혜강이 쏟아내지 않으리라는 것을 잘 알고 있었다. 따라서 없는 사실을 꾸며내고, 사실을 과장하는 책략을 택해 그것으로 혜강의 죄목을 만들어내기로 했다.

그는 사마소에게 은밀히 아뢰었다.

"혜강은 한 마리 와룡臥龍으로 기용할 수 없는 인물입니다. 공께서는 천하의 일을 걱정하실 필요는 없으나 혜강은 근심거리로 여겨야 합니다."

혜강이 제갈공명과 같은 와룡이지만 기용할 수 없을 뿐만 아니라 어

보이지 않는 거대한 새총 63

째서 철저히 방어해야만 하는지를 종회는 대단히 구체적으로 설명했다.

"혜강은 일찍이 역모를 꾀한 무구검을 도와주려 했는데, 다행히도 산도가 이를 아랑곳하지 않았습니다. 더욱이 그의 언론은 방탕해 성현과 경전을 비방하고, 풍속을 해치고 가르침을 어지럽게 해 제왕된 자가 받아들일 수 없는 것입니다. 이를 이유로 그를 없애버린다면 후환을 면할 수 있을 것입니다."

사마소는 종회의 말을 듣고 혜강에 대한 자신의 감각에 근거해 명확한 한마디를 던졌다.

"없애버려!"

혜강은 끝내 비명에 죽었다. 그것도 죄목이 아닌 죄목으로······.

한 번의 만남 한 번의 도도함. 혜강은 이를 통해 종회가 깊은 원한을 가슴에 묻으리라고는 전혀 예측하지 못했다. 종회는 현학계의 지도자 지위를 얻으려는 목적이 벽에 부딪히자 그의 모든 정력과 흥미를 군사 정치계에 쏟아넣었다. 원정군 사령관이 되어 부사령관인 등애鄧艾와 함께 촉나라로 진격한 후, 인생 최고봉에 오르기 위해 등애에게 살수를 뻗쳤다.

종회는 군사적 실력이 등애보다 한 수 아래였다. 자격으로나 모략으로나 그보다 못하며, 용기와 의지를 보아도 여전히 그에 미치지 못했다. 등애는 3만의 병사로 기습 부대를 결성했다. 어둡고 험난한 길을 넘어 관문을 점령하고 적의 장수를 베면서 성도成都로 진격해 들어가, 제갈첨諸葛瞻을 격파하고 유선劉禪을 항복시켰다. 종회는 그의 이러한 전과를 높이 사줄 수밖에 없었다. 그리고 등애의 이런 능력에 탄복한 나머지 그를 두려워하고 꺼리게 되었다. 위나라 안에서 종회가 두려워한 사람은 오직 등애뿐이었다.

이런 사람이 자신의 가까이에 있다면 큰일을 도모하는 것은 생각조차

할 수 없다. 큰일을 위해서는 등애를 희생시켜야만 했다. 상황은 아주 간단하다. 적당한 명분을 내세워 등애를 제거하려면 그가 역모를 꾀하고 있다는 명확한 증거만 있으면 된다. 종회는 서예 필적을 잘 모방하는 자신의 특기를 살려 등애가 낙양에 보내는 상주문을 전부 고쳐 썼다. 상주문은 오만하고 광망된 어투가 가득 찬 글이 되었다. 사마소가 이 상주문을 본 후 내린 결론은 당연히 종회가 바라던 바였다. 종회가 등애를 붙잡아 가두도록 청했을 때 사마소는 조금의 망설임이 없었다.

등애는 결국 종회가 미리 쳐놓은 음모 때문에 죽어갔다. 혜강과 등애 한 사람은 문인이며 한 사람은 무인이지만 비슷한 구석이 많았다. 훗날 어떤 사람이 등애의 억울함을 호소하면서 그를 가리켜 '성격이 강직하고 급해 쉽게 사람들의 화를 사고, 같은 무리들과 협력할 수 없었다'고 지적했다. 이러한 '결점'은 혜강이 그보다 더하면 더했지 못하지 않았다.

혜강, 등애 두 사람은 '양성陽性'에 속하는 사람들로 종회와 같은 '음성陰性'의 무리를 만나서도 양양하게 자기를 드러내지만, 그후에는 필연적으로 음陰의 보복을 받게 된다. 종회는 《노자》를 독파했는데, 그 속에서 음이 양을 이기는 묘한 이치를 꿰뚫어보았던 것이다.

종회의 기억에 따르면 그의 모친이 일찍이 그에게 경고를 한 적이 있다.

"군자는 마땅히 굽힘으로써 펼침을 구하고, 겸허하고 주의 깊게 행동하는 것을 가장 중요한 몸가짐으로 여겨야 한다."

"사람은 족한 줄 알아야 한다. 그렇지 아니하면 손해가 그 가운데서 생겨나게 된다."

"거짓으로 다른 이들을 속이면 결코 오래갈 수 없는 법이다."

종회는 뒤의 두 구절은 기억만 했을 뿐이었다. 그는 앞의 한 구절만을 마음에 새기고 자신의 좌우명으로 삼았다. 위장을 잘 하고 권모술수를 잘 부려야 비로소 세상 사람들에게 드러내놓고 이야기할 수 없는 대사를 이룰 수 있게 된다.

한 발짝 한 발짝 성공의 길로 들어서면서 종회는 권모술수를 더욱 깊이 이해하게 되었다. 그는 권모술수에 의지해 전쟁터에 임하면 장막 안에서도 전략을 구사할 수 있으며, 천 리 밖에서도 승부를 결정할 수 있다고 여겼다. 또한 이러한 뛰어난 밑천이 있어야 정계에서 일하기가 쉬우며, 겉으로 드러나지 않는 음으로 양을 다스리면서 영원한 불패의 위치에 있을 수 있다고 생각했다. 사실 이런 오만하기 그지없는 사고에 기대고 있었기 때문에 자기 발밑에 위기와 살기를 묻어두고 있었다. 그의 오만함이 권력의 핵심인 사마소라는 금기 중의 금기를 건드리고 말았기 때문이다.

사마소에게 있어 종회는 기껏해야 바둑판의 바둑돌에 불과했다. 사마소는 만인이 주목하는 위치에 그를 가져다 놓을 수도 있고, 변두리에 내쳐버릴 수도 있으며 심지어 언제든지 희생시킬 수 있었다.

사마소는 종회보다 한 수 위였다. 사마소는 권력의 지렛대와, 집안에 전해져 내려오는 비술, 지위가 주는 위치로 인해 권모술수 방면에 노련하고 용의주도했다. 남보다 더 깊은 경험에서 권모술수의 작용과 반작용을 이해했으며, 권모술수의 유효한 잣대를 알고 운용 환경을 알게 되었다. 결론적으로 사마소는 권모술수의 당대 제일인자였다.

두 사람을 놓고 비교해 보면, 마치 학생이 선생님에게 술수를 부리려는 꼴이었으며, 소진蘇秦(중국 전국 시대, BC 5세기~BC 3세기 중엽의 유세가遊說家. 하남성河南省 낙양洛陽 사람. 장의張儀와 함께 귀곡자鬼谷子에게 가르침을 받았음. 합종책을 주장했음)이 스승인 귀곡자를 갖고 놀려는 것과 같았다.

사람들은 종회가 모략이 있으며 큰 그릇이라고 했다. 그러나 사마소는 그가 기껏해야 참모형 인물밖에 될 수 없다고 여겼다. 그가 보기에 종회에게는 국면 전체를 아우르는 정치적 소질과, 사람의 마음을 끌어당기는 응집력이 없으며, 높고 멀리 내다보는 큰 지혜가 없었다. 종회 같은 인물은 권모술수를 처세의 방편으로 삼는다. 무릇 이러한 자는 절대로 충성을 다할 수 없는 법이다. 이익의 변화에 따라 언제고 정치적 태도를 달리하기 때문에 절대적으로 신의를 이야기할 수 있는 자가 아니다. 또한 탐욕을 없는 듯 숨기고 있지만 기실은 엄청 탐욕스러우며, 그 탐하는 것이 더욱 큰 곳에 있어 롱隴땅을 얻고도 다시 촉蜀땅을 바라본다[得隴望蜀. 후한 헌제 20년(220), 촉을 차지한 유비劉備가 강남의 손권孫權과 천하 대사를 논하고 있을 때 조조는 단숨에 한중漢中(섬서성 서남쪽 한강 북안의 땅)을 석권하고 롱땅을 수중에 넣었다. 이때 조조의 명장 사마의가 진언했다. "여기서 조금만 더 진격하면 유비의 촉도 쉽게 얻으실 수 있을 것이옵니다." 그러자 조조는 이렇게 말했다. "인간이란 만족할 줄 모른다고 하지만, 이미 롱을 얻었으니 촉까지 얻기를 바라지는 않소"라는 고사에서 나온 말]. 종회는 모친이 경계로 삼으라고 한 말과는 정반대로 영원히 자족할 줄 몰랐다.

촉蜀나라에 귀순했던 위나라 장군 하후패夏侯覇가 일찍이 강유姜維에게 이렇게 말한 적이 있다.

"종회는 비록 나이는 어리지만, 종국에는 오吳와 촉蜀의 근심거리가 될 것입니다. 정말 비범한 사람이 아니라면 그를 적절히 사용할 수 없을 것입니다."

사마소는 종회의 권모술수가 절정의 궤도를 따라 발전해 가는 것을 명확히 파악하고 있었다. 사마소는 종회를 줄곧 힘센 매와 개로 삼아 사용했으며 대담하게 풀어 놓아주었다. 은전을 베풀고 이권을 주고, 영예를 주면서 그가 적극성을 최대로 발휘토록 했다. 그러면서도 사마소는 종회를 손바닥 안에 놓고 갖고 놀았으며, 그의 명맥을 움켜쥐고 있었다.

사마소의 원대한 꿈은 천하를 평정하고 대 통일을 실현해 진시황과 같은 위대한 업적을 이루는 것이었다. 그러나 목표를 달성하려면 촉과 오 두 나라를 치기 위한 군대를 동원하는 것이 필요했다. 당시의 일반적인 형세를 놓고 보면 통일의 최종 조건이 아직 성숙되지 못한 상황이었다. 몇 해 전 위나라의 조상曹爽이 촉을 정벌하는 군대를 동원했으나 아무런 공도 세우지 못했다. 촉나라를 정벌하는 방안을 정치 의사일정에 올려놓자 유일하게 종회만이 강경하고 격앙된 어조로 사마소를 지지하고 나섰다. 종회는 마치 황하 가운데 있는 지주산처럼 굳건하게 주전파의 우두머리가 되어 사마소의 심사를 어루만져 주었다. 만일 사마소가 촉나라를 정벌하려 한다면, 담력이 대단한 종회를 멀리 할 수 없었다.

종회가 촉 정벌 주력부대의 사령관으로 내정되자, 그의 사람됨을 꿰뚫어보고 있던 대신 소제邵悌가 완곡한 말로 사마소에게 아뢰었다. 종회 혼자 10만의 중무장 병력을 장악토록 하면 안 되며, 마땅히 다른 사람으로 대체해야 한다. 만일 그렇게 하지 않으면 앞날을 예측할 수 없다는 내용이었다.

그 말을 들은 사마소는 자신 넘치는 웃음을 보이며 솔직하게 답변했다.

"내가 어찌 종회의 사람됨을 모르겠소? 나는 촉을 정벌하는 것이 손바닥 뒤집듯 쉽다고 여기지만 많은 사람들이 불가하다고 하고 있소. 세상의 이치로 보자면 사람들의 마음이 주저하고 두려워하게 되면 지혜와 용기가 바닥 나게 되고, 그런 자들을 강제로 전쟁에 내보내면 공연히 적군에게 사로잡히게 되는 법이오. 오직 종회만이 나의 뜻에 부합되니,

오늘날 종회를 보내 촉을 정벌하면 반드시 멸망시킬 수 있소. 촉을 멸망시킨 후 종회는 경이 우려하고 있는 일을 달성할 방법이 없을 것이오. 무릇 패한 군대의 장수는 용기라고 일컬을 것이 없는 법이며, 나라를 망하게 한 자들과는 같이 생존을 도모할 수 없는 법이오. 이는 그들의 마음과 담력이 모두 깨져버렸기 때문이오. 촉나라가 격파되면 그 유민들이 놀란 상태여서 대사를 도모하기 어려운 법이며, 우리 군대의 병사들은 고향으로 돌아오고 싶은 생각에 절대로 더불어 모반하려 하지 않을 것이오. 만일 종회가 일을 벌인다면 멸족의 화를 자초하게 될 것이니 경은 염려할 필요가 없소. 그러나 다른 사람들이 이러한 말을 알지 못하도록 신중하게 행동하기 바라오."

하지만 소제만이 아니라, 다른 이들을 통해서도 이러한 말들이 끊임없이 들려왔다. 사마소의 부인인 왕씨 또한 남편에게 주의를 주었다.

"종회는 이익을 보면 의義를 저버리고, 사단을 일으키기를 좋아하는 자입니다. 총애가 지나치면 반드시 난을 일으킬 자이니 대임을 맡기면 아니 될 것입니다."

당시 정확한 예언으로 유명한 여걸 신헌영辛憲英도 종회에 대해 단정적으로 말했다.

"종회는 제멋대로 일을 하는 자로, 결코 오랫동안 남의 밑에 있을 인물이 아닙니다. 그가 장차 다른 뜻을 가질까 두렵습니다."

종회의 형인 종민鍾毓조차 가문의 화를 면하기 위해 비밀리에 사마소를 찾아왔다.

"종회는 자신의 작은 재주만을 믿고 날뛰는 자로 국면을 보전하기 어려우니, 그에게 대임을 맡길 수는 없습니다."

사마소는 이러한 경고들을 묵묵히 듣기만 할 뿐, 결심을 바꾸지 않고 종회를 임명했다. 그는 종회가 다른 뜻을 품더라도 자신의 손바닥을 벗어나지 못할 것이라고 자신만만해했다.

사실 사마소는 종회를 견제하기 위해 촉나라 정벌 대군을 주도면밀하게 배치했다. 주력부대 10만은 종회가 통솔하며 좌우익편 부대는 각각 3만으로 구성하되 등애와 제갈서諸葛緒가 통솔하도록 했던 것이다. 또한 위관衛瓘을 감군監軍으로 삼아 삼군을 감독하도록 했다.

예상대로 촉나라가 멸망해 통일전쟁의 막이 열렸다. 전장터에서 전략을 세우고 전쟁을 주동적 국면으로 이끌며, 성도成都를 돌파하고 유선劉禪의 항복의식을 주재한 사람은 등애였다. 그리고 강유姜維가 이끄는 촉의 주력부대가 무기를 내려놓은 이유는 유선의 명령 때문이었다. 상황이 이런데도 종회는 자신의 활약으로 전쟁에서 승리를 거두었다고 생각했다. 그가 총사령관인 상황에서 주력부대가 피 한 방울 묻히지 않고 촉땅에 들어갔고, 촉나라의 촉망받는 장군 재목인 강유를 투항시키는 공을 세웠으며 그가 획책해 이루어냈던 이전의 성과들이 더해져 종회는 자신이 역사상 뛰어난 인물들의 반열에 들어섰다고 여겼다.

그는 정말 말하고 싶었다. 조조, 사마의가 모두 사라졌으니, 이제는 자신이 한껏 실력을 발휘할 차례가 되었다고……. 사마씨의 그늘에서 벗어나 새로이 출발하는 것이다. 아니, 새로 얻은 땅을 근거지로, 데리고 온 북방의 부대와 촉나라의 군민을 자신의 역량으로 삼아 위황실을 지킨다는 구호 아래 사마씨 집단을 대신하는 것이다. 만일 형세가 불리해지면 촉땅에 근거를 잡을 수 있으며, 그렇더라도 여전히 일방의 주인 자리는 잃지 않게 된다.

종회의 계산은 득의만만 그 자체였다. 사마씨에게 반기를 들게 되면 여론상 '모반'의 죄명을 벗어날 수 없다. 종회는 이 점을 누구보다도 명확하게 알고 있었다. 그러나 모반이라 할지라도 반기를 들지 않으면 안 되는 상황이었다. 하지만 그의 권모술수는 많은 원한과 적들을 만들어냈다. 위세가 대단해졌지만 도리어 고립무원의 상태에 빠졌으며, 배후에서 그를 참소하는 말들이 비 오듯 쏟아졌다.

순순히 규례를 좇아 부대를 이끌고 개선하면 아마도 앞길이 좋지 않을 것이다. 사마소의 마음을 어찌 모르겠는가? 약삭빠른 토끼가 아직 죽지 않았기 때문에, 사냥개가 여전히 이용가치가 있는 것이다. 위나라로 돌아간다면 문종文種(월왕 구천을 도와 나라를 다시 일으키고 패업을 이루지만 구천에 의해 죽임을 당함)이나 한신韓信(유방을 도왔던 맹장이었지만 결국 통일 후에 내쳐지게 되었음)의 전철을 밟을 가능성이 컸다.

종회는 철저하게 당시 상황을 고려했다. 그는 사마씨 부자에게 호감을 갖고 있지 않았다. 심지어 사마소를 얕보았다. 그러나 사마씨의 권력과 방대한 세력을 명확히 인식하고 위나라 상층사회에서 지내기 위해, 특히 정치 핵심권에서 지내려 그들과 비교적 '친밀'한 관계를 형성했다. 자신이 영웅 중의 영웅이 되려는 야망을 실현하기 위해서 적극적으로 계책을 내어 그들이 정치와 군사 면에서 끊임없는 성공을 거두도록 도와주며, 자신의 출세의 계단 위로 붉은 융단을 깔아갔다. 다른 한편으로는 자신의 오만하고 강직한 성격을 깊이 감추고 눈꼬리를 내리고 순종하며, 그들을 떠받들면서 호감을 얻어 큰 벼슬을 하려 노력했다. 찬란한 앞길을 위해 그는 억울함과 치욕을 끝까지 견디고, 불평불만을 삼켜버리며 참고 또 참았다. 다른 사람들이 참을 수 없을 정도의 일들도 그는 끝까지 참아냈다.

촉을 정벌하는 사령관으로 임명되어 하늘에 오르기보다 어렵다는 촉으로 가는 길을 밟으면서 종회는 우리를 벗어난 호랑이처럼 마침내 자유를 얻었다. 일종의 자아가 주재하는 자유를, 다른 사람을 다스리는 자유를, 세계를 다스리는 자유를 얻었던 것이다. 높은 하늘을 제멋대로 날아오르는 새처럼, 종회라는 커다란 새가 힘차게 날아올랐다. 반은 존경심에서 반은 보호를 받기 위해 그는 사람을 보내 제갈량의 묘에 제사를 지냈다.

정식으로 사마씨에게 반대하는 기치를 내걸기 전에, 종회는 먼저 사마소의 견제를 깨뜨리기 시작했다. 겁을 내어 진격하지 않았다는 죄명으로 제갈서諸葛緖를 죄수로 만들고 그 휘하의 부대를 집어삼켰다. 그런 후에 그는 줄곧 두려워하고 꺼려했던 등애를 제거하기 위해 손을 쓰기 시작했다. 이는 무척 중요한 조치로, 종회는 이를 통해 마음속 근심거리와 뒷걱정을 제거할 수 있을 뿐만 아니라 등애 휘하의 정예부대를 거두어들여 자기의 실력을 증가시킬 수 있었다. 그는 다시 한번 지모를 발휘해, 오나라를 정벌하자고 주장하는 등애가 모반을 꾀하고 있다고 주장하고, 이를 사마소에게 보고해 등애를 체포하는 것에 동의하도록 요구했다.

사마소는 그 보고서를 받자마자 바로 동의하는 답신을 보냈다.

"등애가 체포되는 것을 거부할 우려가 있어, 중후군 가충賈充을 보내 기병과 보병 일만을 통솔하고 사곡斜谷을 통과해 낙성樂城에 주둔토록하고, 나도 직접 십만 대군을 이끌고 장안으로 가서, 가까이에서 (만일의 사태에) 대응토록 할 것이오."

이에 소제가 사마소를 대면해 물었다.

"종회가 거느린 병사가 등애 군사의 대여섯 배나 되니, 종회로 하여금 등애를 체포토록 할 수 있습니다. 주군이 직접 나서실 필요는 없지 않습니까?"

사마소는 소제의 주의를 환기시키며 자신이 직접 움직이는 뜻을 해명했다.

"경은 이전에 우려하던 것을 잊어버렸소? 어찌 오늘 내가 직접 나설 필요가 없다 하시오? 혹 사실이 그렇다 할지라도 이 말은 절대로 공개해서는 안 되오. 나는 신의로써 다른 사람을 대하며 다른 사람이 나를 배반하지 않기를 바라오. 어찌 내가 먼저 다른 사람에게 손을 써서 의심이 생기게 한단 말이오! 내가 장안에 도착하면 그 일체가 자연히 밝혀지게 될 것이오."

사마소는 이렇게 준비한 그물을 미리 쳐놓았다.

회신을 받고나서 종회는 즉시 사마소의 진짜 의도를 알게 되었다. 크게 놀라 낯빛이 변했으나, 잠시 후에 마음을 가라앉히고 자신의 심복에게 이야기 했다.

"등애를 사로잡는 것은 나 혼자서도 할 수 있다는 것을 상국相國(사마소의 벼슬)이 잘 아시면서도 대군을 몰아오는 것은 내가 다른 뜻을 품고 있다는 것을 눈치 챈 것이다. 이젠 더 시간을 끌 수 없다. 빨리 결행해야겠다. 일이 성공하면 천하를 얻게 되는 것이다. 만일 일이 잘못되면 물러나 촉땅을 지키면서 유비의 역할을 하면 된다. 내가 정치에 참여한 이래 계획해서 이루지 못한 것이 없다는 것을 온 세상이 다 알고 있지 않은가?"

일석이조의 효과를 얻기 위해 그는 위관에게 등애를 체포하도록 명령했다. 궁지에 몰린 등애가 자신을 보호하기 위해 위관을 죽인다면, 이로써 위관을 제거하게 되고 또한 등애의 모반을 증명하게 되는 것을 노린 것이다. 그러나 뛰어난 지략을 갖춘 위관이 종회의 음모를 눈치채지 못할 리 없었다. 그는 교묘한 수법으로 등애를 죄수의 수레 속에 잡아넣었다.

자기의 계책이 성공하지 못하자 종회는 강유와 동맹을 맺고 반란의 깃발을 들었다. 경원 5년(서기 264) 정월 15일, 종회는 성도에서 그 전 해에 죽은 곽태후(위나라 명제의 황후)를 위해 발상을 하고, 곽태후의 유조를 꾸며 발표했다. 종회가 병사를 일으켜 사마소의 상국相國 신분을 폐하라는 내용이었다.

반란의 싸움이 전개되려는 순간 갑자기 내부에서 변란이 일어났다. 북방에서 온 병사들은 고향에 돌아가고 싶은 마음이 간절했기 때문에 종회가 땅을 차지하고 난리를 일으키는 것에 불만을 품고, 종회가 거주하고 있던 성쪽으로 창끝을 돌렸던 것이다. 성이 돌파당하고 강유가 격전 끝에 죽자 종회는 이미 옛날의 지혜와 기상을 잃고 벌떼처럼 몰려오는 병사들에게 죽임을 당했다.

사마소가 막 장안에 도달했을 때에는 종회가 죽었다는 소식이 전해져 있었다. 그 소식을 보고받은 사마소는 다시 한번 웃음을 터뜨렸다. 아주 후련한 웃음이었다.

난을 겪던 그 순간 종회의 뇌리에 혜강의 음성과 웃는 모습이 나타났을런지도 모른다. 죽던 날 종회는 막 마흔이 되었는데, 그보다 1년 전에 죽은 혜강 역시 마흔이었다. 나이가 같은 것은 순전히 우연에 불과하지만, 일생 계략을 꾸미며 살았던 종회가 기개와 도량으로 살아간 혜강보다 1년도 더 못살았다는 것, 적어도 그는 너무 피곤하게 살았으며, 그것도 쓸데없는 일로 자신을 피곤하게 만들며 인생을 보냈던 것이다.

혜강은 칠현금을 뜯으면서 조금의 두려움 없이 죽어갔으며, 그를 스승으로 여기는 삼천 태학太學생들의 존경을 받았다. 종회는 모반에 실패해 타향에서 참혹하게 죽음으로써 천고의 웃음거리가 되었다. 같은 40년의 인생, 다른 풍모와 재능으로 살았던 이들이 다른 죽음을 맞이했다. 천여 년 후에 대문호인 조설근曹雪芹(중국의 4대 기서 중 하나인 《홍루몽紅樓夢》의 작가)이 너무 똑똑해서 인생을 망친 사람을 총괄하는 〈총명루聰明累〉라는 곡을 써서 가로되,

권모술수와 남을 속이는 기지가 그 지나친 총명함을 다하니 그대의 목숨을 앗아갔구려! 살아생전에는 그 마음이 갈갈이 찢기고 죽은 후에는 그 본성이 공허하게 되었네. 집안이 부유하고 평안했으나, 끝내는 집안이 망하고 가족들이 뿔뿔이 흩어져버렸네. 헛되이 조마조마한 마음으로 노력하는 것은, 마치 이리저리 흔들리는 새벽 꿈. 와르르 무너져 내리는 건물, 천지가 어두워지듯 꺼지는 등불. 아! 한바탕의 기쁨 뒤에 홀연히 찾아오는 쓰라린 슬픔. 세상사 끝을 알기 어렵구려.

이 명곡조는 종회의 인생을 함축하고 있다. 만일 혜강이 종회가 자신을 바로 쫓아와 '같이 묻힌 것'을 알았다면 지하에서도 유감이 없었을 것이다. 혜강의 죽음을 놓고 사마소는 후회가 없지 않았다. 고의든 진실한 마음으로 그런 것이든, 사마소가 최소한 혜강의 죽음에 유감을 느꼈다는 말이다. 반면 종회의 죽음에 대해서는 진정으로 뿌듯함을 느꼈다. 과연 그의 추측대로 상황이 전개되었으며, 그가 직접 손을 쓰기 전에 자신보다 뛰어난 사람들이 있다는 것을 알지 못했던 종회가 성도成都 거리에 시체로 나뒹굴었기 때문이다.

종회는 줄곧 자신이 역사에 길이 남는 영웅 중의 영웅이 되고 싶어 했으나 평범한 영웅으로도 인정받지 못했다. 반면에 혜강은 역사적인 인정을 받고 있다. 동진의 명신이었던 사만謝万이 〈팔현자론八賢論〉을 쓰면서 굴원, 가의賈誼 등과 함께 혜강의 이름을 올려놓은 것에서도 알 수 있다.

종회는 너무 똑똑해서 스스로를 망쳤으나, 사마소는 총명함을 계속 발휘하며 아버지와 형의 대업을 이어나가 위魏의 권력을 수중에 넣었다. 또한 아들 사마염司馬炎이 위나라의 황제위를 찬탈하도록 길을 열어주어 중국 역사상 두 번째로 강제에 의해 왕위를 선양받은 왕조 서진西晉을 세우도록 했다. 동진이 장강을 넘어 남쪽에 자리잡은 후에 진의 명제明帝가 대신 왕도王導에게 진晉 제국이 일어서게 된 역사를 물어보았다. 그는 사마의가 위나라의 대권을 어떻게 빼앗아 명문귀족을 제거했는지, 사마소가 위나라의 천자를 어떻게 위협하고 그 당시 대권을 쥐고 있던 조모를 어떻게 반항토록 해 죽게 했는지를 이야기했다. 자신이 다스리는 강산이 조상들의 그와 같은 노력으로 빼앗어온 것이란 이야기를 듣자 명제는 부끄러움에 얼굴을 의자에 파묻으면서 내뱉었다.

"사정이 진정 경이 말한 대로라면 국가의 운수가 어찌 오래갈 수 있겠소?" 그래도 명제는 식견이 있어 인과응보라는 전통적인 세속의 각도에서 사기는 사기로, 악은 악으로 갚음을 받게 된다는 보이지 않는 순환의 굴레를 보았던 것이다. 서진에서 일어났던 팔왕의 난 및 동진에서 벌어졌던 왕돈王敦의 군대를 동원한 협박, 환온桓溫의 군주폐위, 환현桓玄이 진을 초나라로 대체한 일에서 유유劉裕의 왕조교체까지의 역사는 명제가 부끄러움 끝에 내뱉은 말들을 가장 잘 주석한 것이라고 할 수 있다.

민간에 오래된 속언이 있다. 악은 악으로 갚음을 받으며 현세에 이루어지지 않으면 자손들이 갚음을 받게 된다. 종회는 혜강과 등애를 해코지해 현세에서 그 응보를 받았다. 사마소는 종회와 위나라 황실을 가지고 놀았는데 후손이 그 응보를 받았다. 둘 중 누가 총명한 것일까?

하늘의 큰 도는 말이 없는 법. 사마귀가 매미를 잡으려 노려보고, 그 뒤에 참새는 사마귀를 노리고 있는데, 그 참새는 자신의 뒤에 어린 아이가 새총을 겨누고 있다는 것을 까마득하게 모르고 있고…….

역사라는 이 어린 아이가 무형의 거대한 새총을 들고 이른바 똑똑하다는 인간들을 주시하고 있는 것은 아닐는지?

품격의 비교

사마씨와 내공을 겨루는 혜강

비록 낙양에서 멀리 떨어져 죽림에 묻혀 있을지라도, 마음이 담담한 상태였을지라도, 혜강은 위나라 조정에서 벌어지는 다툼의 분위기가 자신의 몸을 감싸고 있는 것을 느꼈다. 위나라 조정, 제왕의 기운이 나날이 암담해지면서, 말로 표현하기 어려운 답답함이 아주 무겁게 그의 몸을 짓눌렀다. 이런 상태가 오래되면서 소탈하고 거침이 없던 혜강도 이를 받아들이기 어려운 지경이 되었다.

위황실의 명운에 대해 당대의 걸출한 철인이었던 혜강이 가슴 깊숙이 느낀 것은 단지 두 글자뿐이었다. 무無와 공空, 앞의 글자는 도교, 뒤의 글자는 불교에서 나온 것으로, 각각 두 종교의 주제이다. 그는 불교에서 관정灌頂을 통해 지혜를 깨닫게 되는 것처럼 이 세상 모든 것은 없음과 비어 있음이 얽혀 빚어내는 것이며, 무와 공이 교차하면서 허망함과 환각의 그림자를 빚어낸다는 것을 깨닫게 되었다. 위용을 자랑하던 위나라의 자태도 어느새 구름으로 변해, 그저 파도에 부딪히는 갈석碣石(조조가 하북성 바닷가에서 바다를 바라보며 시를 읊었던 산이름)만 남아 있었다. 위 문제文帝(조비曹丕, 조조의 아들)가 나라를 세우던 기상도 사람들의 이야깃거리로만 남았으며, 총명하고 지혜롭던 위 명제明帝의 풍모도 어제의 이야기가 되어 구중궁궐에서 사라진 지 오래였다. 그 뒤를 잇는 군주들은 점점 더 나약해졌다. 제왕齊王은 조씨의 황관을 쓰고 있었지만 사마의의 꼭두각시가 되어 사마씨의 말을 들어야 했다. 그는 이러한 상황에서 벗어나기 위해 노력했지만 그런 낌새를 눈치 챈 사마사에 의해 묘당에서 쫓겨나고 말았다. 고귀향공高貴鄕公은 산송장처럼 되고 싶지 않아 위험을 무릅쓰고 반항하다가 참혹한 죽음을 당했다. 진류왕陳留王은 철저하게 사마소의 손바닥 안에 있었다. 잠시 잠깐의 휘황찬란함이 지나가자 굴욕과 목숨을 겨우 이어가는 생활이 조씨의 뒤를 따랐다. 눈앞에 놓여 있는 가슴 떨리는 사실에 혜강은 인생의 수수께끼를 더듬어 보기 시작했다. 옛글에서도 수없이 거론됐던 일이며, 자기 생애에서도 적지 아니 보았던 권력과 부귀공명의 일들을 혜강은 결론지어 말했다.

부귀와 존귀, 영화는 실제로 근심걱정만을 많게 할 뿐.
옛사람들은 호화로운 집을 두려워했네.
그곳에 인간의 모든 해악이 있으며, 짐승 같은 악한 짓들이 널려 있기에.
가난, 그렇게 지내는 것만이 그런 것들을 없애주노니
옛 노래에서도 일컫지 않던가?
부귀는 근심과 걱정을 많게 한다고…….

　　　　　　　　(〈중작육언시십수重作六言詩十首〉의 첫 편 중에서)

부富는 좀을 쌓이게 하고, 귀貴는 원망을 쌓이게 한다.
바삐 움직이는 자는 피로함이 많으며,
욕심 없이 조용히 지내는 사람은 화가 적은 법이다(〈복의卜疑〉 중에서).

군자의 마음 씀씀이는 이와 같으니 명리와 지위를 군더더기로 여기고 재물을

티끌처럼 여기니 어찌 부귀에 마음을 쏟겠는가?(〈답난양생론答難養生論〉 중에서)

도리에 맞는 말이지만 인간에게는 감정이 있어, 이 감정을 도리에 따라 무無화하기는 극히 어렵다. 혜강이 비록 평범치 않은 이성적 지혜를 말하고, 즐거움과 분노를 드러내지 않는 자질을 가지고 있었다 할지라도, 그 역시 지극히 인간적이고 솔직한 마음을 가지고 있었기에, 종교적 계율로만 자신의 생각과 행동 전부를 절제할 수는 없었다. 조씨 가문의 여자와 결혼한 그로서는 장인 집안의 옛 영광을 기억하며, 오늘날의 치욕을 참아내는 삶에서 조씨 가문을 파괴하고 있는 사마씨 가문에 자연스럽게 원한을 갖게 되었다.

혜강은 사마씨의 흥기가 아니었더라면 본래 장인 가족이 제공하는 정치적 전도에 기대어, 인격을 갖추는 동시에 자기의 재능을 다해 치국평천하의 노력을 기울일 수 있었다. 공명功名에 대한 비판은 그가 공명심이 없었기 때문이라기보다는 사마씨에 대한 원한에서 나온 것이다.

깊숙이 쌓인 원한, 혜강은 어찌해도 그것을 모르는 척 그대로 삼켜버릴 수 없었다. 사마씨 진영에 들어간 산도가 좋은 관직을 추천했지만 그는 맡지 않았다. 맡지 않은 정도가 아니라 산도와 절교를 했다. 사마씨에게 빌붙어 있던 종회가 그와 친해지기 위해 방문했을 때 그는 상대조차 하지 않았다. 아니 그 정도가 아니라 종회를 비꼬아주었다.

굽힘을 모르는 혜강은 자신의 입장을 정했고, 이러한 입장이 혜강의 앞날을 결정했다.

역사의 수레바퀴는 사마소를 무대 전면에 나서게 했다. 특별히 조건이 좋은 사마소는 아버지와 형이 마련해 준 튼튼한 기반 위에 서 있었다. 아버지 사마의는 동한東漢 말기 거센 동란 속에서 잡은 기회로 몸을 일으켰다. 천하가 주인을 잃고, 뭇 영웅들이 그 자리를 좇을 때 그는 제후가 될 세력은 갖고 있지 않았지만, 사람들을 놀라게 할 만한 명성은 가지고 있었다.

또한 사마의는 멀리 앞을 내다볼 수 있는 지혜를 가진 뛰어난 인물이었다. 물가에 가까이 있는 누대에서 먼저 달을 볼 수 있다는 말처럼, 북방에 있던 사마의는 북방의 조조가 힘써 찾던 대상이었다. 조조는 그를 자신의 올가미 안으로 끌어들였으며, 자기 진영의 장대한 발전을 위해 지혜와 모략을 다하도록 요구했다. 여기에는 사마의가 원소, 유비, 손권 등 자신의 경쟁자들 쪽으로 가지 못하게 막는다는 더 깊은 뜻도 있었다.

조조는 사마의를 기용했다. 그저 기용한 것이 아니라 크게 사용했다. 그러나 크게 사용하고 보니 성실하지 못한 면과, 지나치게 교활한 면이 눈에 띄기 시작했다. 마치 무언가를 숨기고 있는 것 같았으며, 믿기 어려운 구석이 있었다.

사마의는 지모가 뛰어난 사람이었다. 하지만 조조는 그보다 더욱 뛰어난 지모를 갖추고 있었다. 영웅들은 세상을 보는 눈이 비슷한 법, 뛰어난 자가 뛰어난 자를 기용하면서 서로의 장점을 취하고 단점을 보강하는 동시에 지모를 다투는 것은 피할 수 없는 일이었다. 그리고 그 둘 사이는 필연적으로 멀어질 수밖에 없었다. 그러다 결국 마지막에는 시기하게 되고, 그게 지나치게 되면서 위험해진다. 복잡한 정치무대에서 뛰어난 자는 뛰어난 자의 도움을 받지 않을 수 없다. 그러나 서로 아무 일없이 잘 지내기란 쉽지 않다. 어째서 크고 작은 정치가들이 평범한 자나, 비천한 자를 기용하는가? 그런 자들을 높이 사기 때문이 아니라, 그런 자들을 기용하면 자신의 지위가 비교적 안전해지기 때문이다. 조조에게 이런 째째함은 없었다. 그는 지혜로 지혜를 사용하고, 지혜를 더하고, 지혜를 다스렸다.

조조는 지혜로 사마의를 꿰뚫어보고 있었고, 사마의 또한 지혜로 보신의 행동을 했다. 그는 전심전력을 다해 충성했다. 큰일을 도모하는 데 지혜를 짜내 계책을 내놓았으며 위험을 해소해 편안함에 이르게 하고, 힘을 적게 들이면서 큰 공을 세우기도 했다. 그리고 한편으로는 조비曹조와의 관계를 돈독하게 해 아주 큰 보호막을 구했다. 사마의는 체면을 생각하지 않고 그 모든 일을 견디어냈다. 조조가 세상을 떠나고 조비가 위나라 개국의 황제가 될 때까지, 당시 조정에서 가장 잘 나가는 사람이 될 때까지 견디어냈다. 이제 사마의의 위세는 중국 북방의 강산에 널리 미치고 있었다.

조비가 오나라를 정벌하러 가기 앞서, 안으로는 백성을 아우르고 밖으로는 군대의 물자를 공급토록 사마의에게 명령하면서 다음과 같이 말했다.

"짐은 후방의 일이 가장 마음에 걸리는 고로 경에게 이를 부탁하는 바이오. 조삼曹參이 비록 전공이 있었다고는 하나 소하蕭何(서한 건국 시 유방을 도와 패업을 이루게 한 명재상으로 주로 후방 보급을 담당했음)를 중하게 여기는 것과 같은 도리요. 짐이 뒤를 걱정할 필요가 없도록 하는 것, 이 역시 가可한 일이 아니오!"

또 조비는 광릉廣陵에서 낙양으로 돌아올 때 "짐이 동으로 향하면 경이 서쪽의 일을 총괄하고, 짐이 서로 향하면 경이 동쪽의 일을 총괄하시오"라고 말했다. 이와 같은 말과 신임은 사마의를 빼고는 만조백관 중에서 그 누구도 감당할 수 없었다. 위 문제 조비는 사마의를 신임했고, 뒤를 이은 위 명제 조예曹叡는 그를 더욱 존경했다. 임종을 눈앞에 두고 그의 손을 끌어당기면서, 종실인 조상曹爽과 함께 고명대신顧命大臣(황제의 유언을 받아 새 황제를 보필하는 대신)으로 어린 임금인 조방曹芳을 보필하라는 유언을 남겼다.

두 사람의 고명대신, 한 사람은 공적이 많고 경험이 풍부하며 지략이 뛰어나 자격이 충분한 노인이었다. 한 사람은 그저 돈을 물 쓰듯 하는 귀공자로, 자기 당파를 세울 줄만 알고 어리석게 권력을 휘두를 줄만 알았다. 두 사람이 짝이 되었으나 얼마 지나지 않아 서로 해결할 수 없는 갈등을 빚게 되었다. 지혜로운 사마의가 두 발 나아가기 위해 한 발 양보했다. 노인성 치매에 걸려 세상을 떠날 사람처럼 꾸민 것이다. 이를 본 조상은 경계심을 잃어버리고 전혀 근심걱정 없이 지냈다.

그러던 어느 날 돌연히 '썩은 고목 같은 인물'이 회춘했다. 사마의는 조방이 천자를 모시고 고평릉高平陵에 제사를 지내러 갔을 때 정변을 일으켰다. 조상의 무리들을 유인해 스스로 그물에 걸리게 한 뒤에 전부 처결했다. 조조가 한 헌제를 손아귀에 넣고 흔들었듯이, 이제는 사마의가 제왕을 손아귀에 넣고 흔들었다. 대권을 독점한 사마의는 천자에게도 절을 하지 않는 대신이 되었다. 이렇게 뒷날의 진晉왕조가 탄생했다.

사마의가 천명을 믿었는지는 알 수 없지만, 그의 경력을 보면 한 걸음 한 발자국씩 그런 모습이 드러난다. 그는 지혜와 모략으로 입신을 했으나, 그것을 내부 투쟁에만 사용한 것이 아니다. 장막 안에서 천리 밖의 전쟁을 계획해 결정적 승리를 가져오도록 전쟁터에서도 사용했다.

조조 집권 시에는 장로張魯를 꺾은 위력으로, 한중漢中을 발판으로 삼아 직접 유비의 근거지인 익주益州를 공략하자고 건의했다. 그러나 아쉽게도 조조가 이런 계략을 '득롱망촉得隴望蜀'이라 비난하며 거절했다. 관우關羽가 위의 7군軍을 수공水攻으로 격파하고 우금于禁을 생포해 전 중국을 놀라게 했을 때, 조조는 수도를 옮겨 그 예봉을 피하려 했다. 그때 손권과 연락해 관우의 근거지인 형주荊州를 배후에서 습격하도록 한 이가 바로 사마의였다. 명제 때는 남들이 생각지 못하던 책략을 내어 대군을 이끌고 신성新城을 직접 공격했다. 이 전투에서 위에 투항했다가 배반하고 촉과 연계하려던 맹달孟達을 참수해 위의 전선을 확고히 다졌다. 멀리 요동으로 원정을 갔을 때 폭우가 쏟아져 큰물이 나면서 군심이 흔들리자 이를 안정시키고, 반기를 든 요동태수 공손문의公孫文懿를 격파해 죽였다. 이 외에도 그가 거둔 크고 작은 승리는 셀 수 없을 정도였다.

삼국시대 전체를 통틀어 제갈공명과 필적할 만한 인물은 사마의뿐이었다. 전체적으로 평하자면 유명한 위와 촉의 몇 차례 전쟁 중에서 그와 제갈공명은 대등했다. 그는 비교적 객관적으로 자기 자신과 제갈공명을 평했다. 그는 제갈공명의 결점을 이렇게 말했다.

"양亮은 큰 뜻을 가지고 있었지만 기회를 엿보지 못했으며, 많은 책략이 있었으나 과단성이 없으며, 군대를 잘 움직였지만 권모술수적인 변화에 능하지 못했다."

그는 또 제갈공명을 높이 추켜세웠다.

"천하에 뛰어난 재사다!"

제갈공명에 대한 사마의 평가는 이렇듯 존경과 비하가 교차했다. 이러한 감정은 사마의로 하여금 과감하면서도 조심스럽게 제갈공명과 겨루게 했으며, 일류 전략가의 모습과 작풍을 드러내게 했다.

《삼국지연의》에 드러난 이야기를 통해 어린아이들도 사마의를 알게 되었다. 뛰어난 지혜와 모략은 업적을 가져왔으며, 그 업적은 큰 영향을 발휘케 했다. 그 영향력으로 대세력을 형성하고, 그렇게 군건한 기반을 이루었다. 사마의의 공적은 위왕조에서 이루어졌지만 그의 이득은 자신의 가문으로 돌아갔다.

속담에 '73세, 84세면 염라대왕이 부르지 않아도 스스로 간다'는 말이 있다. 인고의 세월을 보내면서 정권을 손에 넣은 사마의는 73세의 고령으로 세상과 이별했다. 가족을 핵심으로 하는 통치구조에서 제왕이나 제후의 사업이 크게 발전할 수 있느냐 없느냐의 문제는 간단하기 그지없다. 걸출한 아들의 여부를 보면 된다. 원소는 걸출한 아들이 없어 그 광대한 기반을 다른 사람에게 넘겨주고 말았고, 유표는 백기를 형주성 문루에 나부끼게 했다. 이를 두고 조조는 장탄식을 하지 않았던가! 하지만 사마의는 편안하게 눈을 감을 수 있었다. 사마사司馬師가 아버지를 이어 일가를 이루었기 때문이다.

청출어람이라고 말할 수는 없지만 사마사는 사마씨 가문에 걸맞은 인물로 아버지의 두터운 기대를 저버리지 않았다. 풍모가 우아하며 생각이 깊고 많은 책략을 갖고 있던 사마사는 소년 시절부터 상류사회에 그 명성이 자자해, 하후현夏侯玄, 하안何晏과 어깨를 나란히 했다. 하안은 그를 일컬어 "천하의 대사를 이룰 자는 사마자원司馬子元이다"라고 칭찬했다.

사마의는 조상을 죽이려는 계책을 사마사와만 비밀리에 협의했다. 거사 전날 밤 사마소는 좌불안석 잠을 이루지 못했지만 사마사는 평상시처럼 깊은 잠을 잤다. 정변을 일으키는 날 사마사가 민간에서 비밀리 양성했던 3천의 결사대가 하늘에서 떨어지듯 갑자기 나타나 그를 도왔다. 박력, 의지력, 지력, 능력이 누구보다 뛰어난데다 적장자였던 사마사는 사마의가 죽은 후 기대를 한몸에 받는 인물이 되었다. 높은 관직과 작위가 사마사를 더욱 빛나게 해주었다. 또한 사마사의 곁에는 문무를 겸비한 유능한 신하와 재사들이 포진해 있어 호랑이가 날개를 단 격이 되었다.

사마사는 아버지의 세력을 이어받은 후 신속하게 기반을 구축했을 뿐만 아니라 그 자신의 웅대한 기풍으로 새로운 국면을 열어갔다. 대외적으로 오나라의 침범을 격퇴시켰으며 대내적으로는 꼭두각시 천자를 더욱 구석으로 몰아넣었다.

사마씨 가문은 잔치 분위기였다. 가문에 든든한 기둥이 있었기 때문이었다. 반면에 제왕 조방은 비록 나이는 어렸지만 세상일을 이해하고 있어 한쪽 구석에서 눈물을 훔치고 있었다. 그는 사마사가 사마의보다 더 흉악하다는 것을 인식하고 있었다. 사마사는 사직의 간악한 적으로 그의 죄과는 도저히 용서할 수 없다. 이 간악한 적을 처치하지 않는다면 조씨 가문에 다시는 밝은 빛이 비추지 않을 것이며, 조씨 가문이 다시는 영화를 누릴 수 없게 되고, 오래지 않아 멸망하리라.

황제가 이런 생각을 갖게 되자, 정치적 파란이 일기 시작했다. 왕실에 충성을 다하던 대신, 사마씨를 원망하던 대신, 자기만의 꿍꿍이를 가지고 있는 대신들이 무리를 결성해 하후현夏侯玄으로 하여금 사마사를 대신해 조정의 정치를 이끌어가도록 하려 했다.

이러한 움직임은 조씨에게는 위나라 왕실을 일으키려는 '보위전쟁', 도통을 지키려는 '정의의 전쟁', 권신의 권력이 커져 천자를 어려움에 처하게 하는 어지러운 국면을 바로 잡으려는 '청결전쟁'이었다. 그러나 사마씨 입장에서는 그의 가족을 멸망시키려는, 현존의 정치질서를 파괴하려는 의심할 여지없는 정변이었다. 소문을 전해들은 사마사는 즉각 반격에 나서 정변을 진압했다. 밀모했던 무리들은 전부 죽임을 당했으며, 조방은 철저히 고립무원 상태에 빠졌다.

사마사는 이 가련한 황제를 가만두지 않고 강력한 조치를 취했다. 우선 조방을 압박해 황후 장씨를 폐하게 하고, 은나라 때 이윤伊尹이 태갑

太甲을 물러나게 했던 이야기를 들어 조방을 황제 위에서 물러나게 했다. 이제 꼭두각시놀음의 배역이 바뀌었다. 용상에는 고귀향공高貴鄕公인 조모曹髦가 자리했다.

제멋대로 천자를 바꾸는 지경에 이르자 중앙정부는 더는 사마사를 통제할 역량을 잃어버렸다. 그러나 지방 세력들은 도리어 군사적 반격을 가하기 시작했다. 사마사는 대장군의 깃발을 날리며 자신이 직접 토벌에 나섰다. 하지만 그는 막 승리한 후 눈에 난 종기로 인해 허창許昌에서 급사하고 말았다.

형이 급사하지 않았으면 사마소는 기껏해야 고위 관리에 머물렀을 것이고 어찌해도 실제 주인의 자리를 차지하지 못했을 것이다. 운명의 보살핌으로 그는 사마씨 가족의 제3대 장문인掌門人이 되었다.

사마소의 권모술수는 그의 아버지, 강함과 의지는 그의 형과 비교할 수 없었다. 그러나 그것은 아버지와 형에 비해서 상대적으로 그렇다는 이야기다. 사마소는 늘 정치적인 흐름과 가문의 노력을 보고 들은데다, 비록 한 단계 아래의 실력이지만 아버지와 형의 소질을 전부 갖추고 있었다.

죽은 형에게서 군권을 물려받은 시기에 국내 정치 형세는 결코 사마씨 가문에게 유리하지 않았으며 심지어는 위험한 상황이었다. 고귀향공은 이 기회를 틈타 군권을 장악하려 했다. 동남 지역이 막 안정되었다는 이유로 사마소를 허창에 남도록 명령하고 대신 부하傅嘏가 대군을 이끌고 낙양으로 회군토록 했던 것이다. 만일 천자의 명령대로 한다면 앞날이 어떻게 될지 예측하기 어려운 상황이었다. 사마소는 종회와 부하의 계책에 따라 천자의 명령을 한쪽으로 밀어놓고 자신이 대군을 이끌고 낙양으로 진군해 정권을 장악했다.

사마소가 역사 무대의 전면에 모습을 드러내면서 고귀향공과 권력투쟁의 싸움을 시작했던 것이다. 사마소는 권신으로서 대권을 휘두르려 했고, 고귀향공은 천자로서 본래의 존귀함을 돌려받으려고 했다. 사마소는 압박을 가했다. 고귀향공은 숨 쉴 수 없을 정도였지만 반항의 강도를 높였고, 이로 인해 사마소는 편히 지낼 수가 없었다. 둘 사이의 권력투쟁이 점점 긴박해지면서, 서로의 관계가 한 걸음 한 걸음 막다른 골목으로 접어들었다.

자신의 세력이 거의 없는 껍데기뿐인 고귀향공은 사마소의 몰아치는 협박에 직면해 전혀 대항하지 못하고 계속 세력다툼에서 패하면서 폐출될 지경에 이르렀다. 그는 탄식했다.

"사마소의 마음은 길 가는 사람도 다 안다司馬昭之心, 路人皆知."

그는 생각지도 못했을 것이다. 이 평범한 말이 천여 년을 전해져 내려오는 명언이 되리라고 말이다. 이 구절이 명언이 된 이유는 정치세계에서 늘 반복되는 현상을 드러내주는 말이기 때문이다.

제왕 조방의 전철을 밟을 수 없었던 고귀향공은 최후의 승부수를 던졌다. 몇몇 중용되지 않은 문신을 찾아내고, 싸움할 줄 모르는 수백 명의 소년 노비들을 집결시킨 후, 직접 검을 뽑아들고 마차를 몰아 지휘하며 사마소의 관저를 향해 돌격해 들어갔다.

하지만 결과는 참혹했다. 고귀향공은 가슴이 꿰뚫린 채 길가에 시체로 나뒹굴었고, 같이 갔던 무리들은 뿔뿔이 도망가고 말았다. 하늘에 어둠이 깔리면서 천둥번개가 치고 억수 같은 비가 쏟아져 내렸다. 막 스물이 된 고귀향공은 하늘을 향해 두 눈을 부릅뜨고 누워 있었다. 몸에서 흘러나온 피가 빗물에 흐려지면서 주위의 땅을 붉게 물들였다.

천자의 죽음! 옷깃을 바로하고 앉아 있던 사마소는 그 소식을 듣자

'한참'을 놀라워하다가 갑작스레 울음을 터뜨렸다. 상심의 눈물로 범벅이 된 그는 가슴을 치고 발을 구르며 애통해했다. 내 임무를 다하지 못했다. 천자를 제대로 보호하지 못했으니 천하 사람들이 자기를 어떻게 대하겠는가? 하지만 여론은 사마소의 이러한 행동을 거짓으로 보았다.

사마소의 울음은 반은 가짜이며 반은 진짜였다. 고귀향공을 위해 눈물을 흘린 것은 가짜였다. 하지만 백성들에게 실제 사실이 이렇다고 설명할 수는 없는 노릇이었다. 자기를 위해 눈물을 흘린 것은 진짜였다. 그가 원한 것은 조정의 권력이었지, 천자의 목숨이 아니었다. 황제가 자폭한 것은 사마소에게 엄청나게 큰 어려움을 가져다주었다.

들끓는 여론은 반드시 가라앉혀야 한다. 사마소는 여러 번 망설였다. '이 일의 책임자는 가충賈充이다. 여론을 가라앉히려면 그를 처형해야 한다. 하지만 그는 나에게 꼭 필요한 존재이다. 그럼 누구를 처형해야 하는가? 그렇다. 천자를 직접 찔러죽인 성제成濟가 가장 적합한 인물이다.' 사마소는 성제를 희생양으로 삼았다. 사마소는 여론을 강제로 억누를 마음은 없었으며, 자신에 대해 공덕을 찬양토록 하면 그것으로 족하다고 생각했다. 그리고 이 중요한 순간에 그렇게 일을 처리하는 것 외에는 다른 방법이 없었다. 그는 여론이란 제멋대로 넘치게 놔두면 강을 이루고 바다를 이루어 마지막에는 자기를 빠뜨려 죽일 수 있다는 것을 간파하고 있었다. 희생양을 내세우는 것, 그것은 여론을 설득하는 하나의 방법일 뿐이다.

사마소는 여론의 반응을 통해 다음과 같은 결론을 내렸다. 조씨 가문의 운수가 아직 끝나지 않았으며, 비록 해가 지기 전의 마지막 반사일지라도 일정기간 지속되도록 해야 한다. 왕조를 바꾸는 시기가 아직 성숙되지 않았으며, 보아하니 자신이 직접 황제가 되려는 꿈을 이루기는 어렵고, 자식에게 넘겨주어 기다릴 수밖에 없겠다고 판단하게 되었다.

나라에 하루라도 군주가 없을 수는 없었다. 사마소는 진류왕陳留王 조환曹奐을 불러냈다. 일국의 군주, 하지만 그는 최후의 군주였다.

권력을 장악하고 있던 사마소는 황제의 새로운 즉위식에서 여전히 충성되고 정직한 신하의 모습을 하고는, 깊은 의미가 담긴 눈길로 빛을 발하는 황관을 바라보았다.

정치판에서 혜강은 사실 별 중요한 존재가 아니었다. 개인으로 보던 가문으로 보던 그는 사마씨 가문과 대항할 만한 기본 실력을 전혀 갖추지 못했다. 비록 '죽림칠현'이란 모자가 있었지만 그것은 기껏해야 극히 헐거운 무리로, 엄밀한 조직도 없고 어떤 행동강령도 없었다. 개별적으로 보면 '죽림칠현'은 각각 뛰어난 사람들이었지만, 집단으로 보면 오합지졸에 불과했다.

방대한 국가 기구를 장악한 사마씨 집단과 대항할 때, 혜강을 지탱해준 것은 사람들이 거들떠보지도 않는 인격뿐이었다.

들풀보다 더 강할 것도 없는 문인으로 혜강이 인격을 지키고, 인격에 기대어 인문정신을 구해가는 행위는 권세 있는 자들의 눈에는 불로 뛰어드는 한 마리의 나방, 제 힘을 모르고 큰 나무를 흔들려는 왕개미와 다를 바 없이 보였을 것이다. 혜강을 높이 사주는 사람들이 있었지만, 그를 아끼는 것만으로는 그에게 도움을 줄 수 없었다.

고군분투(적어도 심리적으로)는 혜강과 사마씨와의 대립과정의 기본 특색이다. 혜강은 비록 어려운 시기에 처했더라도 '죽림칠현'의 다른 인사들에게 도움을 요청하지 않았다. 완적은 덕을 갖추고 있었으나 지나칠 정도로 흐리멍덩하고, 산도는 그 사람됨은 좋으나 상대방 진영에 몸을 담았고, 상수는 혜강의 곁에 남아 있었지만 기개가 부족했다. 완함은 호방하기는 했지만 정치에서 멀리 떨어져 지냈고, 유령은 미친 자처럼 대범했지만 세상 일에 관여하지 않았으며, 왕융은 젊고 앞날이 창창했지만 세속적 일을 너무 중시했다.

혜강은 그 누구에게도 기대려 하지 않았다. 그가 기댄 것은 한 가닥 정신뿐이었다. 혜강은 정신의 크기나 허실을 계산치 않고 시종일관 그의 정신을 굳게 지켜나갔다. 하나의 정신을 추구하며 그것을 굳게 지키는 것 영달을 추구하는 것에 못지않게 어려웠다.

창검을 휘두른 적도, 활을 당겨 쏜 적도, 말을 몰아본 적도 없었다. 이런 사실만으로 추측해 보면 혜강은 글만 아는 허약한 서생처럼 보일 것이다. 그러나 실제 혜강은 협객의 기질이 온몸에 넘치는 사람이었다.

그는 강자가 약자를 능멸하는 것을 보면 참지 못했고, 권모술수를 낮게 평가했으며, 비열하고 더러운 자들을 아주 싫어했다. 협객의 기질에 협객의 기풍을 갖춘 혜강은 대협객이라 할 수 있었다. 아니 그는 이미 협객을 넘어서고 있었다.

아! 바람이 소슬히 불어오니 역수易水 강가의 추위가 더해지네.
장부가 한번 떠나면 다시는 돌아오지 않으리!

형가荊軻가 몸을 던져 진왕秦王(진시황)을 찌른 일은 용감하고 장렬하나 결국 일개 필부의 용기며 장렬함일 뿐, 사회적 의미는 그리 크지 않았다. 하지만 혜강의 협객 기질과 기풍은 인내력을 갖추고 있어 한순간한 가지 일에 머무르지 않는 지속적인 전투력을 갖추고 있었다. 그런 기풍과 기질이 있어 그는 칠척의 몸으로 권력이 쨍쨍한 사마씨 집단과 대항한 것이었다.

혜강은 진심으로 사마씨 부자父子를 멸시했다. 혜강은 사마의가 조조 앞에서 못난 척 꾸미는 모습을, 사마사가 어린 임금을 갖고 노는 깡패 같은 모습을 경멸했다. 사마소가 고아와 과부(명제의 처 곽태후)의 가르침을 기만한 것도 모자라 천하의 금기사항을 어기고 군주를 사지로 몰아넣은 강도 같은 모습을 경멸했다. 이런 것들은 그래도 이해할 수 있다. 혜강이 가장 한스러워한 것은 천자가 비명에 죽은 후 사마소가 여론을 호도한 일이다. 사마소가 궁궐에 들어가 명제의 부인인 곽태후를 협박해 고귀향공의 '죄상'을 드러내는 글을 쓰도록 한 일, 그것이 가장 한스러웠다. 태후의 글이 세상에 공표되고 저잣거리에 나붙었다.

내가 덕德이 없어 가문에 불행한 일을 맞았다. 이전에 동해왕자東海王子 모髦를 (황제로) 세우도록 추천한 것은 (그가) 명제明帝의 후사로 책읽기와 문장 다루기를 좋아하는 것을 보았기 때문이다. 대업을 이루기를 기대했으나 그 성질과 감정의 포악함이 날이 갈수록 심해졌다. 내가 수차례 이를 나무랐으나 (오히려) 더욱 화를 내고 도리에 맞지 않는 말을 지어내어 나를 비난했으며, 나의 거처와 그의 거처 사이를 서로 갈라놓았다. 그 말하는 바는 참고 들을 수가 없을 지경이었으며, 천지간에 담아놓을 수 없는 것이었다. 이에 내가 비밀히 대장군(사마소)에게 일러, (이렇게 계속되면) 종묘를 받들 수 없으며, 사직을 보전치 못할까 두렵고, 죽어서 선제(명제)의 낯을 뵐 면목이 없다고 했다. 대장군은 (그가) 아직 어리므로 마음을 고쳐 선한 일에 힘쓰고, 정성되이 정사를 다하도록 하면 된다고 했다. 그러나 이 아이가 성냄과 포악함으로 행하는 바가 더욱 심해져서, 활을 들어 멀리서 내가 거처하는 궁궐을 향해 쏘고는 나의 목을 맞추기를 기원했으며, 그 화살이 내 앞에 떨어지곤 했다. 내가 대장군에게 폐위할 수밖에 없다고 수차에 걸쳐 이야기했다. 이 아이가 이를 듣고 스스로 자기 죄가 무거운 줄을 알아, 도리어 나를 죽이려고 계획하고 내 주변의 사람을 매수해 내가 약을 먹을 때 몰래 맹독을 타도록 수차 기도했다. 그런 일이 발각되자 기회를 틈타 직접 병사를 이끌고 서궁西宮으로 와 나를 죽이고 대장군을 몰아내려 했다. 시중侍中 왕심王沈, 산기상시散騎常侍 왕업王業, 상서尙書 왕경王經을 불러 가슴에서 노란 비단 조서를 꺼내어 보이면서 오늘 당장 (거사를) 시행할 것이라고 말했다. 나의 위험함이 계란을 쌓아놓은 것보다 더 했다. 늙은 과부인 내가 어찌 남은 목숨을 아낄 것이 있겠는가? 단지 선제가 유언한 뜻을 따르지 못하고 사직이 뒤집어짐을 가슴 아파할 따름이다. 다행히 종묘 신령의 보살핌으로 왕심과 왕업이 바로 대장군에게 달려가 이를 전해 먼저 단단히 경계토록 했다. 그러나 이 아이는 좌우 사람을 이끌고 운룡문雲龍門을 나와 북을 울리면서 자기가 직접 칼을 빼들고 좌우의 잡병들과 함께 싸움터에 뛰어들어, 그 앞에서 해를 당했다. 이 아이가 대역무도한 짓을 저지르고 스스로 큰 화를 불러왔으니 이를 슬퍼함은 더 말할 나위가 없다. 예전에 한漢 창읍왕昌邑王이 죄를 얻어 폐출을 당하고 서인이 되었듯이, 이 아이 역시 마땅히 백성의 예로 장사토록 하라. 오늘날 내외에 이 아이가 행한 바를 다 알게 하려 이를 쓰노라.

곽태후의 글이 공표되자 천자가 비명에 죽은 경천동지의 사건이 공식적이며 권위적인 해석을 얻게 되었다. 이 글 속에서 대장군 사마소는 후덕하고 도의가 있는 사람으로, 인자하고 관대한 사람으로, 원수를 덕으로 보답하는 사람으로, 조씨의 사직을 지키기 위해 몸과 마음을 다 바쳐 애쓰는 사람으로 그려지고 있다. 반면에 고귀향공은 성격이 포악해 늘 도덕에 어그러지는 일을 생각했고, 모친과 대장군을 해치려 했으므로 죽어 마땅하며, 그 잘못은 당연히 그에게 있다고 묘사되어 있다.

얼토당토않은 말이다. 백색을 흑색이라 하고, 사슴을 말이라 하는, 사실을 덮어버리는 말들이다. 혜강의 머리 속은 이런 생각으로 가득 찼다. 여론을 갖고 노는 것은 세상 모든 사람들을 가지고 노는 것이다. 혜강은 사마소가 불충한 신하이며 도둑놈이라고 생각했다. 불충한 도둑놈들은 마땅히 없애야 한다.

인물평론을 좋아하는 것이 혜강의 특징이다. 인물평론을 좋아하는 것은 혜강 한 사람만의 특징이 아니라 당시 널리 유행한 기풍이었다. 동한東漢 이래 아름다운 말, 정론 등 담론의 방식으로 형성된 명사들의 정치에 대한 논평의 요점은 인물을 구체적으로 비평한 것이었다. 이러한 비평은 정벽征辟, 찰거察擧 등 인재를 선발하는 제도의 자원이 되었다. 위나라 시대에는 구품중정제九品中正制가 실시되면서 인물평을 하는 것이 일세를 풍미했다. 위나라와 진나라 교체기에는 정치적으로 명망 있는 사람들의 정치에 대한 논평이 점차 현학을 바닥에 깔고 있는 청담으로 변하게 된다. 비록 철학을 이야기하고, 우주만물을 이야기하고, 사회를 논했을지라도 그 핵심은 여전히 인물 중심의 문장을 짓는 것이었다. 많은 사람들은 이러한 사회 기풍의 영향을 받았고, 혜강 역시 성격상 그러한 풍조에 깊이 빠져들었다. 한때 혜강은 자신의 복잡한 심리상태를 다음과 같이 표현했다.

"완적은 다른 사람의 잘못을 입에 올린 적이 없다. 나는 매번 그것을 배우려고 했지만 그렇게 할 수 없었다."

완적은 인물평을 회피하는 능력이 있었으며, 사마휘司馬徽는 매번 좋은 말을 해주는 원만함을 가지고 있었다. 사마휘는 제갈공명, 방통의 앞 세대로 인재를 알아보는 감별력을 가지고 있었으나 난세를 만나 시골에서 은둔하고 있었다. 그러나 일단 사람들이 찾아와 인물평을 요구하면 그는 시비에 휘말려들지 않으려고 능력의 있고 없음, 도덕의 고상함과 속됨을 가리지 않고 모두 한 마디로 평했다.

"훌륭하이!"

사마휘의 부인은 이런 미끌미끌한 태도를 못마땅하게 여겨 간곡히 권했다.

"여보! 사람들이 와서 질문을 던지면, 당신이 이를 분별해 말을 해주어야지 그저 한마디로 모두 좋다고만 하시니, 찾아와서 당신의 의견을 묻는 사람들을 어찌 만족시킬 수 있단 말이요?"

이에 사마휘는 또다시 묘한 대꾸를 한다.

"자네 말 역시 좋구려!"

'완곡하고 함축적이며 사양하고 피한다' 라는 것이 당시 사람들의 사마휘에 대한 평가였다. 혜강은 완적의 회피능력도 사마휘의 원만함도 배우지 못했다. 하기는 배우지 못했기 때문에 혜강이 혜강이 되었다고 할 수 있다. 혜강은 거침없이 수많은 사람들을 평했다. 비록 그가 간접적이며 우회적인 방법을 사용했다고 하지만 다들 똑똑한 사람들이며 문화적 소양을 갖춘 사람들인데 누군들 그 함축된 뜻을 이해하지 못했겠는가?

은근하지만 그 속에 들어 있는 뜻을 사람들이 명확하게 알 수 있도록 표현하는 것이 바로 혜강이 사용한 방법이었다. 이 방법은 다른 평범한 사람을 평할 때는 별 문제가 되지 않았으나, 사마소와 그 무리들을 이야기하게 되자 사단을 일으키게 된다.

나누어짐이 오래되면 반드시 합침이 일어나고, 합침이 오래되면 반드시 나뉘어지는 것, 통일의 희미한 빛은 위나라가 촉을 정벌하는 것에서 시작되었다. 나관중羅貫中은 《삼국지》에서 이렇게 읊었다.

종회와 등애가 진격해 들어가니
한나라의 강산이 전부 조씨에게 들어가네.

한의 강산이 조씨에게 전부 들어간다는 것은 겉보기에 불과했다. 사마씨 집단의 실제 조작이 없었다면 마지막에 누가 천하를 통일했을지는 아무도 모르는 일이었다. 객관적으로 논하면 천하통일의 서막을 연 공적은 사마소에게 있다. 혜강은 촉을 정벌한 승리 장면을 직접 볼 수 없었다. 촉 정벌은 그가 죽은 후 불과 1년 뒤에 이루어졌다.

혜강이 이 세상에 있던 마지막 시기에 통일을 향한 전쟁은 이미 그 시작을 알리고 있었다. 혜강은 통일을 찬미한 적이 없었다. 또한 그의 언행 중에는 통일에 반대한 어떠한 흔적도 찾을 수 없었다. 그의 생명체험에 비추어보면 그는 당연히 통일을 지지했을 것이다. 왜냐하면 통일은 안정적이고 평화로운 큰 틀을 마련해 주고, 그가 신선술을 배워 일탈의 세계에서 노닐 수 있게 해주기 때문이다. 또한 전국적인 학술교류를 가능하게 해 그가 현학을 좀더 갈고 닦을 수 있도록 해줄 수도 있었다.

통일에 대한 찬미가를 부르지 않은 데는 통일을 혐오했기 때문이 아니라 다른 곡절이 있었다. 곡절의 초점은 바로 사마소와 그 무리들에게 향해 있었다. 겉으로 보면, 위나라 조정은 장대한 통일의 위업을 향해 적극적으로 전쟁준비를 하고, 촉나라에 대한 전략을 준비해 진격하려는 것처럼 보였다. 진시황 이후에 두 번째로 대통일의 형세를 맞이하는 것으로 마치 금빛 찬란한 광채가 위나라에서 발하는 듯했다.

하지만 혜강은 이러한 상황에 전혀 기쁨을 느끼지 못했다. 그는 예리하게 상황을 꿰뚫어보고 있었다. 이것은 정권을 조종하고 있는 사마씨 집단이 자신들의 기반을 공고히 하려는 목적을 갖고, 신하들과 백성들의 시선을 밖으로 돌리려는 일종의 시선 전이법이라고 판단하고 있었다.

사마씨 집단은 우선 정권에 통제를 강화하려는 목적을 갖고 있었다. 권력을 움켜쥔 신하의 신분으로 사마소는 군주를 정치적 도구로 삼았다. 정통 여론에서 금기로 여기는 것을 깨가면서까지 위나라 왕실에 충성하는 세력과 갈등했다. 이런 상황에서 사마소는 자극 효과가 아주 큰 통일 전쟁을 통해 사람들의 시선을 돌리려 했던 것이며, 사마소에게는 이것이야말로 좋은 수단과 기회였던 것이다. 만일 통일을 이룩한다면 사마소는 수많은 사람들이 우러러보는 대영웅이 될 것이며 이로써 천자를 사지에 몰아넣었다는 죄명에서 벗어나, 합법적으로 정권을 찬탈할 수 있게 된 것이었다.

사마씨 집단의 그 다음 목적은 국내 통치 기반의 강화였다. 자연에 기대어 생활을 하던 시대에 자연현상은 사람의 일을 심각하게 제약했으며, 통치자에게는 서로 다른 기회와 경우, 도전을 가져왔다. 삼국 정립 시기에 제일 강대한 국가였던 위나라에도 자연재해는 끝없이 발생했다.

-경초景初(위 명제 때 연호) 3년(239) 12월부터 정시正始(위 제왕 때 연호)원년(240) 2월까지 3개월간 비가 오지 않았다.

-정시 2년(241) 11월 남안군南安郡에서 지진이 발생했다.

-정시 3년(242) 7월 남안군에 두 번째 지진이 발생했다.

-같은 해 12월 위군魏郡에 지진이 발생했다.

-정시 6년(245) 2월 남안군에 세 번째 지진이 발생했다.

-정시 9년(248) 11월 강풍이 수십 일간 계속되어 집이 무너지고 나무가 뽑혔다.

-같은 해 12월 태양이 빛을 잃고 태풍이 낙양 태극 동각東閣을 흔들었다.
-정원正元(위나라 고귀향공 때의 연호) 2년(255) 정월, 큰 바람이 일고 날씨
  가 어둑어둑해지면서 걸어가는 사람들이 넘어져 당시 밤에 요귀가 나타났
  다고 했다.
-감로甘露(위나라 고귀향공 때의 연호) 2년(257) 가을부터 3년(258) 정월까지
  큰 가뭄이 들었다.

여기에 열거한 재해는 규모가 큰 것들로, 이루 다 셀 수 없을 정도로
크고 작은 재해들은 포함되지 않았다. 지진, 태풍, 심각한 가뭄은 필연
적으로 재해 지역 백성들의 생활에 영향을 주었으며, 더 나아가 정부의
재정예산 적자를 초래했다. 백성들은 하늘이 인간의 일을 관여한다는
관념을 갖고 있었기 때문에 자연스럽게 이러한 재해들을 하늘이 내리
는 책벌로 여겼다. 책벌의 대상은 당연히 정권을 주재하는 사람들이다.
당시 사람들은 이미 임금이 어떤 역할을 하고 있는지 알고 있었기 때문
에 마음속의 화살을 사마씨에게 겨누었다. 사마소는 이러한 상황을 너무
나 명확하게 인식하고 있었다. 따라서 그는 통일 전쟁의 카드를 뽑아들
며 백성들에게 승리 후에 재물과 부귀, 토지를 분배하겠노라 선언해, 하
늘을 원망하고 사람을 원망하는 정서와 자기에게 쏟아지는 압력을 가볍
게 하려 했다.
  이러한 비열한 목적을 갖고 천하를 얻으려 한다면 천하를 얻지 않는 것
만 못하다. 드러내놓고 사마소를 비판할 수 없었던 혜강은 양생養生을 논
하면서 도가의 청정무위淸靜無爲를 빌려 간접적으로 경고했다.

성인은 부득이해서 천하를 다스리게 되며, 만물이 원하는 바를 자신이 원하
는 바로 삼는다. 관대히 백성들의 뜻을 좇으며, 몸가짐과 일을 행함에 도의를

쫓아해, 천하 모든 백성과 함께 같은 도道로서 자유자재함을 얻는다. 화목하고 평안함 속에 무위로서 자신의 사업을 삼아, 담담한 마음으로 넓은 천하를 만민이 같이 누리는 것으로 여긴다. 비록 군왕의 자리에 있어 만국의 공물을 받아들이지만 마음속은 담백해 마치 아무것도 가진 것이 없는 가난한 선비가 손님을 대하듯 마음을 다한다. 비록 용의 깃발을 든 의장대가 있고 몸에는 곤룡포를 입었을지라도 마치 조악한 베옷을 입은 것처럼 여기며, 백성들이 풍족한 삶을 살도록 한다. 어찌 백성들로 하여금 자기를 존중토록 권면하고, 천하를 나누어 자기 사욕을 채우며, 부귀를 숭고한 것으로 여겨 마음속에서 끝없이 부귀를 추구하려하는가! (〈답난양생론答難養生論〉 중에서)

마치 군주를 논하고 있는 것 같다. 그러나 당시의 진정한 '권력자'가 누구인지는 다 아는 사실 아닌가? 속말에 중의 머리를 빗대어 도적놈의 대머리를 욕한다고, 대체로 혜강은 이러한 류의 방법을 사용한 것이다.

사마씨 집단의 찬탈은 비교적 긴 과정을 거쳐서 진행되었다. 중요한 단계, 즉 황제의 권력은 장악했지만 아직 황제위를 차지할 수 없었을 때는 일종의 전통적인 정치수법으로 외부의 의심과 질투, 비방을 없애는 것이 필요했다. 이러한 수법은 구호 소리가 우렁차고, 빛이 나야 하며, 누가 뭐래도 도리에 맞게 보여야 했다. 이것은 간단하기 그지 없는데 역사상 덕망이 높았던 황제를 보필했던 대신, 예를 들면 이윤伊尹, 주공周公, 곽광霍光 같은 대신들과 자신을 억지로 갖다 맞추어 황제가 직접 조서를 내려 이를 인정하면 되는 일이었다. 꼭두각시인 황제는 태산이 무너져 내릴 것 같은 압력 아래 하기 싫어도 이 일을 해야만 했다. 그래서 고귀향공은 사마사를 '높이었다.' 이윤이 은나라를 보전하고, 주공이 주의 왕실을 보필했듯이 사마사가 그렇게 했다고. 그래서 진류왕이 사마소를 '찬양했다,' 이윤이 성왕과 탕왕을 보좌하고, 주공이 주나라 대업을 이루었듯이 사마소가 그렇게 했다고. '이윤? 주공? 좋아하고 있네! 왕망王莽(서한 황실의 외척으로 황권을 찬탈하고 신新 나라를 세웠음)처럼 나라를 훔친 큰 도적놈!' 혜강은 비록 마음속으로였지만 사마씨가 가는 길에 침을 내뱉었다.

혜강은 정면으로 사마씨를 반박하지 않았다. 순리를 따르는 듯 교묘하게 그들을 승인하는 태도를 취했다. 그런 후에 주공이 삼감三監을 진압한 역사적 사실을 붙들고 파격적인 문장을 써내려갔다. 주공을 비판하는 문장, 삼감의 그 억울함을 밝혀주는 문장, 역사상 첫 번째로 '객관적'으로 정치 인물을 평론하는 문장을 써내려갔다. 문장의 명칭은 〈관채론管蔡論〉이었다.

주공의 이름은 단旦이며 그의 최대 공적은 주나라 무왕武王이 죽은 후 섭정대신으로 충성을 다해 나이 어린 성왕成王을 보좌하고, 주나라 조정을 잘 다스려 태평성세의 예의를 아는 국가로 만든 후 정권을 성왕에게 돌려준 것이다.

공자는 머리를 조아려 주공을 숭배했으며 꿈에서도 잊지 못했다. 유가儒家는 주공을 숭배하며 그를 제일 성인으로 받들어 모신다. 삼감三監은 관숙管淑, 채숙蔡淑, 곽숙霍淑을 말하며 모두 무왕의 동생들이다. 주나라는 상(은)나라를 멸망시킨 후에 상의 마지막 임금인 주왕紂王의 아들 무강武康으로 하여금 그 유민을 이끌고 상도商都(지금의 하남성 상구商丘)로 가 살게 했다. 동시에 상도를 세 개의 분봉지로 나누어 각각 관숙, 채숙, 곽숙에게 나누어주고, 무강과 은나라 유민들을 감시토록 했다. 주공이 조정의 정권을 전면적으로 통제하게 되자, 소공召公 등 귀족들이 그를 의심하게 되었다. 삼감은 이 기회를 틈타 무강과 연락해 서徐·엄엄奄·웅熊·영盈 등 동방의 부족과 연합한 후 주공을 토벌하는 대규모 군사행동을 일으켰다. 주공은 소공 등 귀족들을 설득해 3년에 걸친 치열한 반격전을 펼쳤으며, 마지막에는 대승을 거두어 무강과 관숙을 죽이고, 채숙과 곽숙을 유배보냈다.

역사는 삼감의 거사가 대반역이었다는 것을 정론으로 삼았다. 역사는 주공이 삼감을 진압한 일을 정의로운 것으로 정론화했다. 정론이 내려진 후에는 그 누구도 이에 대해 의문을 제기한 적이 없었다. 사마천司馬遷(《사기史記》의 저자)도, 반고班固(《한서漢書》의 저자)도 의문을 제기한 적이 없었으며, 모든 역사가들 역시 마찬가지였다. 하지만 혜강은 의문을 제기했다. 그는 문장 서두에서 다른 사람의 입을 빌려 문답하는 형식으로 자신의 관점을 써내려갔다. 그는 분석을 가했다. 당시 문왕文王, 무왕武王이 관숙과 채숙을 등용했는데 이는 그들이 본 실정實情에 따른 것이다. 주공은 관숙과 채숙을 죽였는데 이는 수중에 대권을 넣기 위해 취한 행동이다. 권력은 널리 드러나고 사실은 세월 속에 묻혀버려 세상 사람들은 관숙과 채숙이 아주 흉악하고 어리석은 사람이라고 여기게 되었다.

혜강은 관숙과 채숙 두 사람의 입장에 서서 논했다. 사실 관숙과 채숙 두 사람은 진실한 예의와 도덕을 갖추고 있었으며, 충성을 다한 의로운 사람이었다. 문왕이 그들을 중용했을 뿐만 아니라 무왕과 주공이 이들을 천거했다. 그들은 임지에 도착한 후에 은나라 유민들을 잘 다스리고 무강을 보좌해 완악한 풍속을 없애는 등 공적이 혁혁해 당시 그 이름이 널리 알려졌다. 무왕이 죽은 후 주공이 정권을 잡고 대사를 이루자 관숙과 채숙 두 사람은 충성심에 근거해 부중을 이끌고 항거했다. 왕실을 위해 나라의 근심거리를 제거하고 천자를 보호하기 위해 주공을 토벌하려 했던 것이다. 하지만 이로 인해 관숙과 채숙은 큰 화를 입게 된다.

연이어 혜강은 주공의 입장에서 이야기를 한다. 성왕이 시중에 떠다니는 소문을 듣고 주공을 의심한 적이 있었으나, 그 후 깨달은 바가 있어 주공에 대한 신뢰를 회복했다. 주공은 백성을 교화시키고, 사적인 은혜를 과감히 잘라버리며, 군주를 받드는 것을 정통으로 삼았다. 관숙과 채숙의 반란은 조정과 재야에서 더 큰 반란을 불러올 가능성이 있었기 때문에 주공은 부득이 친형제간의 정을 끊어버리고 눈물을 흘리면서 그들을 주살할 수밖에 없었다. 이를 통해 상벌은 친척에게도 똑같이 적용되고, 영예로운 작위는 덕을 갖춘 자에게 주어야 하며 죄가 있는 자에게는 벌을 가해야 한다는 것을 온 세상에 보여주었다. 이것이 바로 백성을 교화하는 근본이며 예나 지금이나 통하는 도리이다. 관숙과 채숙은 비록 가슴에 충성을 품고 있었다고는 하나 죄를 범했기 때문에 당연히 주살당해야 하며, 그 이후에는 다시 그 도리를 의논하기 어렵게 된다. 관숙과 채숙의 충성은 깊이 숨겨져 있고 죄악은 드러난 것으로, 숨겨짐과 드러남은 서로 다른 길이라, 세월이 흐름에 따라 그 반란의 진정한 원인을 알기 어렵게 되었다.

혜강은 마지막에 다시 관숙과 채숙의 입장에서 분석한다. 예로부터 평론하는 자는 이름의 드러남을 가지고 그 행위를 평하지만, 관숙과 채숙을 악하다고 할 경우 이렇게 하는 것이 문왕, 무왕, 주공 세 성인을 현명하지 않다는 쪽으로 몰고 가는 것임을 알지 못하는 것이다. 만일 세 성인이 현명하고 사리에 통달했다면 악한 인물들로 하여금 자신들을 보좌하게 하거나 그들을 추천하지 않았을 것이다. 악하고 어리석은 인물들은 밝은 세상에 용납되지 않는 법이며, (또한) 관숙과 채숙이 사적인 이익을 꾀해, 이를 아버지와 형보다 더 중하게 여겼을 리가 없다. 충성된 자에게 대임을 맡기는 법이니, 두 사람은 선한 사람들임에 틀림없다. 두 사람의 충성심을 미루어 생각하고, 국가의 기강을 넓혀, 훌륭한 신하의 모습을 드러내니 세 성인의 인물 사용이 실질적인 것에 근거했다. 따라서 (일을 처리한) 주공 역시 책벌을 받을 수 있다는 떠도는 소문은 까닭이 있는 것이다. 더구나 주공이 섭정을 하자 소공 등이 그 의도를 의심했는데, 이를 미루어 판단해 보면 관숙과 채숙이 의심한 것을 현명하지 않다고 할 수는 없다. 내적인 면과 외적인 면을 같이 기술해야 관숙과 채숙이 (항거한) 이유를 명확히 알 수 있으며, 비로소 사정의 진상을 알 수 있게 되는 것이다.

관숙과 채숙이 도리에 맞게 되었으며, 주공 역시 도리에 맞게 되었으니 각각 자체의 도리를 갖게 되었다. 이 사건에 대한 혜강의 판단은 독특한 면이 있다. 혜강은 표면적으로는 쌍방을 위해 각각의 이유를 설명하고 모두 진심으로 국가에 충성한 '좋은 사람들'임을 증명했다. 각자의 역할이 달라 갈등이 생겨나고 서로 충돌하게 되었으며, 비극을 불러왔다는 것이다. 그러나 속으로는 힘을 다해 관숙과 채숙 두 숙부를 위해 사건을 뒤집은 것이며, 주공을 전혀 흠이 없는 성인의 제단에서 끌어내려 쌍방을 살아 숨 쉬는 '사람'의 위치, 즉 추켜세워줄 것은 추켜세워주고, 비난할 것은 비난할 수 있는 위치에 가져다 놓으려 한 것이다.

'춘추필법春秋筆法,' 이 문장은 짧은 말 속에 깊은 뜻을 숨기고 있었다. 이 글은 당시의 일과 옛일을 비교하는 내용을 담고 있었으며, 혜강의 정치적인 태도를 감싸고 있었다. 통찰력이 있는 사람이라면 삼감으로 비유되는 인물은 당시 회남淮南을 근거지로 사마씨 토벌병을 일으켜 회남삼반淮南三叛(회남 지역에서 일어난 세 번의 반란)으로 불리웠던 왕릉王凌, 제갈탄諸葛誕, 무구검毋丘儉이라는 것을, 주공으로 비유되는 인물은 바로 대권을 휘두르며 회남지역 반란을 진압했던 사마씨라는 것을 명확하게 알 수 있었다.

명明대 문장가인 장채張采가 한마디로 이를 갈파했다.

주공의 섭정, 관숙과 채숙에 대해 떠도는 말, 사마씨의 집정, 회남의 세 반란, 그 정치 상황이 정면으로 대비된다. 숙야叔夜가 관숙, 채숙을 높이 산 것은 사마씨를 심각하게 책망하는 까닭이다.

숙야는 바로 혜강의 자이다. 혜강은 관숙과 채숙 두 사람을 위해 사건을 새롭게 해석했는데, 실은 왕릉, 제갈탄, 무구검 세 사람을 위해 그렇게 한 것이었다. 주공이 벌을 받을 수 있다고 혜강이 말한 것은 사마씨가 벌을 받을 수 있다고 말한 것과 같다. 문장 전체가 이를 주제로 하고 있으며, 나머지 다른 말들은 보조적인 것으로써 사람들의 이목을 막으려 한 것에 불과하다.

혜강은 주공을 표현할 때 '주誅(책벌, 주살의 뜻)'라는 글자를 사용했다. 주공으로 자처하던 사마소의 수중에 이 문장이 전달되었을 때를 생각해 보자. 그가 그 문장을 단순히 세상을 깜짝 놀라게 할 문장으로만 보았겠는가? 그가 어떻게 문장 가운데 묘사된 주공을 긍정할 수 있었겠는가? 그가 어떻게 중용의 각도에서 사람의 관계를 볼 수 있었겠는가?

하지만 사마소는 분노를 드러내지 않았다. 그는 평정심을 잃지 않고 그 문장을 양옆으로 밀쳐놓은 후 혜강의 평소 행위들을 연상하며 확실히 싹을 잘라버려야겠다는 생각을 갖게 되었다. 사마소의 이러한 생각은 형장에 살기를 불러오기 시작했다. 이러한 생각은 정치 세력과 품격 간의 특정한 대립관계를 빚어내었다.

속세에 묻히는 신선의 기운

혜강이 그려낸 피로 물든 한 폭의 수채화

혜강 그가 감옥에 갇혔다. 그 소식은 발 없는 말 천리 가듯 낙양 주변으로 퍼져나갔다. 이것은 세상을 뒤엎는 듯한 엄청난 충격이었다. 낙양의 여론은 그야말로 물 끓듯이 끓어올랐다. 태학생太學生, 문인, 호걸, 명사들이 각지에서 몰려왔다. 시골의 한다하는 사람들도 몰려왔다. 엄청난 인파가 감옥으로 몰려들어 혜강과 같이 감옥에 들어가겠노라고 요구하기 시작했다.

사람들을 놀라게 할 정도로 사건이 커진 것이다. 동한東漢 말기의 '당고의 화黨錮事件[중국 후한後漢(25~220) 말년에 사대부와 호족豪族이 환관의 독재에 반대하다가 종신금고終身禁錮에 처해진 일]'만이 이 사건과 비교할 수 있을 정도였다. 감옥을 지키고 있던 이들은 당황해 어찌할 바를 모르다가, 상부의 긴급 지시를 받고는 몰려온 대중들을 설득해 간신히 돌려보낼 수 있었다.

'쾅' 하며 옥문이 닫히는 순간 혜강의 머릿속은 텅 빈 상태가 되었다. 자시子時 무렵 달빛이 희미하게 비껴들고, 그 빛이 창살을 비치면서 축

축한 풀 더미가 얼룩덜룩하게 보였다. 혜강은 밤이 깊어갈수록 생각이
또렷해지면서 감옥에 들어오게 된 원인과 결과를 생각했다.

혜강은 여안呂安을 위해 감옥에 들어왔다. 여안은 그의 친한 친구로
'죽림'의 현자들보다 더 격의가 없는 사이였다. 두 사람은 상대방이 생
각나면 천 리 길도 멀다 하지 않고, 험한 길도 마다 하지 않고 만나야 직
성이 풀렸다. 서로 무릎을 맞대고 심사를 이야기하며 속내를 털어놓기
위해서였다. 혜강은 친구를 고르는 데 아주 엄격했는데 어째서 여안과는
이렇게 깊은 정을 나눌 수 있었을까? 그 이유는 여안의 성격, 풍채, 도량,
특히 처세의 태도가 혜강과 같았기 때문이다.

옛말에 인생에서 자기를 진정으로 알아주는 한 사람의 친구를 얻게
되면 그것으로 족하다고 했다. 혜강은 여안 같은 친구가 있어 위안을 받
았다. 의義를 따지는 혜강은 이 친구를 위해 그가 할 수 있는 모든 일을
다 해주려 했다. 혜강과 마찬가지로 비범하고 세속을 벗어난 여안은 세
상 사람들이 열심히 추구하는 것을 추구하거나, 맹목적으로 권력과 위
세를 추종하지 않았다. 하지만 어리석음과 맹종을 배척하는 그 속에 화
를 불러오는 싹이 자라나고 있었음을 그 누구도 알지 못했다. 더욱더 생
각지 못했던 것은 그 화근이 같은 어머니에서 나온 형에게서 시작되었
다는 것이다.

자초지종은 이러했다. 여안의 아내 서徐씨는 보고 있으면 밥 먹는 것
도 잊을 정도로 미인이었다. 형인 여손呂巽이 제수의 미모에 침을 흘린
지 오래였는데, 어느 날 서씨를 잔뜩 취하게 한 후 강간했다. 여안은 분
노를 억누를 수 없어 형의 근친상간을 고발할 준비를 했다. 하지만 여손
이 먼저 손을 써 여안을 불효막심한 자라고 고발했다. 통치자가 효孝를
천하를 다스리는 근본으로 삼는 시대에 불효막심은 엄청난 죄였다. 관
가에서는 여안의 변호를 듣지도 않고 바로 유배를 보내버렸다.

어려운 처지에 빠진 여안이 우선 떠올린 인물이 혜강이었다. 그에게 자기의 무고함을 변호해 달라고 했다. 혜강은 도의상 거절치 '못하고 그를 변호하고 나섰다. 그러나 혜강은 여안의 억울함을 씻어주지 못하고 도리어 감옥에 갇히고 말았다. 그는 위증을 하지 않았으며, 구절구절 사실을 이야기했을 뿐이다. 한발 양보하여 몇 마디가 다소 사실과 다르다 하더라도, 변호인을 같이 잡아넣을 정도는 아니었다. 그를 잡아 가둘 때 법관은 말꼬리를 흐렸다. 법관이 모호한 말만 하자, 혜강은 안개 속을 헤매는 듯했다.

여안을 위한 변호를 하기 전에 혜강은 여손을 만났다. 여손은 혜강과도 교분을 갖고 있었다. 그들 형제가 같은 울타리 안에 있을 때 같이 차를 음미하며, 청담을 나누었다. 이런 불미스런 일이 발생한 후 여손도 혜강을 찾아와 도움을 요청했다. 혜강이 중재자가 되어 여안의 고발을 막아달라는 것이었다. 혜강은 여씨 가문의 체면을 고려하고, 또한 여손의 앞날을 생각해 이에 동의했다. 그러나 만일의 경우에 대비하기 위해 여손에게 일이 끝난 후에 여안을 해치지 않도록 단단히 다짐을 받아놓았다. 여손은 얼굴 가득 후회의 표정을 띠면서 그렇게 하겠노라고 맹세했다. 이에 혜강은 있는 힘을 다해 두 사람을 화해시키려 했다. 여손이 너무나 감정이 격해 저지른 일이란 것을 들어, 여안에게 큰일은 작게 만들고 작은 일은 없는 것처럼 해야 하며, 형제간에는 우애가 가장 중요하니 참으라고 권유했다. 여안은 혜강의 의견을 받아들였다. 그러나 여손은 여안을 고발해 감옥에 잡아넣었다.

혜강은 속았다고 부르짖으며, 여손의 태도를 제대로 살피지 못한 자신을 책망하고 중재자 역할을 한 것을 후회했다. 그는 붓을 휘갈겨 밤새 여손과의 절교서를 써내려갔다.

혜강이 말합니다.

이전에 귀하와 나는 연령이 비슷한 연고로 수차례 만나 서로 가깝게 되었으며, 귀하의 뜻이 독실해 좋은 친구 관계가 되었고 그래서 아주 깊은 사이가 되는 것을 허락했습니다. 비록 그대는 벼슬길에 나는 은둔자로 서로 가는 길이 달랐지만 즐거워하는 정은 줄어들지 않았습니다. 그 사이에 아도阿都(여안의 어릴 적 이름)가 마음이 트여 있고 재주가 뛰어남을 알았고, 늘 귀하의 집에 이런 동생이 있다는 것을 기뻐하고 있었습니다. 그러나 아도가 지난해 내게 말을 하는데 귀하에게 무척 화가 나 있었으며, 귀하를 고발해 검거하려고 했는데 내가 그를 극력 말렸습니다. 나 역시 스스로 믿어 귀하가 아도를 기만할 수 없을 것이라고 늘 말했고, 아도가 나의 말을 따랐습니다. 나는 귀하에게 아도가 나의 말을 따르니, 아도와 화목하고 가깝게 지내라고 권했습니다. 이는 귀하 가문의 명성을 아끼고, 형제간에 평안히 잘 지내기를 바라기 때문이었습니다. 또한 귀하가 마지막으로 내게 말하기를 아도와 관청에 가지 않을 것이며, 두 형제가 같은 아버지의 피를 이어받은 관계라는 것으로 맹세했습니다. 내가 이에 귀하의 그 정중한 말에 깊이 느낀 바 있어, 아도를 위안하고 화해하도록 권유해 아도가 분노를 삭이고 고발할 뜻을 다시는 갖지 않았습니다.

(그러나) 귀하는 도리어 혼자 속으로 의심을 많이 해 비밀리에 관청에 표를 올려 아도를 고발하고 아도를 무고했습니다. 이는 모두 아도가 나를 믿었기 때문이며, 또한 귀하를 고발 송사하지 않았기 때문인데, 귀하는 어찌해 다른 사람을 해칠 마음을 갖게 되었습니까? 아도가 귀하를 받아들이고 참을 수 있었던 것은 기실 내가 권했기 때문입니다. 지금 아도가 유죄 판결을 받으니 그에게 미안하게 되었습니다. 내가 아도에게 미안한 까닭은 귀하가 내게 미안

한 짓을 했기 때문입니다! 정말 가슴이 처연하고 우울해 더 이상 꾀할 바가 없으니 무슨 말을 다시 하겠습니까?

이와 같은 상황에서 귀하와 다시 교류할 마음이 전혀 없습니다! 옛사람은 절교할 때 상대방에게 나쁜 말을 하지 않았다고 합니다. 이제 헤어지기로 합시다! 이 글을 쓰는 것이 그저 한스러울 뿐입니다.

혜강이 씀(〈여려장제절교서與呂長悌絶交書〉 중에서)*

*여안이 변방으로 유배된 후인 263년에 쓰여졌음.

이것은 〈산도와의 절교서〉 후에 혜강이 쓴 두 번째 절교서이며 그의 생애에 마지막으로 쓴 절교서이다. '이 글을 쓰는 것이 그저 한스러울 뿐입니다' 라는 결어는 혜강의 심정을 잘 나타내주고 있다. 혜강의 한은 복합적인 것이었다. 첫째는 여손에 대한 한이었다. 그는 옷을 걸친 짐승이다. 천륜을 깨는 근친상간을 저지르고, 연이어 동생을 갈퀴로 긁어내리고, 음모를 꾸며 친구를 불의에 빠지게 했다. 둘째는 자신이 원망스러웠다. 자기가 사람을 볼 줄 몰라, 좀스러운 자를 친구로 잘못 삼았던 것이 한스러웠다. 자기가 너무 천진난만해 그 같은 맹세를 믿은 것이 한스러웠다. 자신이 폭군의 학대를 도와 여안이 억울함을 당하게 된 것이 너무나 한스러웠다. 자기의 화해 노력이 없었다면 어쩌면 사건의 진상이 밝혀졌을지도 모르며, 감옥에 갇히게 된 것은 여안이 아니라 여손이었을지도 모른다. 어쩌면⋯⋯. 혜강은 수많은 '어쩌면'을 생각하고 너무나 많은 가책을 느꼈으며, 자기가 여안을 해쳤다고 느꼈다. 자기가 빚어낸 큰 잘못을 만회하기 위해 혜강은 고소장을 내기로 결심했다.

그러나 누가 알았으랴! 이 고소장으로 여안의 구출은커녕 자신까지 함정에 빠지게 될 줄을. 친구를 위해선 의를 앞세워야 하므로 감옥에 들어간 것을 원망하지는 않았지만 상황이 너무 이상하게 돌아가고 있었다. 짙은 구름과 안개가 드리워져 혜강은 어찌해도 명확히 상황을 판단할 수 없었다. 도대체 무슨 죄를 지었단 말인가?

속담에 아무리 총명한 사람도 실수할 때가 있다는 말이 있다. 총명한 혜강이 지금은 흐리멍덩함에 빠져, 그가 저질렀던 모든 일을 간과하고 있었다. 크고 작은 권력자들에게 죄진 일들을 간과했으며, 정치가 법률을 제멋대로 해석하는 당시 상황을 간과했다.

혜강이 써 보낸 여손과의 절교서는 여손의 면목을 백일하에 드러내고 있었다. 그 글은 여손이 근친상간의 색귀色鬼, 가족의 요물단지, 남을 무고하는 자, 형제를 해친 흉악한 자, 맹세를 허튼 소리로 여기는 무뢰한, 우정을 밟아버린 소인배, 입으로는 인의도덕을 외치면서 뱃속 가득 도둑놈 심보와 음탕한 마음을 갖고 있는 위선자라는 것을 여실히 드러내었다. 이런 절교서는 사실 도전장에 다름없었다.

여손은 혜강의 도전을 받아들였다. 여손 역시 예사로운 사람은 아니었다. 그는 사마소의 친신으로 종회와 가까이 지내고 있었으며, 사마씨 집단의 주요 인물 중 하나였다. 여손의 처세관념은 사마소, 종회와 아주 가까웠다. 그러나 이를 표현하는 방식은 사람마다 다른 법이다. 그는 평소 호방하고 품격이 있어, 혜강과 대화를 나눌 수 있었다. 큰 이익이 충돌하지 않을 때 그는 널리 친구를 사귀었으며, 조정에서는 사마소를 향해, 재야에서는 혜강을 따라 정치적 앞길을 열어갔다. 또한 명사의 무리에 들어가 교묘하게 실익과 명성을 하나로 융합해 갔다. 이 모든 것을 너무도 자연스럽게 빈틈없이 해 조정과 재야 모두 그의 처신에 대해 비판한 적이 없었다.

여손은 자기가 중벌을 받지 않으려면 기댈 수 있는 사람을 찾아야 한다고 생각했다. 그리고 후환을 없애기 위해, 자기의 앞날을 보장받기 위해 동생 여안에게 독수를 썼다. 혜강에게 도움을 요청한 것은 임시방편이었다.

자신의 큰 이익을 지킬 수 있다면, 우정을 다소 희생할지라도 잃는 것보다 얻는 것이 더 많다는 것이 여손의 생각이었다. 여손은 최고의 권력층 곁에 머물면서 언제라도 발생할 수 있는 정치적 변화를 확실히 이해할 수 있었다. 혜강이 산도에게 절교서를 보낸 시기에 사마소는 이미 혜강에게 풀 수 없는 적대감을 가지고 있었다. 이런 위험한 친구와 계속 사귄다면 재앙이 닥치지 않으리라고 보장하기 어려웠다. 따라서 바로 그때가 혜강과 사귀는 것을 그쳐야 할 시기였던 것이다.

혜강이 절교서라는 수단을 동원하리라고 여손은 전혀 생각지 못했다. 여손 역시 절교를 생각하고 있었으나 혜강이 절교와 동시에 자기의 죄악을 드러냈다는 데 놀랐다. 혜강은 대명사가 아닌가? 그를 따르는 사람들이 많아, 그가 쓴 문장은 아주 빨리 세상에 돌아다니게 되니, 결과가 어떠할지 정말 상상하기 어려웠다. 혜강의 설법을 저지하지 않는다면 그는 앞으로 인간 축에 끼지 못할 판이었다. 혜강을 저지하는 유일한 방법은 그를 여안 사건에 연루시켜 죄인으로 만듦으로써, 자기를 공격하지 못하게 하고 그가 스스로 무너지도록 하는 것이었다.

여손의 막후 활동이 없었다면, 종회가 손바닥을 맞춰주지 않았다면, 사마소의 승인이 없었다면 혜강이 감옥에 들어갈 리 없었다. 여손에게 미움을 사고, 종회의 기분을 상하게 하고, 무엇보다도 사마소의 노여움을 산 것이 결정적이었다.

옥에 갇힌 이후 혜강은 수많은 사람들을 생각했다. 그중 가장 많이 생각한 사람은 큰 도사인 손등孫登이었다. 손등이란 인물은 신선 혹은 야인과 같았다. 그래서 신선의 기운이 떠다니는 듯, 야인의 기운이 넘쳐흐르는 듯했다. 손등이야말로 혜강이 제일 숭배하던 사람이었다. 혜강이 거듭 손등을 생각한 이유는 단지 그를 숭배한 것 때문만이 아니라 그가 자신에게 해준 한마디 귀중한 말 때문이었다.

혜강이 신선술을 배우기 위해 여러 차례 혼자서 깊은 산속에 들어가 약초를 캐며 살아갔는데, 하루는 오랫동안 사모해 온 손등을 만나게 되었다. 그는 기쁨을 감추지 못하고 손등에게 다가가 가르침을 청했다. 그러나 손등은 냉담했으며, 한나절이 지나도 한마디도 내뱉지 않았다. 혜강은 도행이 높은 사람들은 모두 기이한 행동을 한다는 것을 알고 있었기에 이를 이상하게 여기지 않았다. 엄청난 인내심으로 늘 산속으로 가 손등을 쫓아다녔다. 이러기를 3년, 손등의 태도가 어떠하든지 늘 한결같이 예의를 다했으나 손등은 여전히 한마디도 하지 않았다. 헤어질 때 혜강은 유감스런 심정으로 물어보았다.

"선생께서는 끝내 아무 하실 말씀이 없으신지요?"

손등은 혜강의 경건하고 정성스런 태도에 감동했는지 마침내 천천히 입을 떼었다.

"그대는 불[火]을 아는가? 그것은 생겨나면서 빛을 갖고 있으나, (평소에는) 그 빛을 사용하지 않네. 하지만 불의 진실은 (때가 되면) 그 빛을 사용하는 데 있다네. 마찬가지로 사람은 (태어나면서) 재능을 가지고 있으나, (평소에는) 그 재능을 사용하지 않네. 하지만 진실은 (때가 되면) 재능을 사용하는 데 있다네. 그런고로 불은 빛을 사용하는 데 있어 땔감을 얻는 것에 관심을 두어, 그것으로 밝음을 보존하며, 사람은 재능을 사용하는 데 있어 사물(의 이치)을 아는 데 관심을 두어, 그것으로 삶을 온전케 한다네. 그대는 재능은 많으나 식견이 적고, 성격이 곧고 불 같으며, 몸을 보호하는 도리가 부족해, 이 세상의 구속에서 벗어나기 어렵겠네."

혜강은 그에 대한 해결방법을 더 물어보려고 했다. 그러나 손등은 딱 잘라 거절했다.

"그대는 너무 많은 것을 구하지 말라!"

혜강은 손등의 이 말을 생각할 때마다 마음이 혼란스러웠다. 그의 말이 너무나 맞지 않는가! 정곡을 찌르는 그 견해가 너무나 날카롭지 않은가. 자신의 재능을 믿고 남을 깔보고, 성격이 곧고 불 같아서 쉽게 화를 내곤 했으니 보이는 혹은 보이지 않는 원망을 빚어내고, 적들을 만들어 내지 않았겠는가. 인생 최고의 학문은 세상사를 꿰뚫어보는 것이며, 가장 묘한 문장은 인정세태에 밝은 것이며, 이 둘을 합쳐야 사람 구실을 하는 식견이 된다. 그러나 이러한 식견이 스스로 생각하기에 너무 부족했다. 식견이 없으면 보신保身의 도리가 적게 되고, 직면하게 되는 것은 심연과 재난과 악연뿐이었다. 재능은 많으나 식견이 적은 것, 이것이야말로 무능함을 드러내는 것이다.

어떻게 해야 인생이 헛되지 않다고 할 수 있는가? 인생에는 참된 즐거움이 있기나 한 것인가? 사람은 도대체 어느 곳을 향해 진리를 추구해야 하는가? 혜강은 늘 이 문제들을 탐구했다. 조씨의 권력을 앗아가는 사마씨의 행로가 공명功名을 이루려던 혜강의 꿈을 앗아갔다. 그래서 그는 꿈을 바꾸어 신선(술)을 배우고, 속세에서 벗어나 재물을 가벼이 여기며, 양생養生을 귀하게 여겼다. 그러나 결국은 속세의 마음과 공명심을 없애지 못했으며, 여전히 허망한 일과 명성을 좇고 있었다. 또한 인간 세상의 속된 일에 섞여 들어가 스스로 끝없는 번뇌에 빠지곤 했다. 세상을 벗어났다고 여겼으나, 실재는 줄곧 속세에 있었던 것이다.

도교의 설법에 따르면 신선은 있다. 신선은 장수하며 그 법력이 대단해 물 또는 불로도 그를 침해할 수 없으며, 이 세상 사람이 어찌할 수 없다. 옛사람들은 신선의 존재를 믿었다. 반면 오늘날은 그 정신을 배워 세상사에 관심을 두지 않고, 헛된 명성을 먼지처럼 여기고, 부귀 등을 업신여겨, 초탈한 고결함을 유지하는 것을 신선이 되기 위한 일의 핵심으로 생각했다. 일찍이 혜강이 말한 바가 있다.

영화로움으로 인해 제멋대로 굴지 말며, 물러나 검소히 지낸다고 해 속됨을 좇지 말라. 만물과 혼연 일체가 되어 같이 성장하며, 총애나 굴욕을 더하지 말라. 이것이 진정 부귀를 소유하는 것이다. 현재 가지고 있는 존귀함을 생각지 않고 더욱 존귀하기를 탐하는 자는 왕왕 비천함이 찾아오게 되고, 부귀영화를 누리고 있는데 그것을 더 추구하는 자는 왕왕 빈곤함을 얻게 된다. 이것은 당연한 도리이다. 부귀영화를 누리면서도 근심이 가득 찬 자는 비록 부귀영화와 함께 늙어간다고 할지라도 평생을 근심할 뿐이다. (중략) 양생에는 다섯 가지 어려움이 있다. 명성과 이익을 좇는 마음을 없앨 수 없으니 이것이 첫째 어려움이다. 즐거움과 분노를 없앨 수 없으니 이것이 둘째 어려움이다. 욕망과 색을 탐하는 마음을 제거할 수 없으니 이것이 셋째 어려움이다. 맛있는 음식을 찾는 것을 금할 수 없으니 이것이 넷째 어려움이다. 정신이 분산되어 마음이 하나로 모아지지 않으니 이것이 다섯째 어려움이다(〈답난양생론答難養生論〉 중에서).

도리가 있는 듯한 말이지만 도대체 스스로 얼마나 이를 체득했으며, 얼마나 이를 실천했는가? 말은 말일 뿐이며, 실천은 실천일 따름이다. 이것이 자기 같은 서생의 비애이다. 생각해 보면 신선이 되는 것을 헛되이 배웠을 따름이다.

혜강은 겪어보지 못했던 의기소침함에 젖어들었다. 자신의 운명에 정해진 곡절이 있으며, 운이 좋지 않고, 무언가 일이 잘못된 듯하다고 느꼈다. 그는 신선을 배우고 양생에 좋은 것을 찾아 먹으려 했다. 비교적 높은 경지에 다다른 은자인 왕열王烈과 짝이 되어 깊은 산에 들어가 아직 응결되지 않은 종유석(석수石髓)을 찾으려 했다. 왕열이 석수를 찾아내 그 반을 남겨주었는데 마시려는 순간 응고되고 말았다. 또한 왕열이 석굴에서 비단으로 된 책을 발견했을 때 혜강이 그곳으로 다가가자 그 책은 흔적도 없이 사라져버렸다.

이에 왕열이 탄식했다.

"숙야叔夜가 지향하는 바는 범상치 않으나, 걸핏하면 그 기회를 만나지 못하니 이것은 운명이구려!"

감옥 안의 분위기가 혜강을 감싸면서, 그의 영웅적 기질은 사라지고 두려워하며 나약해졌다. 그로 인해 불안해진 혜강이 자신의 운명을 깊이 생각하게 되자 마음을 도려내는 듯한 추위가 찾아왔다. 다른 사람을 책망하던 그가 자신을 책망하게 되었으며, 사회를 공격하던 그가 점차 자신을 원망하게 되었다. 이와 같은 환경과 심정에서 쓰게 된 글이 다른 글과는 격이 다른 〈유분시幽憤詩〉이다. 혜강은 분노가 몸을 깊숙이 감싸고돌자 자기도 모르는 사이 자신을 돌아보게 된 것이다.

천자의 가슴은 넓고도 커서,

소인들의 잘못됨을 감싸주네.

지금 백성들은 나쁜 짓을 하며,

정령政令은 천자로부터 나오지 않네.

나만이 가슴이 좁고도 좁아,

옳고 그름을 구분하고 비난을 일삼았네.

〈〈유분시〉 중에서〉

혜강은 자신을 책망했다. 성현들처럼 큰일을 위해 참지 못하고, 수양이 덜 된 탓에 치욕을 참아내지 못했다. 인심을 헤아릴 길 없는 사회에 살면서 지나치게 충동적이었으며, 옳고 그름을 따지고 세상사의 다툼에 얽혀들었다.

나의 본성은 만물을 해하려 하지 않으나,
도리어 빈번히 남의 원망을 불러일으키누나.
옛사람으로는 유하혜柳下惠를 대하기 부끄럽고,
지금 사람으로는 손등을 대하기 부끄럽구나.
안으로는 나의 숙원을 위배했으며,
밖으로는 친구들을 볼 면목이 없구나.

(〈유분시〉 중에서)

그는 스스로를 부끄러워했다. 잘못을 적게 하려고 했지만 도리어 다른 이들의 비난을 불러일으켰다. 다른 사람을 다치지 않게 하려 했으나 도리어 원한과 분노를 샀다. 신선술을 배우고 은자가 되어 세상 밖에서 거닐려고 반평생을 배웠으나, 최소한 자신의 몸조차 지켜낼 수 없었으니 유하혜, 손등과 자신을 비교해 보면 정말 몸 둘 곳이 없었다. 자신이 바라는 바를 이루지도 못하고, 친구들에게는 부끄러울 뿐이었다.

아! 나의 운명은 얄궂기도 해라,
재난을 만나고 미움을 사고 가슴에 근심이 가득.
쌓이는 잘못은 하늘에서 내린 것이 아니라,
내 스스로 산만하고 우둔하기 때문일세.
이치는 토로하기 어렵고 환난은 교차해,

끝내는 이 감옥에 갇히게 되었네.

잔혹한 관리의 비열한 신문에 답해야 하고,

이 컴컴한 세계에 갇히어 있네.

무죄임을 밝히려 논쟁하는 것도 사실은 치욕이니,

이는 시운이 따르지 않기 때문일세.

비록 스스로 도리가 바르고 의기가 있다고 하나,

정신은 치욕을 당하고 마음은 의기소침해지네.

(〈유분시〉 중에서)

그는 스스로 한스러워했다. 성격이 면밀하지 못해 세상과 같이 지낼
수 없어 넓은 세상이 있지만 감옥에 갇히는 재난을 면치 못했다. 신문을
당하고, 어두운 곳에 갇히고, 잇달아 치욕을 당했다. 헛되이 정기를 가
지고 있었으나, 이제는 수난을 겪으면서 스스로 남보다 못하다고 부끄
러워하게 되었다.

옛사람의 지극히 옳은 말

선善은 헛된 명성을 추구하지 않는 것.

시운을 따르고 겸손하고 과묵하면,

각종 재난이 발생할 수 없는 것.

(중략)

도대체 나는 어떤 사람이기에,

뜻을 세웠으나 이를 이룰 수 없었는가?

지금의 환난을 곰곰이 짚어보니,

마음이 불안하고 내심 부끄러워지네.

(〈유분시〉 중에서)

혜강은 자신을 원망했다. 일찍이 옛사람이 큰 선에 이르는 것은 무명無名이어야 한다고 훈계했다. 이렇게 해야 비로소 소리 소문 없이 일생을 보낼 수 있고 재난을 겪지 않게 된다. 네 자신이 어떤 사람이기에 옛사람의 훈계를 따르지 않았는가? 가슴 깊이 생각해 보니 정말 부끄럽다.

미래를 위해 힘을 다하고,
시비를 따지지 않고 세태 따라 흘러가려네.
나물을 음식 삼아 산속에서 생활하고,
머리 풀어헤치고 어두운 산속 동굴에서 유유자적하려 하네.
피리를 불며 노래를 읊조리고,
몸을 잘 보살피며 남은 생을 더하려 하네.

(〈유분시〉 중에서)

그는 옥에서 나가면 자신의 명성을 점차 사라지게 하고, 정말로 산림으로 돌아가 자유로이 나물 뜯고, 피리 불며 노래하고, 심신을 편히 해 장생하길 희망했다.

혜강은 솔직했다. 솔직하지 않았다면 이처럼 마음속을 진솔하게 털어놓는 참다운 글을 쓸 수 없었을 것이다. 혜강은 여전히 희망을 가지고 있었다. 옥문을 나설 수 있으며, 아주 철저하게 은둔자의 생활을 할 수 있으리라는 희망을 갖고 있었다.

바로 그때 혜강을 어떻게 처리할 것인가를 두고 회의가 진행되고 있었다. 참가자는 모두 사마씨 집단의 주요 간부들이었다. 회의장의 분위기는 가라앉아 살벌한 기운이 감돌았다. 혜강을 놔줄 것인가, 가둘 것인가, 유배를 보낼 것인가, 아니면 처형할 것인가, 모인 사람들의 의견은 분분했다.

　누군가는 혜강이 세상 물정에 어두운 서생에 불과해 사회에 해를 끼칠 인물이 아니니 한 번 경고하는 것으로 족하다고 했다. 다른 이는 그가 대명사이니 신중히 대우해야 하며 그렇지 않으면 여론이 시끄러워질 수 있다는 생각을 내놓았다. 한편에선 이런 자들은 얼마간의 책을 읽어 세상 이치를 안다고 뽐내며, 자기만 옳다고 생각해 조정에 불만을 많이 품고 있어서 자신이 성공하지 못한 것을 정부의 부패와 무능 탓이라고 여기며, 그래서 빙둘러 간접적인 방법으로 정권을 잡은 자를 공격하고 유언비어를 퍼뜨려 민심을 어지럽게 하니 그 파괴력이 절대로 반란군에 못지않다고 지적했다. 그리고는 다른 자들에게 경고의 효과를 거두려면 엄벌을 내려 장기간 감옥에 가두어놓거나 유배를 보내야 한다고 주장했다.

　줄곧 침묵을 지키고 있던 종회가 목소리를 가다듬어 의견을 말했다.

　"오늘날 군주의 도가 사방에 밝게 펼쳐져 변방에는 간사하고 위험한 백성들이 없으며, 거리에는 정부와 다른 의견을 논하는 자들이 없습니다. 그러나 혜강은 위로는 천자께 신하의 도리를 다하지 않고, 아래로는 제후들을 섬기지 아니하며, 시대를 가벼이 여기고 세상을 우습게 여기니 조정에서 쓰임을 받지 못하고, 지금 세상에 도움이 되지 않고 풍속을 해칠 따름입니다. 이전에 강태공姜太公이 화사華士를 죽이고, 공자가 소정묘少正卯를 죽인 이유는 이런 자들이 자기 재능을 모르고 군중을 미혹되게 했기 때문입니다. 오늘날 혜강을 죽이지 않는다면 왕도를 깨끗이 할 방법이 없습니다."

　종회는 혜강을 죽여야 한다고 역설했다(종회는 사마소에게 혜강을 죽이라고 참소한 적이 있다. "혜강은 무구검을 도우려 했으며, 산도의 권유를 듣지 않았습니다. 옛적에 제나라에서 화사를 죽이고, 노나라에서 소정묘를 죽인 것은 당대의 풍속을 어지럽게 했기 때문으로 성현들이 이들을 제거한 것입니다. 혜강와 여안 등의 무리는 말이 빙탕하고, 사회 기강을 해치는 자들로 제왕이 용납해서는 안 되는 자들입니다. 마땅히 그들을 제거해 풍속을 순화시켜야 합니다"(《진서晉書》〈혜강전〉 중에서).

   회의 내용이 정리되어 사마소 앞에 올려졌다. 혜강에 대한 사마소의 감정은 상당히 복잡했다. 그는 혜강을 중시했으며, 군계일학 같은 진정한 인재라고 느꼈었다. 게다가 자기를 위해 일하도록 할 경우 분명히 조정의 기둥이 될 인물이었다. 그렇지 않더라도 온 세상에 자자한 그의 명성을 고려한다면, 자신 옆에 혜강이 머물기만 해도 득이 되는 인물이라고 여겼다. 따라서 산도가 그를 추천했을 때 흔쾌히 그것을 허락했던 것이다. 그러나 누가 알았으랴! 혜강이 호의를 무시하고 단호히 거절할 줄이야.
   '벼슬하기 싫어 거절하는 것은 너의 자유지만 그것을 넘어 기괴하기 이를 데 없는 짓거리를 하지 않았는가. 산도에게 서신을 보내 절교했을 뿐만 아니라, 한술 더 떠 은나라 탕왕, 주나라 무왕, 주공, 공자 같은 대성인들을 공격하지 않았는가. 기실 성인을 공격한 것은 표면적인 것이며 이를 빌려 나를 공격하려는 것이 진짜 목적이 아니었던가. 내가 너를 박대하지 않았거늘 어찌해서 은혜를 원수로 갚으려 이런 짓을 하는가. 이 자는 너무 오만해 더 이상 참을 수가 없다. 만일 명사들이 모두 이 자를 따라 한다면 조정의 체통을 어떻게 세운단 말인가. 만일 관원들이 기분 내키는 대로 제멋대로 떠들어댄다면 통치 질서가 엉망진창이 되지 않겠는가. 이 자는 대명사이기 때문에 그의 일거수일투족이 엄청난 영향력을 가지고 있지 않은가. 그가 감옥에 갇히자 이렇게 많은 사람들이 몰려와 함께 감옥에 갇히겠다고 하지 않았는가. 죽이지 않는다면 이 자가 계속 제멋대로 말을 할 것이며, 그러면 내 체면은 구겨지게 된다. 죽여야 한다. 그렇지 않으면 어떤 수습하기 어려운 일이 발생할지 그 누구도 알 수 없다. 죽이자! 죽이지 않으면 안 된다. 그를 죽이는 길만이 문제를 철저히 해결하는 길이다. 종회의 말이 너무나 옳지 않은가.'

사마소는 붓을 들어 책상 위의 문서에 최후의 결정을 내렸다. 이에 따라 혜강은 사형수가 수감되는 감옥으로 이송되었다. 혜강은 이제 대 재난을 면할 길이 없게 되었다.

성현을 핑계 삼아 매번 마음속으로 다른 이들을 경멸했다. 만일 세상에 나아가 벼슬을 하며 스스로 이를 감추지 않는다면, 반드시 행동거지에서 이러한 것들이 드러나게 된다. 사람들을 나쁘게 평해 그들을 거스르는 것은 새 시대에서는 받아들여질 수 없었다.

이것은 청나라 학자인 유정섭俞正燮의 감상이다.

탕왕, 무왕, 주공, 공자를 경멸하는 것은 현시대에서는 문제가 되지 않지만, 당시에는 중요한 문제였다. 탕왕과 무왕은 무武로써 천하를 평정했고, 주공은 성왕을 보좌했으며, 공자는 요임금과 순임금에 대해 기술했는데, 요와 순은 천하를 다른 임금에게 양보한 사람들이다. 혜강이 이들 모두를 좋지 않다고 말하고 있는데, 그러면 사마의가 정권을 찬탈하려는 시대에 어떻게 하는 것이 좋다는 것인가? 다른 방법이 없었다. 바로 이 문제가 사마씨의 일 처리에 직접적인 영향을 주었으며, 이로 인해 혜강은 처형을 당하지 않을 수 없었다.

이것은 현대의 대문호인 노신魯迅의 평가이다.

이들은 천여 년 뒤의 관점으로 혜강을 평가하고 있지만 사실은 무수한 인간 세상사를 읽고 겪고 난 뒤에 내린 총평이라 할 수 있다.

혜강의 불행은 한 개인의 불행이었다. 그러나 그의 불행은 또한 선비들의 불행이었다. 그는 선비들의 비극을 개괄하는 축소판이었으며, 그의 한 몸에 선비들의 고난이 집중되어 나타났다고 볼 수 있었다.

아마도 혜강의 어떠한 특징들을 기타 선비들은 갖고 있지 않았을 것이다. 그러나 그가 세상을 살아간 전체적인 모양새는 전 방위를 비추어주는 다각도의 결정체로, 선비들의 기본 천성을 비추어주고 있었다. 선비들의 생활환경, 이상의 차이는 다양한 처세 태도로 나타난다. 하지만 그들의 공통된 문화적 역할은 서로를 가까이 느끼게 하는 문화적 신뢰를 만들어낸다. 즉, 서로 조화를 이루려는 문화적 요구가 확립되는 것이다. 학문을 연마한 사람은 치국평천하治國平天下가 거절하기 어려운 최대의 도의이자 영광이라는 것을 알며, 다른 사람의 존경을 받는 것이 최고의 누림이고, 인생의 가치를 실현하는 것이 최고의 부귀임을 알게 된다. 하지만 이런 것들을 어떻게, 어떤 경로를 통해 얻는지는 개개인의 성격과 관념에 따라 달라진다. 그런고로 피 끓는 가슴으로 부딪혀가는 자가 있는가 하면, 백발이 성성하도록 경전을 공부하는 자가 있으며, 도덕을 실천하려 노력하는 자가 있는가 하면, 불의한 모임을 결성하는 자가 있으며, 수단을 가리지 않고 목적을 추구하는 자가 있는가 하면, 남의 항문을 핥아주고 고름을 빨아줄 정도로 아첨하거나 남을 돌봐주는 자들도 있다.

속담에 말하기를 문과 무예를 배우고 나면 제왕의 가문에 이를 팔라는 말이 있다. 이것은 속담에 그치는 것이 아니다. 선비들이라면 누구나 알고 있는 것이며, 또한 선비들의 공통적인 병인 것이다. 혜강은 선비였기 때문에 절대로 이 범위를 벗어날 수 없었다. 조씨 가문과 혼인하고 중산대부의 벼슬을 받은 것이 이를 가장 잘 설명해 준다. 그가 은둔하면서 고매한 삶을 살아간 것은 자신의 마음속에 자리 잡았던 제왕 가문에 변화가 생기면서 부득이 선택한 면이 있다.

어떠한 방식을 택하든 결국 인생의 궁극적 목표를 추구하려는 것이지만, 그것을 추구하기 위해서는 대가를 지불하지 않을 수 없는 것이다. 혜강이 치른 대가는 목표를 추구하던 중간에 인격을 지키기 위해 창창한 앞날을 포기한 것이다. 혜강은 일찍이 죽음을 생각해 본 적이 없었다. 이것은 그가 거부할 수 없는 대가였다. 자기와 의견이 다른 선비를 육체적으로 처단하는 것은 권력을 잡은 자가 자기 편으로 끌어보고, 세뇌도 해보고, 동화시키려 노력도 해봐도 전혀 효과가 없을 때 필연적으로 취하는 조치였다.

선비란 그가 아무리 대단하다 해도 기껏해야 가죽에 붙어 있는 한 가닥 터럭에 불과하다. 크고 작은 제왕에 빌붙거나 강자들이라는 형형색색 다채로운 껍질에 붙어 있어야 한다. 그렇게 하지 않으면 조상을 빛내고 가문을 빛낼 수 없으며 인생의 목표를 실현할 수 없다. 그리되는 원인은 다른 데 있는 것이 아니다. 선비들이 만들어낸 유가, 법가, 도가 등 각 학파의 학설이 군주와 신하, 부모와 자식, 음과 양, 주된 것과 부차적인 것, 머리와 몸 등의 설법을 사용해 역사적으로 종속적인 지위, 정신적으로 종속적인 지위를 자신들에게 부여했기 때문이다. 그들이 스스로를 세상을 주재하는 주인이 아니라 만대에 걸친 고급 하인으로 만들었기 때문이다. 선비가 되면 머리 위에 씌워지는 문화의 큰 틀에서 벗어날 수도, 몸을 칭칭 감고 도는 법칙의 오랏줄을 풀어낼 수도 없었다.

혜강에 앞서 죽은 사람 중에 두 명의 대명사가 있다. 그들은 혜강과 마찬가지로 현학玄學의 대가였던 하안何晏과 하후현夏侯玄이었다. 순전히 우연인지 모른다. 아니 일종의 필연이었을 것이다. 이들 세 사람의 대명사, 현학의 대가들이 사마의, 사마사, 사마소 삼부자의 손에 죽임을 당한 것이다.

세 사람이 죽임을 당한 배경을 살펴보면 중앙의 정치 세력과 지방의 군사들이 사마씨 집단에 대항한 것과 긴밀한 연관 관계가 있다. 최고 권력을 놓고 벌어지는 쟁탈전은 어떠한 경우든 정치적 또는 군사적 격량을 불러일으킨다. 이익을 목적으로 하는 자는 용감히 일어나 자신의 이익을 지키려 하며, 다른 의도를 가진 자들은 그 기회를 틈타 그것을 이루려 한다. 권력을 빼앗으려는 자는 장애물 제거에 온 힘을 다해 과실을 손에 넣고 그 성과를 지키려하며, 치열한 충돌이 일어난다. 따라서 사마씨 부자가 조정의 신하 역할에서 주인공인 권신으로 변해가는 과정에서 끊임없이 격량이 일어났다. 역사서의 기록을 보면 이를 알 수 있다.

정시正始 10년(249) 고평릉高平陵 사건 발생.
가평嘉平 3년(251) 태위 왕릉王淩 회남淮南 지역에서 반란을 일으킴.
가평嘉平 6년(254) 중서령 이풍李豐 등 사마씨 폐위 모의.
정원正元 2년(255) 진동장군 무구검毌丘儉 등 회남 지역에서 반란.
감로甘露 2년(257) 정동장군 제갈탄諸葛誕 회남 지역에서 반란.

중앙과 지방에서 제각각 싸우고, 중앙과 지방이 한데 어우러져 싸우면서 이 싸움의 틈바귀에 끼여 있던 대명사 세 사람도 깨지고 부서져 뼈도 추리지 못하게 되었던 것이다.

하안何晏은 동한 말 환관들을 척결하려다 실패한 대장군 하진何進의 손자로 어린 시절 아버지가 죽고 어머니는 조조의 첩이 되었다. 자연스럽게 조조의 양자가 된 그는 세상 넓은 줄 모르고 조비 형제들과 반목했지만, 어쨌든 이런 신분관계에 의지해 위나라 상층 사회의 한자리를 쉽게 차지할 수 있었다. 벼슬길이 순조롭지 않았을 때 그는 자신의 정력을 모두 현학 연구에 쏟아부어, 위진魏晉 시대 현학을 세우는 공적을 남겼다. 특수한 정치적 배경에 힘입어 그의 명성이 자자해졌으며, 학술계에서 최고의 인물이 되었다. 모든 선비들과 마찬가지로 하안이 추구하는 이상은 정치적인 것으로, 권력을 잡아 자신의 이론체계를 실현하는 것이었다. 조상曹爽이 고명대신으로 정권을 잡게 되자 드디어 기회가 찾아왔다. 그는 한달음에 권력의 핵심으로 들어가 조상이 가장 중시하는 친신이 되었다. 그는 자신을 알아주는 조상의 은혜를 가슴 깊이 새기고, 주어진 기회를 아끼면서 목숨을 다해 주인에게 힘을 바쳤다. 어느 경우는 힘을 다하는 것이 지나쳐 등양鄧颺, 정밀丁謐과 함께 미친 개라는 비난을 받기조차 했다. 하안은 조상과 사마의가 권력을 다투던 바로 그 시기에 권력을 다른 사람에게 맡기지 말라고 권해, 사마의가 이름뿐인 지위만 갖도록 했다. 그는 관리 선발을 주관했으며, 요직의 상당 부분을 자기 집단에게 나눠주었다. 또한 기주冀州를 어질고 현명한 자가 나타난 적이 없는 곳이라고 폄하하여 기주 출신 사마의가 좋은 사람이 아니라고 은근히 비꼬기도 했다. 하안은 조상의 선봉대로 사마의를 공격했으며, 이로 인해 사마의는 부득이 꼬리를 감추고 물러날 수밖에 없었다.

하안은 고평릉 사건을 통해 사마의가 득세하리라고는 상상도 하지 못했다. 사마의는 하안에게 주심문관을 맡겨 조상과 그 무리들을 심문하도록 했다. 하안은 사마의 반대 세력의 주류에서 벗어나기 위해, 목숨을 보존하기 위해 별의별 수를 다 내어 사건을 확대하고 많은 사람들을 끌어들였다. 이에 따라 일곱 성姓씨, 즉 '칠족族'을 색출했다. 사마의는 하안이 올린 공문서를 검토한 후에 아직 부족하다며 팔성姓, '팔족'이 되어야 맞는다고 말했다. 하안은 비로소 자신이 곤경에 처했음을 알게 되었고, 자기의 성씨가 그 안에 포함되어야 하냐고 물었다. 사마의는 웃으며 그렇다고 했다. 말 그대로 고양이가 쥐를 가지고 놀았던 것이다. 하안은 너무도 가련하게 죽음을 맞이했다.

하안과는 달리 하후현은 의를 위해 흔쾌히 죽었다. 하후현은 하안, 사마사와 함께 그 이름이 거론되었으나 학술적인 영향은 하안에, 정치적인 영향은 사마사에 미치지 못했다. 그는 위 명제 때부터 정계에 입문해 아주 빨리 현학과 정치의 양 날개를 펼치고, 조정과 재야에 명성이 자자한 대명사가 되었다. 그와 사마씨 부자 간에는 상당한 교분이 있었으나 의견 충돌이 잦았다. 특히 관리제도에 대한 견해에서 그 차이가 심했다. 그는 한나라 말엽부터 전승되어 온 관리제도에 폐단이 많다고 인식했다. 상사가 하급관리를 견제하기 위해, 중앙정부가 지방정부를 제어하기 위해 자사刺史를 파견하고 감군監軍을 파견하면서 제멋대로 간섭해, 하급관리와 지방정부가 이를 따를 수 없게 되었고 정상적인 업무의 전개가 심각하게 방해를 받고 있다고 생각했다. 이러한 상황은 반드시 바꾸어야 한다고 주장했다. 그리고 법가의 '각자 직무를 명확히 해, 서로의 직무를 넘보지 않도록 해야 한다'는 신조로 각급 기구와 관원의 직권을 확정해 정부란 유기체가 건강을 유지토록 해야 한다고 주장했다. 그는 아주 엄숙한 어조로 이를 말했다.

"지금은 역대 제왕의 말기와 진한에서부터 내려온 것을 계승한 것이 세속에 널리 굳어져 있다. 마땅히 크게 바꾸어 백성의 바라는 바를 쉽게 해주어야 한다."

사마의의 답변은 이러했다.

"좋은 일이기는 하다. 그러나 예와 오늘이 계속 이어져야 하며 갑자기 고칠 수는 없는 것이다."

사마의는 관리제도를 고칠 생각이 없었다. 사마사가 정권을 잡았을 때에도 하후현은 재차 개혁의 필요성을 강조했다. 하지만 사마사는 그의 아버지와 같은 견해를 가지고 있었기에 이를 단호히 거절했다.

"삼대에 걸친 제도는 마땅히 받들어 모셔야 하는 것이다. 군사적인 일이 아니므로 함부로 개혁해서는 안 된다!"

한 사람은 개혁을 주장하고, 한 사람은 개혁을 반대하면서 두 진영의 사이가 벌어졌다. 하후현이 개혁을 주장하는 이면에는 조씨의 위왕조를 위한다는 내막이 깔려 있었다. 권력을 아래로 풀어주는 방법으로 각급 기구가 층층이 보루를 구성토록 해, 사마씨 집단이 권력층에 깊숙이 스며드는 것을 막으려는 것이었다. 사마씨 부자의 생각은 명확했다. 이런 '음모'가 달성되게 할 수는 없지 않은가? 그들이 원하는 것은 지금의 정치적 구조, 즉 윗선에서 관리 선발의 권력을 쥐고 있으며, 아랫선에는 친신을 내려 보내 각종 명의로 감시를 하는 것이었다. 그렇게 해야만 전체 정권을 제어할 승산이 있기 때문이다.

하후현과 조상은 촉나라 정벌전에서 협력했던 적이 있다. 정벌전은 실패하고 말았지만 두 사람의 관계는 이로 인해 더욱 가까워지게 되었다. 조상이 주살당하자 그는 사마씨에 한층 더 불만을 갖게 되었다. 그는 태산이 무너져도 눈 하나 깜짝하지 않을 수 있을 정도로 노숙했다. 표면적으론 전혀 불만을 나타내지 않고, 은밀히 기회를 엿보고 있었다. 중서령 이풍과 황제의 장인인 장집張緝이 추천해 사마사를 대신해 정권을 잡도록 했을 때, 멸족의 위험을 무릅쓰고 분연히 나섰다. 그러나 밀약이 새어나가면서 하후현은 쇠사슬에 묶여 감옥에 갇혔다. 옥중에서 그는 종회의 회유를 냉정하게 거절했으며, 고문을 당해도 전혀 굽힘이 없었다. 하후현은 머리를 치켜들고 형장으로 걸어나갔다.

혜강이 재난을 당한 것 역시 사마씨를 반대하는 세력과 관련되어 있다. 종회 등 무리가 제일 유력한 증거를 들이대고 그를 고발했다. 혜강이 일찍이 무구검의 반란에 응해 군사를 일으키려 했으나 산도가 제지해 그 생각을 거둬들였다는 것이다. 비록 날조된 것이었으나 이로 인해 혜강은 '아주 사악해 사면해 줄 수 없는' 무리에 강제로 속하게 되었다.

조씨 가문이라는 거죽 위에 존재하던 하안, 하후현, 혜강은 비록 벌어진 일의 내막이 다르고 인격이 서로 달랐지만, 거죽이 탈바꿈을 하면서 앞서거니 뒤서거니 거죽에서 떨어져나가 죽음의 재난을 당할 수밖에 없었다.

천천히 감옥을 걸어 나온 혜강은 처형당하기 위해 형장으로 압송되었다. 이 소식이 밖으로 전해지자 다시 한번 낙양 시내가 들끓었다. 3천 명의 태학생들이 무리를 지어 기세등등하게 조정으로 향했고, 조정에 글을 올려 혜강을 스승으로 모실 수 있게 해달라고 요구했다. 그들은 머리를 조아린 채 조용히 엎드려 답변을 기다리고 있었다. 사마소는 군대에 명령을 내려 비상경계를 하도록 한 후, 굳게 다문 입 밖으로 두 글자만을 단호하게 내뱉었다.

"안 돼!"

완전 무장을 한 군대 앞에서 닭 한 마리 잡을 힘도 없는 태학생들은 형장으로 몰려갈 수밖에 없었다. 형장은 구경나온 사람들로 가득했다. 빙 둘러선 인파는 물샐 틈 없을 정도로 빽빽했다. 혜강의 모든 친구들이 몰려와 그를 보내주려 했다. 혜강이 처형대에 섰다. 담담한 얼굴, 그 담담함 속에 늠름함이 배어 나오고 있었다. 붉은 옷에 검은 허리띠를 두른 망나니가 번뜩이는 칼을 손에 잡고 약간 떨어진 곳에 서 있었다. 망나니 짓을 한 이래 처음으로 보는 엄청난 광경에 흉악한 얼굴이 누그러져 있었다.

지난 밤 혜강은 자신을 처형하기로 결정했다는 소식을 전해 들었을 때, 마음속으로 한 줄기 서늘한 기운이 솟아오름을 느꼈다. 처형은 전혀 생각지 못했던 결과였다. 그러나 그는 재빨리 마음을 진정했다. 격렬한 항의도 상소도 하지 않았다. 술을 한잔하고 식사를 맛있게 한 후 단잠을 잤다. 감옥에 들어온 이래 가장 달콤한 잠이었다. 수가 다한 것이다. 최후의 시각이 다가오고 연緣을 따라 이 생을 쉬게 되는 것이다.

성격이 운명을 결정짓는다는 것을 혜강은 이미 깨닫고 있었다. 자신의 생은 바로 이러한 성격에 따른 것이었다. 어떤 식으로 성격을 함양하든, 세상과 다투지 않으려 하든, 화를 피하려 하든 결국은 참화를 면할 수 없는 것이 아닌가?

어찌 어찌 처음은 비껴갔지만 결국은 운명을 벗어나지 못했다. 세상의 한구석에서 멍청하게 두려워하며 숨어 지내기보다는, 이참에 학을 타고 서천으로 가는 것이다. 사람이란 결국 죽게 되어 있지 않은가? 죽음이 태산보다 무거울 수도 깃털보다도 가벼울 수도 있지만, 그는 태산처럼 여기는 마음도 깃털처럼 여기는 뜻도 없었다. 수壽가 차는 것은 떠나온 숙소로 돌아가는 것, 늦든 빠르든 결국은 돌아가야 하는 숙소이다. 선비는 자기를 알아주는 자를 위해 죽는다고 했는데, 지기인 여안을 위해 죽게 되어 자신의 죽음에 대해 유감스러워하지 않았으며, 죽음의 자리를 제대로 택했다고 느꼈다. 죽기 전 한순간의 깨우침이 그동안 단련해 오면서 조금씩 깨우쳤던 경지를 훨씬 뛰어넘고 있었다.

혜강은 일찍이 《고사전高士傳》이란 책을 저술해 개벽 이래 뛰어난 선비 119인을 기록해 인간의 성스러운 기질, 현명한 기질, 맑고 깨끗한 기질, 은자적 기질, 정의로운 기질을 드러냈다. 뛰어난 선비를 고르고, 배워 스스로 뛰어난 선비가 되었다. 마땅히 자신을 그곳에 포함시켜 120인이 되게 해야 했다. 혜강의 풍채에 대해 누군가는 이렇게 찬탄했다.

시원스러우면서 흠 없는 모습, 거칠 것 없으면서 깨끗한 몸짓

다른 이는 존경과 애모의 뜻을 담았다.

소나무 아래 이는 바람처럼 맑고 시원해, 높은 경지로 천천히 끌고 가네.

산도는 더욱 기묘한 표현을 했다.

혜숙야의 사람됨은 그 강직함이 솔이 홀로 서 있는 듯하며,
그 술 취해 우뚝 서 있음은 옥산이 무너져 내릴 듯한 모양일세.

처형대 위에 우뚝 서 있는 모습은 예전 대나무 숲에서 거닐던 것과 다름이 없는 담담한 모습이었다. 혜강의 풍채는 여전했다. 생명이 사라지려는 그 순간에도 그는 다시 한번 기개 높은 선비의 진정한 풍채를 보여준다. 어떠한 것을 가지고 '죽음이란 숙소로 돌아가는 것'이라고 하는가? 혜강의 최후 풍채가 이를 해석해 주는 가장 좋은 예다. 맑고 투명한 구름 한 점 없는 하늘, 정오가 다가오는 시각의 태양이 형장을 밝게 내리쬐고 있었다. 그 밝음은 금빛이 섞인 백색의 참담한 색이었다. 모두가 처형 시각을 기다리고 있었다.

머리를 치켜들고 태양을 바라보던 혜강이 돌연 입을 열고 형인 혜희

嵇喜에게 말했다. "칠현금을 가지고 왔는지요?"

혜희는 떨리는 음성으로 답했다. "가지고 왔네."

혜희가 칠현금을 처형대로 올려 보내자, 곁에 있던 사람들이 칠현금을 놓는 책상과 의자를 놓아주었다. 혜강이 안정된 걸음으로 앞으로 나아가, 현을 조율하고 몇 음을 퉁기다가 〈광릉산廣陵散〉*을 타기 시작했다. 곡조가 원래 특이한데다 이 세상에서는 자주 얻어듣기가 어려운 음들이었다. 그 음들은 듣는 사람들의 혼백을 빼앗아가 자신들이 어디에 있는지 잊게 할 정도였다.

한 무리 이름 모를 들꽃이 멀지 않은 곳에서 꽃망울을 터뜨리고 있었다. 멀리서 보면 구름 비단이 땅에 깔린 듯했고, 가까이서 보면 아주 작은 나팔들 하나하나가 칠현금 곡에 맞추어 음의 선율을 따라 하고 있는 것 같았다.

혜강은 일찍이 《성무애락론聲無哀樂論》을 편찬한 바 있다. 이 순간 그는 칠현금의 음을 이용해 슬픔과 즐거움을 도道로 변화시키고 있었다. 슬픔과 즐거움이 무화된 도道 말이다.

혜강은 곡조가 고조에 달하자 돌연히 곡을 멈추고 천천히 일어나 낭랑한 목소리로 선포했다. "이후로는 〈광릉산〉이 전해지지 않으리라!" 때는 정오를 지난 시각, 기개 높은 선비 혜강이 목을 길게 늘였다. 도부수의 칼날이 허공을 가르자 피가 뿜어져 나왔다. 하늘로, 칠현금 위로 흩날리는 피! 눈을 어지럽히는 한 폭의 붉은 수채화! 마음을 섬뜩하게 하는 핏빛의 수채화였다.

아! 진정한 수채화!

바위 계곡 사이에 걸어놓으면, 짙은 구름이 감싸 돌고.

대나무 숲 사이에 걸어놓으면, 맑은 바람이 불어오며.

인간 심령의 역사란 회랑에 걸어놓으면, 보는 자들의 발길이 끊이지 않는다.

이 그림을 우주천지 중에 걸어놓으면, 금수도 온갖 벌레도 이를 없애지 못하고, 광풍이 불어도 이를 날리지 못하며, 폭우도 이를 씻어내지 못하고, 따가운 태양도 낡게 하지 못하며, 세월도 퇴색시키지 못하리라.

*〈광릉산〉에 얽힌 이야기는 전설로 전해져 내려온다. 그 내용은 아래와 같다. 혜강이 청년 시절에 낙서洛西를 유람한 적이 있었는데, 밤이 늦어 화양정華陽停에서 자게 되었다. 그날 하늘에는 엷은 구름이 흘러가고, 그 사이로 비치는 밝은 달빛이 혜강이 묵고 있는 숙소의 창을 타고 넘어 들어왔다. 이로 인해 시흥이 발동한 혜강은 칠현금을 끄집어내어 한편으로는 현을 뜯고 한편으로는 시를 읊기 시작했다. 칠현금에 몰두한 혜강은 망아忘我 상태로 삼경이 지나도록 곡을 뜯었다. 깊은 밤 혜강이 연주를 끝내려는 순간 한 노인이 자기 뒤에 서서 곡조를 듣고 있는 것을 발견했다. 그 노인은 꾸부러진 허리에 초라한 모습이었다. 혜강은 아무 일 없었다는 듯 노인에게 물어보았다.

"당신도 칠현금을 탈 줄 압니까?"

노인은 아주 공손히 대답했다.

"아, 조금 뜯을 줄 알지."

싸움에 지기를 싫어하는 청년 시절이고, 자기 재능에 자신이 있었던 혜강은 노인과 한판 겨루고 싶었다. 혜강은 자신만만하게 물어보았다.

"지금 제가 탄 곡조에 어디 고쳐야 할 곳이 있는지요?"

노인은 가슴까지 내려오는 하얀 수염을 쓰다듬으면서 말을 했다.

"그대의 칠현금 타는 기술은 전혀 하자가 없네. 하지만 유감스러운 점은 감정이 부족한 것 같네. 왜냐하면 이 곡은 비장한 정조로 가득 찬 곡조일세. 따라서 곡조를 탈 때 애상이 깃들어져야 맞는 것일세."

체면을 고려하지 않는 노인의 갑작스런 비판에 얼굴이 빨개진 혜강은 가르침을 청하는 태도로 노인에게 그 자리에서 한 곡조를 뜯어달라고 청했다. 노인은 우선 혜강에게 자단향을 피우도록 하고, 자신의 손을 깨끗이 씻은 후, 의관을 정리하고 가부좌를 하고 앉아 잠시 정신을 집중한 뒤에 천천히 칠현금을 타기 시작했다.

노인이 오동나무로 만든 칠현금을 가지고 비애가 깃든 곡조를 타기 시작하자, 듣는 이의 마음에 짙은 구름이 깃들고 슬픔이 일었다. 잠시 후 노인이 곡조를 바꾸어 아름다운 선율을 뜯어내자 구름이 걷히면서 밝은 달을 보는 느낌이 들며 듣는 이로 하여금 무한한 희망과 믿음과 격려를 느끼게 했다.

이어서 노인이 현을 퉁기면서 천변만화를 만들어내는 선율을 들려주었다. 마치 흉용한 파도가 벼랑을 때리는 듯하다가, 소곤소곤 귓속말을 하는 듯하다가, 순식간에 애조를 띠었다. 이러한 우는 듯, 호소하는 듯한 악곡이 마치 외로운 배가 누각을 떠나 호수로 접어드는 듯, 심지어는 호수도 슬픔을 참지 못해 우는 듯한 느낌을 만들어냈다.

노인의 칠현금 소리가 돌연히 멈추자, 혜강은 비로소 제정신으로 되돌아왔다. 다시 노인을 살펴보니 두 눈에 빛이 나고, 조금 전과는 완전히 다른 생동감이 넘치는 사람으로 변해 있는 것을 알게 되었다. 혜강은 노인에게 감복해 그 자리에서 초인적인 칠현금 기술의 비결을 전수해 달라고 가르침을 청했다. 노인이 흔쾌히 혜강의 요구를 받아들이고, 자기가 뜯은 곡을 해설했다.

"이 곡은 원래 광릉廣陵(지금 절강성 양주)에서 유행하던 곡조散曲이네. 그런 연유로 간략하게 〈광릉산〉이라고 불리네. 전국 시대 장사인 섭정攝政이 한韓나라의 간신인 협누俠累를 찔러 죽인 것을 주제로 한 곡일세."

노인이 들려준 섭정의 이야기는 다음과 같다. 진秦나라가 다른 나라를 집어삼키려 할 때 우선 그 목표를 한나라로 정했다. 이때 한나라의 재상인 협누가 몰래 진나라와 연락해 나라를 팔아먹고 고관의 직위를 얻으려 했다. 신하 중에 엄중자가 협누에 반기를 들었다가 성공하지 못해 제나라로 도망갔다. 엄중자는 제나라에서 여러 경로를 통해 자객인 섭정을 사귀게 되었다. 섭정은 원래 백정 출신의 협객으로 엄중자의 부탁을 받아들여, 한나라로 가서 협누를 찔러 죽였다. 협누를 죽이는 임무를 완성한 섭정은 다른 사람들이 자신을 알아볼까봐 자신의 눈꺼풀, 코, 귀를 잘라낸 뒤에 얼굴에 글자를 새기고 나서야 자살했다. 한나라에서 그의 시체를 큰길가에 내걸고 엄청난 상금을 걸고 이 자객의 이름을 알아내려 했다. 섭정의 누나인 섭영攝縈이 한나라 간신 협누가 살해당했다는 이야기를 듣자 자기 동생인 섭정이 한 짓임을 의심하지 않았다. 뒷날 자객이 스스로 자기의 얼굴을 엉망으로 만들고 자살했다는 것을 듣게 되었다. 그녀는 동생이 자신의 가족들이 연루될 것을 근심해서 그렇게 한 것임을 알게 되었다. 섭영 역시 의기가 넘치는 걸출한 여성으로 자기 일가의 안전을 지키기 위해 동생의 장렬한 죽음을 역사 속에 매몰시킬 수는 없다고 생각했다. 그래서 결연히 동생의 시체가 있는 곳으로 가서 시체를 감싸 안고 울며 동생의 이름을 주위의 사람들에게 큰 소리로 알려준 후 포졸이 오기 전에 자살했다.

노인의 설명을 듣고 나자 혜강은 감동해 말을 꺼내지 못했다. 노인은 잠시 침묵했다가 말을 꺼냈다.

"칠현금을 타는 것은 단지 연주 기술의 숙련이 아닐세. 반드시 곡조의 내용을 파악하고 이를 드러내려 해야 하네. 이외에도 반드시 그대 감정을 전부 곡조 안에 쏟아넣어야 하네. 연주가가 그 감정에 몰입될 수 있어야 비로소 뜯어내는 음들이 다른 사람의 가슴을 후벼 파는 것일세."

그러고 나서 노인은 혜강에게 칠현금 뜯는 법을 가르쳐주었다. 날이 밝을 무렵 혜강이 노인을 자세히 보려는 순간, 그가 이미 어디로 갔는지 알 수 없었다. 혜강의 〈광릉산〉은 이러한 전설로 더욱 유명하며, 고대의 곡조가 혜강의 대명과 함께 전국에 널리 퍼져나갔다.

이상의 전설은 과장된 면이 있기는 하나 역사적인 근거가 있다고 할 수 있다. 혜강은 실제로 칠현금을 잘 뜯었으며, 특히 〈광릉산〉의 곡조로 이름이 알려졌다는 역사 기록이 남아 있다. 혜강이 남긴 문장은 상당히 많은데 그중에 〈금부琴賦〉가 가장 유명하며 내용은 고대 칠현금의 연주법을 소개한 것이다. 혜강이 사마소에게 죽임을 당할 때 "이후로는 〈광릉산〉이 전해지지 않으리라 廣陵山于今絶矣!" 했지만 다행히 그 후에도 줄곧 악사들에 의해 연주가 되었으며, 900여 년이 지난 후에 뜻이 있는 음악가가 〈신기비보神奇秘譜〉 중에 이 곡을 수록했다. 후대인이 정리, 연구한 바에 따르면 광릉산은 소서小序, 대서大序, 정성正聲, 난성亂聲, 후서後序의 다섯 부분으로 나뉘어지며, 현존하는 제일 곡이 긴 고대 칠현금 곡 중의 하나이다. 광릉산은 현재까지 전해져 내려오지만 혜강처럼 온 생명을 그곳에 담아 연주한 사람은 아마 일천여 년래 없을 것이다[〈중국사담中國史談〉 馮作民(대만) 편저, 163~168쪽].

조정에 숨은 큰 은자

영원한 방랑자 완적

　은자隱士에 대해 수천 년간 얼마나 많은 이야기가 있었는지 모른다. 이리저리 자료를 들쳐보고, 이야기를 들어보면서 끊임없이 추슬러보니 민간에 전해내려오는 다음의 이야기가 가장 흥미롭다. 큰 은자는 조정에 몸을 숨기고, 보통의 은자는 시정에 몸을 숨기며, 작은 은자는 초야에 묻혀 지낸다大隱隱於朝, 中隱隱於市, 小隱隱於野. 엄자릉嚴子陵*은 부춘강富春江에서 낚시질을 하고, 도연명陶淵明*은 울타리 아래서 국화꽃을 꺾고, 황종희黃宗羲*는 화안산化安山에서 책을 쓰고……

*엄자릉嚴子陵: 후한後漢 광무제光武帝가 한낱 선비로서 일어나 쓰러져가던 한나라를 다시 일으켰다. 전쟁이 다 끝나고 천하가 완전히 제 손아귀에 들어온 줄 알게 된 다음 불안을 느꼈다. '이제 천하에 나를 칭찬 안 할 놈 없고 내게 복종 아니할 놈이 없건만, 단 하나 한 사내만이 마음에 걸린다. 그것은 엄자릉嚴子陵이다.' 그는 광무제의 벗이었다. 한 가지 성현의 도를 닦는 시절에 서로 마음을 한 걸음 내켜 디딘 줄 아는 광무제는, 처음의 선비의 뜻을 버리고 권세의 길을 탐해 천자가 되기는 했지만 자릉이 자기를 속으로 인정해 주지 않을 줄 알았다. 그 생각을 하면 앞에서 네 발로 기며 아첨하는 이른바 만조백관이란 것들이 보기도 싫다. 그래서 사람을 부춘산富春山으로 보내 냇가

에서 낚시질 하는 엄자릉을 데려오라 했다. 자릉이 따라왔다. 대신이요, 무어요 하는 물건들이 뜰아래 두 줄로 벌려 서서 감히 우러러도 못 보는 데를 자릉이 성큼성큼 걸어 광무 앉은 곳으로 쑥 올라갔다. "아, 문숙文叔이 이게 얼마 만인가?" 그동안에 몇 해의 전생이요, 나라요, 정치요, 천자요, 그런 것은 당최 코 끝에 거는 것 같지도 않았다. 신하들은 어쩔 줄 몰라했다. 광무도 도량이 넓다고는 하나 짐승처럼 부려먹는 신하들 앞에서 제 위에 또 권위權位가 있다는 것을 보여주는 것이 그리 기분 좋은 것은 아니었다. 그렇다고 자릉을 신하 대접했다가는 당장에 무슨 벼락이 떨어질지 모를 일이었다. 물론 자릉이 그럴 리 없었지만 광무는 그런 생각을 하지 않을 수 없었다. 그는 무엇인지 모르는 기氣에 눌림을 스스로 인정하지 않을 수 없었다. 그래, 신하들 보고는 "너희들은 물러가라. 내 친구를 오래간만에 만나 서로 정을 좀 풀련다" 했다. 그리고는 밤새 이야기를 하다 잠이 들었다. 천문을 보는 신하가 허둥지둥 들어와, "큰일 났습니다. 객성客星이 태백太白을 범했으니, 무슨 일이 있사옵는지 모르겠습니다" 했다. 태백이란 지금 말로 금성金星인데, 옛사람 생각에 그것은 임금을 표시한다 했다. 객성이란 다른 별이란 말이다. 임금은 절대로 신성해 범할 수 없다고 믿었다. 알고 보니 엄자릉이 광무의 배 위에 다리를 턱 올려놓고 잤더라는 것이다. 그래서 후세의 시인詩人이 자릉의 그 기상을 대신 말했다.

일만 일에 생각 없고, 다만 하나 낚싯대다.　　萬事無心一釣竿

삼공 벼슬 준다 한들, 이 강산을 놓을쏘냐.　　三公不換此江山

평생에 잘못 봤던 유문숙이 너 때문에,　　　平生誤識劉文叔

쓸데없는 이름을 날려, 온 세상에 퍼졌구나.　　起虛名滿世間

(〈들사람 얼[野人精神]〉, 함석헌 선생 글 중에서)

중국 송宋대 명신이자 〈악양루기〉로 유명한 범중엄范仲淹도 엄자릉을 기억하며 〈엄선생사당기嚴先生祠堂記〉를 썼다. 그는 엄자릉이 탐욕한 자를 청렴하게,

겁쟁이들을 홀로 서게 하는 지조를 지녔다고 평하였다.

*도연명陶淵明(365~427): 이름은 잠潛이며, 자는 원량元亮. 동진東晋 심양尋陽 시상柴桑, 현재의 구강九江 사람. 팽택현령彭澤縣令을 맡았을 때, 태수를 보좌하는 하급 관리가 팽택현에 와서 권세를 부리려고 함에, 도연명은 현령으로 부임한 지 80여 일 만에 "다섯 말의 녹봉 때문에 향리의 일개 관리에게 허리를 굽힐 수 없다"고 해 현령 벼슬을 팽개치고 고향인 여산 서남쪽의 시상현柴桑縣에 은거했다. 벼슬을 버리고 고향에 돌아가면서 그 유명한 〈귀거래사歸去來辭〉를 지었다.

*황종희黃宗羲(1610~1695): 자 태충太沖. 호 남뢰南雷, 절강성 여요 출신. 저서로는 《명이대방록明夷待訪錄》, 《송유학안宋儒學案》, 《명유학안明儒學案》 등이 있다. 고염무顧炎武, 왕부지王夫之와 함께 '청초의 삼대유三大儒'라고 불렸으며, 후대에 '중국의 루소'라 평가받은 학자로 경세치용을 중시했고 민본주의에 기반을 두어 전제정치의 폐단을 신랄하게 비판했다. 그들은 모두 고전과 역사에 대한 박식을 토대로 객관적이고 실증적인 태도로 학문 연구를 진행해 경세치용의 사상을 전개시켰다. 주로 경학과 사학에 대한 연구를 통해 경제적 견해를 표방했다. 《명이대방록明夷待訪錄》 등의 저서를 통해 명나라가 멸망에 이르기까지의 군주전제정치를 비판하고 이상적 정치와 그것을 위한 구체적 정론政論을 펼쳐나갔으며, 특히 군주의 이기적 독선과 군주전제제도를 배제해 백성을 위한 정치적 혁명의 실현을 강조했다. 백성이 귀하며, 군주는 그러하지 않다[民貴君輕]는 것이 그의 주요한 표어 중 하나였다.

천여 년의 세월 속에 은자의 은둔처는 결국 산수와 관련이 있었다. 왜냐하면 그곳에는 펄쩍 뛰어오르는 물고기가 있었고, 울타리 밑에 피어나는 국화가 있었으며 산길에 수북이 쌓이는 노란 낙엽들이 있어 속세와 일단 거리를 두게 할 수 있었으며, 인생의 번뇌를 쓸어갈 수 있었기 때문이다.

이런 종류의 작은 은둔을 사람들은 자주 보았기 때문에 이상하게 여기지 않았다. '보통 은둔'은 지칭하는 바가 있기는 하지만 어찌 보면 큰 은둔과 작은 은둔의 과도적 밀이라고 할 수 있다.

가장 음미해 볼 만한 것은 조정에 숨어 지내는 '큰 은둔'이라고 할 수 있다. 한편으로는 벼슬을 하면서 또 다른 한편으로는 은자인 그것도 무슨 큰 은자라고 하니, 세상의 좋은 것은 다 누린다고 많은 사람들이 비아냥거렸다. 하지만 큰 은자들은 그게 아니라고 부인하고 나선다. 이러한 말들에 대해 그들은 고귀하고 우아한 웃음을 지어보이지만, 남몰래 손수건을 꺼내 쓰라린 눈물을 훔쳐낸다.

왜? 무엇 때문에 은자가 되려 하는가? 무엇 때문에 작은 은자가 되려 하는가? 무엇 때문에 보통의 은자가 되려 하는가? 무엇 때문에 큰 은자가 되려 하는가? 은둔, 몸을 숨기는 것이 무슨 의미가 있는 것인가? 무슨 고뇌가 있는 것인가? 이러한 문제들에 해답을 줄 수 있는 사람은 완적阮籍이 최적격일 것이다.

작은 은둔도, 보통의 은둔도, 큰 은둔도 다 해본 완적의 경력은 상당한 설득력이 있다. 처음부터 은자였던 사람은 없으며, 생존환경의 변화에 대응한 선택의 결과라 할 수 있다. 은자가 되는 것도 학문이라 할 수 있으며, 이러한 학문은 어머니 뱃속에서 가지고 나오는 것이 아니다. 완적 역시 한 걸음 한 걸음 배워서 된 것이었다.

부친은 건안建安(동한 헌제의 연호, 196~220) 7대 문인 중 한 사람인 완우阮瑀다. 벼슬길과 대응하는 거동을 한 적이 없었던 완적은 그저 초야에 머물러 있던 인물이라고 할 수는 있을지언정 은자라고 할 수는 없었다. 은둔이란 벼슬에 나서는 것에 상대적인 말로, 벼슬을 거절하는 행위가 있은 후에야 비로소 그 뜻을 체현할 수 있다. 34세 이전에 벼슬길에 나선 적이 없었다고 해서 완적이 벼슬길에 들어설 생각이 없었던 것은 아니다. 완적이 벼슬에 대한 생각을 희석시킨 면이 있지만, 이 세상에서 경륜을 펼쳐보리라는 뜻을 가지고 있었다. 그보다 조금 앞선 시대에 제갈공명은 담백함으로 그 뜻을 드러냈고 고요함으로 먼 곳까지 이를 수 있었으며, 허리 숙여 논밭을 갈고, 초당에서 늘어지게 봄잠을 잤지만 세상에 대한 관심을 단 한순간도 놓은 적이 없었다. 제갈공명은 경세의 전략인 '융중책隆中策(유비가 삼고초려 시 삼분천하를 하도록 했던 내용을 담은 일종의 경세전략. 중국 호북성 융중에서 제갈량이 학문과 경세지략을 연마했음)'을 가슴속에 품고 있었다. 반면 완적은 그러한 '융중책'은 물론 구체적인 '산양책山陽(죽림칠현이 모였던 곳)'도 가지고 있지 않았다. 유가의 최고 이상인 치국평천하治國平天下라는 추상적 목표는 있었으나 이러한 목표는 초야에 묻혀서는 이룰 수 없는 것이었다. 원대한 목표를 이루려면 벼슬길에 들어서는 것이 유일한 길이었다. 그러나 당시의 사회 분위기는 선비가 명분과 도리를 가지고 과거에 참가해 급제한 후, 당당하게 관직을 제수받고 조상의 체면을 빛낼 수 있었던 후대의 수당隋唐 시대와는 달랐다. 한漢, 위魏 시대에는 국자학에 들어간다든가, 한 가지 재주를 가지고 있다든가, 부모의 후광을 업는다든가 해 벼슬길에 나섰지만, 이러한 방법은 평범한 것이어서 조정에서 인정받기 어려웠다.

　인정받으면서 벼슬길에 오르는 방법은 두 가지가 있다. 찰거察擧와 정벽征辟이 그것이다. 찰거는 다시 조거詔擧와 세거歲擧로 나뉜다. 조거란 황제가 조서를 내려 추천할 대상의 범위를 확정하고, 중앙정부의 고관이나 지방 장관이 정해진 과목(예를 들면 효도의 정도, 문학적 재질, 재능의 정도, 현명하고 바른 행동, 직언과 간언 등 항목)에 근거해 추천을 하게 된다. 세거란 지방 장관이 매년 조정에 두 사람을 추천하는 것으로 반드시 그 대상이 유학자나 명사여야 했다. 정벽 역시 정과 벽으로 나뉜다. 정은 황제가 직접 명령을 내려 명사를 선발하여 벼슬하도록 하는 것으로 기준이 무척 높았다. 벽은 벽제辟除라고도 하는데 중앙과 지방의 장관이 관련 기관의 인원을 선택, 추천할 권한을 가지고 있었으며 대상자들은 대부분 명사들이었다.

전체적으로 보면 찰거든 정벽이든 간에 모두 명사를 주요한 대상으로 했다. 위魏 초기에 이러한 제도를 보충해 태어난 구품중정제九品中正制는 비록 문벌과 지방의 명문가를 주요 대상으로 했지만, 이와 동시에 개인의 명성 역시 상당히 중요한 고려 요소였다.

이러한 상황에서는 '명성'이 벼슬길에 들어서는 최대 자본이었다. 선비가 벼슬길에 들어서서 고관이 되고, 명성을 날리는 관리가 되려면 비교적 긴 시간 자신의 이미지를 만들어가야 한다. 효도에 힘을 쏟아 효자가 되든지, 열심히 덕행을 쌓아 타의 모범이 되든지, 문학에 힘을 기울여 널리 알려진 문사가 되던지 해야 했는데, 이러한 것들 중 하나만 갖추어서는 부족했다. 요컨대 어느 분야든 반드시 큰 힘을 쏟고, 명망을 높여 주州·군郡이나 조정에서 부르는 것을 기다려야 했다. 조정의 부름이 있을 때 단번에 응낙하면 안 되며, 머리를 흔들어 거절해야 한다. 머리를 흔들면 흔들수록, 거절의 횟수가 많으면 많을수록, 그 사람의 명성이 더욱 널리 알려지게 되고, 명성이 알려지면 알려질수록 벼슬할 기회도 더욱 많아지게 된다. 절대 스스로 머리를 숙이고 얼굴을 들이밀면서 직접적, 공개적으로 파고들면 안 된다. 그러한 경우 사림士林에서 그를 배척하게 된다.

이런 시대적 배경과 조류의 영향 아래 이미 어느 정도 명성을 쌓고 있었던 완적에게 드디어 기회가 찾아왔다. 당시 태위太尉였던 장제蔣濟가 완적이 상당한 재능을 가지고 있음을 듣고 벽제의 형식으로 그를 태위부 막료로 지명한 것이다.

장제는 관리로서 명성이 높았다. 처음에는 바른 품행으로 조조의 높은 신임을 얻었다. 그리고는 '천자는 농담을 하지 않는다'는 말로 위 문제가 신하들에게 제멋대로 내뱉던 말들을 반박했으며, 위 명제(조조의 손자 조예曹睿) 때는 황제의 체면을 무시하고 직언을 해 궁궐을 대규모로 짓지 말라고 백성을 대신해 청원했다. 제왕(명제의 아들 조방曹芳)이 등극한 후에는 최고의 군정장관인 태위에 임명되었다.

장제가 사람을 보내 그를 부르자 완적은 깊은 생각 끝에 이를 거절하는 서신을 썼다.

완적이 삼가 아룁니다. 엎드려 생각건대 명공께서는 순일한 덕으로 태위의 자리에 오르셨으며, 이에 수많은 영웅호걸들이 공을 우러러보고 현자와 준재들이 공의 뒤를 따르고 있습니다. 태위부를 개설하는 그날에 수많은 사람들이 공의 막료가 될 수 있다고 여기고 있었습니다. 공께서 막료들을 뽑는 명령을 내리고, 저 완적이 그 부름을 처음으로 받았습니다. 예전에 자하子夏(공자의 제자인 복상卜商)가 서하西河변을 거닐 때, 위나라 문후(춘추전국 시대 위나라)가 예의를 다해 그를 스승으로 모셨고, 추연鄒衍(춘추전국 시대 음양오행가)이 수의 골짜기 북쪽에 있을 때 연나라 소왕이 왕의 수레로 그를 모셔왔습니다. 무릇 남루한 옷을 걸치고 장식 없는 혁대를 차고 있는 가난하고 보잘 것 없는 선비가 홀로이 세상을 살아가더라도, 왕공대인들이 귀한 몸을 굽혀 그들에게 가르침을 청하는 것은 나라에 정도正道가 살아 있기 때문입니다. 오늘날 완적은 자하나 추연의 덕을 갖추지 못했지만 그 누추한 습관만을 가지고 있었는데 명공께서 번거로움을 무릅쓰고 이렇게 융숭한 예의로 대해주시니 무엇으로 이것을 감당하겠습니까? 저는 동쪽 논밭의 양지 녘에서 농사를 지어 오곡으로 국가에 세금을 내고 살아가면서, 벼슬길에 나가지 않으려 하였습니다. 더욱이 몸에 병이 있고 다리에 힘이 없는 까닭에 명공의 막료가 되라는 부름을 감당할 길이 없습니다. 이에 명공께서 저를 부르시는 은혜를 거두어 명공의 깨끗한 거동을 더욱 빛내어주시기를 간절히 바라옵니다(〈서장태위벽명주기(徐將太尉辟命奏記)〉).*

*이 글은 완적이 서른세 살에 장제의 부름을 받았을 때 이를 거절한 문장으로 그 간결하지만 속되지 않으며 절개를 굽히지 않았다는 내용으로 유명하다.

완적은 직접 서신을 가지고 태위부로 가 문 앞에 던져 넣었다.

오랜 세월 관료세계에 있었던 장제는 보고 들은 것이 많은 인물이었다. 그는 선비들이 통상 겉으로는 부자연스러울 정도로 꾸미면서 학문이 있는 체 겸손을 떨지만, 속으로는 부름을 받으면 아주 기뻐하는 법이라고 여기고 있었다. 그렇기 때문에 완적의 답신을 보자 자신의 부름에 이미 응낙했다고 생각했다. 장제는 흔쾌한 마음으로 사람을 보내 영접해 오라고 했다. 그러나 뜻밖에도 이미 완적은 사라진 터였다. 이런 보고를 받자 장제는 완적이 자기를 놀린다고 여겨 크게 화를 내었다.

태위가 크게 노했다는 소식은 완적이 살고 있는 동네에 신속히 전해졌다. 이를 두려워한 친지들이 정말 얻기 어려운 태위의 천거를 받아들이는 것이 좋겠다고 그를 설득했다. 완적은 더 이상 고집을 부리지 않고 그들의 뜻을 따랐다. 원래 완적 역시 고집을 피우려 했던 것은 아니다. 단지 장제가 정말로 성의가 있는지를 시험해 보고 싶었던 것이다. 유비는 삼고초려를 마다하지 않고 제갈공명을 간절히 불렀는데 너 장제는 어째서 이를 본받지 못하는가? 그러나 장제는 유비가 아니며 완적 역시 제갈공명이 아니었다. 장제는 직접 얼굴을 내민 것도 아닐 뿐만 아니라 사람을 보내 그것도 단 한 번 요청하고는 인내심을 잃어 크게 화를 내었던 것이다. 완적은 완적대로 부름을 받은 후 제대로 거절조차 해보지 않았다. 더욱이 직접 서신을 가지고 태위부에 갔으니 그가 부름을 진심으로 거절했다는 느낌을 다른 사람들에게 갖게 할 수 없었다.

유비는 스스로 천하를 얻으려 생각했기 때문에 불세출의 재사인 제갈공명을 얻으려는 마음이 간절했다. 따라서 눈보라와 헛걸음을 무릅쓰면서도, 무릎을 굽혀 공경을 표하며 제갈공명이 품고 있던 삼국정립의 원대한 계획과 전략을 얻으려했다. 그러나 장제는 유비가 아니었다. 이미 고위직에 올랐고, 엄청난 재산을 가지고 있었으며, 황제가 하사하는 녹봉을 받고 국가의 주요한 일들을 처리하던 장제로서는 조정을 위해 양심에 따라 인재를 발탁하는 것만으로도 이미 할 일을 다한 것이었다. 앞으로 자신의 막료가 될 자의 헛된 영예를 위해, 자신의 존귀함을 희생할 필요가 전혀 없었던 것이다. 큰 것을 얻기 위해 자기 자신을 낮춘다 치더라도, 이 사람이 천하를 움직일 만한 재주가 있으리라고 누가 알 수 있단 말인가?

당시 완적은 나이가 많지 않았고, 책을 좀 읽고 세상사를 어느 정도 안다고 생각하고 있었으며, 적지 않은 생각과 깨우침을 가지고 있는 정도였다. 그러나 현실 세계의 경험이 부족했기에 일처리가 능숙하지 못했다. 부름을 거절한 일은 어느 정도 당시의 유행을 따라 한 면이 보이며, 심지어는 세상사란 가지고 놀기 좋은 것이라고 여겼던 부분이 있다.

완적은 거절하는 방법을 제대로 배우지 못해 상당히 유치한 면을 보여주었던 것이다. 다른 사람들보다 앞서 먼저 부름을 받은 것이 굉장히 체면이 서는 일이라 여기고 있었으니 말이다. 이런 일 처리에 있어서 완적은 그의 부친인 완우에 훨씬 못 미쳤다.

완우가 아직 벼슬길에 나서지 않았을 때 조조의 사촌 동생인 조홍曹洪이 문서를 관리하는 장서기掌書記를 맡도록 요청했을 때 재삼재사 거절하며 끝내 받아들이지 않았다. 그러다 조조가 직접 관직을 주자 은거 생활을 접었다.

다른 이야기도 전해진다. 완우가 조조의 부름을 거절했으나 부름이 거듭되자 이를 피해 깊은 산속으로 피했다. 조조는 군대를 보내 산을 물 샐 틈 없이 둘러싸고 불을 질러 그가 나오도록 했다(이런 고사는 삼국 시대 훨씬 전인 춘추 시대 오패 중 하나였던 진나라 문공晉文公이 정권을 얻은 후에 자신에게 죽도록 충성했던 신하를 불러내기 위해 산을 불살랐던 고사를 연상시키는 면이 있다). 부름을 거절한 완우를 벌주기 위해 조조는 그를 악사들의 대열에 배속시켰다. 어느 날 연회가 열리자 음률에 정통한 완우가 칠현금을 뜯으면서 자신이 만든 곡조에 맞춰 큰 소리로 노래를 불렀다.

"선비는 자기를 알아주는 사람을 위해 목숨을 바치며, 여자는 자기를 기쁘게 하는 사람을 위해 같이 노닌다." 이를 들은 조조가 크게 기뻐했으며 연회가 즐거움으로 가득 찼다고 한다. 정사 《삼국지》의 주석으로 유명한 배송지裵松之는 이 이야기에 대해 "이야기를 좋아하는 자들이 꾸며낸 것"이라는 회의적 시각을 보였다.

완적은 태위부의 막료가 되었다. 태위부에 들어갈 때 불쾌했던 감정은 시간이 지나도 없어지지 않았고, 번잡하고 딱딱한 막료 업무로 인해 날이 갈수록 오히려 심해지기만 했다. 장제가 그를 불렀지만 기본적으로 완적을 상빈으로 접대하지 않았다. 하물며 유비가 제갈공명을 대우하듯이 그에게 자유로운 직책을 주리라는 것은 더욱 바라기 어려웠다. 처음에 몸이 좋지 않다고 부름을 사양했듯이, 같은 이유로 사직서를 제출했다. 장제는 그의 사직을 받아들였으며 더 이상 만류하지 않았다. 첫 벼슬길은 이렇게 마감되었다. 병을 핑계 삼아 사직한 후 완적은 다시 은자로 돌아갔다.

은자가 되자 다시 자유를 얻었다. 완적이 은둔한 곳이 어딘지는 알 수 없지만, 그가 애호하던 것과 일상생활의 습관을 따져보면 음주, 노닐기, 시詩부賦짓기, 청담淸談의 범위를 벗어나지 않았을 것이다.

태위의 부름을 받아 벼슬을 한 경력이 있는 데다가 스스로 벼슬에서 물러난 일로 인해, 원래 적지 않았던 그의 명성은 더욱 널리 알려졌고 조정에서 누구나 다 아는 인물이 되었다.

당시 풍조로 보면 이러한 인물은 자연히 조정의 관리 선발에 중요한 대상이 되었다. 완적이 자유롭게 노닌 지 얼마 되지 않아 조정에서 다시 한번 그를 불러들여 상서랑尙書郎이란 벼슬을 주었다(상서랑은 상서대尙書臺의 관원이다. 상서대가 생긴 역사는 상당히 오래되었는데 동한東漢 시대에는 지위 자체가 별로 높지 않았지만 국정을 장악하는 권력기구가 되어, 상서랑을 통하지 않는 것이 없었다. 사람들은 상서대를 하늘의 북두성, 황제의 입이라고 불렀다. 위魏에서는 중서성中書省이 별도로 설치되어 정권의 중심이 그곳으로 옮겨가면서, 상서대의 권력이 약화되었다. 상서대 최고 장관은 상서령尙書令으로 그 아래 각 조曹를 설치해 그 직을 수행토록 했으며, 상서랑은 각 조의 일을 책임졌다).

산도가 일찍이 자기 대신 상서대의 이부랑吏部郎을 맡도록 혜강을 추천한 적이 있다. 하지만 완적이 상서랑의 벼슬을 받은 것이 누구의 추천이었는지, 어느 조曹를 맡았는지는 알 수 없다.

희망에 가득 차 있던 완적은 관아에 들어간 지 며칠이 되지 않아 실망하고 말았다. 권력은 있었지만 하는 일마다 여기저기서 견제를 받았으며, 권력 자체에 한계가 있었다. 할 일이 있었지만 위아래에서 서로 미루고 회피해 일을 처리하기 어려웠다.

실권이 있는 직책도 실권이 없던 막료보다 나을 것이 별로 없었다. 완적은 긴 한숨을 내쉬었다. 그 자리에 앉아 있어도 자기의 재간을 발휘할 수 없다면 집으로 돌아가느니만 못한 것이 아닌가. 완적은 다시 물러날 생각을 했다. 제일 좋은 구실은 역시 병病이 있다는 것이었다. 왜냐하면 병이 있다면 여타 다른 이유를 말할 필요가 없게 되며 인사의 시비를 벗어날 수 있고, 비교적 타당하다는 여지를 남겨놓을 수 있기 때문이다. 사직서가 제출되었으며 그대로 비준되었다. 겨우 몇 개월, 완적의 두 번째 벼슬길은 그렇게 끝났다. 벼슬길을 떠나 완적은 다시 은둔 생활로 돌아갔다.

명성을 얻은 후 은자의 삶은 거의 예외 없이 다음과 같은 궤적을 따라가게 된다. 한차례 벼슬을 하고나면 조정에서 정치관계가 한층 더 깊어지고, 한차례 은둔을 하고 나면 명성이 더욱 커진다. 이와 같은 나선형의 상승으로 그 인물은 대명사大名士가 된다. 대명사는 위진魏晉 시대 정계에서 두둑한 자본을 가지고 있었다고 할 수 있다. 완적은 두 차례에 걸친 벼슬과 은둔, 게다가 현학玄學분야의 깊은 조예로 진정한 대명사가 되어 있었다.

조상曹爽은 보배 같은 존재의 반열에 들어선 완적을 마음에 들어했다. 조상은 조조의 조카 조진曹眞의 아들로 명제明帝가 가장 중시한 종실宗室 인물이었다. 제왕齊王이 즉위한 후에는 왕을 보필하는 보정대신輔政大臣이 되었던 당시 정계에서 첫손 꼽히는 인물이었다. 당시 같은 보정대신이었던 사마의司馬懿도 한 발 물러서 있을 수밖에 없을 정도였으며, 권세면에서도 상당한 차이가 있었다.

조상의 총애를 얻는다는 것은 당시 선비들이 누리는 최고의 영광이었다. 당시 사림의 거두였던 하안何晏을 비롯해 등양鄧揚, 이승李勝, 정밀丁謐, 필궤畢軌 등이 그의 총애를 받아 요직에 올라 그 기세가 등등했다. 조상이 완적을 맘에 들어 했기 때문에 더는 숨어지낼 수 없었다. 완적은 '참군參軍'이라고 쓰여 있는 위임서를 가지고 대장군 조상의 대장군부府에 참여했다. 참군은 군사참모로 장군의 머리 역할을 하는 자리였다. 이 직위를 맡게 되면 제일 중요한 기밀도 알 수 있다. 최고 권력의 측근에 있게 된 완적은 조상과 자주 접촉하고 많은 기밀을 살펴보았다. 그러면서 점차 조상이란 사람이 겉으로는 재기가 넘치고 온화해 점잖고 귀티가 흐르지만, 실제로는 멀리 내다보는 능력이 없고 그저 향락만을 탐한다는 것을 명확히 알게 되었다. 당시 조상의 무리들이 완전히 조정을 장악한 것이 아니었다. 사마의 부자父子가 움츠러든 것처럼 보였지만 사실은 기회를 엿보고 있었다.

완적은 조상이 한낱 빙산에 불과하다고 단정했다. 엄청나게 크지만 뜨겁게 내려 쬐는 태양을 견뎌내지 못하는 빙산처럼 머지않아 녹아서 무너져 내릴 것이라 단정했다. 왔던 곳, 그곳으로 돌아가야 한다. 닥쳐올 화를 피하기 위해 완적은 생각을 굳혔다. 그는 조상에게 사직서를 썼다. 간절한 어조가 담긴 사직서*였다.

제 행동거지는 좁은 식견과 어리석음으로 차 있고, 재능과 품행은 고집스럽고 세련되지 못해 세상에 나아가면 세상과 어울려 아름답고 명예로운 이름을 얻지 못하고, 물러나서는 그윽하면서 조용하고 깨끗한 가운데 살아가는 절조가 없습니다. 그러나 이처럼 너무도 빛나는 칭찬을 해주시니 정말로 제가 감당할 수 없는 것입니다. 저는 오랫동안 몸이 약하고 병을 앓아 지치고 힘이 없어 명공을 모시라는 명령을 감당할 길이 없습니다. 이전에 영계기榮啓期*는 가난 속에 누추한 옷을 입고도 즐겁게 지냈지만, 공자가 그의 세 가지 즐거움을 바꿀 수 없었으며, 진중자陳仲子*가 가난하지만 즐거이 은거하려 남의 밭과 장원에 물을 주는 일로 살아가던 일을 초楚왕도 바꿀 수 없었습니다. 부귀영화를 탐내는 것은 현자의 길을 막는 것이며, 양심을 속이며 벼슬을 얻는 것은 다른 사람들의 조소를 받게 됩니다. (이를 생각하니) 가슴에 슬픔과 걱정이 교차하며 희로애락과 원한의 감정이 서로 부끄러움을 가져오고 있습니다. 명공의 업적은 옛적 주왕실을 지켜 노나라와 위나라를 봉토로 받은 주공과 강숙康叔 같이 위황실의 버팀목이 되며, 그 공적은 제나라 환공과 진나라 문공보다 더 크십니다. 널리 인재를 구하시고, 위황실의 원대한 업적을 떨치셨습니다. 명공께서는 제게 내리신 봉직의 기회를 거두어, 제가 물러남으로써 (제가) 보다 존귀한 분들의 앞길을 막는 걸림돌이 되지 않도록 허락해주시옵소서. 저의 마음은 물러나 고향에서 쉬는 것이오니 부디 저를 놓아주시는 은혜를 내려주시옵소서(《사조상벽명주기辭曹爽辭命奏記》).

*이 글은 원래 완적 문집 중 앞에서 말한 장제에게 보내는 서신 바로 뒤에 '또한又'이라고 한 뒤에 쓰여 진 글이다. 따라서 누구에게 썼는지가 명확하지 않으며 전반부도 몇 구절이 빠져 있다. 하지만 연구자들에 따르면 이는 완적이 조상에게 보낸 글이 거의 확실하다고 한다.

*영계기: 춘추 시대의 은자로, 그의 세 가지 즐거움(삼락)으로 유명하다. 공자가 태산을 지나갈 때 영계기가 남루한 옷에 칠현금을 뜯으며 즐거이 노래하는 것을 보고 "선생은 무엇이 그리 즐거우십니까?" 하고 물어보았다. 이에 영계기가 답하기를 "즐거움은 많지요. 천하만물 중에 사람을 귀하게 여기는데 내가 사람으로 태어난 것이 첫 즐거움이요, 남녀의 구별이 있어 남자가 귀하고 여자가 비천한데 내가 남자로 태어났으니 이것이 두 번째 즐거움이요, 인생이 강보에 싸여 해와 달을 보지 못하고 죽는 경우도 많은데 나는 이미 95년을 살았으니 그것이 세 번째 즐거움입니다. 가난은 선비에게는 흔한 일이

며, 죽음은 삶의 마지막이니 그 흔한 생활을 하고 삶을 마감하는데 무슨 걱정이 있겠소?'라고 답했다.

*진중자: 전국 시대 제齊나라 사람으로 이름이 종終이며, 어릉於陵이란 곳에 은거했기 때문에 릉자陵子라고도 불렸다. 초나라 왕이 그가 현자라는 이야기를 듣고 재상으로 임용하려 황금을 보내 초청했다. 그때 그의 아내가 가난하지만 마음 편한 평민생활을 즐기고 왕의 초청을 거절하라고 권하자, 아내와 함께 시골로 도망가 다른 사람의 밭을 갈고 장원에 물을 주는 일로 생계를 유지했다.

"원래부터 오래된 병", 그렇다. 완적은 자기가 오랫동안 발병해 왔고 재능과 학식이 높지 못해 그 직을 수행하기 어려우며, 벼슬자리에 그대로 있으면 다른 인재들의 앞길을 막게 된다고 했다. 또한 그는 조상을 아주 높이 추켜세우는 것을 잊지 않았다. 그의 공적은 춘추오패春秋五霸(다섯 명의 패자霸者. 제후諸侯를 모아서 그 회맹會盟의 맹주가 된 자, 즉 당시의 실권자를 패자라고 했음. 다섯 패자가 구체적으로 누구를 지칭하는지는 일정치 않음.《순자荀子》〈오패五霸〉에서는 제齊나라 환공桓公, 진晉나라 문공文公, 초楚나라 장왕莊王, 오吳나라 합려闔廬(闔閭), 월越나라 구천勾踐 등을 들었다. 조기趙岐의《맹자주소孟子註疏》에서는 제나라 환공, 진晉의 문공, 초의 장공, 진秦의 목공穆公, 송宋의 양공襄公을 들었음)인 제 환공, 진 문공과 비교할 수 있으며 그가 천하대사를 이룩할 수 있다고 했다.

조상은 자신이 너무 추켜세워진 탓인지 뭐가 뭔지 모른 체 완적의 뜻을 따라 사직을 허용했다. 완적이 물러난 지 1년 뒤, 위나라 조정에서 정변이 발생했다. 조상의 일파들이 사마의 일파에 의해 일망타진된 것이다. 그 당시 조야에 있던 사람들이 완적이 미리 물러났던 일에 탄복했다. 앞을 내다볼 줄 아는 사람이라는 칭찬이 자자했다. 그러나 완적은 아무런 반응도 보이지 않았다.

북위北魏의 유명한 지리학자 여도원麗道元은 물줄기에 대한 연구로 온 천하에 이름을 날렸다. 그가 죽림칠현이 사라진 지 200여 년 뒤에 물줄기를 따라 도보로 연구할 때 산양에 대해서도 상세한 기록을 남겼다. 그는 후세 사람들이 세운 죽림칠현 사당을 둘러본 뒤, 그 주변 지역의 풍광을 그의 거작인 《수경주水經注》에 자세히 적었다.

물은 산양현의 수무성修武城 서남에서 발원한다. 같은 원천이 나뉘어 두 갈래의 물이 된다. 남쪽은 구천苟泉이 되고 북쪽은 오독吳瀆이 되며, 두 물줄기가 함께 동으로 흘러 산언덕으로 흘러든다. 산양현 동북쪽 25리 되는 곳에 육진부陸鎭阜가 있는데 남으로는 황모皇母, 마명馬鳴의 두 샘으로 나뉘며, 동남쪽에서 합해져 오피吳陂로 흘러 들어간다. 그 다음 육진부의 동북쪽에는 다시 언덕인 부퇴釜堆가 있고 언덕 남쪽에 세 개의 샘물이 있는데 서로 4, 5리의 거리를 두고 있다. 울퉁불퉁한 지형을 거쳐 다시 합해져 남쪽 언덕으로 흘러들어간다. 샘물은 탁록성濁鹿城 서쪽에 있는데 건안建安 25년에 위魏가 한漢을 멸망시키면서 마지막 황제인 헌제獻帝를 산양공山陽公으로 봉했는데, 탁록성이 바로 산양공의 거주지였다. (중략) 또한 동쪽으로 장천수長泉水가 흘러들어가는데 발원지는 백록산白鹿山 동남쪽이다. 땅속으로 30리가량 흘러 등성鄧城의 서북쪽에서 다시 솟아나와 흐른다. 세상 사람들은 이를 중천수重泉水라 부른다. 다시 칠현사七賢祀의 동쪽으로 좌우에 푸른 대나무들이 줄지어 서 있는데 겨울이든 여름이든 그 무성함이 변함이 없었다. 위魏에서 보병교위步兵校尉 벼슬을 한 진류陳留 사람 완적阮籍, 중산대부中山大夫를 지낸 초국譙國 사람 혜강, 진晉의 사도司徒 벼슬을 한 하내河內 사람 산도山濤, 역시 사도 벼

슬을 한 낭야琅邪 사람 왕융王戎, 황문랑黄門郎을 지낸 하내河內 사람 상수向
秀, 건위삼군建威三軍을 지낸 패국沛國 사람 유령劉伶, 시평태수始平太守를 지
낸 완함阮咸 등이 산양에서 같이 지내면서 깨우침이 있는 노님을 가졌는데,
당시 사람들은 그들을 '죽림칠현'이라고 불렀다. 향자기向子期가 일컫는 산
양의 옛 거처로, 후세인들이 그곳에 사당을 세웠다. 사당의 남쪽에는 샘물이
있었는데 동남쪽의 장천수로 흘러들어간다. 곽연생郭緣生은 《술정기述征記》
에서 백록산 동남쪽 25리에 혜강의 옛 처소가 있으며, 그곳에 거할 때 대나무
숲을 남겼는데 대체로 이곳을 (죽림이라) 일컫는다(《수경주》 권9 〈청수清水〉
중에서).

여도원은 대가다운 필법으로 써내려갔다. 그의 필치로 산양은 더 이
상 평범한 곳이 아니게 되었다. 그곳은 한 왕조 최후의 황제 헌제憲帝가
폐위되어 안치된 땅이었다. 한나라가 당한 치욕의 상징이며, 왕조 교체
의 증거이자 인생무상의 표지였다. 다른 한편으로는 죽림칠현이 머물
렀던 땅이었다. 세상에 도가 행해지지 않았다는 상징이며, 선비들이 지
조를 지켰던 증거이자 속됨과 대항했던 표지가 된 땅이었다.

산양은 한 헌제로 인해 치욕의 땅이 되었으나 죽림칠현으로 인해 영
예로운 곳이 되었다. 치욕과 영예, 그 극단의 대조는 역사의 변화무쌍함
을 각인시켜주고 있었다. 만일 혜강을 죽림을 대표하는 풍모라고 말할
수 있다면, 완적은 죽림의 영혼이었다고 말할 수 있다. 완적이 없었다면
대나무 숲은 아연 그 빛을 잃고 말았을 것이다. 완적이 없었다면 후세
사람들이 칭찬하는 모습의 죽림이 되기 어려웠을 것이다.

세 번째로 은자가 된 완적은 이전과 달리 자연으로 돌아가는 은둔을

택했다. 이 기간에 그는 하내군河內郡 산양현山陽縣(전국 시대 위나라의 읍 소재지로 한나라 때 현으로 되었음. 태항산 남쪽에 있어 산양이란 이름을 얻었으며, 지금의 하남성 초작焦作 일대임)의 죽림에 묻혀 지냈다.

죽림은 혜강의 집 근처였다. 완적이 먼길을 고생해 그곳에 이르자 오래 전부터 정신적 교감을 나누어왔던 혜강이 따뜻한 환대를 해주었다. 그 외에도 어른의 풍격을 가지고 있던 산도, 풍채가 당당했던 상수, 일탈을 서슴지 않는 완함, 술을 목숨보다 아끼던 유령, 나이가 아직 어리지만 노성한 왕융이 앞서거니 뒤서거니 모여들었다.

현자들이 모두 모이자 사람들은 이들을 '죽림칠현'이라고 불렀다. 하지만 사실 이들은 칠현에 그치지 않았다. 혜강과 사귐이 깊었던 여안呂安 역시 늘 찾아와 노닐었기 때문이다. 또한 죽림에 정취와 유머가 더해졌으며 깊은 뜻이 내포되게 되었다. 완적이 오자 죽림이 자유분방해졌고 깊은 맛의 언어들이 줄을 이었으며, 술잔이 허공을 가로질렀다. 완적이 와서 죽림에는 혜강 외에 지도자가 한 사람 더 늘어났다. 그러나 완적은 산양에 오래 머물러 있을 수 없었다. 사마의의 명령서가 그를 낙양으로 다시 불러올렸기 때문이다. 이 명령서로 완적은 은자로서의 생애에 종말을 고하게 된다.

조상의 무리를 제거하고 권력을 장악하게 된 사마씨 집단은 살기등등한 면을 세상에 드러내었다. 이로써 그동안 가지고 왔던 자신들의 어질고 덕스러운 모양이 어그러져 나라를 통치하는 데 상당히 불리하게 되었다. 이에 따라 그들은 명사들을 불러들여 집단의 구색을 맞추려 했으며, 특히 대명사를 통한 모양 갖추기를 시도했다.

또한 하안이 피살되고 나자, 당시 학술계와 정계에 막대한 영향력을 행사하던 현학파들과 사마씨 집단 간에 커다란 틈새가 벌어져 있었다. 이 틈새를 어떻게 메울 것인가? 어떻게 해야 현학의 대가들을 자기 진영으로 끌어들일 수 있는가? 당시 이 문제는 사마씨 집단이 심각하게 처리해야 할 일이었다. 바로 그 시기에, 태부太傅 사마의가 완적을 종사중랑從事中郎에 임명한다는 명령서를 내려 보냈다. 종사중랑, 이름은 그럴듯해 보였지만 사실은 태부부府의 막료에 불과했다. 완적은 명령을 거역할 수 없었다. 벼슬을 해 세상에 뜻을 펴리라는 생각이 골수에 박힌 그는 제안을 거절하지 못했다. 다른 한편으로는 사마의의 수단이 그를 항거하지 못하도록 옭아매었다. 내외적인 두 요인으로 인해 그는 낙양으로 돌아가 태부부로 들어가게 되었다. 이때부터 완적은 사마씨 부자의 날개 밑에 끼여 더 이상 옴짝달싹하지 못하게 되었다. 사마사가 아버지를 이어 정권을 잡자, 완적은 대장군 종사중랑이 되었다. 사마소가 형을 이어 정권을 잡자 완적은 그의 막하로 전근되었다.

완적은 시원스럽고 소탈했지만 때때로 그렇지 못한 모습을 보이곤 했다. 만일 완적이 한결같이 신념을 굳게 지켰다고 생각한다면, 그 마음의 여정을 이해하지 못하는 것이며, 일반 사람의 정감을 이해하지 못하는 것이다.

비록 이념상으로는 통달했을지라도 완적은 끊으려 해도 끊을 수 없고, 정리했다고 여겨도 다시 혼란스러워지는 그 무언가를 가지고 있었다. 멀리 속세를 떠난 시골에 있든지, 마차와 말이 끊임 없이 다니는 도시에 있든지 늘 그러했다.

초야에 묻히는 것, 그것이 은둔의 전통이었다. 사실 완적도 일찍이 초야에서 은둔하고 싶은 마음을 가졌던 적이 있었다. 아니 실제로 그런 생활을 해보기도 했다. 죽림에 들어서서 칠현의 우두머리가 되었다. 서로 추구하는 바가 같고 뜻이 통하는 것도 중요했지만, 은자의 전통에 대한 갈망이 더 큰 요인이었다. 그러나 대나무 한 그루 한 그루를 잘 알만큼 머무는 시간이 오래되자, 그에게도 무미건조함이 찾아왔다. 주고받는 말이 늘 그런 말이고 하는 짓들이 늘 그런 짓이며, 마시는 술 역시늘 그런 술이었다. 작은 시냇가에 불쑥 솟아 있는 조그만 언덕, 매미와이름 모를 새들의 지저귐 속에 객들과 어울리며 아무런 변화 없이 하루하루가 지나갔다. 가끔은 죽림 밖을 거닐 때 강렬한 태양 아래 신비로운 생각이 머리를 채우곤 하지만, 결국에는 마음속에 한 가닥 쓸쓸함이뚫고 지나갔다. 은자가 되기는 했지만 여전히 이리저리 헤매고 있었던것이다.

생명은 미리 정해진 기간이 없고,	生命無期度
아침 저녁 화禍와 복福을 측량할 길이 없구나.	朝夕有不虞
뭇 신선들은 장수를 누리며,	列仙停脩齡
그 뜻을 묘막한 우주에 두네.	養志在沖虛
구름 사이를 날아오르며,	飄飄雲日間
일반 세상과는 완연히 다른 길을 다니네.	邈與世路殊
영예와 명성은 내가 귀히 여기는 것이 아니거늘,	榮名非己寶
음악과 여색이 어찌 나를 즐겁게 하겠는가?	聲色焉足娛
신선의 약을 캐는 사람들은 한번 가면 돌아오지 않으니,	采藥無旋返
신선이 되려는 그 뜻을 맞추기 어려워라.	神仙志不符
이러한 곤란함은 나를 정말 곤혹스럽게 하니,	逼此良可惑
오랜 시간 이럴까 저럴까 주저주저 하노라.	令我久躊躇

〈오언영회시五言詠懷詩〉 중에서)

완적은 뭐라고 할 수 없는 적막함에 빠져들었다. 좋은 시절들이 지나갔지만 이룩해 놓은 것이 없다고 느껴지자 완적은 생명을 낭비하고 있다는 당혹스러움과 두려움을 갖게 되었다. 이곳에 머무는 것이 적막하다면, 속세로 돌아가 명리를 좇는 것은 어떨지? 대군을 이끌고 저 멀리 변경까지 가, 전쟁터를 종횡무진 휘젓거나, 웅장하고 엄숙한 관아에서 장관의 도장을 옆에 두고 민정을 살피거나, 거대한 토목공사를 감독해 백성들에게 혜택이 돌아가게 한다. 제대로 잘하면 장군도 되고 재상도 되고, 바쁠 때는 고갯짓 하나 말 한마디로 세상을 호령하고, 한가로울 때는 먹을 갈아 문장을 쓰며 풍류와 우아함을 보여준다. 행차할 때는 호화로운 행렬로 의장대가 앞에 서서 길을 열어가고, 모임에 참가하면 친구들과 가득 찬 술잔을 기울이며, 자리에 들면 아리따운 여인이 곁에서 시중을 든다. 권력이면 권력, 위풍이면 위풍, 명성이면 명성 그 모두를 얻는다. 더 나아가 위대한 공적을 세우면 집안에서는 부인이 작위를 받고 아들이 아비의 지위를 이어가 조상을 빛나게 할 수 있으며, 자신은 그 이름을 역사에 남길 수 있게 된다.

비록 수많은 사람들이 머리를 흔들며 이를 부인했지만 사실은 꿈에도 잊지 못하는 이상이었다. 그러나 완적은 벼슬길에 발을 들여놓자 사정이 전혀 그렇지 않다는 것을 알게 되었다. 조정은 실로 장엄해, 짐승의 석상들이 위엄 있게 줄지어 서 있고, 구리로 만든 새가 날개를 퍼덕일 듯한 자세이며, 높은 계단들이 금빛 찬란한 궁궐을 도드라지게 했다. 그러나 장엄한 모습은 껍데기에 불과했다.

그곳에서는 옳고 그름, 참과 거짓, 허와 실이 하나로 혼합되어 있어 시시비비도, 참과 거짓도, 허와 실도 없었다. 그곳에는 권력, 부귀, 명성 등 종교에서는 외물로 여기나, 세상에서는 최고의 이익으로 여기는 모든 것들이 있었다. 그러나 그 대부분은 인격을 버리고 교환해야 하는 것, 자유를 버리고 거두어들이는 것, 개성을 버리고 얻는 것이었다. 확실히 기본적인 도리를 저버리는 이런 일들을 할 수는 있지만 그 대가가 너무나 컸다. 이렇게 큰 대가를 지불한 후에 사람 노릇을 한다는 것은 그리 큰 의미가 없는 일이었다. 조정에 들어 벼슬을 할 수는 있지만 그 것은 정말 짜증나는 일이었다.

큰길가 휘장을 친 화려한 마차 달리고,	修途馳軒車
강을 따라선 가볍고 빠른 배들이 미끄러져 가네.	長川載輕舟
품성은 하늘로부터 타고 나는 것이지만,	性命豈自然
관리가 되는 길은 각각 그 이유가 있네.	勢路有所由
높은 명성은 사람의 정신을 미혹되게 하고,	高名令志惑
큰 이익은 마음을 근심으로 가득 차게 하네.	重利使心憂
친척과 지기들은 서로 다른 마음을 가지고 있고,	親昵懷反側
골육 간에도 서로가 원수처럼 여긴다네.	骨肉還相離
보배로운 구슬 헌신짝처럼 버리는 자는 적지만,	更希毀珠玉
그런 자만이 속세를 벗어나	
저 아득한 자유로움 속에서 거닐 수 있으리.	可用登遨遊

〈오언영회시五言詠懷詩〉 중에서)

은자는 은둔의 적막함이 있고, 벼슬길은 벼슬길의 유감스러움이 있고……. 완적은 이러지도 저러지도 못하는 곤경에 처하게 되었다.

완적은 늘 혼자였지만 이를 즐기며 구속됨 없이 방랑했다. 문을 걸어 잠그고 독서하면 몇 개월을 전혀 밖에 나가지 않았고, 산수를 즐기려 외출하면 돌아가기를 잊어버리고 오랜 시간 머물렀다. 술을 좋아하고 휘파람을 불며 칠현금을 뜯다 흡족하면 덩실덩실 춤을 추었다. 집안 사람들 뿐만 아니라 주변 사람들도 이런 완적을 보고 '어리석은 자痴'라 여기며 절대로 큰 그릇이 될 수 없다고 보았다. 오직 가문의 형뻘인 완문업阮文業만이 혜안을 가지고 완적이 자신보다 훨씬 낫다고 평했으며, 비로소 이때부터 사람들의 평가가 바뀌기 시작했다.

완적의 성격을 보면 전통적인 은자의 자질을 갖추고 있었다. 그러나 다른 한면을 보면 그 역시 진정으로 벼슬할 자질을 갖추고 있었다. 그가 일찍이 작은 아버지를 좇아 동군東郡에 간 적이 있는데, 당시 연주자사 兗州刺史였던 왕창王昶이 완적의 명성을 전해 듣고 초청해 같이 만난 적이 있었다. 그러나 그곳에 간 완적은 태양이 솟아올랐다 질 때까지 단한 마디도 하지 않고 묵묵히 있었다. 왕창은 이를 불쾌하게 생각하지 않고 놀랍게 여기면서 그 깊이를 측량할 수 없다고 감탄했다. 이 같은 재질로 정계의 주목을 받게 되었고, 고관과 고귀한 신분의 사람들이 완적과 사귀려 했으며 벼슬길로 끌어들이려 했다.

완적은 말 그대로 은자와 관료의 두 재질을 모두 갖추고 있었다. 이러한 특징으로 인해 완적은 독특한 풍격을 갖추었다. 은자가 되면 중후함이 그 깊이를 더했고, 관료가 되면 깨끗하고 소탈함이 두드러졌다. 그러나 이러한 남다른 재질이 그의 정신을 갉아먹은 것 역시 사실이다. 은자 노릇을 하면 쉽게 무료함을 느끼게 되었고, 그 무료함이 쌓이면 관리가 되고 싶다는 생각이 생겨났다. 그러나 일단 관료사회에 들어가고 나면 그 숨막힐 듯한 더러운 공기로 인해 다시 은둔하고 싶은 생각이 들었다. 이러한 절대 상반되는 성격 요소는 줄곧 그의 내면에서 갈등을 불러왔다. 완적은 어찌할 바를 모르게 되면서 심한 고통을 느꼈다.

은자가 되면 인격을 지키며 살 수 있지만 세상에 드러날 일이 없으며, 관리가 되면 재능을 세상에 펼칠 수 있지만 그 속이 너무 더러웠다.

천천히 삼거리가 교차되는 곳을 거닐 때,	步游三衢旁
마음 가득 친구를 그리워하는 슬픔이 일어.	惆悵念所思
설마 오늘 아침에 만나고는,	豈爲今朝見
그런 일이 있었나 멍멍한 것은 아닌지.	恍惚誠有之
늪지에 소나무가 높고 곧게 자라기를 바라듯	澤中生喬松
이런 일은 영원히 기대할 수 없는 것.	萬世未可期
높은 하늘가로 새떼들 허공을 가르며,	高鳥摩天飛
구름과 안개 속에서 떼지어 노니누나.	凌雲共遊嬉
나처럼 홀로이 헤매는 자는 어디 있으리?	豈有孤行士
옛 좋았던 적 생각에 눈물이 흘러내리누나.	垂涕悲故時

〈오언영회시五言詠懷詩〉 중에서)

강산은 변화시킬 수 있어도 성격은 고치기 어려우며 개개인의 독특한 성격이 그 운명을 결정짓는다. 완적은 자기의 성격을 잘 알고 있었다. 굳이 점을 치거나 괘를 보거나 관상을 보지 않더라도 자기의 운명이 어찌 될지 추정할 수 있었다. 모순된 성격을 갖고 태어났기 때문에 삶의 단계마다 매듭을 갖게 되었고, 매번 그 상황과는 어그러진다는 느낌이 생겨 어떻게 하더라도 목표를 일관되게 추구할 수 없었다. 이것은 인생 최대의 어려움이었다. 완적은 어려움이 무엇인지 알게 되고, 이를 분석하면서 대증요법을 취할 수 있게 되었다.

무지, 미망, 맹종의 피동적 삶이 앎, 꿰뚫어봄, 깨달음의 주동적인 삶으로 변화하면서 완적은 수년에 걸친 인생의 어려움과 시련을 겪었다. 깊고 두터운 유가학통의 가문에서 자란 완적은 어려서부터 유가 경전에 익숙해 있었기 때문에 맹자가 갈파한 명언에 감화를 받지 않았을 리 없었다.

하늘이 이러한 사람들에게 큰일을 맡기려 할 때에는 반드시 먼저 그들의 마음에 품은 뜻을 단련시키고, 그들의 뼈와 근육을 쓰게 하여 힘들게 하고, 그들의 육체를 굶주리게 하고, 그 몸에 가진 것이 없게 하며, 그들의 행동을 실패하게 하고 그들이 하려는 일과 어긋남이 있게 한다. 이것은 (하늘이 그들의) 마음을 분발시키고, 성질을 참을성 있게 해, (그들이) 이제까지 해내지 못했던 일들을 더 많이 할 수 있도록 해주려는 것이다 天將降大任於斯人也. 必先苦其心志勞其筋骨餓其體膚空乏其身行拂亂其所爲. 所以動心忍性曾益其所不能(《맹자집주孟子集註》〈고자장구告子章句〉下).*

*바로 앞 구절에 "순 임금은 역산에서 밭을 갈다가 요 임금에게 발견되어 입신했다. 부열은 성벽 쌓는 일꾼들 사이에서 무정 임금에게 등용되었다. 교격은 생선과 소금을 파는 시장에서 문왕에게 등용되었다. 관이오는 감옥에 갇혀 있는 죄수 가운데서 문왕에게 등용되었다. 손숙오는 해변에서 피난생활을 하다가 초장왕에게 등용되었다. 백리해는 저자에서 장사하다가 진목공에게 등용되었다"는 말이 나온다. 즉 하늘은 크게 쓰려는 자에게 먼저 시련을 주어 단련을 시킨다는 말이다.

선비들은 하늘이 큰일을 맡긴다는 사상을 누구나 마음에 담고 있었지만 완적은 도무지 알 수 없었다. 그러나 세상에 경륜을 펴보려는 뜻을 가진 사람이라면 맹자가 지적한 어려움과 단련을 반드시 이겨내야 한다는 것을 이해하고 있었다. 그렇지 않다면 큰뜻을 뒷받침할 자질을 갖출 수 없고, 그 짐을 떠맡지 못하며 유치한 생각만 갖게 된다. 자기가 가지고 있는 성격의 모순을 하늘이 설정한 시련의 일종으로 보고 이를 편하게 받아들여 인생의 여정에서 스스로의 길을 찾아낼 수 있는가가 바로 큰일을 받아들일 수 있느냐 없느냐를 가름하는 시험이 될 것이었다. 이러한 시험을 거치고 나면, 비록 하늘이 큰일을 맡기지 않더라도 대장부의 기개를 체현하게 되는 것이다.

　은자도 아니요, 관리도 아닌 은둔과 벼슬길이 한데 섞이게 하는 것, 속세를 벗어나는 것이 속세로 들어오는 것이며 속세로 들어오는 것이 속세를 벗어나는 경지가 되는 것이다. 인연을 따라 즐거워하고, 마음가는 대로 결정하며, 처지에 따라 편안히 지낸다는 게 완적이 생각 끝에 내린 결론이었다.

　다음 〈동평부東平賦〉*는 완적이 땅의 형세, 즉 지리를 논한 것이지만 그 속에 드러난 생각은 그의 처세 관념에 대한 깨우침과 아주 잘 어울린다.

　전국 구주九州는 각각 그 둘러싼 구역이 있으며, 구주의 넓은 들 역시 그 특유의 지세가 있다. 각 주의 지역은 높고 낮음이 있으며, 각 주의 사물은 각자의 법도가 있다. 지역이 넓으면 모든 것이 잘 통하며, 지역이 막혀 있으면 통하지 못한다. 물이 잘 흐르면 널리 멀리 가고, 막히면 그곳에 머물게 된다. 지세가 높으면 구릉이 되고 낮으면 호수·늪지가 된다. 구주의 강토는 구불구불 멀리까지 이어져 있으며 그 사면을 바다가 둘러싸고 있다. 수많은 봉국封國으로 나뉘어져 그 경계에 표시물이 세워져 있다. 사계절은 그 시절에 따라 서로 다른 하늘의 모습을 펼치고, 음과 양은 조화롭고 아름다운 기운을 잘 통하게 하며, 사통팔달 구석구석에 메아리쳐 그 모습이 있게 하고 그 덕행이 있게 한다. 구름이 공중에 솟아 우레를 치면, 귀가 멍멍할 정도로 울거나 전혀 소리 없이 고요 속에 있는 것과 같다. 그리하여 어느 지역은 평안하고 번영을 이루며 어느 지역은 곤혹함을 겪게 된다.

　만일 수많은 산 굽이의 그 사이 사이, 머나먼 황막한 변경의 길가, 아득히 가물거리는 지역, 거대한 뽕나무가 서 있다는 서쪽 먼 지역의 옛 도시를 둘러볼라치면, 수많은 기이하고 아름답고 괴상하며 귀한 물건들이 있는데 이를 전부 다 하나하나 열거해 그려낼 수는 없다. 이로 인해 여기저기 돌아다니는 선비들이 있어 호연지기를 기르는 아름다운 생활이 있으며, 바람을 타고 올라 구름을 밟고 하늘과 땅 그 먼 곳을 오가며 길함과 흉함, 화와 행복을 같이 불러낸다. 이에 따라 영윤伶倫*은 곤륜산 남쪽에서 봉황과 함께 노닐었고, 추연鄒衍*은 서곡黍谷에서 한랭한 기온을 따뜻한 온기로 만들었으며, 백고伯高*는 그 옛날 요순 시대에 벼슬길에 나가거나 물러나기를 했으며, 선문羨門*은 삼산三山*의 꼭대기에서 유유자적했다. 그들은 위로는 묘막한 창공을 날아오를 수 있었고, 아래로는 등림鄧林*에 노닐 수 있었다. (그들이 가는 곳에는) 봉황이 노래하고 난새가 날아올라 춤을 추며, 곡식이 풍성히 자라 우리 세속의 곡식과는 달랐다(〈동평부東平賦〉 중에서).

*동평부東平賦: 동평은 현재의 산동성 동평현 부근에 있던 군국郡國으로, 완적이 자원해서 군국의 재상인 동평상東平相이 되었다. 이것은 동평에 대해 묘사한 글이나, 완적 자신의 상황과 철학을 투영한 것이다.

*영윤伶倫: 황제黃帝의 음악 관리로 곤륜산에서 대나무를 가져오다 봉황새의 울음소리를 듣고 음악의 율조를 창조했다고 전해지는 인물이다.

*추연鄒衍: 전국 시대 제나라 사람. 전설에 따르면 현 북경시 밀운현(시내에서 약 180킬로미터)에 한 골짜기가 있었는데 기후가 한랭해 곡식이 자라지 않았으나, 추연이 음률을 지어 그 기운을 조화롭게 하자 한랭하던 기후가 따뜻해졌다. 그후 그곳에 기장을 심었는데 풍작을 거두었다. 따라서 그 골짜기를 서곡黍谷이라고 불렀다.

*백고伯高: 백성자고伯成子高. 옛 시대 도사.

*선문羨門: 옛 신선.

*삼산三山: 고대 신화 중 방장方丈, 봉래蓬萊, 영주瀛洲의 세 산.

*등림鄧林: 신화 속 수림.

산천의 굽이침은 자연히 형성된 것이다. 사람과 자연과의 관계는 피동적인 것이 아니라 그에 상응하는 다스리는 방법이 있다. 자연 형세가 이끄는 데에 따라 열거나, 막거나, 흐르거나, 모이거나 하면서 통하고, 막히고, 가거나, 멈춘다는 데 그 오묘함이 있는 것이다. 비록 제일 황량한 토지라도 음미하고 취할 것이 있다. 일개 선비로서 충분한 수양만 쌓는다면 대궐 같은 집을 짓고 먼 들판을 바라보면서 깨끗함과 혼탁함, 길함과 흉함을 하나가 되게 해 너른 세상을 유유자적 거닐며 봉황의 노래 소리를 듣고 난새의 춤을 보며, 오곡의 결실을 즐거워할 수 있다. 사람과 자연의 관계가 이러하지만 사람과 사회의 관계 역시 여기서 크게 벗어나지 않는다. 완적은 처세의 기본 태도를 확정하자 사회에서 자신의 위치를 정할 수 있었다.

완적은 자신의 태도를 실천하기 시작했다. 그리고 동평에서 이를 실천해 보았다. 동평은 원래 대하군大河郡이었으나 서한西漢 감로甘露 2년(기원전 52)에 동평국으로 바뀌었으며, 그 관할관청이 무염無鹽(현 산동성 동평현 동쪽)에 설치되었다. 관할지의 경계는 지금의 산동 제령시濟寧市, 문상현汶上縣, 동평현東平縣 등지이다.

완적은 동평국의 재상東平相이 되었다. 국國은 제후국으로 서한 초기부터 설치되었다. 한 고조 유방이 진나라 황실이 제후국을 설치하지 않고 중앙집권제로 망한 교훈을 되새기고, 서주西周의 봉건 제후들이 중앙정부를 둘러싸고 보호했던 방법을 본 떠서 자기의 아들딸과 형제들을 제후로 삼아 각각 땅封地을 주고 중앙을 보호하도록 했는데, 바로 이러한 땅을 국國이라고 불렀다.

제후국은 자체의 정부와 군대가 있고 관리를 스스로 임명하고 화폐를 주조하고 조세를 거두어들였으며, 독립적인 기년紀年을 사용하는 반독립적인 상태였다. 유방이 죽은 후 제후들이 점차 강대해져 중앙정부와의 갈등이 날이 갈수록 첨예화되었다. 문제文帝, 경제景帝, 무제武帝 삼대를 거치면서 군사로 진압하거나 정치적 수단을 동원해 오초칠국의 난을 평정했다. 큰 제후국은 작은 국가로 만들고 제후들의 각종 권력을 약화시켰으며, 제후들의 통치권을 빼앗아버렸다. 이로써 제후국은 이름뿐인 순수한 봉지封地가 되었다. 이런 상태로 제후국이 보존되어 동한東漢을 거쳐 위魏까지 계속되었다.

상相은 원래 제후인 왕 아래 최고의 관리였지만, 제후의 권력이 박탈된 뒤에는 제후국의 최고 행정장관이 되었다. 지위는 군郡의 태수太守와 거의 같았으며, 직접적으로 중앙정부에 책임을 졌다. 이러한 정치적 조건하에서 완적이 동평에 간 것이었다. 그는 스스로 동평에 가 국가에 공헌하고 싶다고 청하며 사마소에게 말했다.

"제가 일찍이 동평을 여행한 적이 있으며, 그 풍토를 좋아합니다."

관직에 대해 이렇다 할 요구가 없었던 완적이 동평에 가서 실제적인 일들을 하겠다고 나선 것이다. 사마소가 내심 바라던 바였기에 주저함이 없이 그를 동평상東平相으로 임명했다. 동평, 완적이 가 본 적 있는 익숙한 곳이었다. 그는 〈동평부〉를 지어 동평의 풍토와 인심을 아주 세밀하게 그려낸 바 있다.

그 좁고 누추한 땅에 이르면, 길이 가로세로로 뚫린 인간 세상이 있으며, 사슴과 멧돼지들이 몸을 숨기는 폐허가 있다. 정결하고 아름다운 장소는 아니며 도리어 더럽고 먼지가 쌓인 지방이다. 머리를 들어 서쪽을 바라보면 아읍阿邑, 견성甄城이 보이며, 그곳을 지나 더 안으로 들어가면 척읍戚邑, 포읍蒲邑으로 통하는데 그곳이 바로 복수濮水의 위쪽 뽕나무 숲 우거진 곳으로 음란함이 깃든 곳이다(《한서 지리지》에 "위衛의 땅에 복수의 위쪽 뽕나무 숲이 가로막고 있는데 남녀가 잘 모이는 곳이며 색色과 음란한 소리가 생겨나는 곳이다"라고 했으며, 《예기 악기》에는 "복수의 위쪽 뽕나무 숲에서 들려나오는 소리는 망국의 소리이다桑間洛上之音, 亡國之音也"라는 구절이 있다). 삼진三晉(韓, 趙, 魏)의 사람들이 이곳을 제멋대로 오가고, 정鄭과 위衛나라 사람들이 여기저기 흩어져 살았는데, 그들의 우두머리는 기세등등했고, 그들의 무리들은 동평에 머물렀으며 또한 그곳에 거처를 정했다. 포악한 무리들이 근처로 다님에 백성들의 원한과 슬픔의 감정이 집집마다 생겨났다. 이에 같이 모여 술을 마시고 못된 짓들을 했는데 이러한 것들이 아주 오랜 시간에 걸쳐 형성된 악습은 아니다.

이곳의 땅은 중급의 땅으로 유劉씨 왕족들이 한때 이곳에 머물렀었다. (그들의) 높은 누대가 성城을 향해 있으며, 바짝 마른 하천이 그곳을 둘러싸고 있다. 노魯의 숙손씨叔孫氏의 혼인한 가족들이 모두 문수汶水가에 모여 살았다. 뒤로는 험한 지형을, 앞으로는 물을 대하고 있는 곳인데 더럽고 지저분하며 간사한 일이 많았다. 이로 인해 각 주州(2,500호를 주라고 했음)의 마을 주민들은 누구도 다른 사람의 잘못된 점을 말하지 않으며, 전부가 그 인성人性과 뜻을 버리고 각자 널리 재물을 끌어 모으는 것에만 힘썼다. (이로 인해) 이곳의 땅들이 황무해지고, 농사가 제때 지어지지 않고, 좋은 경작지들이 내버려지면서 가시덤불이 무성한 곳으로 변했으며, 한때 거센 큰물이 못들을 가득 채우면서 사방으로 넘쳐 나서 이르지 않는 곳이 없었다.

(동평의) 동쪽은 삼제三齊(항우가 제국의 옛 땅을 제齊, 교동膠東, 제북齊北 3국으로 나누었음)의 옛 땅이자, 옛날의 추鄒와 노魯 나라의 서쪽과 맞닿아 있다. 길고 긴 길은 천리만리 면면히 이어져 있어 그곳으로 수많은 장사꾼들이 다녔다. 지방의 관리들이 제각각 다스리면서 무리들이 악행을 일삼도록 하고, 심지어는 제멋대로 구는 그들의 노비들이 마을에서 못된 짓을 하며 같이 섞여

살게 되었다. 하천과 호수는 교통의 첩경으로 직접 동정호洞庭湖와 형초荊楚 (지금의 호남, 호북성 일대) 옛 형주 지역에 연결되어, 그곳의 풍습들이 점차 이곳에 전달되었다. 이러한 풍습들 중 어느 것은 그저 잠시 유행하다 사라졌지만, 어느 것은 사람들이 받아들이게 되었다. 위에서 이야기한 유형의 사람들이 결합하면서 만들어내는 민속은 법도가 없어 그것을 모범으로 따르기에는 부족하다. 이들 풍습은 화평을 구하지 않고 규칙을 따르지 않아 이들이 나쁜 짓을 일삼는 것을 조장할 따름이다. 이로 인해 그들이 이를 내놓고 떠들며 자랑스러워하게 되고, 세상의 이치에서 벗어나 간악한 쪽으로 흐르고, 호기를 부려 큰 이익을 쫓으며, 이로 인해 죄를 짓고 형벌을 받게 되는 것조차 두려워하지 않게 되었다.

그들이 사는 곳은 깊은 골짜기의 가려진 곳이며, 잘 드러나지 않는 곳으로 무덤 등을 의지하고 있고, 거처를 여러 밀실로 연결해 만들었다. 그런 곳에 살게 되면서 마음이 혼란스럽게 되고 그 언사에 애상함이 흐르게 되며, 종일 놀라움과 두려움으로 괜스레 바쁘게 굴지만, 그 마음에 깨우침도 진정한 삶의 반추도 없이 지내게 된다.

동평의 바깥쪽으로는 혼탁한 황하가 연못들을 감아 돌고, 깨끗한 제수濟水가 그 둘레를 세차게 치고 있다. 그 북쪽으로는 굽이굽이 이어지는 산언덕들이 있으며, 그 산세가 험하고, 봉우리들이 드높이 솟아, 구름과 번개가 봉우리에 부딪히며, 그곳에서 광풍이 강하게 불어와 평원을 쓸고 지나간다. 남으로는 문수汶水가 푸른 물결을 넘실거리며, 길가에 움푹 파여진 곳들은 빗물로 인해 못을 이루고 있다. 그 세가 깊고 울창한 삼림은 초목이 빽빽이 들어서서 제멋대로이며, 수많은 날짐승들이 떼를 지어 날아다니고, 수많은 들짐승들이 뛰어 돌아다닌다.

비록 이곳 백성들의 행실이 아름답지는 않다 할지라도, 이곳의 자연 풍광으로 보충하고 남으리라. 옛 성현과 철인들이 귀히 여긴 것은 정치적으로 백성을 교화시킴에 법도가 있는 것이었고, 오묘한 진리를 터득한 사람들이 가장 귀하게 여긴 것은 고요함 속에서 무위무욕을 도야하고 즐기는 것이었다. 아! 이 백성들에게 퍼져 있는 미혹됨이여, 소슬한 가을 바람결에 마음이 흔들리는구나. 잡초 우거진 황무한 곳을 멀리서 바라보니, 동쪽 산기슭으로 푸름이 짙어 보인다. 조그만 향리에서 이루어진 무위의 정치에 관한 옛 이야기에 깊이 감동해, 새 시를 지어 스스로를 위로한다.

찬 서리가 아직 대지에 스며들지 않았음이 분명한데, 이곳의 단풍은 벌써 붉어져 있구나(동평의 상황이 걱정할 만한 상황임을 비유한 말이라고 한다). 《시경》의 〈북문北門〉이란 슬픈 노래는 절절히 슬픔을 불러오고, 〈소변小弁〉은 홀로 품고 있는 충성을 슬피 노래한다. 하얀 깃털의 바다 갈매기는 장중한 태도를 계속 지키며 인덕을 앙모하지만, 한 가닥 순박한 마음을 뜻대로 이루지 못한다. 그들의 고상한 행동은 사람의 마음을 감동시키지만, (뜻대로 하지 못하는 것은) 아마도 사람들의 마음이 아름답지 않아 그런 것이리라. 늘 마음이 조급하고 답답해 멀리 바라보며 생각에 잠긴다. 마치 큰 바람을 타고 몸을 뒤척여 날아올라 돌아가려는 것처럼……. 흠비欽조(중국 고대 신의 이름으로 큰 새가 되었음. 그 새를 보면 전쟁의 재앙이 깃든다고 함)가 산 꼭대기로 날아올라가 그 무리들을 끌고 앞다투어 멀리로 날아간다. 만물이 잘 다스려져 신령이 기뻐하는 도다. (동평의 오늘이) 어찌 아득한 상고 시대 치세시기와 비교될 수 있겠는가?

조그만 소나무 배를 타고 어려운 물 길 몸을 싣고 가네. 배를 묶어두는 큰 밧줄이 없으나, 내 스스로 (배를) 묶어 두고, 준마를 몰아 꼬불꼬불한 험로를 달려가며 돌아보니, 발이 시원찮은 나귀들은 따르지 못할 바라. 송나라 상인이 머리에 쓰는 관(모자)을 팔려고 월나라에 갔더니 그곳 사람들은 머리가 짧아 그 관이 필요 없네. 그들은 관을 거들떠도 보지 않고 광이 나는 코뿔소 가죽을 먼저 사네. 화려한 자수 상품을 서녘 오랑캐에게 팔려고 하니 그들은 털

달린 옷만 입을 수 있다고 하네. 순박하고 아름다운 도덕적 평화가 이러한 나라들에 어찌 행해질 수 있으리? 내 순박하고 아름다운 풍속으로 돌아가, 신선 왕자교王子喬와 같이 멀리로 날아가리라. 그곳에서 신선수의 달콤하고 기분을 좋게 하는 액즙을 맛보고, 곤륜산에서 내려오는 백수白水의 맑고 깨끗한 물을 마시리. 이로써 마음을 깨끗이 하고 정신을 평안히 가지리. 어찌 근심과 애상을 가슴에 품으리오(〈동평부〉 중에서).

완적의 아름답고 기개 있는 문장을 통해 보면 동평의 풍광이 지극히 부드러우며 자연 자원이 상당히 괜찮음을 알 수 있다. 깊은 연못과 무성한 수풀, 깎아지른 산과 너른 들판, 새 떼들이 날아다니고, 온갖 짐승들이 사는 푸른 숲과 갈대 무성한 늪지로 생동감이 넘치는 경치를 보여주고 있다. 그러나 말그대로 좋은 곳이라고 하기는 어려웠다. 자세히 살펴보면 토지는 황폐해 꼴이 말이 아니었으며, 여기저기 가시덤불이 자라나고 숙소와 묘지가 한데 있으며, 호수는 막히고 넘쳐났다. 더욱 큰 문제는 풍속의 퇴폐와 부당한 이익 추구 등 그 지역 사람들의 도덕적 자질이 떨어졌다는 데 있었다.

인문 환경이 이렇게 차이가 나는 원인은 무엇인가? 완적은 거리낌 없이 지적했다. 부유하고 권력 있는 자들이 불법을 자행하고 자기의 세력을 뽐내며 약자를 괴롭히고, 제멋대로 세수를 거두어들여 백성들이 편안히 생활을 꾸려갈 수 없게 되었다. 따라서 백성들이 자기의 본분을 지키기 어렵게 되어 농토를 경작하고 길쌈을 매거나 관개하는 일들을 하지 않게 되었다. 그리고 이러한 수탈과 경작 폐지의 악순환이 이어졌다.

이것을 해결할 방법은 없을까? 완적은 이에 대해 긍정적이었다. 긍정적인 생각이 없었다면 극도로 이성적이고 지적이었던 완적이 그곳에 가겠노라고 절대로 요구하지 않았을 것이다. 그는 사마소에게 그곳의 풍토를 좋아한다고 말했다. 동평 지방의 상황은 그가 숭상하던 도가의 무위무불위無爲無不爲의 이론으로 개조할 수 있다고 생각했다. 이론을 실천하며, 실력을 발휘할 수 있는 곳이니 그가 어찌 좋아하지 않았겠는 가? 노자老子가 말한 바 있지 않은가?·

(따라서 성인이 말하기를) 다스리는 자가 무위無爲하면, 백성이 스스로 감화를 받으며, 다스리는 자가 청정淸靜함을 좋아하면 백성들이 선한 일로 이끌리게 되며, 다스리는 자가 여러가지 일로 번거롭게 하지 않으면, 백성들이 자연히 부유하게 되며, 다스리는 자가 지나치게 추구하지 않는다면, 백성들이 자연히 소박하게 된다(《노자老子》 57장 중에서).

이에 대해 완적은 이렇게 이해했다.

성인聖人이 하늘을 도와 사람의 일을 밝히는 기본 원리는 우주자연의 운행 규율에 통달하는 것으로, 나라를 다스리고 백성을 감화시키는 정치제도에 정통하며, 깊이 삼가는 입신立身의 준칙을 헤아려 안다. 그런고로 군주와 신하가 옷깃을 여미고 공손히 서서 무위로 다스릴 수 있게 되며, 그 시대의 가장 순전한 소박함을 보전할 수 있게 된다. (이에 따라) 백성들은 즐거운 마음으로 편안하게 살며 생업에 종사하게 되고, 인간의 천품과 평화로운 삶을 지키게 된다.
도道는 그 법法을 자연히 이루어가 만물을 기르게 된다. 다스리는 자가 능히 이를 보유할 수 있어, 만물이 모두 자연히 자라게 한다(〈통노론通老論〉 중에서).

그가 동평 지역을 바꾸기 위해 택한 방법은 근본을 바르게 하고 원천을 깨끗이 해 풍속을 바꾸려던 것으로, 악한 인위적 요소들을 제거해 본래의 자연스러운 모습으로 돌려놓는 것이었다. 따라서 이 부東平賦는 완적의 동평상 취임 보고서이자 정책강령이라고 할 수 있다. 완적은 편안한 마차와 위엄 가득한 가마를 거절하고 나귀를 탄 채 임지로 향했다. 정말 정취 있는 모습이었다. 그는 낙양에서 동평까지 나귀 등에서 흔들리며 여유를 만끽했다. 꾸불꾸불 울퉁불퉁한 산길을 지나, 진흙이 깔려 있는 논길도 지나갔다. 푸른 이끼 낀 듯한 옛 돌길을 지나가다 노랗고 누런 깃발이 비껴 꽂아져 있는 주막을 만나면, 나귀를 버드나무 아래 매어놓고 안으로 들어가 한잔 걸치고는 다시 길을 나서는 완적. 나귀를 타고 가는 완적은 무척이나 장난스러웠다. 또한 완적이 나귀를 타고 가는 모습은 신선처럼 경쾌했다. 훗날 나귀를 거꾸로 타고 갔던 팔대신선 중 한 사람인 장과로張果老에 지지 않았다.

완적이 동평 관아에 들어서자마자 제일 먼저 공인들에게 명령해 담장을 전부 헐어버리도록 했다. 안팎이 서로 보이게 했던 것이다. 이것은 벽돌과 울타리를 치웠다는 단순한 사실을 넘어 관아가 삼엄해야 한다는 관념을 제거한 것이었다. 고관들의 얼굴 가리개를 없애고, 관과 백성 간의 경계를 허물어버린 것이다.

사실 이것은 당시로서는 상당히 대담한 일이었다. 완적이 아니면 할 수 없는 일로 전대미문의 사건이었다. 그는 이 일 외에 다른 일은 전혀 하지 않았다. 도가의 학설에 따르면 벼슬아치는 높이 앉아 아무 일도 하지 않는 것으로 모든 일을 이루어가야 한다. 자연스러움에 모든 것을 맡기면, 얼핏 보면 아무 일도 하지 않는 것처럼 보이지만 사실은 모든 일을 다 하는 것이다. 그런 다스림 아래서야 비로소 닭 울음이 편안히 들리고, 개 우짖는 소리가 조화롭게 들리며 오가는 배가 물결에 순조롭게 미끄러지고 마차가 막힘없이 달려가게 된다. 또한 백성들은 밭에 종자 심기를 열심히 하고 직물 짜기를 즐거이 하며, 세금을 바르게 납부하게 되고 그들의 얼굴에서 누렇게 뜬 낯빛이 없어지게 된다. 자리만 채우고 앉아 있는 게으른 남자들이 없고, 원망이 가득한 여인이 없게 되면 자연히 자손이 번성하게 된다. 관과 백성이 편안히 잘 지내면 진정으로 한가족과 같이 되는데 이것이 바로 최대의 어진 정치인 것이다.

도가의 '무無'를 좌표로 삼는 관리들이 많았으나 대부분은 입으로만 그러했다. 그러나 완적은 이를 실생활에 적용했다. 완적이 떠나간 후에 백성들은 덕을 기리는 선물로 우산(만민산萬民傘, 옛날 백성들이 고관이 떠나간 후에 덕을 기려 우산을 선물로 주었다고 한다)을 보내지는 않았지만, 법령이 간결하고 깨끗하다法令淸簡라는 평가를 내렸다. '법령간결!' 겨우 네 글자에 불과했으나 백성들의 간절히 사무치는 마음의 소리가 담겨 있었다. 간결하고 소박한 평가였지만 종종 이런 평가가 최대의 찬사가 되기도 했다.

완적은 관리가 되었지만 여전히 은자의 작풍을 품고 있었다. 은자의 작풍으로 관리 노릇을 하면 대부분은 청렴하고 깨끗한 좋은 관리가 되었다. 이러한 작풍의 관리들은 혼탁한 관리세계에 오래 머무를 수 없었으며, 동료들에게 받아들여지기도 어려웠다. 왜냐하면 이러한 은자형의 관리들은 진흙탕 속에서 빠져나와 행동하기에, 온몸이 진흙탕인 동료들을 두드러져 보이게 하고 새로운 모범과 표준을 세우기에 동료들을 평범하기 짝이 없는 자들로 드러나게 하며, 군계일학과 같은 존재이기에 동료들이 먹통이란 것을 드러나게 하기 때문이다. 밥통들이 가득 찬 관리세계를 그럴듯한 말로 표현하자면 다음과 같다. '수풀 중에서 빼어난 나무가 있으면, 바람이 이를 반드시 꺾어버린다.'

완적은 관직에 오래 머물러 있을 수 없었다. 자리를 거두어 떠나야 했다. 그 앞뒤가 10여 일에 불과했다. 그러나 이 10여 일은 중국 역사에 큰 획을 그은 시간이었다. 이번에 완적이 보인 행동은 성공한 것일까? 아니면 실패한 것일까? 완적은 성공과 실패를 생각하지 않았다. 그는 자신이 큰일을, 그것도 다른 사람들과 다른 방법을 사용해 이룬 일이라 생각했으며, 의미가 있다고 느꼈다. 나귀 발굽 소리를 또닥이며 완적은 전혀 바뀌지 않은 자세로 낙양으로 돌아왔다.

완적이 낙양에 돌아오자 사마소는 여전히 부드러운 태도로 그에게 아주 익숙한 직무인 대장군 종사중랑을 맡겼다. 비록 관리세계에서 몸을 뺄 수 없고 다시는 은자가 될 수 없었지만 완적은 방법을 바꾸어 새로운 시도를 했다. 세상사를 묻지 않고 조정 안에 조용히 묻혀 지내는 것이었다.

그는 한껏 술을 마실 수 있는 보병교위步兵校尉 자리를 요구했다. 연회가 열리는 곳이면 반드시 쫓아가 맛있는 안주를 맛보았다. 그는 아예 명성에 기대어 이름을 파는 짓을 했으며 관직을 이용해 들입다 마셔댔다. 그렇게 완적은 조정에 몸을 숨긴 채 죽을 때까지 이런 생활을 지속했다.

마음속 깊은 곳에서 느껴지는 어쩔 수 없음으로 인해 완적은 비로소 '큰 은자'가 되었다. 그가 은자를 존경하고 따르며, 은자의 길을 걷고 은자의 노래를 부르며, 은자의 시를 썼지만 처음부터 끝까지 자신을 숨긴 적은 없었다. 복잡한 정국에서 철저히 은자가 되거나 벼슬만 한다는 것 모두 적합한 조치가 아니었다. 은둔하는 가운데 벼슬을 하고 벼슬하는 가운데 은둔할 수 있을 따름이었다.

　은둔에는 몸을 숨기는 것[隱身]과 마음을 숨기는 것[隱心]의 구별이 있다. 몸을 숨기는 것은 단지 형태적인 것으로 청산녹수 사이 초가집에 살면서 배 띄워 낚싯대를 드리우며 살아가는 삶을 말한다. 마음을 숨긴다는 것은 자신의 뜻을 감추는 것으로 마음을 천지우주 사이 어딘가에 숨겨놓는 것을 말한다.

　완적은 마음을 숨기기 시작했다. 숨김을 통해 수양의 정도와 정신을 드러내며, 뜻을 나타내기로 마음먹었던 것이다. 어디에 은둔하든지간에 담담한 곳에서 진함을 보고, 진함 가운데 담담함을 찾아낼 수 있어야 한다고 생각했다.

아! 참으로 멋있었던 옛 선비들이여	猗歟上世士
담담하고 깨끗한 마음으로 가난을 벗 삼았네.	恬淡志安貧
말세에는 세상의 도道가 쇠퇴하고,	季葉道陵遲
사람들은 여기저기 분주히 먼지를 일으키네.	馳騖紛垢塵
영유寧俞*의 어리석은 체, 그 아니 아름다운가	寧子豈不類
양주楊朱*의 명命을 노래한 소리, 그 누가 믿었겠는가	楊歌誰肯殉
바쁘고 불안한 모습은 내가 같이할 바 아니며,	棲棲非我偶
놀라서 안절부절못하는 마음 역시 내가 같이할 바 아니라.	徨徨非己倫
아! 세상의 영욕된 일이여,	咄嗟榮辱事
이것에서 벗어나야 도의 참 맛을 알게 되리.	去來味道眞
도의 진수는 감정을 즐겁게 하고,	道眞信可娛
깨끗함은 사람의 정신을 보존하노니.	淸潔存精神
소부巢父와 허유許由*의 그 깨끗한 모습,	巢由抗高節

이제부터 나도 강변에 묻혀 살리라.　　　　　　　　　　從此適可濱

(〈오언영회시五言詠懷詩〉 중에서)

*영유寧兪: 영무자寧武子. 춘추 시대 위衛나라 대부. 《논어》 〈공야장公冶長〉편
에 공자가 그를 평한 말이 있다. "영무자는 국가가 태평한 시절에는 총명했으
나, 국가가 암흑에 쌓여 있을 때는 어리석은 척했다. 그의 총명은 다른 사람
이 쫓아할 수 있지만, 그의 어리석은 척은 다른 사람이 쫓아하기 어렵다寧武
子, 邦有道則知, 邦無道則愚. 其知可及也, 其愚不可及也.

*양주楊朱: 양주의 친구인 계량季梁이 중병이 들었을 때 그 아들들이 의원을
청해 왔으나, 계량은 양주에게 노래를 불러 그 아들들을 깨우쳐 달라고 청했
다. 양주는 노래를 통해 계량의 병은 자연이나 사람의 외력에 의한 병이 아니
라 그 명命에 따른 병이니 의원을 부르지 말라고 암시했다. 그러나 아들들이
그 노래의 뜻을 이해하지 못해 세 명의 의원을 청했다. 얼마 지나지 않아 계
량의 병은 치료하지 않았으나 저절로 나았다.

*소부巢父와 허유許由: 요임금 시대의 은자. 요임금이 천하를 허유에게 물려
주려 했으나 허유가 이를 거절하고 기산箕山 아래 영수潁水가에 숨어 지냈다.
요임금이 다시 허유를 불러 구주九州의 우두머리로 삼으려 했으나, 허유는 그
소리조차 듣기를 원치 않았고, 더러운 이야기를 들었다고 자신의 귀를 영수
가에서 씻었다고 한다. 한편, 소부는 소의 물을 먹이러 영수가에 왔다가 그
이야기를 듣고는 더러워진 물을 소가 먹을까봐 더 상류로 가서 소에게 물을
먹였다는 고사가 있다.

　조정에서 은둔하는 완적에게 고뇌가 없었을 리 없다. 민감한 철인哲人
이었기에 그 고뇌가 더욱 컸다. 그러나 초야와 조정 사이를 몇 차례 오
간 후에 그는 나름대로 깨닫게 되었다. 그는 은둔이 단순히 행위에 그치
는 것이 아니라 정신의 표시라고 생각했다. 이러한 정신은 부귀를 거절

하는 것이 아니라 부귀에 따라오는 비굴함을 거절하는 것이다. 공명을 거절하는 것이 아니라 공명에 섞여 있는 저열함을 거절하는 것이다. 권세를 거절하는 것이 아니라 권세와 함께 생겨나오는 더러움을 거절하는 것이다. 총괄하자면 인간세상의 화려한 듯한 모습을 거절하는 것이 아니라 이를 위해 지불해야 하는 인문人文의 대가를 거절하는 것이다. '통달하면 함께 천하를 다스리고, 궁하면 홀로이 자신을 수양한다.' 세상을 다스리려는 마음은 있었으나 그럴 기회를 갖지 못한 완적은 그저 이렇게 자신을 위로할 수 있을 뿐이었다.

완적의 고통을 외부인들은 이해할 수 없었으며, 수양이 아무리 높은 선비라도 마찬가지였다. 그는 일찍이 대은자인 손등孫登의 종적을 찾아 나서서 인생의 가르침을 받고 신선의 양생술을 배우기를 희망했다. 마음이 있는 곳에 길이 있다고 마침내 깊은 산속에서 손등을 찾아냈다. 완적은 그 기쁜 마음을 무어라 표현할 수 없었다. 그러나 동굴에 살면서 산발한 머리에 얼굴 가득 예스러움을 가진 손등은 완적이 아무리 공손한 태도를 보이며 주위를 맴돌아도 전혀 눈길을 주지 않았다. 완적은 그저 작별을 고할 수밖에 다른 도리가 없었다. 산허리를 반쯤 돌아 나올 때 돌연 난새와 봉황이 우짖는 듯한 긴 휘파람 소리가 산골에 울려 퍼졌다. 완적은 그 휘파람 소리에 마음이 이끌려 속세를 떠나려는 자신의 의지가 굳세지 못함을 부끄럽게 여겼다.

또 다른 이야기가 있다. 완적과 손등이 만났을 때 손등은 바위 아래 단정히 앉아 칠현금을 뜯고 있었다. 완적이 다가가 공손히 가르침을 청했으나, 손등은 거들떠보지도 않았다. 완적은 태연자약한 모습으로 긴 휘파람을 불면서 칠현금 소리를 따라했다. 손등이 이를 보고 빙그레 웃으며 휘파람으로 대꾸했다. 두 휘파람 소리가 같이 울려 퍼지면서 산림을 진동시켰다.

어느 이야기가 사실이든지 간에 완적은 끝내 손등의 가르침을 받지 못했다. 다른 자료에 따르면 완적이 만난 이는 손등이 아니라 소문생蘇門生이라고 한다. 완적은 무위無爲의 도를 이야기하고, 삼왕오제를 이야기했으나 소문생은 전혀 대꾸하지 않았다. 그저 난새와 봉황 울음 같은 긴 휘파람 소리를 냈을 뿐이었다.

손등이든 소문생이든 실제로 누구였느냐는 중요치 않다. 중요한 것은 이들이 높은 경지에 이른 선비이자 은자들의 대표로 정치하는 자들과 협력하기를 거부한 전형적인 인물이었다는 데 있다. 그들이 완적을 대한 태도는 승인과 불승인의 중간 입장이었다. 그들이 승인을 했다면 그와의 담론을 거절했을 리 없다. 만일 승인하지 않았다면 긴 휘파람 소리로 대꾸했을 리 없다. 완적이 속세를 떠나려는 그 일면에 대해서는 만족했지만, 여전히 부귀와 공명을 버리지 못하고 먼지 덮인 세상 속에 있었던 점에 대해서는 만족하지 못했던 것이다.

큰 은자는 조정에 숨어 있다는 설법에 대해서도 손등과 같은 사람들은 상당한 반감을 가졌다. 그들은 설법을 퍼뜨리는 사람들은 속세와 인연이 깊은 자들로 자기들의 허물만을 벗어버리려 한다고 여겼다. 진정한 은자가 되려면 가난하면서도 즐거워하며 도를 지키는 철저한 정신을 갖추고 있어야 한다. 또한 만일 이러한 정신과 현실이 서로 충돌하면 관복을 벗어버리고 일상으로 돌아와야 한다. 생선이나 고기음식을 버리고 야채를 먹어야 하며, 화려한 집을 버리고 누추한 곳에 거처해야 한다. 일반 사람들이 침을 흘리는 명성과 이익이라는 굴레를 벗어버리고 자연의 도를 취해야 하며, 정말 어쩔 수 없을 때는 권력자에게 항거해 자신의 몸을 불살라야 한다. 이런 것들이 그의 생각이다.

'완적 당신이 이렇게 할 수 있을까?' 손등 같은 은자들은 의문스러워
했다. 한쪽은 푸른 들판, 한쪽은 붉은 먼지, 손등과 같은 은자들과 완적
은 늘 상당한 거리를 두고 있었다.

뜻과 어긋난 현실에서 갈 바를 몰라 머뭇거리며 그림자로 살아간 선비, 그것이 완적의 초상이다.

영웅 없는 세상

불후한 은자 완적

  중원에 있는 광무산廣武山(현재의 하남성 영양현 동북쪽)은 산세가 높지
않으나 동서로 각기 두 개의 성城이 있었다. 그 간격이 장정 걸음으로
200보 정도인데 그 사이를 비집고 한줄기 계곡 물이 흘러 내려와, 두 성
을 가지런히 나누고 있었다. 오랜 시간이 흘러 전화戰火를 겪고 풍화되
면서 그 두 성은 무너진 담벼락만 남아 유적지처럼 황량하기가 그지없
었다.
  광무산은 높지 않으나 이 두 성城으로 인해 이름이 알려졌다. 초楚와
한漢이 천하를 다툴 때, 초나라 군대가 동쪽 성을, 한나라 군대가 서쪽
성을 차지해 수년간 대치하면서 피비린내를 풍겼다. 여기서 유방과 항
우 두 사람이 천하를 얻기 위해 서로 다투고 있는 상황을 어떻게 해결할
것인지를 담판했다. 유방은 동쪽 성 위의 항우를 향해 그의 죄상을 낱낱
이 열거하며 격앙된 어조로 비난했다. 격분한 항우는 그 자리에서 활을
뽑아 힘껏 잡아당겼으며 하마터면 유방의 목숨이 날아갈 뻔했다. 중요
한 것은 여기서 두 사람이 홍구鴻溝를 경계로 천하를 양분하기로 약속했
다는 것이다. 그러나 얼마 지나지 않아 유방이 그 약속을 헌신짝처럼 팽
개쳐버리고 말을 몰아 홍구를 넘어 공격해 왔다. 무방비 상태였던 항우

는 해하垓下로 쫓겨간다. 그곳에서 사랑하던 여인을 죽이고 자신은 오강
烏江가에서 자결하게 된다.

어느 날 정오 한 사람이 광무산을 찾아와, 심각한 모습으로 옛길을 따
라 한걸음 한걸음 걸어 올라가고 있었다. 산꼭대기에 오르자 구름이 태
양을 반쯤 비껴서 가리고 있었다. 그 가려진 빛이 산 위에 뿌려지면서
눈앞에 마치 옅은 금빛이 깔려 있는 듯했다. 풍경의 윤곽은 또렷했지만,
몽롱함 속에 잠기는 듯 한껏 예스러움이 감돌았다.

바람이 점점 거세게 일면서 날카로운 소리를 내기 시작했다. 넓은 품
의 옷을 입은 그의 옷자락들이 바람에 춤을 추기 시작했다. 골격이 큰
몸에 호걸다운 얼굴을 가진 그는 옷소매로 바람을 가리려고 했다. 그럴
수록 그 모습이 더욱 범상치 않게 보였으며 기개가 돋보였다. 눈길을 아
래로 주어 발밑을 내려 보다, 머리를 들어 넓은 하늘을 바라보다 하기를
반나절. 그의 입에서 깊은 탄식이 흘러나왔다.

"시대의 영웅이 없으니, 잔챙이가 이름을 얻는구나時無英雄, 使竪子
成名!"

그 사람은 바로 당대 대명사 완적이었다. 옷자락을 걷어 올리고 천천
히 산을 내려가기 시작했다. 돌연히 바람이 휘몰아치면서, 나무와 수풀
들이 마치 천군만마가 엉켜 싸움을 하는 듯한 소리를 내었다. 동쪽의 광
무산과 서쪽의 낙양을 비치며 황혼이 지고 있었다. 산을 내려온 완적은
객사에 몸을 맡겼다.

완적이 광무산에서 내뱉은 탄식은 후세에 명언으로 떠받들어진다. 명
인의 명언은 범상치 않은 매력을 갖추고 있는 법이다. 그러나 이 명언에
는 많은 수수께끼가 담겨 있다. 도대체 '어느 시대'를 말하는 것인지,

어느 시대에 영웅이 없다는 것인지, 잔챙이는 누구이며, 어떻게 잔챙이가 이름을 얻게 되었다는 것인지, 완적은 죽을 때까지 이 수수께끼에 대해 이야기를 한 적이 없었다. 그 지역이 초나라와 한나라가 격전을 치렀던 지역이니 아마 영웅과 잔챙이는 항우와 유방이 아니었을까?

앞 구절인 '시대의 영웅이 없으니'는 항우가 영웅이 아니라는 것을 가슴 아파하고 아쉬워한 것이리라. 서초패왕으로 천하에 이름을 떨쳤던 항우, 천하를 움켜쥘 수 있었던 그는 사실 이름만 영웅이었다. 그는 전술은 이해했지만 전략적 안목이 없었다. 항우는 매우 용감하고 엄청난 힘이 있었지만 아녀자처럼 어질었고, 이미 얻은 것에만 매달려서 자신의 수중에 있는 것은 절대 손해보려하지 않았다. 허구적 대의에만 매달려 적을 궁지로 몰아넣지 않았던 탓에, 마지막 순간에 공을 이루지 못해 나라가 망하고 가문이 몰락하는 참극을 겪게 되었다.

항우조차 영웅이라고 할 수 없다면 당시 어떤 영웅이 있었단 말인가? '시대의 영웅이 없으니'의 대구가 되는 '잔챙이가 이름을 얻는구나'라는 구절은 유방이 이름을 얻은 것을 유감스럽게 여기는 것이리라. 음풍농월이나 하다 전란을 틈 타 군사를 일으키고, 기본적인 신의가 없어 부친과 처자의 생명도 개의치 않으며, 간사함으로 가득 찬 가슴을 안고 깡패 같은 기질이 있던 잔챙이가 바로 유방이다. 완적은 이런 상황을 받아들일 수 없어 탄식했다. 이러한 탄식은 예사로운 것이 아니다. 터져 나오는 소리는 곧고 낭랑하며, 가슴 가득 찬 기개와 격앙된 감정을 쏟아낸 것이었다. 이 말을 알게 된 역사가들은 앞 다투어 역사서에 기록했다.

완적이 영웅이 없음을 탄식한 것은 단순히 진秦나라 말기만을 지적한 것이 아니라, 자신이 살던 위魏나라 시대를 가리킨 것이기도 하다. 위나라에는 영웅이 나타났었다. 치세에는 유능한 신하요 난세에는 간웅이었던 조조, 그가 하늘을 가르고 이 세상에 등장한 대영웅이 아닌가. 천하가 들끓는 시기에 권모술수와 군사력, 두 역량을 가지고 적은 병력으로 대병력 황건적을 맞아 이를 격퇴시켰으며, 30만 명의 적군을 자기편으로 거두어들였다. 또한 약세인 군대를 가지고 관도官渡의 일전을 통해 당시 최대 강적이자 제후였던 원소를 격파했다. 점을 면으로 확대하면서 여포 등 각지에 있던 세력들을 청소한 후에 북방을 통일했다. 만일 조조가 없었다면 북방은 갈대 우거지고 이리와 늑대가 출몰하는 지역이 되었을 것이다. 만일 그가 없었다면 얼마나 많은 사람들이 황제를 칭하고, 왕을 칭했을지 모를 일이었다. 조조가 영웅이 아니었다면 대명사였던 완적의 아버지 완우阮瑀가 절대로 그의 아래로 들어가지 않았을 것이다.

위 문제文帝 조비曹丕는 '위왕'의 호칭을 버리고 '위제魏帝'로 등극하면서 새로운 기상을 지닌 신왕조를 열었다. 그러나 그 수단이 좋지 않아 장면이 그리 빛나지도 전해져 내려오는 이야기가 그리 아름답지도 않다.

명제明帝 조예曹叡가 비록 조금 이룩한 것이 있다고 말할 수 있을지 모른다. 그러나 그가 저지른 잘못에 비하면 이룩한 것은 사실 아무것도 아니었다. 대규모 토목공사와 궁궐 및 누대를 건축했으며, 여자를 좋아해 여관을 임명하여 민가의 아녀자들을 뽑고, 향락에 빠져 있었다. 감관을 자극할 수 있는 것은 무엇이든지 피로함을 느끼지 않았으며, 특히 노래와 음악, 연극을 즐겼다. 그러나 이 모든 것을 다하면서도 백성은 조금도 돌보지 않았다. 농사철을 중시하지 않았고, 내우외환에 전혀 관여하지 않았다. 하늘이 노하고 백성들의 원망이 자자한 지경에 이르게 되니 명제가 어찌 영웅의 호칭에 짝할 수 있겠는가?

정계의 영웅이 영웅인 까닭은 혜안을 가지고 있다는 데 그 핵심이 있다. 인재를 알아보고, 충신을 알아보며, 간사하게 아첨하는 자들을 식별하고, 아침저녁 시시각각 변하는 얼굴 뒤의 실질을 파악하고, 구불구불하고 어둡고 깊숙하며 뜨겁고 차가운 그 뱃속을 꿰뚫어볼 수 있어야 한다.

명제는 혜안을 가진 듯 했지만 사실 사람들이 칭찬하는 혜안은 기억력이 좋다는 것뿐이었으며, 근본적으로 사람을 꿰뚫어보는 눈은 가지고 있지 못했다. 그가 임종 시에 황제를 보필하는 보정대신輔政大臣이란 중요한 지위를 조상曹爽과 사마의司馬懿 둘에게 준 것만 봐도 알 수 있다. 그 근본을 추적해 보면 명제가 혜안이 부족했던 것은 어느 정도 위 문제 조비의 흐린 눈을 이어받았다고 할 수 있다. 당초 문제가 죽을 무렵 사마의를 네 명의 보정대신 중 하나로 세웠던 것이다. 당시 자신을 보좌했던 사마의를 자기 아들의 보정대신으로 삼았다는 점에서 명제는 어느 정도 위나라 몰락에 대한 책임을 피할 수 있을지는 모른다. 그러나 사정이 어떠하든 혜안을 갖추지 못한 군주는 분명히 영웅의 칭호를 누릴 수 없는 것이다.

마차를 몰아 위魏나라* 옛 도읍으로 달려가	駕言發魏都
남쪽을 바라보니 위왕이 즐겨 놀던 취대吹臺*가 서 있구나.	南向望吹臺
관악기의 음률이 아직도 취대를 감도는 듯,	簫管有遺音
아! 당시의 위왕은 지금 어디에 있는가?	梁王安在哉
병사들은 거친 음식을 먹게 하고,	戰士食糟糠
현신들은 들나물을 뜯게 하더니,	賢者處蒿萊
노래와 춤이 끝나기도 전에	歌舞曲未終
진나라 대군이 물밀 듯 몰려왔네.	秦兵復已來

취대 앞의 아름답던 뜰은 다른 사람의 것이 되었고,　　夾林非吾有

호화롭던 궁궐은 먼지 속에 묻히게 되었네.　　　　朱宮生塵埃

화양華陽* 터에서 군사가 패하니,　　　　　　　　軍敗華陽下

왕의 몸도 흙더미로 변하고 말았네.　　　　　　　身竟爲土灰

〈오언영회시五言詠懷詩〉 중에서)

*위魏나라: 전국 시대 위나라를 말함. 완적은 전국 시대 위나라를 가지고 당
시의 위나라曹魏를 비유했다.

*취대吹臺: 위왕이 연회를 하던 누대. 범대范臺, 번대繁臺라고도 일컬었다. 지
금의 하남성 개봉시에 있다.

*화양華陽: 전국 시대 한韓의 읍 이름. 지금의 하남성 정주시 남쪽 일대.

　명제가 조상과 사마의를 보정대신으로 삼은 것은 나름대로 정치적인
뜻이 있어서였다. 한 사람은 황실의 빼어난 인재이며, 조상의 아버지인
조진曹眞이 일찍이 자신의 보정대신이었기 때문에 어느 모로 보나 혈통
보장이 되었다. 다른 한 사람은 신하 중에서 가장 빼어난 자로 보정대
신을 역임한 바 있어 경력상 검증이 된 자였다. 만일 그중 한 사람이 일
을 만들면 다른 사람이 견제하는 보완관계가 될 수 있을 것이며, 이를
통해 그가 그리는 청사진을 따라 새로운 시대로 접어들 수 있으리라 생
각했다. 명제는 이것저것 여러 가지를 다 생각해 보았으나 그 두 사람
이 그렇게 빨리 얼음과 불의 관계로 변하리라고는, 조상이 그렇게 쓸모
없는 인물이며 사마의가 자신의 유명을 배반하리라고는 전혀 생각지
못했다.

　뒷날 발생한 일들을 보면, 잘못은 명제가 두 개의 수레바퀴를 바탕으
로 정국을 설계한 것에 있었다는 것을 알 수 있다. 명제는 전혀 문제가

없을 것으로 보았으나, 실제 이러한 정국 설계는 일반적 정서상의 상식이 결여된 잘못이었다. 명제는 두 사람이 동시에 보정대신이 되면 음과 양이 서로 보완되어 장점은 살아나고 단점은 제거되어, 서로 협력하게 된다고 보았다. 만일 한 사람이 다른 마음을 품으면 다른 한 사람이 이를 제재해, 권신이 군주를 가지고 노는 현상이 발생하는 것을 피할 수 있으리라고 여겼던 것이다.

그러나 사실은 그렇지 않다. 만일 한 사람이 득세하게 되면 그 책임과 죄명을 전부 패한 사람의 머리에 씌우게 된다. 또한 두 사람 사이에 분쟁이 생겼을 경우 군주는 난처한 입장에 빠지게 되어 어느 한편을 돕기도, 벌하기도 어렵고 그 둘을 모두 내치기도 어렵게 되어 적합한 방법을 찾지 못하게 된다. 일단 잘못한 쪽의 편을 들었다가 편든 쪽이 실패하게 되면, 성공하게 된 자들이 군주에 대해 한을 품게 되고 그 뒤에 어떠한 일을 벌일지 모르게 되기 때문이다. 두 대신이 같이 황제를 보좌해 정국을 다스리게 되면 결과는 필연적으로 조정과 천자가 불안해진다. 명제는 이 일을 너무 간단히 생각했던 것이다. 그는 너무 단순해 역사의 거울을 살펴보지 않았던 것이다.

역사상 성공한 예를 보면 영명한 군주는 자기가 죽은 뒤 어린 아들을 보필하는 대신으로 한 사람을 두었다. 한 사람에게만 맡기면 권력을 혼자 쥐게 되지만 반드시 책임도 혼자 져야 하며, 나이 어린 새 군주에게 불만을 갖게 되더라도 옛 군주의 유명을 받들어야 한다는 의무감을 갖게 된다. 야심이 커지더라도 반드시 자신의 명성을 고려하게 된다. 결론적으로 한 사람의 보정대신만 있을 경우 그는 구실을 찾을 상대방이 없어 제멋대로 할 수도 없게 된다.

바로 은殷의 탕왕湯王이 그리했다. 그는 이윤伊尹 한 사람에게 어린 아들을 맡겼다. 이윤은 태갑太甲을 보좌하게 되었을 때, 태갑이 포악무도

하고 덕이 없자 그를 쫓아냈다. 태갑이 회개를 해 새로운 사람이 된 후에야 그를 다시 왕으로 영접했으며, 그를 일대 명군이 되게 했다.

주周의 무왕武王 역시 주공周公 단旦 한 사람에게 아들을 맡겼다. 주공은 힘을 다해 성왕成王을 보필했으며 심혈을 기울여 새로운 국면을 연 후에 성왕에게 정권을 넘겨주었다. 이는 오래 전 이야기이지만 바로 눈앞에도 그러한 사례가 있었다. 가까운 예로 유비가 자기 아들을 제갈공명 한 사람에게만 맡긴 것을 들 수 있다. 촉나라가 이릉彝陵의 전쟁에서 오나라에게 대패한 후에 유비가 백제성白帝城으로 퇴각해 목숨이 경각에 달려 있을 때, 성도成都에 있던 제갈공명을 불러와 유선劉禪을 맡기면서 말했다.

"공의 재주는 조비보다 훨씬 앞서니 나라를 안정시키고 대사를 이룰 수 있소. 만일 내 아들이 재능이 있다면 보필하고, 그렇지 않다면 공이 나라를 맡으시오!"

그 한마디의 말에 제갈공명은 바늘방석에 앉아 있는 듯했다. 그는 눈물을 흘리며 땅바닥에 엎드려 황급히 아뢰었다.

"신이 어찌 모든 힘을 다 바치지 않겠습니까? 죽을 때까지 충성과 지조를 다하겠습니다."

유비는 이와 같이 부탁을 했고, 제갈공명은 보필하는 동안 두 마음을 품지 않고 충성을 다했다. 은의 탕왕은 영웅이었고, 주 무왕도 영웅이었으며, 유비도 영웅이었다. 완적은 명제가 이들 영웅들 근처에도 가지 못했기에, 그를 낮추어 보았던 것이다.

사실 조상은 빛 좋은 개살구 같은 인물이었다. 외모를 보면 영웅의 기상과 신중함과 도타움이 흐르며 상당한 책략이 있는 것 같았고, 황실에서는 보기 드문 인재처럼 보였다. 몇 안 되는 국가의 기둥으로 새 군주를 보필할 최선의 선택인 듯했다. 명제는 그를 상당히 총애했다. 낮은 직위인 산기시랑散騎侍郎에 있던 그를 한달음에 고위직인 무위장군武衛將軍으로 발탁했다. 고굉股肱, 즉 가장 믿고 중하게 여기는 신하를 키워 뒷날 사직의 든든한 보루가 되게 하려는 뜻이 있었다. 탄탄대로를 걸어간 조상은 얼마 되지 않아 권력의 정점에 선 총아가 되었다.

명제가 위독하자 조상은 침실로 불러들여져 유명遺命을 받았다. 대장군大將軍, 가절월假節鉞, 도독중외제군사都督中外諸軍事, 녹상서사錄尚書事를 제수받았으며 태위太尉인 사마의와 함께 어린 임금을 보필하게 되었다. 제왕齊王이 즉위하고 나서 그의 감투는 더욱 빛을 발했다. 원래 벼슬에 시중侍中의 직위가 더해지고, 무안후武安侯로 봉해져 식읍으로 1만 2천 호를 받았다. 칼을 차고 군주를 알현할 수 있고 군주 앞에서 종종걸음을 하지 않아도 되며, 절을 할 때 자신의 이름을 아뢰지 않아도 되었다.

같은 보정대신인 사마의에 대한 조상의 태도는 처음에는 공손했으나 후엔 180도 바뀌어 오만하게 되었다. 황실의 한 사람이라는 것 외에는 태위와 비교할 수 있는 것이 아무것도 없었다. 처음 권력을 잡았을 때는 그래도 상황 판단이 명확한 편이어서 태위에게 겸손하게 양보했고, 태위를 부친처럼 여겨 일이 있든 없든 찾아가 상의를 했으며, 가르침을 청했다. 당시 두 사람은 상당히 융화를 잘 이루었다.

그러나 이런 시간은 오래가지 못했다. 하안何晏, 등양鄧颺, 이승李勝, 정밀丁謐, 필궤畢軌 같은 선비들을 기용하면서부터 상황이 변하기 시작했다. 이들 인사들은 조상에게 책에서 배운 대로 말하기 시작했다. 대권은 바짝 움켜쥐어야 하는 것이며 다른 사람과 나누면 안 되는 것이다. 조상은 그 말 속에 도리가 있다고 느끼면서 사마의와 거리를 두기 시작했다. 둘 사이가 소원해지자 점차 방어벽이 쳐지기 시작했다. 조상이 태위의 직위를 태부太傅로 바꾸어 겉보기에는 높이는 것 같으나 실은 그의 권력을 줄이는 조치를 취했다. 사마의가 권력의 중심에서 벗어나 주변에서 쉬도록 했던 것이다. 이와 동시에 정부 내의 주요 요직을 자신의 친신들에게 나누어주었다. 이때부터 조상이 자신의 주장을 강하게 펼치기 시작했으며, 조정의 권력을 한손에 움켜쥐게 되었다. 그의 친신들은 개인적 원한을 공적 일을 구실로 갚아나갔으며, 좋은 논밭을 집어삼키고, 자신의 산업을 늘리는 등 위세를 빌려 마음대로 행동했다.

권력을 얻고 나자 눈이 흐려진 조상은 철저히 변했다. 근신하던 모습은 온데간데없이 사라지고 자랑을 일삼았다. 신중하던 그의 태도가 경박하게 변했다. 천자의 격식과 음식을 모방했으며, 심지어는 명제의 여인들, 가기歌妓, 악공, 병사들을 자신의 복무원으로 삼기까지 했다. 사실 이것은 아무것도 아니었다. 양갓집여자 수십 명을 뽑아 기녀단[樂妓]을 구성하기도 하고, 조서를 위조해 재인才人 50여 명을 뽑아 특수한 목소리 훈련을 시키기도 했다. 황제만이 사용할 수 있는 악기[太常樂器]를 제멋대로 사용하고, 황궁의 병사를 자기의 호위대로 삼기도 했다. 또한 별도의 동굴을 만들어 사면을 귀한 비단으로 장식하고 하안 등과 함께 연회를 베풀고 술을 마시며 즐거움에 취해 지냈다.

보다 못한 조상의 동생인 조희曹羲가 음란함에 빠지면 반드시 화를 불러오니 근신하라는 글을 올렸다. 하지만 조상은 반성하기는커녕 밤낮을 음란하게 냈다. 부패의 극에 달한 조상의 무리는 철저히 썩어 문드러졌다.

조상의 무리가 천자를 따라 고평릉高平陵으로 명제의 제사를 지내러 갔을 때 사마의가 궁궐 문을 닫아걸고 군사를 동원해, 그들의 죄를 묻는 글을 발표했다. 조상은 놀라서 어찌할 바를 몰랐다. 모사인 환범桓范이 천자를 옹위하고, 천하 백성에게 사마의를 토벌하자고 호소해야 한다는 계책을 올렸으나 조상은 이를 거절했다. 부자富者로서 일생을 마치면 된다는 생각에 순순히 궁궐로 들어가 사마의에게 투항했다. 성城으로 돌아가 부자로 살아가는 것은 갇혀 지내는 것일 뿐이었다. 그리고 그나마 갇혀 지내는 부자 노릇도 얼마 가지 못했다. 사마의는 정국을 안정시키고 나자 조상과 그의 무리들의 삼족을 멸했다.

완적은 조상의 휘하에서 일을 한 적이 있었다. 아버지 완우도 조조의 특신이었으니 부자가 조씨 가문을 위해 일한 것이다. 조씨 가문이 이런 정도로까지 몰락하게 되자 완적은 조씨 가문의 자손들에게 비애를 느끼게 되었으며, 또한 그들을 동정하는 눈물을 뿌리게 되었다.

깊고 맑게 흐르는 장강 물,	湛湛長江水
양안에 단풍나무가 무성하구나.	上有楓樹林
물가의 난초가 오가는 길을 덮으나,	皐蘭被徑路
준마가 끄는 마차들이 이를 밟고 빠르게 지나가네.	靑驪逝駸駸
그 광경 보는 이의 가슴을 쓰리게 해,	遠望令人悲
봄날이건만 내 마음도 아프다네.	春氣感我心
옛적 그 넓었던 초楚나라! 뛰어난 재사들 많았건만,	三楚多秀士
시가를 지으며 음란은 더했어라.	朝雲進荒淫
붉은 꽃 그 향기를 짙게 날리는 때에,	朱華振芬芳
고채高蔡*에서 환락을 좇느라 정신이 없었어라.	高蔡相追尋
죽을 줄 모르고 마당의 모이를 쪼는 참새의 신세,	一爲黃雀哀
그 모습, 흘러나오는 눈물을 주체치 못하게 하네.	涕下誰能禁

(〈오언영회시五言詠懷詩〉 중에서)

*고채高蔡: 지금의 하남성 상채현上蔡縣.

사마의는 제갈공명과 장기간 대치했다. 그는 위의 정권을 찬탈하고 진晉을 세우는 서막을 열었기 때문에 역사상 부정적인 위치에 서게 되었으며, 죽은 후에도 끊임없이 사람들에게서 욕을 먹었다. 완적은 사마의가 큰 재능을 가지고 있는 인물이라고 생각했으나, 기껏해야 유방의 아류에 지나지 않는 말그대로 잔챙이라고 보았다. 명제도 조상도 영웅이 아니었기 때문에 이 잔챙이가 이름을 얻게 된 것이다. 잔챙이란 말은 다른 사람을 욕할 때 쓰는 표현이다. 그러나 욕을 먹을 수 있다는 것, 그것도 큰 욕을 먹을 수 있다는 것은 반대로 그 사람이 굉장한 능력을 가지고 있다는 것을 증명하는 것이다.

완적이 유방을 잔챙이라고 욕한 이유는 영웅이 없었던 시대에 이름을 날렸기 때문이다. 그러나 이 잔챙이는 확실히 다른 사람보다 우수한 점을 갖고 있었으며, 사람들의 마음을 얻는 능력이 바로 그 것이다. 자신의 언행으로 호걸들의 마음을 사고 넓은 마음과 대범한 조치로 회왕懷王의 마음을 얻었으며, 삼장三章으로 된 간단한 법률로 학정에 시달리던 진秦나라 백성들의 마음을 얻었다. 기개 있게 베풀어 제후들의 마음을 얻었으며 조정을 잘 정돈해 천하의 인심을 얻었다. 완적에 의해 잔챙이로 비친 사마의의 최대 능력은 수단을 써서 인심을 얻었다는 데 있었다.

태화太和 원년(227) 농사와 길쌈을 장려하고 사치를 금했다.

청룡靑龍 3년(235), 관동 지역에 대 기근이 들자 장안에서 조와 쌀 500만 곡斛(휘곡이라 하며 열 말 분량)을 경사京師로 운송했다.

청룡 4년(236), 명제가 궁궐을 크게 고쳐 지으려 하자, 백성들의 생계의 어려움을 보살펴 이를 중지하라고 간언했다. "옛 주공은 낙읍洛邑을 건설했으며,

소하蕭何는 미앙궁未央宮을 지었으나, 오늘날 궁궐이 잘 갖추어지지 못한 것은 신의 잘못입니다. 그러나 황하 이북의 백성들이 궁핍한 상황이며, 국내외로 노역과 군역이 있고, 국세가 강성치 못한 상황이오니 잠시 내적인 일을 그치고 급한 일을 먼저 구해야 합니다."

경초景初 2년(238), 60세 이상의 병사 천여 명을 고향으로 돌려보냈다.

정시正始 원년, 노역에 종사하던 만여 명을 돌려보내고, 호화로운 기물들을 폐기처분하고, 근검절약을 주창하며 온 힘을 다해 농사에 힘쓰도록 상주문을 올렸다.

정시 4년(243), 힘써 곡식을 비축하고 둔전屯田을 확대했다. 회양淮陽, 백척百尺 두 물길을 만들어 영수潁水 남북으로 제방을 쌓고 비탈을 일군 것이 3천여만 평에 달했다. 이로부터 회북淮北에 곡물 창고들이 빼곡히 들어서게 되었으며 수양壽陽에서 경사京師까지 둔전이 서로 이어지게 되었다.

이러한 조치들로 사마의는 세상 사람들의 찬사를 받았으며, 이로 인해 반대파들도 사마의가 품은 큰 뜻과, 민심 획득을 승인할 수밖에 없었다. 민심은 누가 주느냐에 관계없이 이利를 얻을 수 있는 곳으로 쏠리게 된다. 잔챙이든 아니든 간에 민심을 얻는 자가 천하를 얻게 되는 것이다. 완적은 조씨 가문이 민심을 등한시하고 도리어 잔챙이가 얻도록 방치한 데 실망을 금치 못했다. 완적은 사마의의 능력을 부인하지 않았다. 심지어는 그의 능력에 두려움을 느꼈다. 사마의가 조정을 장악하는 것은 시간문제이며, 위나라에서 지내는 한 그의 손바닥에서 벗어날 수 없다고 생각했다. 따라서 사마의와 대항한다는 것은 계란으로 바위를 치는 것이나 다름없었다. 그렇지 않았다면 사마의가 완적을 막료로 불렀을 때 순순히 그 명령을 따른 것을 해석할 방법이 없다.

완적은 마지못해 사마의의 휘하로 들어갔다. 조씨 가문이 적극적으로 다투지 않는 데 화가 치밀고 그들의 불행을 슬퍼했지만 그뿐이었다. 그역시 생활을 해나가야 하며 자기의 생을 이어가야만 했기 때문이다. 따라서 그는 잔챙이로 여기는 사마의와 잘 지내야만 했으며, 아무리 억울하더라도 그 주위를 맴돌아야만 했다.

완적은 속으로 사마의를 경멸하고 있었다. 그 이유는 단순하고도 복잡했다. 단순히는 유방 같은 인물들과 그를 같은 격으로 보는 것이었으며 복잡하게는 다른 이유가 있었다. 사마의는 특별히 겉으로 꾸미기를 잘했다. 강력한 주인이 있을 때는 그의 손자처럼 굴었고, 조정에 나가서는 충신인 체했다. 그리고 동료들과 같이 있으면 장자인 척, 민간에서는 현인인 척했다. 꾸미는 기술이 최고봉에 달해 능수능란했다. 하지만 그 뱃속에는 병서에 나오는 권모술수가 가득 차 있었다. 권모술수로 세상을 경영하고, 연속으로 문제와 문제의 어린 아들을 보좌하는 고명대신이 되었다.

명제가 병세가 위중하게 되자 사마의를 급히 찾았다. 당시 하내河內에 있던 사마의가 400리 길을 하룻밤 새에 달려왔다. 황제의 침실에 들어서자 명제가 그의 손을 잡으며 말했다.

"짐의 병이 깊어 죽을 수밖에 없었으나, 이를 견디며 그대가 오기를 기다리고 있었소. 이후의 일은 그대에게 맡기니 조상曹爽과 함께 어린 아들을 잘 보좌해 주기를 바라오. 짐이 그대를 보고 나니 죽어도 한이 없구려."

사마의는 얼굴 가득 눈물을 흘리며, 머리를 조아리고 자신의 경력을 들어 명제를 위로했다.

"폐하! 선제께서 신에게 폐하를 부탁하셨던 것을 보지 않으셨습니까?"

그러나 그 말을 한 지 몇 년 되지 않아, 명제의 무덤가에 심은 나무가 아직 자라지도 않았을 때, 사마의는 조상에게 대권을 내놓도록 강요했으며, 그가 보좌하던 제왕을 꼭두각시로 만들었다.

옛적 두 미남자가 있었네.	昔日繁華子
바로 초나라 안릉군과 위나라 용양군*일세.	安陵與龍陽
그 미모는 복숭아꽃보다 더 선명하고,	夭夭桃李花
반짝이는 고운 모습은 빛이 비치는 듯.	灼灼有輝光
부드러운 마음, 남을 즐겁게 함은 따듯한 봄날 같으며,	悅懌若九春
예의 있고 공손하고 엄숙함은 가을 서릿발 같다.	磬折似秋霜
아리따운 눈길 그 고운 모습을 드러내고,	流盼發姿媚
미소 띤 말끝마다 묻어나오는 향기.	言笑吐芬芳
왕과 손 마주잡고 즐거움과 사랑을 나누며,	携手等歡愛
밤이 이슥하도록 같은 옷으로 지내네.	宿昔同衿裳
두 마리 새가 되어,	愿爲雙飛鳥
날개를 같이하고 높이 날고 싶어라.	比翼共翶翔
역사에 남은 맹세의 말,	丹青著明誓
생이 다하도록 서로 잊을 수가 없네.	永世不相忘

⟨오언영회시五言詠懷詩⟩ 중에서

*초나라 안릉군과 위나라 용양군: 《죽림칠현시문전집역주竹林七賢詩文全集譯 注》에 따르면 "안릉군과 용양군이 미모를 이용하여 벼슬을 얻고 부귀영화를 누린 것은 본래 비루한 일인데, 완적이 미모와 임금에 대한 충성을 찬양하는 어조로 쓴 이 시는 반어적인 표현이라는 설이 많다. 즉, 도덕군자인 듯 점잖 빼며 현실에 참여하지 못했던 당시의 선비들이 이런 비루한 사람보다 못하다 는 뜻을 담고 있다는 설이 있다"고 기록하고 있다.

완적은 격분해 사마의를 춘추전국 시대 초楚공왕恭王의 남색 대상이었던 안릉과 위왕魏王의 남색 대상이었던 용양에 비교했다. 주인의 환심을 사기 위해 색으로 섬기는 일을 마다하지 않고 온갖 교태와 추태를 부리며 영원히 잊지 않겠다는 말도 되지 않는 맹세를 했던 그들에게 비유했던 것이다.

사마씨 무리의 지도자가 사마의에서 사마사로 바뀌었다. 이에 따라 완적도 사마사의 막료로 바뀌었다. 완적의 입장에서는 실제적 의미가 없는 변화였다. 사마씨 아들이 아버지에 비해 별로 나은 것은 없지만, 세상사를 처리하는 면에서 꾸미는 것이 적고 직설적이라고 느꼈다. 그는 사나움을 감추지 않고 겉으로 강함을 보여주었으며, 예의가 없었다.

사마사와 그의 아버지는 비슷한 솜씨와 능력을 보여주었으나 완적의 눈에는 그 둘 모두 잔챙이 그 자체였다. 그러나 완적은 사마사가 세상 인심을 얻는 방면에 일가견을 가지고 있으며 절대 아버지에게 뒤지지 않는다는 것을 인정하지 않을 수 없었다.

가평嘉平 4년(252), 문무백관에 현명한 인재를 추천토록 했고, 가난하고 외로운 자들을 돌보게 했으며, 억울한 옥살이가 없도록 이를 살피고, 어른에 대한 공경을 주창했다.

정원正元 원년(254), 호화로움을 추구하지 말고 검소함을 숭상토록 황제에게 간했다.

특히, 사마사는 사람을 잘 기용했다. 제갈탄諸葛誕·무구검毋丘儉·왕창王昶·진태陳泰·호준胡遵을 도독으로 삼아 중요 도시를 다스리도록 했고, 왕기王基·주태州泰·등애鄧艾·석포石苞로 하여금 주군州郡을 관리토록 했다. 노육盧毓·이풍李豊에게 인재 발탁을 관리토록 하고, 부하傅嘏와 오송虞松에게는 군사참모 역할을 하도록 했다. 종회·하후현·왕숙王肅·진본陳本·맹강孟康·조풍趙酆·장집張緝은 정사를 돕도록 했다. 그야말로 적재적소, 있어야 할 곳에 있어야 할 사람을 기용했다. 사마사는 선정을 베풀었고, 그 사람됨이 기인이었기에 세상의 찬사를 받았다. 온 세상의 인심이 그에게 쏠렸으며, 그를 보면 조정 안팎이 모두 숙연해질 정도였다. 세상 사람들이 복종하지 않을 수 없었으니 완적 역시 예외일 수 없었다. 사마사에게 종사중랑從事中郎으로 불려갈 때 완적은 거절하지 않았다. 얼굴은 자비가 가득한 표정이었지만 마음이 음험했던 그에게 뒷날 보복을 당할까 두려웠기 때문이다. 아비보다 더욱 거리낌이 없었던 사마사의 명령이어서 완적은 도망갈 방법이 없었다. 일단 그의 눈에 들면 생명을 걸고 싸우는 길 외에는 적극적인 저항이든 소극적인 저항이든 모두 쓸데없는 일이었기 때문이다.

이러한 실례는 이전에도 있었다. 사마사가 군대를 이끌고 동쪽 지방으로 정벌에 나섰을 때 특별히 상당上黨 사람인 이희李喜를 종사중랑으로 불렀다. 명사 이희는 사마의의 부름을 거절했던 적이 있었으나, 사마사가 부르자 순순히 휘하로 들어왔던 것이다. 사마사가 힐난조로 물어보았다.

"이전에 선친께서 그대를 불렀을 때는 오지 않더니, 오늘 과인이 그대를 부르자 오는 이유는 무엇인가?"

이희는 솔직하게 대답했다.

"부친께서는 예로써 (인재를) 대우했기에, 예로써 들어가고 물러남을 정할 수 있었습니다. 그러나 공께서는 법으로 옭아매기 때문에, 법을 두려워해 오게 되었습니다."

가평 6년, 즉 정원 원년(254) 사마사가 제왕을 쫓아내고 고귀향공高貴鄕公을 황제로 옹립한 후에 조정에서 논공행상을 했을 때, 완적도 섭섭

지 않게 관내후關內侯에 봉해지고 산기상시散騎常侍직으로 옮겨갔다. 제
왕을 폐위시키는 데 공이 있다고 받은 것이다. 완적의 의사와는 무관하
게 고귀향공의 상을 받은 후에 외부에서는 그를 사마씨 집단의 일원으
로 간주하기 시작해 기정사실이 되었다. 후세 사람들에게 자신이 억지
로 끌려 들어간 것이란 사실을 알리기 위해 다음과 같은 시에 복선을 깔
아 표현했다.

봉지蓬池가를 천천히 걸으며,	徘徊蓬池上
옛 도읍 대량大梁의 터를 바라보노라.	還顧望大梁
푸른 물은 큰 물결을 일으키고,	綠水揚洪波
넓은 들에는 끝없이 무성한 풀과 나무.	曠野莽茫茫
들짐승들은 짝을 지어 이리저리 뛰어다니고,	走獸交橫馳
어깨를 같이한 새들은 무리를 지어 높이 날아오르네.	飛鳥相隨翔
지금은 마침 남쪽 하늘 가운데로 순화鶉火*가 자리하는 시절,	
	是時鶉火中
해와 달이 서로 서로 마주하고 있네.	日月正相望
북풍이 휘몰아쳐 추위를 몰아오고,	朔風厲嚴寒
음울한 기운이 짙어지며 옅은 서리가 내리네.	陰氣下微霜
밖으로 떠도는 나그네길, 같이 할 짝이 없으니,	羈旅無儔匹
땅을 굽어보아도 하늘을 우러러보아도	
모두 슬픔만 어리네.	俯仰懷哀傷
소인들은 공명과 부귀를 꿈꾸고 생각하나,	小人計其功
군자는 고상한 인격을 좇는구나.	君子道其常
(군자가) 어찌 평생 초췌한 모습이라고	
한탄할 리 있으리오?	豈惜終憔悴

영탄의 마음으로 이 시를 쓰노라.　　　　　　　　　詠言著斯章

(〈오언영회시五言詠懷詩〉 중에서)

*순화鶉火: 별자리. 고대에 28개 별자리宿 중에서 정井·귀鬼·유柳·성星·
장張·익翼·진軫의 일곱 자리를 주작칠숙朱雀七宿이라고 일컬었는데 이 중
유·성·장 세 자리를 순화라고 했다. 순화가 남쪽 하늘 한가운데로 오는 시
절이 9, 10월의 교체기다. 순화중鶉火中은 춘추 시대에 진나라가 괵나라를 없
앤 것을 이용해 당시의 정세를 암시한 말로 보이며, 일설에는 비슷한 계절에
사마사가 위 황제 조방을 몰아내고 고귀향공을 세운 일을 빗대고 있다는 지
적도 있다.

완적의 경력과 마음 상태를 이해한다면 시에 그려낸 뜻이 명확하게
드러난다. 북풍이 휘몰아치고 서리가 내릴 때 자기만이 홀로 얼어붙은
망망한 대지 위를 거니니 슬퍼하는 것 외에는 무엇을 할 수 있겠는가?
세상 일은 탐욕스러운 소인들이 만들어내는 것이며, 자기 같이 도를 얻
으려 노력하는 군자와는 상관없지 않는가?

완적과 정치적으로 가장 깊숙하고 복잡하게 얽힌 사람은 사마사의 친
동생인 사마소司馬昭였다.
 '사마소의 마음은 길가는 사람도 다 안다'는 말로 당시를 떠들썩하게
했고 후세에 회자되는 사마소다. 조조, 유비, 손권 세 영웅이 앞서거니
뒤서거니 세상을 떠나고, 지혜의 화신인 제갈공명의 명도 다하고, 부친
인 사마의, 형인 사마사가 세상을 하직한 후의 삼국시대에 그는 첫손 꼽
히는 정치적 인물이었다.
 의지면 의지, 지혜면 지혜, 모략이면 모략, 권력이면 권력, 사마소는

영웅 없는 세상 207

천하를 휘어잡고 있었다. 아버지와 형의 대업을 이어받은 그는 이전에 어떤 생각을 가지고 있었던지 간에, 운명이 그를 몰고 갔을 때 다른 선택의 여지가 없었다. 유업을 이어받아 아버지와 형의 대업을 더욱 빛내야 하며 그렇지 못할 경우 자신은 사마 가문의 죄인이 될 수밖에 없었다.

그러나 그가 사마가문을 위해 온 힘을 다 기울이고 남에게 미룰 수 없는 사명을 완성하려 할 때, 조씨 왕조를 어떻게 대우하고 처리해야 하는가라는 어려운 문제가 남아 있었다. 아무리 신통한 법력을 가지고 있다 할지라도 신하된 몸으로 한 왕조를 없애려 할 경우 도덕적·윤리적 문제를 피할 수 없게 된다. 살아서는 여론의 비난을 받고, 죽어서는 두고두고 후세인들에게 욕지거리를 들을 수 있기 때문이다.

도덕적으로는 무조건 기존의 왕조를 보호해야 한다. 그러나 현실의 왕조들은 흥망성쇠를 거듭하지 않았는가? 한손에는 번쩍거리는 권력의 지팡이를 쥐고, 등에는 무거운 짐을 진 채 사마소는 정치와 도덕 사이에서 어려운 걸음을 걷고 있었다. 경영 특히 큰 구도의 경영에서는 사람을 쓰는 것, 능력 있는 사람을 쓰는 것, 무엇보다 이름이 널리 알려진 명사를 쓰는 것이 중요하다. 대명사는 실용성은 크지 않으나 포장 용도로 제격이었다. 그들을 사용하면 일단 자기 진영의 구색을 맞출 수 있고, 인심을 얻기 위해 최선의 노력을 세상에 보여주게 된다. 이렇게 한다고 해서 꼭 기대한 효과를 얻는 것은 아니지만, 그렇게 하지 않는 것보다는 나을 것이다.

조씨 가문에서 사마씨 가문으로 황제위를 가지고 오는 일은 시간문제였다. 그러나 일은 결정적인 시기를 잡는 게 중요하다. 이제 가장 상징적인 변화를 주는 것이 중요했다. 바로 조씨 황제의 영향력을 약화시키고 사마씨 가문의 정치적인 호소력을 증가시키는 것이었다. 구체적 방법은 조씨 황제에게 유형무형의 시련을 주어 그의 타고난 우세를 제거하는 것이다. 특히 정치적·인격적 우세를 제거해 열악한 상황에 처한 조씨 황제의 모습을 세상에 보이면 세상 사람들은 그의 다해가는 운수를 느끼게 될 것이다. 이와 동시에 대권을 이용해 사마씨의 집단이 더 우월하다는 분위기를 조성하고, 자신들의 머리 위에 좀더 멋진 모자를 씌우고 아낌없이 사람들의 마음을 끌어 잡는다. 세상 사람들은 사마가문의 운수가 대통했으며, 천명의 보살핌을 받는다는 느낌을 갖게 될 것이다. 이 모든 것은 반드시 차례차례 진행해야 한다. 만일 자신이 이 최종 목표를 달성할 수 없다면, 주周 문왕이 무왕을 기다렸듯, 조조가 조비를 기다렸듯, 아들 사마염을 기다리면 되었다.

바로 이러한 단계에서 명사를 기용해야 한다. 그러나 명사를 기용할 때는 그들의 특성에 유의해야 한다. 명사들은 의논하기와 자신의 견식을 자랑하기 좋아한다. 이외에도 성질이 오만해 불만족스러우면 쉽게 소란을 피운다. 의논하기를 좋아하든, 소란을 피우든 그것은 정권을 잡고 있는 자에 대한 평론이 되기 쉽다. 이러한 평론은 대부분이 정권을 잡은 자들에게 불리한 것이었다. 그래서 명사를 기용해 정권을 장식하려면 세밀한 부분까지 장악해야 하며, 시대적 분위기도 고려해야 한다.

명사들은 사마씨 집단에 관한 것만 아니라면 모든 논의에서 자유로웠다. 만일 이렇게 하지 않으면 사마씨 집단의 정치적인 행위가 공격을 받아 만신창이가 되며, 어렵게 확립한 사마씨 집단의 상징들이 크게 비틀어지게 된다. 그리고 겨우 얻게 된 얼마간의 인심도 흩어져 돌이킬 수 없게 된다.

원칙은 하나다. 제멋대로 떠들어대면 안 된다. 그럴 경우 가차 없이 처리할 수밖에 없다. 공자의 후예라고 스스로를 높게 여기던 공융孔融, 대명사로 자처하고 눈앞의 모든 것을 우습게보던 그가 제멋대로 말을 내뱉자 조조가 참다못해 죽여버린 일도 있지 않은가? 조조가 공융을 죽인 것에 대해 어떤 사람들은 도량을 잃은 지나친 처사이며 훈계로 삼기 어렵다고 말했다. 그러나 조조와 대항했던 제갈공명은 오히려 공융의 행위가 옳지 않다고 생각했다. 그가 죽임을 당한 것은 그 잘못이 공융 스스로에게 있다는 뜻이다.

사마소가 마음속으로 생각하던 것을 끄집어내자 하나의 법규적 틀이 되었다. 이 틀은 모든 명사들은 물론 죽림칠현에게도 적용되었다. 당시 그 명성이 누구보다도 자자했던 죽림칠현에 사마소는 상당한 관심을 갖고 있었다.

'산도는 현실을 꿰뚫어보는 능력이 있으니 중책을 맡길 수 있다. 왕융은 벼슬에 마음이 있으니 고위직을 주어 회유할 수 있다. 유령은 늘 술에 취해 게걸거리니 제멋대로 게걸거리게 해도 된다. 완함은 도가 없고 미친놈 같으니, 제 성질대로 놀라고 놔두어도 된다. 상수는 잘못을 뉘우치고 새로운 길을 가려 하니, 옛 잘못을 들추어낼 필요가 없다. 혜강은 호의를 모르고 제멋대로 말을 지껄여대니 본때를 보여주어야 겠다.'

사마소가 가장 관심을 갖고 있던 인물은 완적이었다. 그는 본래 혜강에게 관심을 갖고 있었으나, 혜강이 그의 회유를 거절하자 모든 관심이 완적에게 쏠리게 되었다. 완적을 자기 쪽으로 끌어들일 수 있다면, 혜강을 끌어들이지 못한 유감을 어느 정도 덜 수 있었다.

현학에 대해 이야기하자면 완적의 조예는 절대 혜강보다 못하지 않았다. 현학은 유가의 《주역》, 도가의 《노자》, 《장자》 이 세 경전을 중시했다. 이에 상응해 완적은 《통역론通易論》, 《통노론通老論》, 《달장론達莊論》을 저술했다. 그의 학설은 기개가 있으며 중용의 입장을 표명하고, 우아하고 유려한 맛이 있었다. 또한 한곳으로 치우치지 않고, 궤변을 늘어놓거나 망령된 이론을 전개하지 않았다. 따라서 완적은 정시正始의 현학을 잇는 제1인자가 되었다.

완적의 나이는 산도보다 적었으며 풍격은 혜강에 못 미쳤지만, 죽림칠현의 진정한 우두머리는 그였다. 그를 휘하로 들어오게 하면 죽림칠현을 거반 무릎 꿇게 할 수 있다고 해도 과언이 아니었다.

완적은 도道를 논할 수 있는 사람, 언론을 불러일으킬 수 있는 사람으로 쏟아내는 말들이 폭포수와 같이 거침없었다. 그 내용은 세상사에 얽매여 있지 않은 오묘한 것들로 흥미와 이치와 도리를 담고 있었다. 그러나 자세히 그 말을 파고들면 너무도 아득하고 먼 것들을 다루어 모든 것을 다 말한 것 같으면서도, 또한 아무것도 말한 것이 없는 듯해 그 바닥까지 더듬어낼 수가 없었다. 그는 극히 말을 삼갔다. 그와 말을 나누다 보면 사람들의 허물을 이야기하거나, 당시의 세상사를 이야기하거나, 민감한 사안을 이야기하는 것을 전혀 들을 수 없었다. 이에 사마소가 감탄하며 말했다.

근신하는 것으로 보자면 이 세상에 완사종阮嗣宗 완적만 한 사람이 없다. 그와 말을 나누면 매번 그 말의 깊고 아득함을 느끼게 된다. 세상사의 좋고 나쁨을 논하거나, 인물에 대해 비평하는 것을 들어본 적이 없다. 참으로 말의 삼가는 정도가 지극하다!

사마소는 현실에서 우연히 찾게 된 완적이 자신의 곁에 있으니 더할 나위 없이 좋았다. 이러한 인물을 조정의 모범으로 삼으면 제멋대로 지껄이거나 비평을 좋아하거나, 비방을 일삼는 자들이 경계심을 갖게 될 것이다. 경계심이 높아지면 조정에 공융 같은 자나 혜강 같은 자가 적어질 것이며, 여론의 파고를 약화시킬 수 있어 자신의 사업이 별다른 저항을 받지 않고 끝까지 밀고 갈 수 있다.

엄청난 쓸모가 있었기에 사마소는 완적을 중시했다. 이에 따라 완적이 요구하는 것들은 가능하면 전부 만족시켜 주려 했다. 동평東平의 재상이 되겠다고 하자 그곳으로 보내주었으며, 재상 노릇을 계속하지 못하고 되돌아오자 예전과 마찬가지로 크게 환영했다. 또한 보병교위步兵校尉가 되겠다고 하자 그 자리를 맡겼다. 일은 안 하고 곤죽이 되도록 술이나 퍼마시고 지내도 자기 멋대로 하도록 놔두었다.

이는 명사들의 거드름이라고 할 수 있으며, 반대로 이러한 거드름이 없다면 대명사처럼 보이지 않았다. 모든 일은 좋은 점과 나쁜 점이 균형을 이루어야 한다. 정치 국면에 전혀 해를 주지 않는 이런 일들은 한 눈은 뜨고 한 눈은 감고 처리해야 한다. 너무 지나치게 옥죄면 절대 안 된다. 지나치게 옥죄어 조정의 꽃병인 명사들을 화나게 하면, 꽃병이 깨질 수 있고 그 경우 전혀 수지가 맞지 않았다.

사마소의 입장에서 명사가 자기 정권의 선봉이 되거나, 정탐꾼이 되거나, 졸병이 되는 것을 필요로 하지 않았다. 그저 명사들이 완적처럼 정권과 잘 지내며 자족하기를 바랄 뿐이었다. 꽃병은 꽃병 그 이상도 그 이하도 아니다. 사마소의 생각은 명확했다.

사마사가 갑자기 죽은 후에 운명의 사슬은 완적을 사마소와 묶어버렸다. 사마소에 대한 완적의 느낌은 사마의나 사마사에 대한 것보다 복잡했다. 사마소는 아버지의 교활, 위선, 예절을 갖추고 있었지만, 그 형의 결단력, 강함, 냉정함도 갖추고 있어 대처하기가 극히 곤란했다.

그는 결단코 영웅이 아니며 잔챙이에 불과하다. 나름대로의 특색을 갖추고 있는 잔챙이긴 하지만, 위 왕조의 중신으로 무수한 은혜를 받고도 그 은혜를 원수로 갚으며 군신 간의 의를 잊어버리고, 자신의 주인을 숨도 못 쉴 정도로 압박하고 있지 않은가?

강변을 거니는 두 선녀,	二妃游江濱
자유자재 거닐며 바람결에 날아오르네.	逍遙順風翔
교보交甫가 두 선녀의 옥장식을 가슴에 품으니,	交甫懷環佩
그 아름다운 장식에 향기가 어려 있네.	婉孌有芬芳
끈끈한 정 몸을 휘감아 서로가 뜨겁게 사랑하니,	猗靡情歡愛
천년만년이 지나도 서로를 잊을 수 없네.	千載不相忘
감정이 깊어지면 질수록 근심이 생겨나,	感激生憂思
근심을 잊게 해준다는 풀을 방 앞에 심네.	萱草樹蘭房
머릿결을 곱게 해주는 기름은 누구를 위해 사용하려나?	容好結中腸
아! 비는 오지 않고 왜 햇볕이 나는지 원망스럽네.	其雨怨朝陽
어인 일로 그렇게 굳세었던 사람이,	如何金石交
하루아침에 바뀌어 애상에 젖게 하는가?	一旦更離傷

《〈오언영회시五言詠懷詩〉 중에서)*

*중국 전설상의 이야기로 한수漢水가에 두 선녀가 있었는데 정교보鄭交甫라는 사람이 이들과 연분을 맺으려 선녀들이 차고 있던 옥장식을 요구하고(결혼을 요구하는 뜻이 있음), 선녀들은 이에 화답해 장식을 끌어주었으나 정교보가 옥장식을 가슴에 품고 수십 보를 걸어가 다시 옥장식을 보려 하자 그 장식이 없어졌으며, 선녀들도 홀연히 사라졌다는 이야기에서 인용해 온 시임.

사마소와 교류하면서 완적은 절대로 마음을 놓지 않았다. 자신의 모든 능력을 다해 상대방을 화나게 하지 않는 동시에 적절히 자신의 인격을 지키려 노력했다. 이렇게 지내는 일은 결코 쉽지 않았다. 그러나 어려운 것은 어려운 것이고 그렇게 하는 것 외에는 다른 탈출구가 없었다. 부러질망정 굽히지 않는 혜강의 처세에 따른 결말을 피하고, 정권에 전력을 다해 협력하는 산도의 난감함을 피하기 위해 완적은 다른 선택의 여지가 없었다. 오직 새로운 방법을 시도할 수밖에 없었다. 기왕지사 벼슬길에 나섰고, 그것도 사마씨가 정권을 장악한 조정에서 벼슬살이를 하면서 몸을 팔지 않으려면 지혜와 용기가 필요했다. 완적은 자신이 충분한 지력과 용기를 가지고 있으며, 사마소와 그것을 겨룰 수 있다고 생각했다. 완적은 사마소가 신하들이 자신은 물론 자신의 정책과 정치적인 내막에 대해 발설을 금하고 있음을 명확히 이해하고 있었다.

말조심으로 정권과 타협하고, 미친 짓으로 인격을 추구하면서 완적은 사마소와 모종의 거래를 하고 있다고 생각했다. 사마소가 어떤 사람인데 완적의 그러한 심사를 꿰뚫어보지 못하겠는가? 그는 내막을 이해하고 있었기 때문에 말할 필요도 없이 그 거래에 응했다. 이로 인해 사마소는 완적을 감싸 안았으며, 그에게 특별한 대우를 해주었다. 한번은 조정회의에서 사법부문의 장관이 아들이 어미를 죽인 일을 보고하면서 형량을 어떻게 할지를 물었다. 관례에 따라 사마소가 신하들에게 의견을 발표해 보라고 했다. 그러자 완적이 웃음을 띠면서 말했다.

"흥! 아비를 죽이는 것도 가능하거늘, 어찌 어미를 죽일 수 없단 말인가!"

이 한마디에 온 신하들의 낯빛이 하얗게 질렸다. 사마소가 물어보았다.

"아비를 죽이는 것은 천하의 극악무도한 대죄이거늘 그대는 어찌 가능하다고 하는가?"

완적은 전혀 서두르지 않고 이를 해명했다.

"짐승은 어미만 알고 아비는 알지 못합니다. 따라서 아비를 죽이는 것은 짐승과 같은 자들입니다. 그러나 어미를 죽이는 것은 짐승만도 못하기에 그러하옵니다."

이 한마디에 온 좌중의 얼굴색이 놀라움에서 기쁨으로 바뀌었다. 효도로 천하를 다스린다는 방침을 제창하는 시대였기 때문에, 사마소가 그를 포용해 주지 않았다면 완적이 절대 이런 희롱조의 말로 자식과 부모의 윤리관계를 해석하지 않았을 것이다. 만약 그렇지 않았다면 완적은 죄를 얻게 되었을 것이다.

사마소는 당시 권력을 잡은 신하로, 행동거지 하나하나가 거창해 천자와 비교해 조금도 못하지 않았다. 그의 친신은 물론 덕망이 높은 노신이나 조정의 문무백관들도 그 앞에서는 예의를 다했다. 오직 완적만이 사마소가 나타나는 장소에서도 비스듬히 앉았고, 갑자기 소리 높여 노래를 부르거나 휘파람을 불며, 술을 벌컥벌컥 마시거나, 고기를 게걸스럽게 뜯어먹는 등 제멋대로 굴 수 있었다. 완적이 아무 거리낌 없이 구는 사람이라도 위세가 대단했던 사마소가 그를 특별히 대우해 주지 않았다면, 그런 정도까지 가지는 않았을 것이다.

하지만 사마소는 그 거래에만 머물러 있지 않았다. 정치하는 사람은 본래 계약 같은 것에 구속을 받지 않는다. 사마소는 완적이 마음에 들었다. 그의 웅대한 기상, 호방한 풍격, 골계와 유머, 문학적 재능과 정감이 마음에 들었다. 그리고 무엇보다도 꽃병 역할을 잘 감당하는 것을 좋아했다. 바로 이것 때문에 완적이 더욱 다른 사람의 이목을 집중시키는 꽃병이 되기를 바랐다.

완적은 본래 어쩔 수 없어 꽃병 노릇을 하는 것이었다. 이는 그에게 더는 받아들이기 어려운 짓을 하는 것으로, 만일 더 큰 꽃병 노릇을 해야 한다면 버틸 수 없었다. 하지만 사마소가 하려는 일을 간단히 뒤집을 수 없는 노릇이었다. 이를 뒤집으려면 더욱 묘한 술수가 필요했다.

사정은 이러했다. 사마소는 세자, 즉 그의 큰 아들인 사마염司馬炎을 위해 여자를 맞아들이려 했다. 이리저리 고심 끝에 완적의 딸을 선택했다. 정치권의 중요 인물들의 입장에서 보면 정략혼은 우선 지위를 고려하게 된다. 사마소가 이 혼인을 통해 얻으려는 이익은 명사와 한층 더 깊은 관계를 맺어, 사마씨 집단이 명사들의 인정을 얻도록 하는 것이었다. 혼인 상대를 완적의 딸로 정한 것은, 사마소가 완적을 당시 명사들의 우두머리로 인정했기 때문이다. 일단 명사들의 우두머리와 사돈관계를 맺는다면, 명사들이 어떻게 생각하든 명사 계층과 사마 집단이 손을 잡았다는 것이 확실한 사실이 된다. 다시 말해, 완적이 이 혼사에 동의한다면 그가 어떤 술수를 부려 자기와 거리를 유지한다 할지라도 그 모든 것이 쓸모없게 되는 것이다.

사마소의 중매쟁이가 연이어 완적의 집으로 달려왔다. 완적은 혼인을 원치 않았다. 사마소가 감추고 있는 올가미를 명확히 알고 있었기 때문이다. 만일 이 올가미에 걸려들면 장차 명사 무리에서 완적의 처지는 불 보듯 뻔했다. 사마씨 집단과 명사들 중 선택을 하라면 생각할 것도 없이 당연히 후자였다. 만일 이 올가미에 걸려든다면 여지없이 사마씨 집단의 배에 올라타게 되고 그 일원, 그것도 상당히 주목받는 일원이 된다. 그것은 안 될 말이었다. 정치적인 각도에서도 역시 취할 수 없는 것이었다. 사마씨와 조씨 간의 쟁탈전은 당장에는 사마씨가 우세했지만, 조씨 가문 및 그에 충성을 다하는 세력이 끊임없이 반항을 했다. 밖으로는 왕릉王凌, 무구검毌丘儉 등이 회남淮南 지역에서 사마씨를 토벌하려 군대를 일으켰으며, 안에서는 이풍李豐, 장집張緝 등이 정변을 도모했다. 이풍과 장집의 정벌은 연달아 실패하긴 했지만, 이것은 사마씨 가문의 권위와 명망이 아직 완전히 확립되지 않았다는 것을 보여주었다.

또한 꼭두각시 같은 천자(고귀향공)의 거동을 살펴보면 그가 가슴속에 분한 마음을 품고 있음을 어렵지 않게 알 수 있었다. 그는 절대로 이러한 현실을 그대로 참고 지낼 인물이 아니었으며 조만간에 무언가를 획책할 가능성이 있었다. 회남에서 군대를 장악하고 있던 제갈탄 역시 남에게 무릎을 꿇고 지낼 자가 아니었다. 겉으로는 사마소와 화합한 듯 보이지만 생각이 서로 달라 조만간 움직일 것 같았다. 전체적 형세를 살펴보면 권력이 최종적으로 누구의 손으로 돌아갈지 예측하기 어려운 상황이었다. 사마씨 집단과 하나로 얽히게 되었을 때, 만에 하나 조씨 가문이 잿더미 속에서 불길이 일 듯 다시 일어난다면, 앞 시대에 채옹蔡邕이 동탁에게 붙거나 하안何晏이 조상에게 의지했다가 멸망한 교훈이 장차 자기가 그리는 그림이 될 판이었다.

완적은 거절하기로 결심을 굳혔다. 그렇다면 어떻게 행동으로 옮길 것인가? 사마소가 트집 잡을 수 없게 하려면 아주 세밀한 방법을 생각해야 했다. 완적은 대명사다운 방법을 썼다. 술을 꿀꺽꿀꺽 들이마시고 대취해 인사불성 상태가 되었다. 그러기를 60일이나 계속했다. 중매를 서려고 왔던 자가 그저 눈만 멀뚱거릴 수밖에 없었다. 사마소도 어쩔 수 없이 완적에게 두 손을 들고 혼사를 없었던 일로 했다.

드디어 완적이 이겼다. 목숨을 걸고 싸운 끝에 그가 이긴 것이다. 어떤 이는 아쉬움을 드러냈다. 완적이 사마소의 뜻을 따랐다면 진晉무제武帝 사마염이 등극한 후 완씨 가문에 황후가 그것도 진나라 초대 황후가 출현했을 텐데 하고 말이다. 어떤 이는 완적에게는 다행한 일이었다고 말했다. 왜냐하면 훗날 진무제 사마염이 죽은 후에 그의 첫 부인의 전 가족이 진晉 혜제의 부인 가남풍賈南風에 의해 죽임을 당하는 참극이 발생했기 때문이다.

완적은 그 한 판을 이겼지만 그로 인해 다른 한 판을 지게 되었다. 그는 술을 방패 삼아 자기를 보호했다. 그러나 그런 수법을 너무 자주 쓰자 사람들이 그 증상을 눈치 채고 아무리 술을 많이 마시더라도 개의치 않게 되었다. 방패가 효용을 상실하게 된 것이다. 방패의 효과가 사라지게 되자 부득이 사마소를 위해 자신의 힘을 쏟게 되는 일이 발생했다.

경원景元 4년(263년) 10월 겨울에 사마씨 가족의 대업을 전개하기 위해 노력해 온 사마소가 새로 옹립된 천자(진류왕)에 의해 진공晉公의 작위를 받았고, 또한 자신의 나라國를 세울 수 있게 되었다. 정계의 관례에 따르면 작위를 받는 사람은 이를 여러 번 사양해 겸양과 공경함을 드러내야 했다. 따라서 사마소는 관례에 따라 작위를 사양했다. 공경대부들과 문신, 무장들이 다시 권하기를 여러 차례 했으나 그는 여전히 작위를 받아들이지 않았다. 사공司空 정충鄭冲 역시 과거의 관례에 따라 문무백관을 거느리고 가서 작위를 권할 준비를 하고 있었다. 장대한 모습을 연출함으로써 민심이 그에게 향하고 있다는 것을 증명해 사마소가 대세에 따라 작위를 받아들이도록 하려는 의도였다. 이러한 계획을 실행에 옮기기 위해선 일단 모든 신하들이 그가 작위를 받는 것에 찬성한다고 서명한 〈권진표勸進表〉가 있어야만 했다.

〈권진표〉는 문장이 유려하고 논리적 설득력이 있어야 할 뿐만 아니라, 그 어조에 절절함이 묻어나와 사람을 감동시켜야 하므로 쓰기 쉽지 않았다. 당대의 문호로 알려진 완적 외에는 이런 문장을 쓸 만한 사람이 없었다. 더욱 완적은 사마소가 아끼는 인물이 아닌가? 책임을 남에게 전가시킬 수도 없으며, 당연히 해야 할 일을 해야 하지 않는가?

이에 따라 정충은 〈권진표〉 작성을 완적에게 맡겼다. 몇 날이 지나도 완적이 들어오는 것을 볼 수 없었다. 정충은 마음이 급해졌다. 사람을 보내 빨리 〈권진표〉를 가져오도록 했다. 사람이 완적의 집으로 갔으나 허탕을 치고 말았다. 온 성내를 다 뒤지고 나서야 당시의 명사인 원효니袁孝尼 집에서 완적을 찾아냈다. 그러나 완적은 이미 코가 삐뚤어지도록 술을 마셔 송장처럼 완전히 뻗어 있던 것이었다. 원효니는 완적이 그 전날 밤술을 퍼마셨으며 술에 취해 하룻밤을 지냈다고 했다. 하지만 완적을 데리러 간 사람 역시 녹록한 인물은 아니어서 그를 강제로 일으켜 세웠다. 술 깨는 탕을 먹였는지 어떤지 모르지만 강제로 그를 깨워서는 〈권진표〉는 어찌됐느냐고 물었다. 그러자 완적은 잊어버렸다고 대답했다. 완적을 데리러 간 이는 이것저것 따지지 않고 붓을 그의 손에 쥐어주면서 어서 쓰라고 재촉했다.

이런 형세가 되자 완적은 더 이상 버틸 수 없었다. 거슴츠레한 눈을 억지로 뜨고 글을 써내려갔다. 완적은 시원스러운 사람이었다. 일단 쓰기 시작하자 단 한 자도 고치지 않고 단박에 써내려갔다. 그리고 이런 필법이 당시 사람들에게 전해져 '신필'이란 찬사를 듣게 되었다.

정충 등이 삼가 아뢰옵니다. 조정의 아름다운 칙명이 공의 영광을 드러내었으나, 공께서 사양하셨다는 이야기를 들었습니다. 정충 등은 오직 한마음으로 실로 진실되고 정성된 마음을 가지고 있습니다. 이전의 성현과 제왕이 제정한 예법은 수많은 세대가 흘러도 똑같이 전해지고 가르쳐졌기 때문에 현명하고 덕스러운 자를 높여주며, 공을 세운 신하를 상주는 것은 그 까닭이 있다고 생각합니다.

이전의 이윤伊尹은 유신有莘씨가 시집갈 때 데리고 간 신하에 불과했으나 성탕왕成湯*을 보좌하는 공을 세움에 따라 '아형阿衡'이란 칭호를 받았습니다. 주공周公은 당시에 형성되어 있던 유리한 형세를 이용해 주왕이 세운 왕업을 안정되게 하고 자신의 봉토封土인 곡부曲阜의 이름을 드러내고, 노魯땅의 구산龜山, 몽산蒙山 지역을 갖게 되었습니다. 여상呂尙*은 번계磻溪에서 낚시를 하던 노인에 불과했는데 대권을 갖고 전군을 지휘하게 되자 봉토인 영구營丘를 얻게 되었습니다. 이후로 공은 적으면서 상을 많이 받는 자들이 수없이 나타났습니다. 그러나 현철들께서는 (그러한 일들을) 여전히 좋은 일로 이야기했습니다.

하물며 이미 고인이 되신 상국相國*대로부터 (사마씨 가문은) 대대로 재능과 덕을 겸비한 사람이 있어 위魏왕실을 보좌해 천하를 안정시키고, 조정에선 실정失政이 없으며 백성들의 비방하는 말이 없었습니다. 지난 몇 년간 명공께서는 서쪽으로 영주靈州*를 정벌하시고, 북으로는 사막까지 이르러 유중楡中* 서쪽의 각 족속이 그 명성에 놀라 복종해 강羌족, 융戎족 들이 동쪽으로 달려와 조정에 귀순케 했습니다. 동쪽으로는 역적 제갈탄을 주살하고 그 휘하의 전 군대를 항복시키는 대승을 거두었으며, 오吳왕의 장군을 사로잡고 정예부대를 수만이나 죽임으로써 그 위세가 남해南海*를 놀라게 했고, 그 명성이 멀리 동해 연안까지 미쳤습니다. 나라 안으로는 평안함을 가져와 포악무도한 일들이 벌어질 수 없었습니다. 이로 인해 멀리 이방에서 우리 주공의 위세를 두려워하고 동이의 각 족속들이 사람을 보내 춤을 바쳤습니다. 그래서 지금의 황제께서 이전의 예법과 제도를 살펴보시고, 명공을 위해 제후국을 세우고 주거를 크게 하시어 그 이름을 이곳 태원太原에서 빛나게 하셨습니다.

명공께서는 응당 성상의 뜻을 받들어 이와 같은 큰 복을 받으셔야 합니다. 그것이 하늘의 뜻과 사람들의 소원에 합당한 일입니다. 공의 너무나 크고 빛나는 업적, 이에 공이 얻게 되는 제후국이란 상에 대해 조정 내외에서는 모두 명공과 일치하며, 어떤 잘못도 어그러짐도 없다고 생각합니다. 이로써 역적을 정벌해 위엄을 갖추어 관복을 입은 채 강江을 건널 수 있게 되었으며, 오군吳郡과 회군會郡을 청소함으로써 멀리 서쪽 변경 장강의 발원지인 민산岷山*

을 바라보며 제사를 지낼 수 있게 되었습니다. 칼과 창을 돌려세우고 군대를 멈추게 해 천하를 지휘하니 멀리는 복종하지 않는 자가 없으며 가까이는 정숙하지 않은 자가 없습니다. 위나라의 덕은 요순 시대보다 빛나며, 명공의 업적은 제나라의 환공이나 진나라의 문공보다 더욱 위대합니다. 더욱이 친히 창주滄州에 가서 제위를 지백支伯에게 내주려 하고, 기산箕山에 가서 허유許由에게 제위를 내주려했던 요순과 비견되니 그 어찌 덕이 더욱 빛나지 않겠습니까? (지금의 일은) 무척 공평공정한 일로써 그 누구도 명공과 비교될 수 없으니, 힘들여 이 작은 것조차 받으려 하지 않으시는 것은 지나침이 있습니다. 정충 등은 큰 도리를 알지 못해 감히 명공에게 이를 듣고자 말씀드리는 바입니다(〈위정충권진왕전爲鄭沖勸晉王箋〉 중에서).

*성탕成湯: 은나라 1대 임금. 하나라 걸왕을 멸망시키고 왕위에 올랐음.

*여상呂尙 강태공: 주문왕과 무왕대에 중용되어 은나라를 멸망시키는 데 공을 세웠음.

*상국相國: 사마의를 가리킴.

*영주靈州: 지금의 영하회족자치구 부근.

*유중楡中: 지금의 내몽고 하투河套동북안 일대.

*남해南海: 광주, 조주, 혜주 등 당시 오의 땅.

*민산岷山: 사천성에 있는 산 이름. 이 구절은 사마소가 촉나라를 멸망시키려는 뜻이 있음을 비유적으로 보여주고 있음.

〈권진표〉가 올라오자 사마소는 흔쾌히 봉국과 작위를 받는 데 동의했다. 사마소가 구실을 갖추자 정충의 심사가 해결되었고 문무백관의 임무도 덩달아 완성되었다. 그러나 완적은 마음의 병을 앓게 되었다. 공개적으로 사마소를 위해 큰 수고를 했기 때문이다. 이 수고는 그가 피할 수 없는 일이었다. 만일 이를 회피했다면 공개적으로 사마소와 등을 돌리게 되어 장차 고립무원의 상태에 빠져, 아무도 그를 도와줄 수 없게 될 것이었다. 이 시기에 사마소는 이미 제갈탄의 회남淮南 토벌군을 진압했고, 철저하게 지방의 저항 세력을 청소하고 있었다. 또한 황제였던 고귀향공을 길거리에서 죽인 후, 말 잘 듣고 쓸모없는 진류왕을 황제 자리에 앉혀놓은 상태였다. 더욱이 혜강을 처형해 천하의 명사들에게 항거치 말라는 신호를 보내기도 했다. 사마소는 하늘에 떠 있는 해와 같은 존재였기에 완적은 이를 벗어날 수 없었다. 신필로 시, 문장, 그 마음속을 써내려가고 산수를 읊조려왔지만, 정치 집단을 위해 수고를 아끼지 않은 것은 이번이 그의 인생에 있어 처음이자 마지막이었다.

완적이 〈권진표〉를 썼다는 소식이 알려지고 나자 극과 극의 평판을 얻게 되었다. 칭찬하는 사람들은 그 문장에서 바른 기운이 솟아나오며 시경 〈대아〉의 구도를 깊이 드러내고 있다고 평했다. 문장의 행간에 즐거움과 분노가 녹아 있고, 풍자의 뜻이 가득 차 있으나 표면적으로는 마음을 끌어당기는 정론처럼 보여 문학적 소양이 낮은 사마소가 문장을 보고 만족해 어떠한 시빗거리도 잡아내지 못했다. 하지만 후대의 수준 높은 명사들은 그 속뜻을 알게 하려고 쓴 것이라고 평했다.

완보병阮步兵 완적이 이 글을 회피하지 않은 것은 글을 빌려 진정으로 말하려고 한 것이 있었기 때문이다. 그 말들은 깊은 뜻을 갖고 있다. 시경 〈대아〉의 구도를 깊이 드러내고 있어 아첨하는 글, 꾸며 쓰는 글과는 거리가 멀다.

이것은 명明 대 모곤茅坤의 평이다.

진왕晉王 사마소가 천자에게 구석九錫을 하사 받자, 대신들이 (그에게) 왕의 자리에 오르도록 권하고 사종嗣宗 완적이 글을 지었는데 그 표현이 완곡했지만 풍자를 잘하고 있다. 사마씨는 어린 황제를 저버리고 악한 행실로 분노를 사고 있었으니 그 이상 더 할 수 없었다. 사람들을 감동케 하는 그 바른 말이, 옛 환관 맹자(시경 〈소야〉에 나오는 시 가운데 귀족이었지만 억울하게 궁형을 당해 환관이 된 사람이, 스스로를 맹자孟子라고 칭하며 충성스런 마음을 드러낸 〈항백巷伯〉이란 시가 있음)의 충성스런 시보다 훨씬 낮지 않은가?

이것은 명明 대 장부張溥의 평이다.

그 언사에는 풍자와 욕설이 담겨 있다고 할 수 있지만, 사마소가 그 대의를 받아들이면서도 죄를 묻지 못하게 했으니 후대에 길이 전해질 재사라고 할 수 있다.

이것은 청淸 대 진정경陳廷經의 평이다.

완적을 공격하는 사람들은 〈권진표〉를 쓴 것이 그가 사마소에게 완전히 빌붙었다는 명확한 증거라고 여겼다. 그는 완전히 소인이고, 그 '어정쩡해' 보이는 수단은 지극히 주도면밀한 계획 아래 이루어진 것이며, 이전의 모든 탈속한 듯한 언행은 모두 거짓으로 진정인 체한 것이라고 생각했다. 혜강과 비교하면 큰 차이를 보이며, 역사적으로 비판받아야 한다고 여겼다.

완적은 동평상東平相을 하려 하지는 않았으나, 진문왕晉文王의 종사중랑이 되었으며, 뒤에는 드디어 대신들을 위해 〈권진표〉를 썼다. 만일 혜강 앞에서 이를 논한다면, 마땅히 그 스스로 곤장을 맞고 죽어야 하리라.

이것은 송宋 대 엽몽득葉夢得의 평이다.

완적이 사마소 대장군의 종사로 있을 때 보병步兵의 주방에 좋은 술이 있다는 이야기를 듣고는 그곳의 교위校尉가 되려 했다. 역사에서는 그가 그곳으로 가 교위직을 맡은 후, 늘 그곳에서 거닐며 아침저녁으로 (술을) 즐겼고, 그로써 능히 세상사를 떨쳐버렸다는 것을 아름다운 이야기라고 쓰고 있다. (그러나) 이러한 평가는 그의 궤계, 즉 사마소를 멀리하는 척하면서도, 실은 그에게 빌붙은 것을, 사모하는 마음으로 다시금 사마소와 조화를 이루어갔던 것을 모르고 한 소리이다. 오랜 세월 앞에서 소인의 그러한 꾸밈은 드러나게 되는 것이다.

완적과 혜강은 당대 일류 인물이었는데, 예법을 따지는 사람들은 완적을 원수와 같이 여겼다. 그러나 그럴 때마다 사마소가 어째서 (그를) 매번 보호한 것일까? (그에 반해 같은 일류 인물인) 혜강은 그저 종회의 몇 마디 편벽된 말만으로도 재난을 피하지 못했는데 말이다. 완적이 〈권진표〉를 쓴 진정한 뜻을 이로 미루어 짐작할 수 있다.

완적은 〈대인론大人論〉을 쓰면서, 예법을 따지는 선비들을 바짓가랑이 속의 이蝨의 무리로 묘사했다. 완적이 사마소에 빌붙은 이라고 한다면, 어쩌다 바짓가랑이를 태우는 재난을 만나지 못한 것일 뿐이다. 만일 왕릉王凌, 무구검毌丘儉 등이 득세했다면, 완적이 어찌 밥을 먹고 살 수 있었겠는가?

이것은 명明 대 장수張燧의 평이다.

사람됨을 놓고 이야기 하자면, 완적이 사마소를 도와 〈권진왕전勸晉王箋〉을

쓴 것은 ……. 소인배다. 소인이 쓴 글들이므로, 모두 찢어버려도 부족할 것
이 없다.

이것은 청淸 대 반덕여潘德興의 평이다

이러한 평가들은 각자 한쪽으로 치우친 말들로 칭찬과 비평이 섞여
있고, 평하는 사람들의 감정이 실려 있다. 수많은 평론 중에서 완적의
시대와 그리 떨어져 있지 않았던 진晉왕조 사람 고개지顧愷之의 평이 비
교적 중용을 지켰다고 할 수 있다.

완적의 〈권진표〉는 큰 뜻을 품고 있는 글이나, 돌려서 말한 이유는 서서히 밀
려오는 두려움이 배어 있었기 때문이다.

격분과 두려움, 멸시와 친근함, 풍자와 떠받듦, 완적은 그 사이를 오
가고 있었다.

〈권진표〉를 쓸 때 완적의 나이는 그리 많지 않은 54세에 불과했다. 하
지만 그는 이미 늙을 대로 늙어 당년 광무산에서 보여주었던 호방하고
웅혼한 자세는 사라지고 없었다. 늙었다고는 하지만 그는 여전히 그때
내뱉었던 말을 뇌까리고 있었다.
"영웅이 없으니, 잔챙이가 명성을 얻는구나!"
그는 조씨 가문을, 혜강을, 모든 죽림의 친구들을 그리워했다. 마음속
에서는 불쑥불쑥 인생의 시고 쓴맛, 뭐라 이야기할 수 없는 감정들이 일
어나곤 했다.

한낮이 지나면 또 아침이 오고,	一日復一朝
황혼이 지나면 또 새벽이 찾아오네.	一昏復一晨
평소의 모양처럼 낯빛을 바꾸니,	容色改平常
정신이 나 모르게 가라앉는구나.	精神自飄淪
가득 찬 술잔을 내려다볼 때 어리는 처량한 슬픔,	臨觴多哀楚
옛적 그 좋던 친구들을 생각하노라.	思我故時人
아름다운 술이 있어도 할 말이 없으며,	對酒不能言
마음은 슬픔이 가득 차 쓰리고 아프구나.	悽愴懷酸辛
원래 논밭을 갈며 농사나 짓고 싶었지만,	願耕東皋陽
더불어 참다운 도를 지킬 자가 없구나.	誰與守其眞
근심과 어려움은 그저 이 한때,	愁苦在一時
높은 덕행을 고집해야 내 몸만 상하네.	高行傷微身
어찌해 속세에 묻혀 시류를 따라가는가?	曲直何所爲
그 속에 몸을 숨기고 살아가려는 뜻이 있어서일세.	龍蛇爲我隣

(〈오언영회시五言詠懷詩〉 중에서)

시절은 이미 엄동설한의 계절, 함박눈이 쉼 없이 허공을 가르고 있었다. 하늘도 하얗고, 땅도 하얗고, 나무도 하얗고, 집도 궁궐도, 모든 세계가 참혹할 정도로 하얗게 변했다. 그 하얀 세계를 창밖으로 내다보던 주름 가득한 눈에서 뜨거운 눈물이 솟았다. 말없이 흘러내리는 눈물, '이 인생이 도대체 무엇이란 말인가' 라는 감상을 나타내는 부호였다.

그리고 한 달여쯤 후 그는 세상과 작별했다. 이로 인해 누군가는 〈권진표〉가 완적의 인생 절필이었다고 말했다.

머나 먼 멱라수

굴원을 그리며 눈물짓던 선비 완적

멱라수汨羅江는 이름난 하천이나 큰 강이라고 할 수는 없다. 그러나 그곳에서 굴원屈原이 투신자살했기 때문에 중국의 문인들이 줄곧 존경의 마음을 갖고 바라보는 강이고, 중국의 백성들이 줄곧 숭배해 오는 강이다. 완적의 생애를 보면 그의 발걸음은 장강長江을 넘어선 적이 없다. 남쪽을 가본 적도 없고, 멱라수를 가본 적은 더더욱 없다. 그러나 멱라수는 그가 살면서 가장 마음에 두었던 강이다. 멱라수를 직접 보지 못하고 그저 들어만 보았을 뿐이지만, 그 것만으로도 그 강은 머릿속에 깊이 아로새겨져 늘 눈앞에서 아른거렸다. 아른거리는 멱라수는 깨끗한 물도 아니었고 돛단배의 그림자도 없었고, 어부의 노랫소리도 들리지 않는 강의 모습을 하고 있었다. 굴원이 강가에서 슬픈 소리를 토해내는 모습, 강가를 오가다 몸을 던지는 순간의 모습으로 떠올랐던 것이다.

비록 자신은 그러한 순간이 없었지만 완적은 자신과 굴원의 처지가 아주 비슷하면서 다르다고 느끼고 있었다.

완적은 덕을 세우고, 공을 세우고 싶어 했다. 꿈에서도 잊지 못했으며, 공을 세울 수 있다면 나머지 다른 것은 포기할 수 있다고 생각했다. 그러나 유감스럽게도 하늘은 그에게 기회를 주지 않았다. 그는 때를 잘 못 타고났다. 하는 일마다 늘 아귀가 맞지 않았다. 이루려 하는 일은 이루지 못하면서도 그 욕망을 없애려 해도 없앨 수 없어 곤란한 지경에 처했다. 그는 덕을 세울 수 없었기 때문에 원망하고 근심했다.

뜻을 굽혀 다른 사람의 비위를 맞추어
예의를 갖춘다 할지라도   委曲周旋儀
그 모습과 비굴한 위선이 내 애간장을 다 태운다.   姿態愁我腸
                                    (〈오언영회시五言詠懷詩〉 중에서)

그는 공을 세울 수 없었기 때문에 고통스럽게 탄식했다.

그러나 음과 양도 때로 어긋나는 것이 있으며,   陰陽有舛錯
태양과 달도 밝지 않을 때가 있다.   日月不常融
천명은 순리로울 때가 있으며 막힘이 있을 때도 있고,   天時有泰否
인간사 역시 성함과 쇠함, 채워짐과 비워짐이 있다.   人事多盈沖
                                    (〈오언영회시五言詠懷詩〉 중에서)

말세에 살아 덕을 세울 가능성도, 공을 세울 가능성도 없다면 후세에 남을 훌륭한 말을 하는 것, 즉 언론을 세우는 것만이 남는다. 그러나 언론을 세우는 것 역시 어찌 쉽게 할 수 있는 일이겠는가? 사람을 말하면 쉽게 다른 이의 노여움을 사게 되고, 일을 말하면 쉽게 분쟁을 만들어낸다. 그러면 무엇을 말할 것인가? 오직 역사, 문학, 현학을 이야기해야 한다. 이미 지나가버린 역사를, 아득하며 비어 있는 문학을, 한계가 없는 현학을 이야기하는 것이다. 이러한 이야기들을 하면 언론을 세우게 될 뿐만 아니라, 정치세계에서 멀어지게 된다. 그러나 모든 것이 정치에 달려 있는 이 땅에서 정치와 멀어지는 이러한 말들이 도대체 얼마나 의의가 있다는 말인가? 그 말을 들으려는 사람은 얼마나 되겠으며, 자기 자신이 언론을 세웠다고 인정할 수 있겠는가?

완적과 비교해 보면 굴원은 이 방면에서 상당히 뛰어난 재주를 보였으며 더불어 행운도 따랐다. 그는 일찍이 초회왕의 높은 신임을 받아 내전에 들면 국사를 논하고 명령을 내렸으며, 밖에서는 사방의 손님을 맞아들이고 천하제후들을 응대했다. 그리고 이를 통해 공을 세운 바 있다. 그는 초회왕이 진나라에 구금되어 죽은 후, 자신의 안전을 고려치 않고 초楚 경양왕頃襄王 앞에서 장의張儀, 정수鄭袖, 상관대부上官大夫, 영윤令尹, 자란子蘭이 군주를 미혹해 나라를 망치고 있다고 통렬히 비난했다. 이로 인해 조정에서 쫓겨나게 되었으나 또한 이로써 덕을 세우게 되었다. 그는 자신의 경력과 느낌으로 불후의 문장인 〈이소離騷〉, 〈초혼招魂〉, 〈귤송橘頌〉, 〈구가九歌〉, 〈천문天問〉 등을 썼다. 이로써 후세에 길이 전해지는 언론을 세웠다.

덕을 세우고立德, 공을 세우며立功, 언론을 세우면서立言 굴원은 내적인 면과 외적인 면이 일치하는 영웅적 인물이 되었다. 굴원의 환경은 좋지 않았다. 완적이 보기에 자신의 생존 환경과 더욱 차이가 났다. 조씨와 사마씨가 황권을 놓고 치열한 경쟁을 벌이고 있을 때 명사들은 어느 한쪽을 택해 그곳에 붙어 있어야 비로소 무언가를 이루게 된다.

그러나 도덕과 여론과 이름을 날리려는 이유로 많은 사람들이 그 출발점을 도통을 가진 황제 가문에서 시작했으며, 이로써 사마씨 집단과 대척점에 서게 되었다. 그 결과 한 사람 한 사람 살해를 당했다. 하안何

晏, 이풍李豐, 하후현夏侯玄이 그러한 인물들이었다. 완적은 이들 명사를 쫓아하지 않았다. 이들 명사들을 쫓아하는 것은 자기의 생명을 희생시키는 것과 같은 일이었다. 이와 같은 열악한 환경 아래서 일개 명사가 무슨 힘이 있어 도통을 유지할 수 있겠는가? 자신의 생명을 보전하는 것만도 어려운 일이거늘, 어찌 다시 덕을 세우고, 공을 세우며, 언론을 세우는 일을 이야기하겠는가? 하지만 한 발짝 물러서면 생명은 보전할 수 있다 할지라도 근심이 생겨난다. 이 근심을 어찌 해결할 것인가? 오직 술 마시고 노래하는 것, 술로써 근심을 푸는 것뿐이다.

완적의 마음은 모순으로 가득 찼다. 여러 가지 생각과 관념이 그의 마음속에서 싸움을 벌이고 있었다. 치열한 그 싸움은 누군가와 나눌 수도, 누군가 대신 해결할 수도 없는 것이었으며, 이것을 하려면 저것이 걸리고, 저것을 하려면 이것이 걸려 괴롭기 짝이 없었다. 어떻게 해도 마음속 싸움을 그치게 할 수 없었다.

옛적 내 나이 십사, 오 세 때,	昔年十四五
뜻한 바 있어 《상서》, 《시경》을 좋아했네.	志尙好書詩
빈천하지만 가슴속에 덕을 담고 있으려 했고,	被褐懷珠玉
안회顔回와 민자건閔子騫과 같은 도를 추구했네.	顏閔相與期
창문을 열고 주위를 내려다보고,	開軒臨四野
높은 곳에 올라 먼 곳을 바라보며 그 두 사람을 생각했지.	登高望所思
저 산을 가득히 덮고 있는 무리진 산소들,	丘墓蔽山岡
이전의 옛사람들 지금 모두가 다 같이 있네.	萬代同一時
왕과 제후, 성현들 일단 죽고 나면,	千秋萬歲後

그 아름다운 이름 후세에 듣는다고

그 무슨 소용이 있겠는가?   榮名安所之

비로소 옛 신선 선문자羡文子의

은거를 생각하기 시작했고,   乃悟羡門子

애상에 젖어 흑흑 흐느껴 울었노라.   噭噭今自嗤

〈오언영회시五言詠懷詩〉 중에서)

완적은 유가의 교육을 받고 자라났다. 비록 그에게 세상에 나아가 뜻한 바를 펼친다는 유가사상이 뿌리 깊게 박혀 있었다고 할 수는 없으나, 적어도 마음 한구석에 자리를 잡고 있었다. 그러나 그는 현실의 시달림 속에서 떠받들었던 유가의 이상이 깊고 낮음을 모르는 유치한 생각에 불과하다는 것을, 세상의 험악한 환경의 고난을 이겨낼 수 없다는 것을 알게 되었다. 이러한 이상을 실현하려면 생명을 대가로 하거나, 인격의 존엄을 걸어야 한다는 것, 유가에서 기대하는 이상향과는 너무 거리가 있다는 것을 깨닫게 되었다.

생명과 인격은 영예와 명성보다 중요한 것이다. 이 세상을 살아가는 도道 중에서 생명과 인격을 적절히 보전하는 유일한 방법은 도가의 주장을 좇아 사는 것이다. 노자를 배우고, 장자를 배우고, 신선술을 배우고, 속세를 벗어나 자유로이 거님을 배우며, 부귀를 가볍게 여기고, 세상 사람들이 중요시하는 모든 것을 가볍게 여겨야 한다. 이렇게 해야 비로소 생명의 연장으로 영예와 명성의 부족함을, 몸과 마음의 편안함으로 부귀의 부족함을, 천지만물과 같이 노님으로 공적의 부족함을 채울 수 있게 된다.

이에 대해 완적은 세상을 초탈한 상상력을 보여준다.

무릇 청정무구해 드넓고 먼 경지에 이르면 신기한 사물들이 자신에게 모여들게 된다. 바람에 흩날리듯 마음과 몸을 맡기며 황홀한 경지에 다다르면 은밀하고 미세한 것을 꿰뚫어보게 되고, 그윽하고 아득한 세계를 보게 된다. 얼음과 같이 냉정하고 옥과 같이 깨끗한 마음을 갖추게 되면 티끌 없이 깨끗함을 추구하고 스스로의 존재함만을 생각하게 된다. 가슴속이 맑고 깨끗해 구함도 바람도 없다면 심지를 편히 할 수 있고 성질과 감정을 누그러지게 할 수 있다. 내가 품고 있는 도道가 이와 같이 좋은데, 어찌해서 외물에 얽매이며, 이 도를 드러내려 하지 않는가? 겨울 매서운 바람이 연燕 땅의 골짜기를 지나갈 때 아비가 아들에게 철새를 잡으라고 하나 새는 멀리 날아가버렸다(〈청사부 淸思賦〉 중에서).

그러나 완적은 일단 신선술을 배우고 도가의 경지를 자신이 체험하고 나서야 비로소 신선이 그리 쉽게 될 수 있는 것이 아님을 알게 되었다. 신선이 되려면 약초를 구해야 하고 단약을 먹어야 하며, 모든 잡념을 버리고 세상 밖에 홀로 있어야 한다.

넓고 넓은 하늘, 아득 묘막한 땅, 아무도 너에게 관심을 기울이지 않으며 오직 자신만이 자신에게 관심을 가질 뿐이다. 누구도 주시하지 않으며 자신이 자신을 주시할 뿐이다. 누구도 존중하지 않으며, 자신만이 자신을 존중할 뿐이다. 세상 사람들과 떨어져 있는 시간이 길면 길수록 스스로 조절했던 모든 감각이 희미해지면서 모든 것이 변한다. 특히 견디기 어려운 것은 짙고 짙은 적막함이다. 그 고독과 적막함은 너무도 짙어 떨쳐버릴 수 없다. 칙칙하게 밀려오며 (사람을) 쓸쓸하게 만들고 두렵게 만들며 심지어 질식할 듯 하다.

어찌해도 떨쳐버릴 수 없는 적막함 속에 뭐라 말할 수 없는 잡념이 뭉게뭉게 피어오른다. 예전에 혐오했던 생각들이 다시 복위하는 것처럼 새로이 유혹하는 손길을 뻗쳐온다. '많은 생각은 의지를 약하게 하고, 적막은 마음에 근심을 생기게 한다.' 특히 유가가 주장하는 공적을 이루어야 한다는 사상이 다시 몸을 휘감았다. 어린 시절 꿈꾸었던 웅대함, 발랄한 기개, 칼을 맞부딪치던 기예, 말달리던 그 통쾌함, 끝없는 사막의 모습, 울리는 징과 북소리…… 피가 끓어오른다.

젊은 시절 일찍이 검술을 배워,	少年學擊劍
그 기예가 검술로 유명한 곡성曲城보다 나았었네.	妙伎過曲城
그 늠름하고 뛰어난 기예는 구름과 무지개를 자를 정도였고,	英風截雲霓
세상에서 도드라짐은 아름다운 이름을 남길 정도였네.	超世發奇聲
칼을 휘두르며 직접 황막한 전쟁터를 찾고,	揮劍臨沙漠
머나먼 변경에서 말에게 물을 먹였다네.	飮馬九野坰
군대의 깃발들이 바람결에 펄럭펄럭 휘날리고,	旗幟何扁翩
들리는 소리는 쇠종을 두드리는 소리뿐.	但聞金鼓鳴
병영의 생활은 슬픔을 느끼게 해,	軍旅令人悲
마음속에 근심과 감상이 어리게 하네.	烈烈有哀情

〈〈오언영회시五言詠懷詩〉 중에서〉*

*이 시의 뒤에 두 구절이 더 있다. 대략 "내 평생 흘러온 세월이여, 이런 생활(병영생활)이 후회로 가득하구나念我平常時, 悔恨從此生"라는 뜻이다. 당시는 문文을 무武보다 중시하는 분위기로 전환되는 시점이었다.

소년 시절은 지나가고 다시 오지 않는다. 지금 그의 마음에 격류가 되어 흐르는 것은 웅대한 큰 사업, 전 산하를 활동무대로 하는 큰 업적, 천지를 흔드는 큰 일에 대한 생각이었다.

불길이 만 리를 넘실거리고,　　　　　　　　　炎光延萬里

큰 강물이 쏟아져 내리듯 흘러가네.　　　　　　洪川蕩湍瀨

커다란 활을 해뜨는 곳에 걸어두고,　　　　　　彎弓卦扶桑

긴 칼은 저 하늘 밖에 기대어 놓네.　　　　　　長劍倚天外

태산을 숫돌 삼고,　　　　　　　　　　　　　泰山成砥礪

황하를 허리띠 삼네.　　　　　　　　　　　　黃河爲裳帶

저 옛날 장자莊周를 보시게,　　　　　　　　　視彼莊周子

그 운명의 영욕은 기댈 것이 못되네.　　　　　榮枯何足賴

시체를 들판에 버려,　　　　　　　　　　　　捐身棄中野

새들이 쪼아 먹도록 했네.　　　　　　　　　　烏鳶作患害

그 웅혼한 정신의 선비,　　　　　　　　　　　豈若雄杰士

이로써 그 이름을 널리 알렸네.　　　　　　　功名從此大

(〈오언영회시五言詠懷詩〉 중에서)*

*장자莊子(莊子)에 얽힌 고사에서 다음과 같은 이야기를 빌려 이 시에 인용했다. 장자 〈열어구列御寇〉 편 장자가 죽음을 앞두었을 때, 제자들이 그를 후히 장사지내려 했다. 이에 장자가 말하기를 "나는 이 천지를 관으로 삼고, 해와 달을 두 줄의 옥으로 삼으며, 별들을 진주구슬 삼고, 만물을 선물을 삼아 보내면 되는데, 내 장례기물이 어찌 갖추어지지 않았다고 하느냐"고 했다. 제자들이 이 말을 듣고는 "새 떼들이 선생님의 몸을 쪼아 먹을까 걱정이 됩니다"라고 했다. 장자는 이에 대해 "위에 놔두면 (땅에 놔두면) 새가 쪼아 먹고, 아래 놔두면 (땅속) 개미들이 먹어치우는데, 새 먹이를 빼앗아 개미 먹이로 삼는 것은 한 쪽으로 치우친 일이 아니겠느냐?"

이런 웅대한 포부를 가진 선비가 되어 큰 공적과 이름을 얻으리라. 돌이켜 생각해 보면 장자는 보잘것없는 변방의 잡초와 같은 재야인사에 불과하다. 죽더라도 누구 하나 근심하는 사람 없이 그저 새의 밥이나 되는 것이 아닌가? 완적은 부귀공명을 생각하면 피가 끓어올랐지만, 격정이 지나고 나면 여전히 신선술을 배웠다. 정말로 자신이 신선이 될 수 있다고 믿었다기보다는, 어쩔 수 없는 유일한 도피 수단이자 지친 생명에 힘을 불어넣어 주는 정거장 같은 것이었다. 공명을 이루는 것과 신선이 되는 것, 이 둘 사이에서 완적은 배회했다. 배회하는 데 지치자 그는 스스로를 위로했다.

'작은 새는 뽕나무와 느릅나무로 날아들고, 대붕은 만리 장공을 나르네. 어찌 붕새의 그 큼을 모르겠는가? 단지 작은 새의 날개가 그에 비할 수 없기 때문이다.'

그는 가슴이 답답해지면 스스로 마음을 달래곤 했다.

'귀하고 천한 것은 천명에 달려 있으며, 곤궁하고 통달하는 것은 그 때가 있는 것이다.'

완적은 당시 세상이 인정한 인재였다. 그는 재능으로 이름을 떨쳤고, 이름을 얻어 더욱 재능을 펼쳐갔다. 그는 밝게 빛나는 별이어서, 대중들이 숭배하는 우상이 되었지만 동시에 일부 인사들의 공격 목표가 되었다. 공격 방법은 중상모략만이 아니었다. 복의伏義라는 사람은 완적의 모순점을 명확히 지적하며 상당히 도리 있는 공격을 했다. 복의는 완적에게 보내는 글에서 다음과 같이 지적했다.

그대는 세상에 나왔지만 용과 호랑이가 되어 이윤伊尹, 곽광霍光처럼 천자를 보좌하지 못하고, 세상에서 물러섰을 때는 감추어진 보석인 소부巢父, 엄자릉嚴子陵처럼 재야에 숨어 있지 못한다.

오吳, 촉蜀 두 오랑캐의 소굴을 아직 깨뜨리지 못했는데, 이는 장래의 일을 도모하는 선비가 힘써야 할 바이다. 재능과 시운이 맞으니 점칠 것도 없이 행동

할 시기가 바로 이때가 아닌가? 그대의 재능은 세상을 덮고도 남음이 있으며, 사상은 온 세상으로 뻗어나가는데 어찌해 강태공처럼 전략을 써서 적을 이기는 권도의 변화를 하지 않으며, 손자처럼 조정에서 미리 승리할 계책을 세우지 않는가? 그런 변화와 계책으로 사방의 전란을 막아내고, 중원에 격문을 띄워 공적을 세우는 대업을 이루어, 국가에 보답하고 백성을 어루만지지 않는가? 배불리 먹고 편히 누워 아무 일도 하지 않고 빈 주머니 빈집에서 양생養生만을 생각하니 실로 일반 사람이 장난을 하는 것과 같다.

이에 완적은 침묵하지 않고 풍자와 비유로 답변했다.

파닥거리는 날개로는 저 묘막한 하늘의 높은 곳을 알 수 없고, 작은 물고기가 깊은 바다의 바닥을 알 수 없다.

그의 답변은 호방하고 아름다우며, 현묘해 그 진의를 포착하기 어려웠다. 그러나 실상 그 속은 백지였다. 힘이 없으며, 컴컴하고, 텅 빈 것이었다. 상대방을 설득시키는 것은 고사하고 자신조차 도무지 알 수 없는 어려운 말이었다. 할 수 없는 일이란 것을 알면서도 해야 하는 현실에 부딪혔던 굴원과는 달리 완적은 명철보신의 길을 택했다. 굴원은 전혀 거리낌 없이 자신의 뜻을 밀고 나갔으며, 완적은 허리를 굽혀 안전을 찾아나갔다.

펼침과 굽힘, 두 사람의 경지 차이를 명확히 보여주는 말이다. 영웅의 기개를 가슴에 품기만 하고 명철보신으로 일관한 완적은 입맛이 썼다. 마음속의 우울함을 풀기 위해 다른 사람에게 이를 말할 수도 없었다. 정말 우울함을 누를 길이 없을 때는 혼자서 마차를 몰고 넓은 들이나 깊은 산속으로 달려갔다. 산길을 따라 걷지 않고 아무대로나 기어올라 벼랑 끝에 서서는 방성대곡을 했다. 그렇게 울고 나서 마음이 풀리면 비로소 고개를 숙인 채 집으로 돌아왔다.

　　사람의 천성은 사람의 심기와 같아서 어쨌든 한 방향을 찾아 이를 풀어주어야 한다. 만일 정상적으로 이를 풀어주지 않으면, 변태적 방식으로 표출하게 된다. 힘을 쓸 곳을 찾지 못한 완적은 영웅적 기질을 미친 듯한 모습으로 바꾸어갔다.

　　무엇을 미쳤다고 하는가? 미침은 일상적 행동의 규칙을 벗어나는 것을 말한다. 감정을 극단적으로 표출시켜 옆 사람의 감각을 무시하고 자기 뜻대로 일하는 것이다. 제멋대로 날뛰면서 가슴속 응어리와 숨겨둔 감정을 풀고, 꽁꽁 묶어놓았던 욕망을 놓아준다.

　　하나를 얻으면 하나를 잃는다고, 미친 짓을 하는 사람들 대부분은 속세의 사람들에게 외면당한다. 굴원의 미침은 〈천문天問〉을 지어 하늘과 땅과 사람에게 그 끝 가는 데까지 물어보는 데 이르렀다. 도연명의 미침은 관직을 버리고 싸리 울타리 아래 국화를 따며 유연히 남산을 바라보게 했다. 이태백의 미침은, 잔뜩 술에 취해 어전에 드러누워 권신에게 신발을 벗기게 만들었다. 소동파의 미침은, 미소 지으며 감옥을 드나들게 하고 태연히 죽음에 이르게 했다. 김성탄金聖嘆(?~1661, 청淸 초기 평론가. 본성은 장張, 이름은 위暐, 인서人瑞. 성탄聖嘆은 자字. 강소성[江蘇省蘇州(소주)]. 명明 멸망 뒤 세상을 백안시하고 불전佛典을 좋아했음. 반속적反俗的이며 예교禮敎를 무시한 언동을 서슴지 않았음)의 미침은, 백성들과 함께 문묘의 공자 위패 앞에서 정부의 과도한 세금 징수를 눈물로 항의했고, 이로 인해 형장에서 참수를 당하게 되었으나 마치 집안에 앉아 있는 듯 태연해했다. 이외에도 서문장徐文長, 당백호唐伯虎, 정판교鄭板橋 등 수없이 많은 미친 자가 있었다. 이러한 미친 자들의 모습은 한 폭의 광인화畵를 칠해 갔으며, 광인비碑를 쌓아갔고, 광인당堂을 만들어갔다.

미친 짓과 비슷한 말은 황당함이라고 할 수 있다. "온 지면에 황당한 말뿐이어서, 쓰디쓴 눈물이 한 줌"이란 조설근曹雪芹의 시구를 빌려와 '온 세상 황당한 사람만 보이니, 쓰디쓴 역사가 한 권'이란 말로 바꿀 수 있으리라. 완적은 이들 중에서도 가장 파격을 이루었다고 할 수 있다. 갈 데까지 갔으며, 가장 제멋대로였기 때문이었다. 하지만 그 자신은 아직 제대로 미치지 않았다고 두려워했다. 그래서 술을 가져다 자신에게 붓기 시작했다. 한 잔 한 잔. 한 말 한 말. 한 독 한 독. 끊임없이 부어넣어 술이 광기를 불러오게 했으며, 광기가 술의 힘을 빌도록 했다. 미친 짓을 더욱 심하게 하면서 드디어는 이를 통해 조화를 부릴 정도가 되었다.

완적의 온 몸은 광기에 쌓여 있었다. 그의 모친이 죽었을 때 마침 완적은 바둑을 두고 있었다. 모친이 죽었다는 전갈이 오자 상대방이 그만 두자고 했으나 완적은 반드시 승부를 내야 한다며 동의하지 않았다. 대국이 끝나자 술을 두 말이나 마시고 방성대곡하며 피를 몇 되나 쏟아냈다. 하관하는 날에는 금기를 개의치 않고 삶은 고기를 큰 덩어리째 먹은 후 다시 술을 두 말이나 마셨다. 그러고 나서 모친과 작별을 하며 자신이 심히 궁색하다고 말한 후에 다시 방성대곡하며 피를 몇 되나 쏟았다.

완적은 모친을 위해 슬퍼했다. 그 슬픔으로 인해 뼈만 앙상할 정도로 말라 사람의 꼴이 아니었다. 사마소가 중시하던 신하 배해裴楷가 영전에 조상을 했다. 습속에 따라 곡을 하며 술을 따라 올렸다. 그러나 주인인 완적은 머리를 풀어헤치고 술에 취한 모습으로 두 다리를 쭉 펴고 앉아 문상온 손님을 비뚜름히 바라볼 뿐, 예의를 갖추지도 같이 울지도 않았다. 뒷날 누군가가 배해에게 물어보았다.

"무릇 조문하는 법은 주인이 곡하고 객이 예의를 표시하는 것인데 완적은 울지조차 않는데 그대는 어찌해서 울었는가?"

배해의 답은 이러했다.

"완적은 세상에서 벗어난 사람이라 속세의 예의나 범절을 따르지 않은 것이요. 나는 속세에 있는 사람이라 규례에 따라 스스로 행동한 것이요."

당시 이 말을 전해들은 사람들은 그 말이 둘을 다 아우르는 말이라고 감탄을 금치 못했다.

완적은 사람을 바라보는 눈길도 파격 그 자체였다. 그는 이른바 청백안青白眼을 할 수 있었다. 청백안은 완적이 창조해낸 것이다. 청안靑眼이라는 것은 눈동자를 정면으로 해 앞을 바라보는 것이며, 백안白眼은 눈동자를 눈꺼풀 뒤로 감추고 흰자위로만 앞을 보는 것이다. 청안, 백안두 종류의 눈은 두 가지 용도를 가지고 있다. 청안은 진정한 친구를 대할 때 따사롭게 하는 것을 말하며, 백안은 속된 자들을 대할 때 차갑게 하는 것을 말한다.

혜강의 형인 혜희가 완적의 모친을 조문하러 왔을 때 완적은 그를 경멸해 백안으로 상대했으며 이에 그는 불쾌함을 감추지 못했다. 얼마 후 혜강이 오자 완적은 술과 칠현금을 가지고 나오면서 기뻐하는 모습을 보였다. 물론 따사로움이 담긴 눈길로 혜강을 바라보았다.

이처럼 완적에게 따사로운 눈길을 받은 자는 드물었지만, 백안시된 사람은 많았다. 완적은 여인에게 다가가는 것을 좋아했다. 형수가 부모님을 뵙기 위해 친정으로 돌아갈 때였다. 예절에 따르면 시동생이 되는 완적은 형수와 많은 이야기를 나눌 수 없었다. 그렇지 않으면 당연히 의심받는 시대였다. 그러나 완적은 전혀 개의치 않고 형수를 만나 몇 번이고 조심해서 다녀오라고 당부했는데, 그 작별의 말 속에 절절함이 담겨 있었다.

어떤 사람이 이 일을 들어 비난을 하자 완적은 머리를 곧추세우고 말했다. "예절이 어찌 나를 위해서 만들어진 것이겠느냐?" 완적은 공공연히 색色을 좋아한다고 떠들어댔다. 그가 좋아하는 여인은 반드시 자태가 곱고 아리따우며, 요염해야 한다고 했다. 그러나 색을 좋아했을 뿐 음란하지 않았다. 기껏해야 생각으로만 음란할 뿐이었다.

서녘 아름다운 여인,	西方有佳人
맑고 하얀 피부 한낮의 태양 같네.	皎若白日光
섬세한 능라비단 옷,	被服纖羅衣
허리 양 옆엔 옥장식.	左右佩雙璜
예쁘게 꾸민 모습 아름다운 자태를 드러내고,	修容耀姿美
부드러운 바람결에 풍겨 나오는 향기.	順風振微芳
높은 곳에 올라 사념에 빠져 내려다보는 그녀,	登高眺所思
옷소매 들어 햇볕을 가리네.	擧袂向朝陽
높은 하늘 구름 사이에 몸을 맡기고,	寄顔雲霄間
긴소매 휘날리며 높이 날아오르네.	揮袖凌虛翔
저 묘막한 공중에서 자유자재 춤을 추면서,	飄颻恍惚中
눈길을 돌리며 내 옆을 바라보네.	流眄顧我旁
내 마음은 희열로 차 있으나 아직 접촉을 못해,	悅懌未交接
마음을 털어놓지 못해 슬픔에 잠기게 하네.	晤言用感傷

〈〈오언영회시五言詠懷詩〉 중에서〉

미색을 갖춘 옆집의 젊은 부인이 탁문군卓文君과 같이 주가에서 술을 팔고 있었다. 완적이 좋아하는 미색과 술이 있어 한달음에 그곳으로 달려가 술 향기를 맡으며 미색을 감상했다. 곤드레만드레 취하면 젊은 부인 옆에 드러누웠다. 그러나 그뿐, 거기서 벗어나는 행동을 하지 않았다. 그녀의 남편도 그런 상황을 알게 되자, 그런 광경을 보아도 전혀 개의치 않았다.

다른 일화도 있다. 어느 병사의 집에 재능과 미모를 고루 갖춘 여자가 있었는데 결혼을 하지 못하고 젊은 나이에 병들어 죽었다. 완적은 그 부모와 일면식도 없었는데 그 집에 달려가 곡을 하며 술잔을 올렸으며, 애통해한 후에 돌아왔다. 완적은 대명사였기에 그의 미친 짓은 사회를 떠들썩하게 했으며, 그의 살아생전이나 죽은 후에도 여론을 불러일으켰다. 그를 높이 평가하는 사람들은 그의 미친 짓은 고품격으로 인간세상의 더러운 것들을 씻어주기에 족하다고 칭송했다.

(그의 마음은) 하늘처럼 너그럽고 욕심이 없으며, 깊이 비워져 있어 명리를 탐내지 않고 담백하며 영예와 치욕을 함께하고 있다. 쌓여진 더러움을 다 씻어내고, 산자락에 편안히 앉아 있는 듯하고, (그가) 조화를 타고났지만 번쩍거리는 것을 숨기고 있는 듯했다. 푸른 물결을 휘저어 가고, 높은 봉우리를 가벼이 지나간다. 정신 수양이 지극히 소박한 곳에까지 이르렀으며, 대범해 당시대의 국면에 얽매이지 않았다(〈위산기상시보병교위동평상완사종비魏散騎常侍步兵校尉東平相阮嗣宗碑〉 중에서).

완적을 비판하는 사람들은 그의 파격은 격이 없으며 진정 예절의 이단자라고 비난했다.

비분강개함으로 긴 휘파람을 불면서 슬픈 눈물을 줄줄 흘리다가, 혹은 배를 두드리면서 웃다가 한다. 눈을 부릅뜨고 높이 쳐다보고, 그 성격이 황당하며,

끄덕하면 세상과 어그러지고, 풍습을 어기며, 다른 사람 멸시하기를 마치 눈 앞에 그 사람이 없는 듯이 한다. ……일의 매듭마다 열고 닫고 하는 데 있어, 예의의 제약을 받지 않았다. 행동의 도에 있어 풍속의 제약을 받지 않았다 (〈복의여완적서伏義與阮籍書〉 중에서).

완적은 자신의 미친 짓에 대해 인간세상에서 사람 노릇하기 위한 새로운 정신을 만들어낸 것이라고 해석했다.

무릇 사람이 자신의 이름과 절조를 세우려면 거대한 그물을 펼쳐 현세를 감싸 안아야 한다. 만일 스스로가 그 그물에 빠져 있다면 어찌 그 모든 것을 감싸 안을 수 있겠는가? 모범을 세워 속인들을 따르게 하려 한다면 어찌 한가로이 자신의 좋은 품성을 무너뜨리면서 예법을 따라야 하는가?
만일 좋은 운을 만나지 못하고 좋은 기회가 주어지지 않는다면, 정신을 격앙시키고 의지를 키워, 속세를 멀리 떠나 그 위에 거닐어야 한다. 아름다운 정신과 맑은 행동을 저 현묘한 곳에 풀어놓고, 고상한 지조를 저 하늘 밖 멀리 끌어올려야 한다. (중략) 위로는 더 이상 위가 없는 곳에 이르고 아래로는 더 이상 아래가 없는 곳에 이르러 머물되, 거처가 없으며 드나드는 문이 없다. 그는 만물과 같이 가고 오며, 육기六氣*의 차고 빔과 같이 한다. 하늘의 근본을 태극太極* 안에서 잡아내며, 천일성天一星을 저 아득한 우주에서 감싼다. 날리는 먼지가 그의 마음의 파도를 불러일으킬 수 없으며, 떨어지는 먼지가 그의 순결함을 더럽힐 수 없다. 그는 잠시 이 세상에 몸을 맡긴 것일 뿐이어서 그의 정신을 다른 사람이 살펴 알 수 없다. 비록 대업大業은 다른 사람이 들어 알게 될 수밖에 없고, 지극한 도리는 다른 사람들에게 칭송을 받을 수밖에 없게 된다 할지라도, 사람의 총명함은 각자의 분량이 있으니 비록 들어보지 못했다 해도 이를 탓할 수 없는 것이다(〈답복의서答伏義書〉중에서).

*육기六氣: 음陰, 양陽, 풍風, 우雨, 회晦, 명明을 말함.

*태극太極 : 하늘과 땅이 구분되기 전의 원시적 혼돈 상태.

완적의 꿈은 전혀 실현되지 않았다. 자신과 객관적인 원인 이외에도 예로부터 전해져 내려와 현실을 구성하는 인문환경이 그를 그냥 두지 않았다. 숲속에 우뚝 솟은 나무를 바람이 가만 놔두지 않듯이 굴원도, 완적도, 수많은 영웅호걸들도 그 바람에 꺾였다.

굴원은 넓은 견문과 난세를 다스리는 학문에 정통했으며, 왕도와 패도를 이해하고 문장에도 능했다. 초회왕이 이를 인정해 굴원을 중용했으며 나라의 제도를 정비하는 임무를 주었다. 동료인 상관대부上官大夫가 이를 질투해 왕의 총애를 얻으려, 굴원이 제도정비의 공적을 자신 혼자 세운 것인 양 뽐내고 있다고 비방했다. 이 말을 듣고 분노한 초회왕은 굴원을 멀리하게 되었다.

후세에 굴원과 같이 칭송을 받는 가의賈誼는 18세에 《시경》, 《서경》을 꿰차고 있어 당시 명성이 자자했다. 한漢 문제文帝가 그를 평민에서 국자박사國子博士로 전격 발탁했으며, 20여 세에 조정의 중요 관원이 되었다. 그는 봄바람 만난 제비처럼 득의만만했으며, 넘치는 혈기로 일련의 개혁안을 건의해 법을 바꾸려 했다. 개혁안을 본 한 문제는 만족해 그를 공경대부의 반열에 올리려 했다. 그러나 개혁안이 원로대신들의 이익을 건드리는 내용이었기에 여기저기에서 그를 공격하는 여론이 들끓었다. 한 문제는 명군이었지만 끓어오르는 여론을 막지 못했다. 그를 대하는 황제의 태도가 눈에 띄게 냉담해졌다. 개혁안은 한쪽 구석으로 치워졌고, 얼마 지나지 않아 그는 장사왕長沙王의 태보太傅라는 외직으로 쫓겨났다.

완적은 굴원과 가의의 상황을 교훈 삼아 스스로 경계했다. 그는 스스로 경계하기 위해 타고난 영웅의 기상을 깊숙이 감추기 시작했다. 그러나 기질, 심기, 태도는 감추려 하면 할수록 점점 더 드러나게 되어 그는 결국 사마소, 종회의 의심을 사게 되었고, 그에게 이견이 있던 사람들의 의심을 불러일으켰다. 사마소가 지시한 일인지 종회가 스스로 나선 것인지 알 길이 없지만 사마씨 집단에서는 수차례 완적을 시험해 보았다.

총애를 얻으려는 마음이었는지, 현학의 우두머리 자리를 빼앗으려는 것이었는지, 아니면 질투심 때문이었는지는 모르지만 특히 종회가 이 일에 앞장섰다. 여러 차례 완적에게 다가와 이런저런 쓸데없는 말을 늘어놓다 점차 세상사에 대한 이야기를 대화에 끌어들이면서 완적이 어떻게 반응하는지를 지켜보았다. 완적이 줄줄 이야기하다 사마소를 건드리는 말을 하게 될 거라고 기대했기 때문이다. 심지어는 짐짓 이상한 말을 꺼내어 완적의 대답이 어떤지를 살펴보곤 했다.

마치 뱀을 굴 속에서 유인해 내려는 듯한 종회의 태도에 완적은 여전히 옛날 수법으로 대처했다. 변함없는 태도로 천변만화를 대하는 방법이었다. 찬성을 하는 것도 반대를 하는 것도 아닌 말들이었다. 종회가 수차례 와서 탐문했으나 결국 이렇다 할 꼬투리를 잡지 못하고 돌아갔다. 완적은 취한 눈을 거슴츠레하게 뜬 채 종회가 돌아가는 모습을 먼발치에서 지켜보며 미소를 지었다.

완적은 〈미후부彌猴賦〉란 글을 지었다. 우禹임금이 백익伯益에게 치수를 마친 땅 위에 있는 짐승들을 쫓아내도록 명령한 일로부터 이야기를 시작해 숲속 각종 새와 짐승을 이야기했다. 그렇게 글을 써내려 가던 그가 갑자기 원숭이彌猴 이야기를 끄집어냈다. 어떤 사람은 완적이 습관적인 풍자법을 사용해 종회를 욕하기 위해 이 글을 썼다고 했다. 완적이 정말 무슨 마음으로 이 글을 썼는지는 모르지만 논리적인 글솜씨로 좀스럽고 못난 자들의 보편적인 특징을 드러내고 있다.

그 문장 또한 기이하다. 함께 감상해 보자.

원숭이는 비교적 작은 동물에 속하며, 옹색한 곳에 묶여 있다. 겉모습은 아주 비슷해 보이지만 사실은 한 종류가 아니며, 모습이 괴팍하고 순전한 하나가 아니다. 겉모습은 총명해 보이나 그 속은 도량이 없으며, 비록 사람의 얼굴을 하고 있지만 짐승의 몸을 가지고 있다. 성질이 비천하고 좁아 터져서 앞을 향해 돌진하지만 마치 한비자가 진나라 옥중에 갇히게 되는 것과 같다. 두 눈썹을 곧추세우고 갑자기 긴 소리를 내면 마치 교묘한 말로 순진함을 가장하는 것 같다. 무리와 헤어져 홀로 있는 모습은 공자가 송宋나라에서 위협을 받고 제자들과 도망쳐 나와 정鄭나라로 갔으나 제자들과 헤어져 낙망한 모습 같다. 의관을 갖추어 이상한 옷을 입은 모습은 초패왕 항우가 진나라의 폐허를 보고 고향으로 돌아가고 싶다며 캄캄한 밤길에 비단옷을 입고 돌아다니면 무슨 소용이 있느냐고 하던 모습과 같다. 좋아하는 것에 푹 빠져들고 욕망어린 눈으로 사면을 돌아보는 모습은 마치 탁문군을 꼬셔냈던 사마상여의 곱고 아름다운 모습을 방불케 한다. 머리를 세워 입을 삐죽이며 신령스런 모습을 짓는 동작은 자기의 뜻을 증가시키고 매일 새로워짐을 나타낼 수 있다. 향기 가득한 따뜻한 물에 목욕을 하고 나오지만 더욱 때가 묻게 되니 송나라의 미인들처럼 되지 않는다. 결국은 희롱당하는 새끼줄에 매인 처지가 되며, 주인 곁에서 총애를 받지만 결코 진정으로 친해지지 않으니, 여러 가지 재주를 가지고 있으면 무엇 하는가? 오랫동안 이런 모욕을 받으면 그 모습은 당당함을 잃게 된다. 타고난 재질이 민첩하고 활발하며 재주 부리기를 좋아하며, 산골 바위 짝을 가볍게 한달음에 뛰어오른다. 사람의 손아귀에서 벗어나 동쪽을 향해 도망치지만, 이를 미리 아는 사람들이 산허리에서 그를 찾아내게 된다 (〈미후부獼猴賦〉 중에서).

완적이 비록 종회를 깔보기는 했지만 혜강처럼 격렬하거나 오만하거나 명확하지 않았다. 그는 일단 상대방을 화나게 하면 좋은 결과를 얻기 어렵다는 것을 알고 있었다. 따라서 상대에게 맞아 부러진 이빨을 뱃속으로 삼킬 정도가 되도록 참았다. 그러나 그의 뒤에서 들려오는 비방의 소리는 끊이지 않았다. 비방의 말은 마치 날카로운 칼과 같아서, 여기저기에서 날아왔으며 막으려 해도 막을 수 없었다.

칼 뽑아들고 늘어선 창검과 대면하지만,	拔劍臨白刃
어찌 그 창검이 나를 해칠 수 있으랴.	安能相中傷
그러나 교활한 자들이,	但畏工言子
내가 삼강三江가에 있다고 무고하는 것이 두려울 뿐.	稱我三江旁
샘물은 서왕모西王母가 산다는 옥산에서 흘러내리고,	飛泉流玉山
태양을 끄는 마차는 해 뜨는 곳에서 쉬고 있네.	懸車栖扶桑
해와 달이 수만 리를 지나는 동안,	日月徑千里
가을바람은 옅은 서리만 만들어낼 수 있을 뿐.	素風發微霜
벼슬길은 궁지에 몰릴 수도 득의할 수도 있으나,	勢路自窮達
소인들이 어찌 그리 긴 시간을	
지낼 수 있는지 한스럽구나!	咨嗟安可長

〈〈오언영회시五言詠懷詩〉 중에서〉

완적은 이들 옹졸한 자들을 함부로 무시할 수 없다는 것을 잘 알고 있었다. 그들은 나름대로 엄청난 능력을 갖고 있었다. 그들이 추구하는 것은 존귀한 지위, 부귀영화였으며, 이를 얻기 위해 수단방법을 가리지 않았다. 권력은 인사의 핵심이다. 사람들은 권력을 얻기 위해 어떠한 대가도 아끼지 않고 인사상에서 변화무쌍한 재주를 부린다. 한쪽을 끌어들여 다른 한쪽은 배척하고, 순간순간 무리를 지으며 목표 앞에 놓인 겹겹의 장애물들을 제거해 나간다.

완적은 자신과 같은 영재는 뜻을 얻으면 세상에 나아가 세상을 밝히는 위대한 공적을 세워 큰 위업을 이루고, 뜻을 얻지 못하면 하늘이 준 몸을 보존하고 욕심 없는 맑은 마음을 키우는 것이라고 생각했다. 복잡하며 끊이지 않는 인사의 얽히고설킴은 관심도 없었거니와 오히려 혐오했다. 사람의 일생에서 정력과 시간과 관심은 한계가 있다. 완적은 소인들과 같은 견식을 가질 수 없으며, 그들과 싸울 수 없다고 생각했다. 그런 무료하기 짝이 없는 곳에 정신을 쓸 수 없다는 것이다. 머리 좋기로 이야기하자면 자신이 그들보다 한참 위이다. 모략으로 이야기해도 재능으로 보아도 그렇다. 따라서 그들을 이기지 못하는 것이 아니라 이기기 위해 다투는 것을 꺼려한 것이다.

완적은 자신이 총애를 받든 모욕을 받든 개의치 말고 그들과 그냥 묻어서 가면 된다고 보았다. 자세히 살펴보면 소인들의 말로가 나쁘지 않은가? 완적은 그들의 말로를 자신의 위안으로 삼았다.

본래 문학을 좋아했으며 문학으로 이름을 날렸으나 그 뜨거운 열망이 정치계에서 거듭 찬물을 쓰게 되면서, 완적은 다른 할 일을 찾을 수 없었다. 어쩔 수 없이 문단으로 되돌아와 문장에 자신의 마음을 담고, 길고 긴 세월을 지내게 되었다. 마음을 쏟아 꽃을 재배하지만 꽃은 피지 않고, 아무 생각 없이 심었던 버드나무만 무성해진다는 속말이 있다. 완적은 줄곧 영웅이 되려 했으나 그 꿈이 현실에 부딪혀 산산조각이 났다. 하지만 별 뜻 없이 붓대를 놀렸던 문학에서 도리어 역사적인 지위를 얻게 되었다. 아마도 문학이 없었다면 완적은 그와 같은 명성을 얻지 못했을 것이고, 후세인들에게 그렇게 칭송받지도 못했을 것이다.

완적은 문학의 전당에 빛나는 자리를 차지하고 있다. 반대로 협의의 정치적 역사와는 거리가 멀었다. 수많은 통사通史를 아무리 뒤져보아도 그의 이름을 거론한 책은 거의 없다. 당시 시대 상황을 묘사해 역사적으로 유명한 《삼국지연의》에도 그의 이름은 거의 거론되지 않는다.

완적의 집에는 별다른 좋은 물건이 없었다. 술 아니면 책뿐이었다. 책이 도처에 어지럽게 쌓여 있었다. 그는 한 손으로 술을 들면서 다른 한 손으로는 책을 읽었다. 책의 바다에서 여기저기 헤엄쳐 다녔으며, 역사의 교훈으로 자신의 상한 마음을 달래었다. 앞사람들의 경험을 더듬어보면서 창작의 단서를 열어나갔다. 책과 같이하는 그 순간만은 영혼의 안정을 얻었으며, 마음을 쏟아 창작을 하는 그 순간만은 영웅의 기개가 여전히 격동했다. 완적은 재능과 사상의 민첩성을 가지고 있었다. 여기에서 그의 아버지 완우阮瑀의 그림자를 엿볼 수 있다.

완우와 진림陳琳은 모두 조조 휘하의 문필가로 붓을 휘두르면 바로 글이 되었다. 조조가 서량西凉의 수령인 마초와 전쟁을 할 때 서량동맹군을 분열시키기 위해 완우에게 명해 마초의 맹방인 한수韓遂에게 보내는 글을 쓰도록 했다. 군대가 출발해 조조는 앞에서 가고 완우는 말을 타고 그 뒤를 쫓아갔는데, 말 등 위에서 초안을 써서 조조에게 바쳤다. 조조가 붓을 들어 고쳐 쓰려고 한참을 보았지만 고칠 데가 없었다.

아버지는 건안建安 칠대 문장가의 한 사람이요, 아들은 죽림칠현의 한 사람으로, 위진魏晉 시대 명성이 자자했던 두 명사 집단에서 부자가 각각 한 자리씩을 차지했다. 부친은 위나라 초기 문학의 고수이며, 아들은 위나라 말기 문학의 대가로 한 시대의 처음을 열고 마지막을 장식하면서 부자가 위나라의 풍류를 엮어냈다. 완적의 시는 그가 심혈을 기울여 쓴 회포의 시 〈영회詠懷〉 82수를 대표작으로 한다. 이 82수는 회포를 표현하는 시의 새로운 형식을 만들어냈고 부賦를 짓는 새로운 수법을 열어갔으며 문인화의 신기원을 이루었다.

완적의 글은 시정詩情이 가득한 글로 아름다움, 맑음, 호방함, 은근함이 하나로 녹아 있다. 완적의 시문에는 굴원의 절절한 아픈 마음이 재현되어 있으며 〈이소離騷〉의 호방하며 낭만적인 격조가 거듭되고 있다. 아니, 모방적인 재현이나 거듭이 아니라 다른 모습으로 그 아픈 마음이 절절히 녹아 있다. 새로운 취향의 호방하고 낭만적인 감정이 표출되면서 적극적인 것이 소극적인 것으로, 명확한 것이 희미한 것으로, 격렬한 것이 슬픈 것으로 변해 있다. 그러나 불평, 처연함, 분노와 한, 자기연민, 미망은 같은 선상에 있었다.

서로 다른 점 역시 뚜렷하다. 굴원은 철저하게 세상에 속했으나, 완적은 세상과 세상 밖 그 사이를 전전했다. 굴원의 궁극적인 뜻은 '길은 끝없이 멀리 뻗어 있으니, 내 장차 위아래에서 그 뜻을 구해 찾으리라' 는 것이었다.

완적의 궁극적인 감각은 '천지가 나누어지니 하늘과 땅 사방이 생겨나고, 별들이 떨어지니 해와 달이 지네, 이 몸이 하늘로 솟아올랐지만 어디로 가야할꼬' 이었다. 완적은 굴원을 본받았으며, 〈영회〉는 〈이소〉를 본받았다. 그 묘한 부분은 같으면서도 같지 않은 데 있다. 이러한 묘함이 있어서, 후세 사람들이 완적을 굴원 이후 제일로 쳐주었다. 그에 대한 평가는 이것뿐만 아니라 더욱 기풍이 있는 것도 있다.

혜강은 마음을 스승 삼아 문장을 썼고, 완적은 기氣를 표출해 일세의 시를 남겼다. 내뱉은 소리는 달랐지만 같은 울림을 가져왔고, 서로 다른 날개를 퍼덕였으나 같이 하늘로 날아올랐다.

남조 유협劉勰이 석두성石頭城에 머물면서 굼실굼실 동으로 흘러가는 장강 물소리를 들으며 한 말이었다.

황초黃初[위문제(조비) 시대] 이후에 완적의 〈영회〉만이 지극히 고상하고 옛 풍취가 있으며, 건안建安의 풍격을 갖추고 있다.

이것은 송宋 대 엄우嚴羽가 무이武夷의 옛길을 거닐며 범우梵宇선사의 그림자를 바라보면서 말한 것이다.

건안의 일곱 대가 이후에 완적을 단연코 제일로 여길 수 있다.

이것은 청淸 대에 송장백宋長白이 머리를 깎고 변발을 하면서 한 말이다.

완적의 시문이 후대에 미친 영향은 상당히 커서 후세 대가들이 앞 다투어 이를 본받았다. 도연명이 완적의 시를 통해 속세에 초연함을 배웠고, 이태백이 완적의 시를 통해 웅혼하고 호방함을 배웠다.

휘황찬란한 문학사에서 완적은 운이 좋았다. 그는 앞 시대를 이어받고 뒤 시대를 여는 이정표 역할을 했다. 〈시경〉의 원류를 더듬어가고, 굴원, 완우의 시대를 이어받아 도연명, 이태백의 시대를 열었다. 그는 진자앙陳子昂(661~702, 당시대 인물)처럼 유주대幽州臺(하북 계현薊縣. 지금의 북경에 있던 대 이름)에 올라 눈물을 뿌릴 필요가 없었던 것이다.

앞을 보아도 옛사람을 볼 수 없고	前不見古人
뒤를 보아도 미래의 사람을 볼 수 없구나.	後不見來者
천지의 영원 무궁무진함을 생각하니,	念天地之悠悠

홀로 슬픔에 젖어 눈물을 뿌리누나.　　　　　　　　獨愴然而悌下

　문학 분야에서 이름을 남긴 것 외에는 완적은 불운했다. 수많은 왕조가
바뀌고 청淸조로 넘어와, 당시 풍운아였던 증국번曾國藩이 밖으로는 강력
한 태평천국과 싸우고 안으로는 그의 팔꿈치를 끌어당기는 조정과 공방
전을 전개하고 있었다. 이때 마음이 울적해 이를 풀 길이 없으면, 그는 완
적의 시문을 장막으로 가져와 촛불을 돋우고 밤을 지새우며 읽곤 했다.
그가 이해를 했는지 못했는지 모르지만 그 기회를 빌려 자신의 감정과 처
지를 드러내며 시문에 주석을 달았다.
　'굴원의 멀리 떠나려는 뜻과 세속을 벗어나려는 생각을 가지고 있다.'

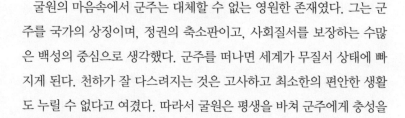

　굴원의 마음속에서 군주는 대체할 수 없는 영원한 존재였다. 그는 군
주를 국가의 상징이며, 정권의 축소판이고, 사회질서를 보장하는 수많
은 백성의 중심으로 생각했다. 군주를 떠나면 세계가 무질서 상태에 빠
지게 된다. 천하가 잘 다스려지는 것은 고사하고 최소한의 편안한 생활
도 누릴 수 없다고 여겼다. 따라서 굴원은 평생을 바쳐 군주에게 충성을
다했다. 초회왕을 위해서는 나라를 다스리는 청사진을 그려주었고, 초
경양왕 앞에서는 직언을 했다. 쫓겨나서도 여전히 군주에게 충성했다.
　멱라수에 용감히 몸을 던지기 전에도 굴원은 끝까지 군주를 잊지 못
했다. 이런 점 때문에 후대의 통치자들이 굴원을 인정했고, 단오절이 군
주와 백성이 함께 경축하는 절기가 되었다. 이로써 굴원의 사당이 삼협
의 옛 거주지를 기점으로 해 여기저기에 세워지게 되었다.
　완적은 굴원과 같으면서도 달랐다. 완적 또한 군주에게 충성한다는
사상을 가진 적이 있었고 상당히 강렬하게 충성했다. 처음에 그의 마음

속에서 군주가 차지하는 위치는 굴원과 거의 다르지 않았다. 그러나 사마씨 부자가 정권을 장악하고 조씨 천자를 괴뢰로 만들면서 정치 질서가 뒤집히기 시작하자 그는 군주의 이름과 실제의 관계에 대해 의심하기 시작했다. 특히 유가학설을 숭상하던 데서 벗어나 도가학설에 열중하게 된 후에, 노장철학의 소국과민小國寡民 사상을 통해 깨달음을 얻게 되면서 예와 지금의 정치적인 암흑 상황에 대해 현실을 맹렬히 비판하는 태도, 철저히 자연으로 귀의하려는 뜻을 결합시켜 역사상 전례 없는 용기로 군주도 없고 신하도 없다는 이론을 만들어냈다.

이 이론의 싹을 틔워 정식으로 내세우기까지는 한 기인과의 만남에서 힘을 얻은 바가 컸다. 소문산蘇門山에서 완적은 당시의 유명한 은자인 손등孫登을 만났다. 비록 그와 담론을 하지는 못했지만 손등의 생활을 보고 많은 깨달음을 얻었다.

외부의 시끄러운 세계는 혼란함 그 자체로, 교묘한 술책으로 이익을 취하고, 세력을 등에 업고 남의 것을 빼앗으며, 서로 속이고 속인다. 작은 것을 훔친 자는 목이 잘리지만, 나라를 훔친 자는 제후가 된다. 그 원인이 어디에 있는가? 군주가 있기 때문이다. 군주가 있으면 자연의 도리가 강권의 도로 바뀌게 된다. 이는 신하가 있기 때문이다. 신하가 있으면 평화의 모습이 귀천을 가리는 다툼이 된다. 군주가 없다면, 신하가 없다면, 군주도 없고 신하도 없는 국가를 만든다면 모든 것이 자연으로 돌아가고, 평화로 돌아갈 수 있을 것이다. 이 세상에 군주나 신하가 없다면 죄악이 없게 될 것이다.

집으로 돌아온 완적은 마음속이 꿈틀거림을 느꼈다. 옷을 걸친 채 자리에서 일어나 불후의 명문인 〈대인선생전大人先生傳〉을 써내려갔다. 글 속에서 대인 선생의 입을 빌려 무군무신無君無臣의 이론을 말했다.

그는 상고 시대 군주도 없었고 신하도 없었던 시절을 높이 샀으며, 한 폭의 이상향을 그려냈다.

옛날 천지가 개벽하던 초기에 만물이 다 같이 생겨났다. 대물大物은 자기의 성정性情에 맞게 안정을 취하고, 소물小物은 자기의 모양에 맞게 자리를 잡았다. 음과 부드러움은 자기의 바른 기운을 감추고, 양과 강함은 자기의 순수 정치함을 드러냈다. 온갖 해로운 것은 피할 필요가 없으며, 온갖 이로운 것은 앞을 다툴 필요가 없었다. 흩어지더라도 잃어버릴 수 없었으며, 거두어들이더라도 차고 넘칠 수 없었다. 죽음이 요절로 여겨지지 않고 생존이 장수로 여겨지지 않는다. 복을 받더라도 더 많은 것을 획득하는 것이 아니며, 화를 입더라도 뜻밖의 재앙이 아니다. 만물은 각자 자신의 운명을 좇으며, 자연법칙에 따라 상호 관계를 유지한다. 총명한 사람은 지혜를 빌려 이기려 다투지 않고, 우둔한 사람은 우둔함으로 실패하지 않는다. 체력이 약한 사람은 위협을 받아 두려움에 처하지 않고, 튼튼한 사람은 힘이 남아돌아 몸과 마음을 혹사시키지 않는다. 대저 군주가 없으면 만물이 안정을 취하고, 신하가 없으면 만사가 잘 다스려지고, 만물이 각자 자신의 몸을 보호하고 자신의 성정을 다스리게 되어, 각자의 법과 기강을 위반하지 않는다. 바로 이러하기 때문에 만물이 능히 오랫동안 번성할 수 있다(〈대인선생전〉 중에서).

그는 또한 군주와 신하가 생긴 후에 사회가 혼란스러워졌다고 비판했다.

오늘날 이들 군자들은 오음계의 음악을 만들어내어 자연의 소리를 어지럽히고, 오색을 만들어내어 타고난 모습을 바꾸어놓는다. 겉으로 그들의 외모를 바꾸면서, 속으로는 도리어 그들의 순수한 정情을 감춘다. 가슴 속은 사욕으로 가득 차, 뭇 사물을 구하고 사기와 거짓된 행위로 명성을 얻으려 한다. 그 결과 군주를 옹립한 후에 폭악무도함이 뒤따라 생겨나고, 신하의 직위를 설치한 후에 도적의 해가 뒤따라 생겨난다. 그들은 앉아서 머리를 짜내어 각종 예법을 만들어내어 백성을 속박하고, 어리석은 백성들을 속인다. 지혜를 숭상해 자신들의 신기함을 (백성에게) 드러낸다. 강자는 눈을 부라리며 잔악함을 저지르고, 약자는 전전긍긍 다른 사람을 떠받든다. 사람들은 청렴이란 이름을 빌려 탐욕을 추구한다. 속으로는 음험한 마음을 가지고 있으면서 겉으로는 순수하고, 어질고, 사랑스러움을 자랑으로 여긴다. 극악한 죄를 저지르고도 잘못을 고칠 수 없으며, 좋은 일을 만나면 오만해져서 자기 자랑뿐이다. 이러한 방법으로 이름을 드러내고 고관이 되기를 추구하니, 이로 인해 국가가 황폐해지고 정체에 빠져 일어나지 못하게 된다(〈대인선생전〉 중에서).

그는 부귀공명에 연연하는 이른바 군자들을 바지 속의 이蝨와 같다고 풍자했다.

하물며 그대는 이들이 바지 속에 있는 것을 보지 못했는가? 그들은 깊숙한 틈으로 도망가 낡아 헤어진 솜 사이에 숨어서 스스로 제일 좋은 집이라고 생각한다. 그들은 돌아다니더라도 감히 옷 틈의 가장자리를 떠나려 하지 않고, 움직이더라도 감히 바짓가랑이에서 기어나오려 하지 않고 스스로 법규와 규칙을 잘 지키고 있다고 생각한다. 그들은 배고플 때는 내키는 대로 인체를 물어뜯으며 무궁무진한 식량이 있다고 생각한다. 그러나 화산이 폭발해 용암이 넘쳐, 집을 태우고 도시를 없애버리면 이들은 바지 속에서 타죽을 뿐 밖으로 도망쳐 나올 수가 없다. 그대 군자들이 이 인간 세상에 있는 것이, 이들이 바지 속에 있는 것과 무슨 차이가 있단 말인가?(〈대인선생전〉 중에서)

군주를 찌르고, 신하를 찌르고, 완적은 상층사회의 모든 사람을 찔렀다. 여기저기 비수를 들이댔으나, 그 속에서 자신도 상처를 입었다. 왜냐하면 그 자신도 이름과 이익을 좇는 비극에서 철저히 벗어나지 못했기 때문이다.

완적의 무군무신 사상은 군주와 군주권에 대한 비평의 서막을 열었다. 동진東晉의 포경鮑敬은 한걸음 더 나아가 군주제를 반대했다. 그리고 남송南宋의 진량陳亮은 군주권을 제한하자고 했다. 명明 말 청淸 초의 대사상가들은 이러한 깃대를 이어받았다. 황종희黃宗羲는 군주전제제도를 비평했고, 고염무顧炎武는 군주의 독재를 반대했으며, 당견唐甄은 군주와 민중이 같은 위치에 있어야 한다고 요구했다. 완적이 내던진 전대미문의 사상은 군주를 신성한 제단에서 끄집어내렸다. 군주에게 역사 본래의 모습을 돌려주었으며, 군주가 당연히 져야 하는 죄에 대한 책임을 지도록 했다.

이러한 사상은 당연히 군주들이 가장 반감을 갖는 것이었다. 완적이 죽은 지 천여 년, 어찌해서 굴원처럼 관官의 환영을 받지 못했는가? 어찌해서 그를 기념하는 장소가 한 곳도 없었단 말인가? 어찌해서 그의 묘지가 그렇게 빨리 폐허로 변했으며, 더 나아가 그 폐허조차 찾지 못하게 되었는가? 대답은 간단하다.

군주제도를 반대한 완적은 군주전제 시대에서 이단이 되었던 것이다. 무릇 이단은 모두 정통관념의 배척과 공격을 받아 뿌리째 뽑혀 나가게 된다. 손중산孫文이 군주전제 시대를 끝냈을 때, 완적은 자신의 몽롱한 사상이 현실이 되는 것을 보면서 저 구천에서 미소지었을 것이다. 그러나 원세개袁世凱가 면류관을 다시 쓰게 되고 그 후에 사람들이 형식을 바꾸어 무형의 황관을 쓰는 것을 보면서, 완적은 다시 미소를 지었을까? 역사 앞에서는 그 누구도 최후의 미소를 지을 수 없는 것이다.

낙양성 동쪽으로 나오면 서남쪽에서 동북쪽으로 흐르는 낙수洛水가 가로 놓여져 있다. 낙수는 언사偃師현에서 이수伊水와 합쳐져 100여 리를 간 후에 도도하게 흐르는 황하로 흘러들어간다.

　　낙수의 유량은 그리 많지 않아 갈수기에는 장강 이남의 작은 하천과 비슷하게 된다. 그러나 낙수를 하찮게 볼 수는 없다. 낙수가 중원 지역의 영혼 같은 존재이기 때문이다. 황하를 한 마리 용에 비유한다면 낙수는 용의 입 속에 밝게 빛나는 여의주다. 이에 대해 재능이 넘쳤던 조자건曹子建이 격정을 담아 천고의 절창인 〈낙신부洛神賦〉를 쓴 바 있다.

　　인생 만년에 완적은 늘 성 밖으로 나가 낙수가를 거닐며 시간을 보냈다. 낚시를 하지도, 국화를 따지도, 술을 마시지도 않고 멍하니 앉아서 반나절을 지냈다. 마치 진흙이나 나무로 빚어놓은 조각 같았다. 낙수가에 앉아 잠깐 넋을 놓으면 멱라수의 환영이 떠오르곤 했다. 굴원을 생각하고 자신을 생각하면서 완적은 천천히 시를 읊어내려갔다.

일편단심 충성스런 마음 그 은혜를 입지 못하고,　　　丹心失恩澤

높은 덕德 그 대우를 받지 못하네.　　　　　　　　重德喪所宜

바른 말이 어찌 오래 갈 수 있으리,　　　　　　　善言焉可長

자비로움도 쉽게 베풀어질 수 없는데.　　　　　　慈惠未易施

그대는 보지 못했는가? 남으로 날아가는 저 제비를.　不見南飛燕

퍼덕이는 날개와 고르지 못한 꼬리 털.　　　　　羽翼正差池

옛 시절 고자高子*는 시경의 신시가

원한을 담고 있다고 지적했고,　　　　　　　　高子怨新詩

굴원은 모함을 받아 군주와

헤어지게 된 것을 서러워했네.　　　　　　　　　　三閭*悼乖離

태곳적 혼돈混沌이 두 제왕을 성심으로 대했는데,　　　何爲混沌氏

어이해 숙儵과 홀忽 두 제왕이 그를 해치게 되었는지.　　儵忽體貌隳

　　　　　　　　　　　　　　〈〈오언영회시五言詠懷詩〉 중에서)*

*고자高子: 고수高叟라고도 함. 《맹자》에 등장하는 인물로 《시경》 해석에 일
가를 이루었다고 하며 《시경》의 〈소아小雅, 소윤小允〉편이 원한의 감정을 품
고 있다고 지적했음. 〈소윤〉편은 주周의 태자인 의구宜臼가 참소를 받아 폐위
된 내용을 다루고 있음.

*삼려三閭: 삼려대부였던 굴원을 말함.

*혼돈에 얽힌 고사: 《장자》에 나오는 이야기로, 남해의 제왕이 숙儵, 북해의
제왕을 홀忽, 중앙의 제왕을 혼돈이라고 했는데, 숙과 홀이 혼돈에게 은혜를
입은 바가 있어 이에 보답하려 했다. 그들은 '사람은 모두 일곱 개 구멍이 있
는데 혼돈만이 없다. 우리가 뚫어주면 어떨까?' 라고 생각했다. 이에 따라 하
루에 한 구멍씩 뚫어주었는데 일곱째 날에 혼돈이 죽었다.

《사기》의 〈굴원전〉은 다음과 같이 끝을 맺고 있다.

"굴원이 멱라수에 몸을 던진 지 100여 년 뒤에 한漢나라에 가생賈生이
란 사람이 있었다. 그는 장사왕의 태부太傅로 상수湘水를 지나다가 글을
지어 굴원을 조문했다."

완적을 그 자리에 놓으면 이런 말을 덧붙일 수 있지 않을까?

'굴원이 멱라수에 몸을 던진 지 500여 년 뒤에 위魏나라에 완공이 있
었다. 그는 진晉 문왕의 중랑中郎으로 낙수가에 이르러 시를 지어 굴원을
추념했다.'

아니! 이렇게 결말을 짓기는 이르다. 해가 뉘엿뉘엿 지고 막다른 길목
에 들어선 완적은 자신의 생애가 얼마 남지 않았다고 생각해, 자신의 감

상을 시로 보여주었다.

한낮이 지나면 또 밤이 찾아오고,	一日復一夕
한밤이 지나면 또 아침이 찾아오네.	一夕復一朝
평상시의 모양으로 모습을 바꾸니,	顏色改平常
정기精氣가 자연히 소모되는 구나.	精神自損消
가슴속에는 훨훨 타는 불을 품고 있는 듯해,	胸中懷湯火
그로 인한 변화가 적지 않구나.	變化故相招
모든 일은 그 궁극이 없나니,	萬事無窮極
지모가 그만큼 풍부하지 못함으로 고생하네.	知謀苦不饒
그저 한순간에,	但恐須臾間
영혼이 바람 타고 훨훨 날아오를까 두려우네.	魂氣隨風飄
일생 얇은 얼음을 밟는 듯 지내왔으니,	終身履薄氷
누구라서 나의 이러한 초조함을 알리오.	誰知我心焦

〈오언영회시五言詠懷詩〉 중에서)

고증된 바가 없어 잘 모르겠지만 이 시가 그의 유언이라고 보아야 할 것이다.

벼슬길을 향해

죽림의 또 다른 장자 산도

＊＊＊

산도山濤는 현縣 관리의 가정에서 태어났다. 산도의 부친은 산요山曜로 완구령宛句令을 지냈다. 비록 높은 관직은 아니었으나 아들에게 최소한의 경제적 넉넉함과 사회적 지위, 교육환경을 제공할 수 있었을 것이다. 그러나 산요는 일찍 세상을 등졌다. 당시 산도는 아직 어렸고, 타고난 이런 조건들이 순식간에 사라져버렸다. 산도는 의지할 곳 없는 고아가 되었다. 부친은 청렴한 관리였기에 남겨줄 재산은 아무것도 없었다. 가난은 고아인 산도의 생활을 나타내는 말, 미천함은 고아인 산도의 신분을 나타내는 표지가 되었다.

하지만 산도는 가난과 미천함으로 인해 무너지지 않았다. 도리어 역경 속에서 분투하는 동력을 갖게 되었으며 가업을 일으키려는 뜻을 키우게 되었고, 남보다 뛰어나겠다는 꿈을 갖게 되었다. 이러한 감각은 자라나면서 줄곧 그를 따라다녔다.

산도는 적지 않은 나이에 결혼을 해 가정을 꾸렸으나 여전히 벼슬을 하지 못하고 가난에 시달렸다. 네 벽 외에는 아무것도 없는 낡은 집에서 살았지만 조금도 낙담하지 않고, 자신에 대해 상당한 자신감을 가지고 있었다. 다만 부인 한韓씨에게는 미안한 마음뿐이었다. 한씨는 식견 있는 여인으로 시집을 온 이후에 단 하루도 좋은 날을 보낸 적이 없었으나, 원망하거나 후회하지 않고 오히려 제대로 된 사람에게 시집을 왔다고 여겼다. 그녀의 말은 늘 도리에 맞았는데, 한가로울 때는 남편을 놀려대곤 했다. 어쩌면 그리 무능하고 세상일에 어두우며 우둔하느냐, 그저 집 안에 앉아 쓸데없는 이야기와 도리나 따질 줄 알지 벼슬할 줄은 모르느냐는 식이었다.

산도는 아내가 장난 치는 것인 줄 알기 때문에 그저 웃음을 띨 뿐이었다. 한두 차례 놀려댈 때는 따지려 들지 않았지만, 아내의 놀려대는 횟수가 늘어나면서 얼굴에 불쾌한 기색을 띠게 되었다. 아마 아내가 여러 차례 하는 우스갯말이 사실은 진심이 아닐까 하는 생각에서 일 것이다. 한번은 한씨에게 우스갯소리처럼 한마디했다.

"가난과 배고픔을 참고 나면, 언젠가는 삼공三公이 될 것이오. 그런데 그때 가서 그대가 삼공의 부인 역할을 감당할 수 있을지 모르겠소!"

산도는 부인의 놀림 때문에 자신도 모르게 그런 말을 내뱉고 말았다. 한씨는 남편이 화를 내는 것을 보고 자기가 너무 지나쳤다는 것을 깨닫고는 그 뒤로는 거의 그런 농담을 건네지 않았다.

산도는 도량이 있어 남들이 참을 수 없는 것도 참아낼 수 있었고, 배포가 있어 큰일을 할 수 있는 가능성을 갖추고 있었다. 이러한 능력을 살린다면, 관료세계에서 나갈 수 있을 뿐만 아니라 가문과 자신의 처지를 개선할 수 있었다. 그러나 이러한 생각은 아내 한씨에게만 이야기했을 뿐, 아주 사소한 내용도 입 밖으로 낸 적이 없었다.

인생의 목적을 사람들 앞에 공개할 필요가 없다는 것이 그의 신조였다. 은밀하게 진행하며 물이 흐르는 곳에 도랑이 생기듯 자연스러운 길을 따라가야지 억지로 하려 하면 안 된다고 생각했다. 산도는 끈기 있게 희망하는 그 날이 오기를 기다렸다.

산도가 그저 기다리기만 했던 것은 아니다. 자신의 역량을 다해 한 줄기 통로를 만들어갔다. 정시正始(위魏나라 제왕齊王 조방曹芳시절 연호, 240~249년간) 명사들의 노력으로 현학은 이미 당시의 이름난 학문이 되었다. 이름난 학문은 개인적으로 보면 그 의의가 아주 묘하기 짝이 없었다. 세상사에 대한 자신만의 통찰력을 가지고 그 학문에 힘을 쏟는다면 학술적 지위를 얻을 수 있다. 학술적 지위는 상층사회라는 대문을, 관료세계라는 대문을, 정권의 핵심에 다가가는 대문을 열 수 있는 능력을 갖고 있었다.

사실 산도는 학문에 그리 큰 관심을 두지 않았다. 학문이 정치세계와 그를 연결시켜주는 다리 역할을 한다는 데 관심이 있었을 뿐이다. 따라서 곤궁함 속에서 오랜 기간 모든 학파의 경전을 읽고 공부해 깊고 두터운 학문의 기초를 세우는 방식은 세상에 나아가 경륜을 펴려는 것과는 거리가 먼, 그다지 현실적인 의의가 없는 일이었다.

현학은 배워야 하지만 요점을 선택해 배워야 한다. 어느 것이 요점인가? 산도의 견해로는 노자와 장자가 요점이었다. 《노자》는 세상 이치에 통달하는 기상이 있으며, 《장자》는 세상 밖에서 노니는 깊은 뜻을 가지고 있다. 유가처럼 너무 꽉 짜여져 생명력이 없거나, 법가처럼 너무 가혹하거나, 불가처럼 너무 공허하지도 않았다. 무위無爲로써 하지 않는 것이 없고 고요함으로써 큰 변화를 이끌어 낼 수 있으며, 자연스러움으로 인간사를 감쌀 수 있었다.

노장의 정신을 완전히 소화하는 것의 핵심은 어떤 험악한 환경 속에서도 효과적으로 명철보신을 할 수 있다는 것이다. 이 외에 노장을 배우게 되면 반은 은자가 된다. 은자는 그 시대의 풍조였고, 그 풍조 속에서 태어난 총아였다.

　은자는 청빈함을 추구하는데 산도는 부귀함이 없었으니 그 조건은 이미 갖춰져 있었다. 은자는 깨끗함을 추구하는데 산도는 영화로움이 없었으니 그 조건도 갖추고 있었다. 조용함을 갈구하는 것이 은자인데 산도는 본래 밖으로 떠들썩하지 않았으니 그 조건 또한 갖추고 있었다. 자신의 모든 조건을 눈앞에 늘어놓아보니, 가야할 길 중 가장 적합한 것이 은자가 되는 길이었다.

　이때부터 산도는 여분의 힘을 전부 노장을 읽고 말하고, 본받는 데 쏟았다. 산도는 모든 마음을 다해 은자를 배웠고, 은자가 되기 위해 그들과 교류를 가졌다.

　은자는 혼자서 될 수 있는 것이 아니었다. 홀로 은자로 지내면 아무런 영향력도 가질 수 없게 되어 원래의 뜻과는 달리 평생을 은둔하게 된다. 일군의 무리와 짝이 되어야 한다. 이렇게 하면 은둔을 세상에 알릴 수 있고 규모를 갖출 수 있으며 등급을 갖추게 된다.

　산도는 세 가지 면을 살펴 사람들을 고르기 시작했다. 우선 적당한 신분을 갖추고 있어야 한다. 신분이 없으면 사람들에게 중시받을 수 없다. 그러나 단지 신분만 갖추어서는 안 된다. 은둔자의 소질을 갖추고 있어야 한다. 예를 들면 미친 듯 제멋대로라든가, 협객의 기질을 갖고 있다든가, 청빈함을 즐긴다든가 하는 면이 있어야 한다. 거기에 현학에 어느 정도 조예가 깊어 그의 말을 다른 사람이 들으려 하고, 그의 글을 다른 사람이 읽으려고 해야 한다.

　결과는 이상적이었다. 우선 위魏 왕실의 사위인 혜강을 사귀었고, 기주자사冀州刺史의 아들인 여안呂安을 사귀었으며, 건안建安 시대 칠대명사의 후예인 완적을 알게 되었다. 그 뒤에 상수向秀를 불러들였고, 다시 완함阮咸, 유령劉伶, 왕융王戎을 받아들였다.

이들은 혜강이 사는 곳인 산양山陽에 모여들었다. 장소는 아주 절묘했다. 산양은 낙양에서 200여 리 떨어진 곳으로 멀지도 가깝지도 않은 곳에 있었다. 황제의 발 밑에 있지는 않았지만 조정의 시선이 닿는 곳이었다. 녹림의 고적함이 있으면서 황궁의 주목을 받을 수 있는 위치였다. 거처 주변에는 대나무 숲이 있어 은자의 풍격과 아주 잘 어우러졌다.

드디어 죽림의 노님이 형성되었다. 그중에서 산도가 가장 나이가 많고 또한 후덕했기 때문에 자연히 다른 사람들에게 존경받았다. 존경을 받는 이와 지도자의 위치는 별 차이가 없기에, 산도는 마음을 쏟아 설계한 첫 걸음을 성공적으로 내딛을 수 있었다. 후대에는 그 정신을 논하면서 완적이나 혜강을 죽림칠현의 우두머리로 삼았지만, 실제로는 인간 관계에 달통했던 산도가 그 자리에 걸맞았다. 죽림칠현을 처음 결성할 때 그가 어떠한 역할을 했든, 그는 인심을 끌어모으는 중심 인물이 될 수밖에 없었다.

죽림에 현자들을 끌어모은 후 산도의 몸값은 이미 옛날과는 비교할 수 없었다. 산도는 죽림에서 어른격이었다. 모든 면에서 연장자의 풍격을 드러내었다.

왕융은 존경과 감탄의 마음을 담아 산도를 평가했다.

"투박한 옥에 금을 두른 것 같아, 사람들은 모두 그 보석을 좋아하지만 그것을 어떻게 이름지어야 할지를 모른다."

천성적인 자질에 노자와 장자에 대한 공부가 더해져 산도는 비범한 능력과 인내력을 갖추게 되었다. 다른 사람을 놀라게 하는 말은 삼가고 고답적인 모습은 드러내지 않았다. 밖으로는 당당하며, 안으로는 도량을 갖추고 있었다. 화평하고 부드러운 행동은 그 깊이를 측량하기 어렵고, 그 높이를 쳐다볼 수 없으며 그 넓이가 바다 같아 넘을 수 없었다.

산도가 마흔이 되자, 그가 꿈 속에서도 못잊었던 벼슬길이 비로소 열리기 시작했다. 하내군河內郡의 관리가 벼슬길에 나오라고 청했던 것이다. 산도는 거리낌 없이 관계에 발을 들여놓았다. 무인武人이 전쟁터에서 칼과 창을 휘두르며 공명을 낚는 것처럼, 산도 역시 관계官界에서 나름의 재능을 발휘해 공명을 얻으려 했다. 공명을 얻으려는 것은 관복을 제멋대로 휘날리며 뽐내는 자들, 그 고관대작의 자제들, 그 휘황찬란한 가문의 인사들보다 자신이 못지 않다는 것을 증명하려는 뜻이었다. 그는 우선 군郡의 장관을 보좌하는 주부主簿로 임명되었다. 두 번째는 군내 관리 선발을 맡는 공조功曹, 세 번째는 중앙정부에 군내 상황을 보고하는 상계연上計掾을 맡았다. 산도는 직책과 직위, 권력을 통해 민속과 풍토를 잘 알게 되었고, 관료세계의 인정을 꿰뚫어보게 되었으며, 중앙정부 권력층의 요인과 접촉하게 되었다. 자신의 정치적 영향력을 넓혀가는 동시에 한걸음 더 나아가 기초를 두텁게 다져갔다. 산도는 그리 눈부시진 않았지만 상당히 실제적 출발점에 섰던 것이다.

당시 지방행정은 주州, 군郡, 현縣의 세 등급으로 나뉘었다. 산도는 현을 거치지 않고 바로 군에서부터 출발했다. 그는 타고난 관료 자질에 기대어 뛰어난 업적을 이뤄 군의 효렴孝廉으로 선발되었다.

효렴을 추천하는 것은 한漢 문제文帝가 처음 만든 인재선발제도였다. 한 무제 때 정식으로 그 제도가 확립되었으며, 동한東漢, 위, 진에서 이를 이어받았다. 거효擧孝는 효성이 지극한 사람을 선발하는 것이며 거렴擧廉은 청렴함으로 이름이 높은 관원을 선발하는 것이다. 처음에는 그 둘이 각각 달리 행해졌으나 시간이 지나면서 하나로 통합되어고, 관리를 선발하는 중요한 경로가 되었다. 선발 인원은 엄격히 제한되어 있었는데 기본적으로 군국郡國을 단위로 해 매년 한 명 내지 두 명을 선발했다. 선발된 사람은 중앙정부에 들어가 낭관郎官이 될 수 있었고, 기회가 되면 낭관을 뛰어넘어 각 부문의 관원으로 승진되거나 현령縣令으로 나갈 수도 있었다. 거기서 다시 주州나 군郡의 수령이 되거나 중앙의 요직으로 발탁될 수 있었다.

당시 사람들은 효렴으로 선발되는 것을 벼슬길로 가는 계단에 오른 것이라 생각했다. 산도는 효렴이 된 후 좋은 평가를 받아 주의 종사從事로 전직했다. 종사는 여러 종류가 있었는데 모두 주 정부 안에서 한 부문의 일을 주관하는 직책이었다. 산도가 담당한 것은 군국郡國종사로 하내군河內郡의 사무를 관리하고 연락하는 업무였다(일설에는 하남군河南郡이라고 한다). 하내군이든 하남군이든 모두 수도인 낙양 주변을 범위로 하는 특별 설치 주州의 관할 지역으로 특별 설치 자사刺史─사예교위司隸校尉가 다스리는 지역에 속했다.

주 정부는 낙양에 설치되어 있었다. 말하자면 산도는 황제의 발밑에서 일을 하는 셈이었다. 주 중에서도 천하제일로 손꼽히는 주의 관원이 된 산도는 중앙정부에서 멀지 않은 곳에 있었다. 산도는 번잡하게 오가는 마차들의 행렬을 사이에 두고 중앙정부 대문을 바라보며, 지리적 거리든 심리적 거리든 중앙정부의 대문이 아주 가까이에 있음을 느끼게 되었다.

산도의 앞길에 변화가 생겼다. 위 명제가 죽고 나서 얼마 되지 않았을 때이다. 조정에서는 대장군 조상과 태부인 사마의가 공동 집정하면서 새 황제인 제왕 조방을 보좌한다고 했다. 그러나 실제로는 사마의가 병을 앓고 있어 조상이 대권을 휘두르고 있는 상황이었다. 산도는 정치세계에서 받은 느낌과 각종 떠도는 말들을 종합해 보면서 점차 생각을 가다듬었다. 사마의의 경력과 능력, 이전의 표현을 고려해 볼 때, 병을 가장하고 있을 가능성이 높았다. 조상이 경계심을 잃게 해 자기에게 유리한 기회를 만들어내려는 속셈일 수 있었다.

이제 조씨와 사마씨 두 집단의 충돌이 어둠 속에서 모습을 갖추어가고 있어, 누가 이기고 질지 예측하기 어려웠다. 자신은 그 중간에 끼어 있었기 때문에 어느 쪽이 승리하든 모두 좋지 않았다. 산도는 고심 끝에 방법 아닌 방법을 쓰기로 했다. 명의상 직무를 가지고 있되 아무 일에도 관여하지 않으며, 관료세계에 숨어지내는 것이다. 그렇게 하면 조상 집단에게 미움받지 않고, 사마의 집단과도 갈등이 생기지 않을 것이다. 그런 후 한걸음 더 나아가 방향을 살펴보고 다시 갈 길을 정하면 된다.

이로 인해 풍부한 이야깃거리를 만들어내는 어느 날 밤 일이 발생하게 된다. 산도는 외출을 했다가 황혼 무렵 석감(石鑑)이라는 관원과 역참에 투숙했다. 저녁을 먹은 후 두 사람은 이런 저런 일을 하다 잠자리에 들었다. 얼마 지나지 않아 석감은 코를 골며 잠에 떨어졌지만 산도는 뒤척거리며 잠을 이루지 못했다. 그는 몸을 일으켜 깊이 잠든 석감을 여러 차례 가볍게 밀면서 억지로 깨우고는 말했다.

"지금이 어느 때인데 아직도 그렇게 깊은 잠을 자는가? 태부가 누워 있는 뜻을 아는가?"

석감은 거슴츠레한 눈을 억지로 비비면서 아무렇지 않다는 듯 말했다.

"옛 규칙은 재상이 3일을 조회에 나오지 않으면 바로 면직을 시키고 집으로 돌아가게 하는 것이다. 태부는 집에 드러누워 있는데 그대는 어찌 근심을 하는가?"

석감의 말이 자신의 뜻과 같지 않자 산도는 불쑥 이런 말을 했다.

"아이! 석형은 장차 말발굽 사이에 끼어 아무 일도 못할 것이오."

산도는 말을 끝내자 부절符節을 꺼내들고는, 역졸을 불러 그것을 보게 한 후 문을 열고 가버렸다.

이때부터 산도는 완전히 변해 어떤 일에 대해서도 자기와는 무관하다는 태도를 보였다. 윗사람이나 동료에게도 그저 건성으로 대했다. 지극히 공허한 태도였다. 이러한 태도를 계속 보이자 다시 승진하는 것이 불가능하게 되었다.

산도가 원한 바는 승진하지 않는 것, 그래서 중앙정부로 들어가는 일을 피하고 조상 집단과 가깝게 되는 것을 피하는 것이었다. 그는 두 집단의 싸움이 끝나기를 기다렸다. 그런 식으로 하면 비록 조상 집단 안에서 얻을 수 있는 것은 잃어버리지만, 정치적인 보험도는 크게 증가시킬 수 있었다. 아무튼 실보다는 득이 많다고 보았다. 2년이 채 지나지 않아 그의 예견이 사실로 증명되었다. 조상 집단이 사마의 집단에 의해 결단이 났기 때문이다. 이러한 정치적 형세의 격변 속에서 여전히 관리사회에 있으려던 사람들은 모두 선택의 여지없이 사마의 집단으로 들어가서 한 자리씩 차지했다.

그러나 산도는 달랐다. 그는 관리사회를 아예 떠나버렸다. 이보 전진을 위한 일보 후퇴였다. 그는 이 시점에 사마의 집단에 들어가면 중용되기 어려울 뿐만 아니라 자신의 몸값이 떨어질 수 있음을 명확히 알고 있었다. 유일한 길은 다시 한번 은둔해 더욱 큰 명성을 얻는 것이다. 산도는 다시 죽림으로 되돌아와 속세와 인연을 모두 끊었다.

사마의가 집권하던 시기에 산도는 줄곧 은둔했다. 산도는 은둔으로, 사마의는 정치 상황으로 인해 서로 전혀 관계하지 않았다. 하지만 조그만 일은 있었다. 산도와 같은 성씨를 가진 조정의 관리가 있었는데 사마의에게 산도가 도량이 크고 국가동량의 재주를 가지고 있다며 그를 천거했다.

"산도는 사마사, 사마소와 함께 천하를 다스릴 수 있는 인물입니다."

그러나 사마의는 희롱조로 한마디를 내뱉었을 뿐이다.

"경의 가문은 작은 족속에 속하오. 어디 사람들의 마음에 들 만한 사람이 있겠소?"

사마의가 한마디로 거절의 뜻을 나타내자 산山씨 관리는 아무 말도 하지 못했다. 사마의의 거절은 산도가 비록 명사이기는 했으나 대명사의 반열에는 들지 못했다는 것을 의미했다. 이로써 산도는 은둔을 통해 이름을 날리고, 그 이름을 통해 벼슬길에 나서려 했던 계산이 크게 빗나갔다. 산도는 몸을 낮추어 더 은둔을 해야만 했다.

사마사가 집권을 한 후 산도의 인내는 한계에 달했다. 그러나 조정 역시 그를 부르지 않으니 어떻게 하는 것이 좋단 말인가? 이리 저리 생각을 거듭하던 그의 머리에 한 여인이 떠올랐다. 그 사람은 다름 아닌 사마의의 아내 장춘화張春華였다.

장춘화는 사마의의 본처로 사마사, 사마소의 친어머니였다. 그녀는 남보다 뛰어난 지력, 재간, 박력을 가진 여인으로 남편의 성공에 적지 않은 영향을 주었다. 당초 조조는 사마의를 불러 쓰려 했으나 사마의가 이를 원하지 않았다. 그래서 이를 중풍을 가장해 거절했다. 하루는 햇볕이 아주 쨍쨍해 집사람들에게 책을 끄집어내어 말리도록 했다. 그러나 얼마 지나지 않아 갑자기 하늘이 새까매지면서 폭우가 쏟아졌다. 급한 마음에 병든 체하고 있던 것을 까맣게 잊고는 자리에서 일어나 책을 거두어들였다. 그런데 그때 집안의 여자 노비가 지나가다 이 광경을 보았다. 그 일이 있은 후에 사마의는 기밀이 새어나가 큰 화를 당할까봐 마음이 불안했다. 이를 안 장춘화가 남편을 위로하고 안심시키기 위해 직접 손을 써 노비를 죽여 입을 막았다. 이때부터 사마의는 본처를 달리 보게 되었다. 그러나 사마의가 성공한 후 새로 얻은 백柏부인을 총애하게 되면서, 늙어 누런 얼굴이 된 본처에게 싫증을 내 거의 만나지 않았다. 한번은 장춘화가 병이 나서 누워 있는 사마의의 병문안을 왔다. 사마의는 고맙게 여기기는커녕 도리어 귀찮다는 듯이 화를 벌컥 내었다.

장춘화는 부끄럽고 원망스러운 마음을 참을 수 없어 단식을 하며 죽겠노라고 소동을 피웠다. 모친의 이 모습에 사마사, 사마소, 사마간 세 형제가 단식을 시작해 부친에게 항의했다. 사마의는 출중한 아들들을 그대로 놔둘 수 없어, 억지로 몸을 일으켜 아내가 있는 곳에 가서 사과해 가정분란을 멈출 수 있었다. 사마의가 침실로 돌아오면서 옆 사람에게 한마디 내뱉었다.

"늙은 것은 아까울 것이 없지만, 내 아들들이 힘들까봐 그런 것이야!"

장춘화는 아들이 집권할 때까지 살지 못했다. 우울함이 병이 되어 남편보다 먼저 세상을 하직했다. 산도가 장춘화를 생각하게 된 것은 그녀가 자신의 먼 친척이었기 때문이다. 비록 그녀는 세상에 없었지만 당시 집권을 하고 있던 사마사는 어머니에 대한 감정이 아주 깊었다. 먼 친척 관계를 빌려 어머니를 그리워하는 정서가 짙은 사마사 쪽을 왔다갔다 하다 보면 행운을 낚을 수도 있을 거라고 생각했다.

이러한 행운은 산도가 그곳에 가자마자 찾아왔다. 그러나 그와 동시에 사마사의 조롱을 받았다.

"여망呂望은 벼슬을 할 생각이 있는가?"

여망은 민간에 강태공으로 잘 알려진 인물이다. 전설에 따르면 그는 바늘이 직선인 낚싯대로 위수渭水가에서 낚시를 하고 있었는데 80세에 주周 문왕을 만나 비로소 벼슬길에 들어섰고 왕의 군대를 이끌었다. 조룡은 조룡이고 산도를 여망에다 비교한 것은 사마사의 다음과 같은 뜻을 함축한다. 첫째, 그의 나이가 많다는 것을 지적하고 있다. 둘째, 그가 가난하고 초라하다는 것을 말한다. 셋째, 그가 제발로 와서 벼슬을 구한 것을 조룡한 것이다. 넷째, 그의 명사로서 지위를 어느 정도 인정했다는 것이다.

벼슬하려는 마음이 간절했던 산도는 조룡을 참으면서 사마사의 묻는 말에 부드럽게 답변했다. 사마사는 산도를 직접 벼슬자리에 앉히지 않았고, 찰거察擧의 경로를 밟아 다시 시작하도록 조치했다. 산도의 소재지의 주州장관인 사예교위에게 수재秀才의 명분을 내리도록 명령했다.

수재는 찰거의 중요한 경로로 효렴으로 천거되는 형식과 같았다. 단지 이름만 다를 뿐, 재능이 출중한 인재를 뽑을 때 수재라는 말을 사용한 것이었다. 이 부문은 한 무제 때 설치된 것으로, 동한 시대에 이르러 광무제 유수劉秀의 이름을 피하기 위해 무재茂才로 명칭을 바꾸었다가, 위나라 성립 후에 다시 수재로 명명하게 되었다. 수재를 천거하는 것과 효렴을 천거하는 것이 비록 인재를 선발하는 중요한 과목이었지만 나중에는 권력자와 문벌에 의해 좌지우지되었다. 이에 따라 원래 인재 선발의 뜻은 이름만 남은 상황이 되어 당시 다음과 같은 속말이 나돌기도 했다.

'수재로 천거된 자가 책을 모르며, 효렴으로 천거된 자가 부친과 떨어져 산다.'

산도는 사마사의 명령으로 천거의 모든 과정을 생략한 채 바로 수재가 되었으며 재차 관리가 될 자격을 얻었다. 우선은 중요한 관리의 후속 부대의 낭중郎中이 되었다가, 뒤이어 표기장군驃騎將軍 왕창王昶의 막료인 종사중랑從事中郎이 되었다. 늙은 승려가 참선에 들어가듯 산도는 이때부터 관리사회에 뿌리를 내렸다.

산도의 관운이 진정으로 열린 것은 사마소 때였다. 그가 표기장군부府에서 한참 바쁘게 일을 보고 있을 때, 갑자기 제후국인 조국趙國의 국상國相으로 가라는 명령을 받았다.

조나라의 정부 소재지는 방자房子(지금의 하북성 고읍高邑 서남쪽)로 관할 지역은 지금의 하북성 조현趙縣, 원씨元氏, 고읍高邑, 내구內丘, 임성臨城, 백향柏鄕, 찬황贊皇 등 현縣과 평향不鄕, 융요隆堯 두 개 현의 일부 지역이었다.

국상國相은 제후국에 설치한 재상으로 권력은 군郡의 태수太守에 상당했다. 이 벼슬은 산도가 처음으로 얻은 실제 자리였다. 그는 이 임무를 통해 한 지역의 정치를 주재했고, 권력 사슬 중 한 부분을 체험했으며, 국가의 계획과 민생을 다루는 경험을 적극 흡수하게 되었다.

국상으로 부임한 이래 산도는 뛰어난 능력을 보여주었다. 사마소는 그의 능력에 만족해 하면서, 수도로 올라와 상서이부랑尙書吏部郎을 맡으라고 명령했다. 상서이부랑은 상서대尙書臺에서 관원 선발의 임무를 맡고 있는 중요한 직위로 누구나 앉고 싶어하는 직위였다. 사마소가 산도를 높이 사 중요한 직위에 앉힌 것이다.

산도는 벼슬을 하면서도 재물을 탐하지 않았다. 조趙나라에서 떠날 때도 빈손 그대로였다. 상서이부랑은 이권이 걸려 있는 자리였다. 벼슬길에 오르려는 사람들과 승진을 바라는 관리들이 끊이지 않고 뇌물공세를 폈다. 하지만 산도는 이를 일절 받지 않았다. 재물과 부귀를 몸 밖의 외물로 여기며, 화를 불러일으키는 단초로 여기는 노장 사상에 깊이 영향받은 그는 사치를 업신여기며, 호화로운 생활에 빠져들지 않았다.

비록 산도가 뇌물을 거절하긴 했으나 자신이 벼슬길에 어렵게 오른 경험이 있어 관직을 구하는 사람들의 고충을 깊이 이해했다. 따라서 거절할 때에도 완곡한 태도를 보였으며, 바른 소리로 남을 훈계하거나 고결한 자세를 보이지 않았다. 이렇게 해 선물을 보낸 사람의 자존심을 상하게 하지 않았을 뿐만 아니라, 여기저기에 원수를 만드는 일을 피했다. 거절할 수 없을 때 그가 취한 방법은 원래의 물건을 봉인한 채 전혀 손대지 않고 그대로 놔두는 것이었다.

산도의 청렴결백한 태도는 평생 한결같았다. 그런 태도는 그가 가장 높고 영광스러운 삼공三公의 자리에 오른 후에도 전혀 변하지 않았다. 조강지처가 젊은 날 배고픔과 추위를 참고 같이 어려움을 겪어준 것에 감사해 줄곧 도타운 감정과 의기로 대했다. 첩을 들이지 않았고 미인을 찾거나 화류계에 빠지지 않았다. 봉급과 상금은 일상생활에 필요한 것을 빼고는 모두 친척이나 이웃에게 나누어주었다.

곤란한 일도 있었다. 격령鬲令인 원의袁毅가 뇌물로 받은 물건들을 조정의 고관들에게 나누어 보내 그들의 칭찬을 받으려 했다. 산도는 고관 중에서도 대표적인 인물이었기 때문에 상등의 비단 100근을 받게 되었다. 산도는 원치 않은 물건이었지만 다른 고관들이 이미 다 받은 상황이라 여러 사람들의 뜻에 어그러지지 않으려는 생각에 어쩔 수 없이 이를 받았다. 그러나 선물 받은 비단을 그대로 창고에 쌓아놓았다. 뒷날 원의가 뇌물을 준 일이 드러나자 산도는 비단을 끄집어내어 사법부에 넘겨주었다. 비단은 처음 그대로 봉인된 채 두터운 먼지를 뒤집어쓰고 있었다.

산도는 상서이부랑의 자리에 있었지만 청렴한 탓에 여전히 가난했다. 사마소는 조정의 신하들에게 청렴한 신하가 결코 손해를 보는 것이 아니라는 것을 보여주고, 그 기풍을 널리 퍼뜨리기 위해 산도에게 특별한 문서를 써 직접 하사했다.

그대는 매사에 청렴하며 사리가 분명하고 고상하되 열심히 일하고 있습니다. 여러 가지 부족하다는 것을 알기에 20만 관의 금전과 곡식 200가마를 보냅니다.

사마소는 금전과 곡식을 하사하고서도 미진한 마음이었는지 황제가 그의 형인 사마사에게 하사했던 옷을 산도에게 내려주었다. 또한 나이가 많은 산도의 모친에게 특별히 명아주로 만든 지팡이를 선물하기도 했다. 사마소가 이렇게 산도를 후하게 대접한 것은 단순히 그가 청렴하기 때문만은 아니었다. 산도가 좋은 인재들을 뽑아주었기 때문이다. 그리고 무엇보다도 산도는 사마소의 편이라는 명확한 정치적 입장을 보이고 있었다. 순풍이 불기 시작했다. 산도가 관계에서 잘 나가기 시작한 것이다.

산도는 관계에서 일군의 친구들을 사귀게 되었다. 친구 사귀기를 좋아하는 그였지만 절대 함부로 사귀지 않았다. 빼어난 사람, 쓸모 있는 사람, 의기투합하는 사람, 한 분야에서 뛰어난 사람들이 그 대상이었다.

산도와 가장 잘 지낸 친구는 20여 세나 나이 차이가 나는 종회鍾會와 배수裴秀였다. 당시 종회의 직위는 높지 않았다. 중랑中郎급의 문서를 다루는 인원에 불과했다. 그러나 정계에서는 빛나는 별이자 사마소에게 두터운 신임을 얻고 있던 기세등등한 권력의 핵심이었다.

배수는 어려서부터 문장으로 이름을 날렸으며, 그 기개와 도량, 학식, 효행으로 명성이 원근에 자자했다. 진秦나라 때 12세의 나이로 상경上卿이 된 감라甘羅에 비유되거나 공자의 제자 안회와 비교되다가, 벼슬길에 들어선 이후에는 '후세의 지도적 인물은 배수'라는 칭찬을 받았다. 당시 산기상시散騎常侍로 국가의 대사에 참가했으며, 그 역시 사마소의 두터운 신임을 받았다.

그 두 사람은 당연히 서로 단결해 손을 맞잡고 큰일을 해야 했으나 사정은 정 반대였다. 아마도 청년 중에서 지도적 위치를 차지하려고 했거나, 사림士林 중에서 서로 앞에 나서려고 했거나, 사마소 앞에서 권력을 쥐려고 해서 그랬을 것이다. 두 사람은 서로를 얕잡아 보며 인정하지 않았다. 서로 의견을 양보하지도 않았으며 이러한 갈등이 점점 깊어져 더이상 어떻게 풀 수 없는 지경이 되었다.

종회와 배수 두 사람은 서로 으르렁거렸지만, 정말 신기한 일은 산도가이 두 사람과 아주 잘 지냈다는 것이다. 두 사람은 산도가 양다리를 걸치고 있다고 조금도 원망한 적이 없었으니 이상하다면 이상한 일이었다.

배수는 사람에 대해 평가를 잘했는데, 종회를 다음과 같이 말했다.

"마치 무기고를 보는 것 같다. 온통 칼과 창만이 보인다."

산도에 대해서는 이렇게 말했다.

"산에 올라 아래를 내려다보는 것과 같다. 그윽하며 깊고 멀다."

이로 볼 때 산도는 원만하고 융통성이 있었으며, 그의 원만함은 최고의 경지에 달했던 것으로 보인다. 그렇지 않았다면 두 사람 사이에서 적합한 위치를 찾기 어려웠을 것이다. 하지만 산도가 아무리 원만했다 할지라도 두 사람과 사귀면서 기껏해야 표면적으로만 편해 보였을 뿐, 속으로는 힘들었을 것이다. 그러나 그 역시 앞으로 더 나아가기 위해 힘들여 종회, 배수와 가까이 지냈다.

왜냐하면 사마소가 아끼는 두 사람이 산도에 대해 좋은 말을 하게 할수 있었기 때문이다. 갈등이 심한 두 사람이 어떤 한 사람에 대해 좋은말을 한다면, 이를 들은 사마소는 자연히 공평타당 하다는 느낌을 갖게되지 않겠는가? 이러한 일을 통해 온 조정의 사람들이 산도의 사람됨이부드러우며 친구를 잘 사귄다는 것을 알게 되었다.

옛말에 부유해지면 처를 바꾸고, 귀해지면 친구를 바꾼다고 했다. 하지만 이는 적어도 산도에게는 적용되지 않는 말이었다. 그는 부유해졌지만 처를 바꾸지 않았으며, 귀해졌지만 친구를 바꾸지 않았다. 새로운 친구를 사귀고도 산도는 옛 친구, 특히 죽림의 옛 친구들을 잊지 않았다.

주인이 좋으면 손님들이 열심히 찾아온다는 속말이 있다. 산도는 고상한 사람이었다. 그의 집에는 손님이 끊이지 않았다. 그는 손님을 대하는 데 예의를 다했다. 특히 완적, 혜강에게는 열과 성을 보였는데 그 정도가 마치 의형제를 맺은 것 같았다. 부인인 한씨가 이해하지 못하고, 이상하다는 듯이 남편에게 왜 그러냐고 물어보았다. 산도는 옛날 죽림을 거닐던 일을 끄집어내면서 부인에게 말했다.

"내가 당초 친구로 사귈 수 있었던 사람은 오직 이 두 사람뿐이었소!"

한씨는 춘추 시대의 다음과 같은 일을 알고 있었다. 진晉 문공 중이重耳가 밖에서 19년간 유랑을 할 때, 호언狐偃, 조쇠趙衰 등 목숨 걸고 따르는 무리 10여 명을 얻었다. 유랑 중 그가 조曹나라에 이르렀을 때 조나라 대부大夫 희부기僖負羈의 처인 여呂씨가 몰래 영걸들을 살펴보고는 중이가 진나라를 부흥시킬 수 있다고 결론을 지은 적이 있다. 한씨는 남편에게 이러한 방식을 본떠 완적, 혜강 두 사람을 몰래 관찰할 수 있도록 허락해 달라고 했다.

산도가 그러라고 했다. 어느 날 완적, 혜강이 집에 왔다. 한씨는 풍성한 술과 고기를 준비하고 그들을 하루 밤 머물도록 하라고 남편에게 일러두었다. 세 사람이 밖에서 흥겹게 이야기를 나누는 사이, 한씨는 미리 뚫어놓은 담구멍을 통해 날이 밝도록 그들을 지켜보았다. 완적, 혜강이 돌아 간 후 산도가 안으로 들어와 아내에게 물었다.

"그래 그대가 보기에 두 사람이 어떻소?"

한씨가 단도직입적으로 말했다.

"영감의 재주는 두 사람에게 한참 뒤쳐집니다. 그러나 영감의 도량은 그들과 친구가 될 수 있습니다."

산도는 반박하지 않고 이에 동의했다.

"그들 역시 나의 도량을 높게 쳐주고 있소."

산도와 혜강과의 교분은 완적과 혜강과의 교분에 미치지 못했던 듯 싶다. 각각 노장을 배웠으나 깨우친 내용이 서로 크게 달랐다. 혜강이 배운 것이 소요유의 신선적 운치였다면, 산도가 배운 것은 보신의 정수였다. 비록 산도가 원만한 처세를 주장했지만, 혜강의 굴하지 않는 기개에는 찬탄을 보냈다.

산도는 지극히 도량이 큰 사람이었다. 그의 가장 큰 장점은 후진들을 긍정적으로 받아주고 선발해 주었다는 것이다. 혜강과 마음을 주고받던 그는 이 친한 친구가 오랜 기간 중산대부라는 한직에 머물러 있었으며, 지극히 청빈한 생활을 한다는 것을 알고 있었다. 대장장이 노릇을 하며 생활하는 그를 보며 벼슬길에서 도와주고 싶었다. 완적은 이끌어 줄 필요가 없었다. 그의 직위는 이미 자기보다 높은 대장군 종사중랑인 데다 사마소의 총애를 받고 있었다.

산도는 혜강을 도우려 했지만 기회가 오지 않아 고심하고 있었다. 산도가 상서이부랑 직위를 너무나 빼어나게 잘하자, 얼마 지나지 않아 사마소가 그를 산기상시散騎常侍로 영전시켰다. 산기상시는 비록 실권을 쥐고 있는 직위는 아니지만 윗사람에게 간언하는 청렴한 인사가 맡는 직위로 고위층으로 올라가는 계단이었다. 이것은 좀체 얻기 힘든 기회였다. 산도는 이를 일거양득의 기회로 보았다. 자신도 한 걸음 더 발전할 수 있으면서 혜강도 앞으로 나아가게 할 수 있다고 여겼다. 그가 생각한 방법은 상서이부랑의 자리를 혜강이 이어받도록 추천하는 것이었다. 그가 이렇게 하면 명사들을 자기를 위한 장식품으로 세심하게 배치하고 있는 사마소가 반드시 머리를 끄덕이며 받아줄 것이고, 가난에 찌들린 혜강 또한 흔쾌히 받아들일 것이라고 생각했다.

그러나 결과는 산도의 추측이 반만 맞는 것으로 나타났다. 우선 사마소에게는 허락을 받아냈다. 그러나 추천했다는 소식을 들은 혜강은 그에게 감사하기는커녕 절교서를 보내와 오랜 친구 관계를 단절했다. 친구의 절교서를 받아든 산도는 탄식했다. 절교서는 생각하지 못했기 때문이다. 뒷날 혜강이 절교서의 몇 마디로 사마소에게 죄를 얻어 단두대에서 이슬로 사라지게 되자, 산도는 이 일이 자기 탓이라 한탄하며 번민했다. 하지만 지나간 일은 어쩔 수 없었다. 그는 뒷날 혜강의 아들인 혜소嵇紹를 보살펴주는 것으로 마음을 달랠 수밖에 없었다.

혜강이 피살당하자 산도는 유감을 느꼈다. 그러나 유감만으로는 사마소에 대한 두려움을 이겨낼 수 없었고, 앞날에 대한 유혹을 떨쳐버릴 수 없었다. 그는 이 일을 계기로 사마소에게 더욱 가까이 다가갔다. 사마소는 이러한 태도를 높이 샀고 점차 산도를 자신의 심복으로 여겼다. 완적이 자진해 보병교위步兵校尉로 간 후 사마소는 공석이 된 대장군종사중랑의 직위를 산도에게 주었다. 이 자리는 비록 막료나 다름없었지만 두 사람만 그 직위에 있었기 때문에 사마소를 가까이서 받드는 자리라고 할 수 있었다. 만일 아무 일도 아니라는 듯이 모신다면 한직이었지만, 정성을 다한다면 권력의 중심에 서게 되는 그런 자리였다. 완적이 그 자리에 있으면서 제멋대로 굴고 정성을 쏟지 않았던 반면 산도는 직위를 맡은 후에 부지런하고 성실하게 일했으며, 만사를 사마소를 먼저 고려해 처리했다.

이 무렵 산도의 한 친구가 사고를 냈다. 그는 다름 아닌 정계를 휘어잡던 종회였다. 종회는 위나라 군대를 통솔하고 촉나라를 정벌하러 갔으며, 등애의 힘을 빌려 어려움을 돌파한 후 도리어 역모를 꾀했다고 등애를 무고했다. 그는 보고서를 올려 등애를 칠 수 있도록 허락해 달라고 사마소에게 요구했다. 사마소는 종회가 등애의 부대를 겸병해 창끝을 낙양으로 돌리려 한다는 것, 만약 일이 성사되지 않는다면 촉땅에서 왕이 되어 한 지역을 차지하려 한다는 것을 간파하고 있었다.

사마소는 짐짓 종회의 보고에 동의하는 척 하면서, 자신이 직접 대군을 끌고 장안으로 가서 등애의 역모에 따른 만일을 대비하겠다고 말했다. 그러나 실제로는 종회가 사천에서 동쪽으로 돌아오는 길목을 막아 촉나라 안에서 그를 섬멸하려는 것이었다.

사마소는 자신이 아니면 종회를 막을 수 없다고 보았기 때문에 장안으로 떠나려 했다. 그러나 떠나기 전에 처리해야 할 커다란 근심거리가 있었다. 줄곧 그가 꼼짝 못 하게 묶어놓은 위나라 황실 사람들이 모두 업鄴 땅에 집중되어 있었기에, 떠나고 나면 그 빈틈을 노려 후방에서 자신에게 불리한 일을 꾀할지도 몰랐던 것이다.

사마소는 이리저리 고민 끝에 가장 적합한 인물로 산도를 생각해 냈다. 그는 산도를 불러 중임을 맡기면서 말했다.

"서쪽의 일은 내가 다 처리하겠지만, 후방의 일은 경에게 모든 것을 맡기오."

산도는 기대에 어그러지지 않게 하겠다며 중임을 맡은 동시에, 행군사마行軍司馬의 직위와 친위병 500명을 받았다.

사마소는 장안으로, 산도는 업땅으로 떠나갔다. 하지만 종회는 촉을 벗어나기는커녕 부하들의 변란으로 이미 살해당한 뒤였다. 사마소는 괜스레 바쁘게 지내다 낙양으로 돌아왔다. 업땅에서는 아무 일도 일어나지 않았다는 보고서를 받아든 사마소는 안심과 기쁨이 섞인 미소를 산도에게 지어보였다.

사마소가 인생을 마감하기 전에 산도는 다시 한번 그에게 도움을 주었다. 위나라가 촉나라를 정벌하면서 승전보가 날아오는 시기에, 허수아비 황제 진류왕陳留王은 사마소의 직위를 대장군에서 상국相國으로 올리고 진공晉公의 작위를 내려주었다. 종회의 반란을 해결한 후에는 그의 작위를 진공에서 진왕晉王으로 다시 높여주었다. 진왕의 작위를 얻어 사마소는 명실상부한 권신權臣이 되었다. 황제위에서 딱 한 걸음 떨어진, 언제라도 황제 자리를 뒤엎을 수 있는 권신이 되었다. 그러나 사마소는 황제 자리를 뒤엎지 않았다. 그의 신체가 이미 온전치 못해 살날이 얼마 남지 않았기 때문이다. 왕년의 조조를 본떠 자기가 주문왕周文王이 되고 왕조를 바꾸는 일은 아들에게 물려주기로 했다. 그에게 닥친 일은 어느 아들로 자기의 후계자, 즉 세자를 삼느냐는 것이었다. 적장자嫡長子제도를 따르면 물어볼 것도 없이 사마염司馬炎이 세자가 되어야 한다. 그에 대한 사람들의 평가도 아주 좋았다. 그에게는 넓고 은혜로운 마음과 어질고 후덕함, 깊은 생각과 큰 도량이 있었다. 그러나 사마소는 그렇게 생각하지 않았다. 그의 마음은 차남인 사마유司馬攸에게가 있었다.

사마유는 어려서는 총명하고 지혜로웠으며, 커서는 온화하고 하는 말들이 모두 공평타당했다. 어질고 현명한 선비들과 가까이 지내고, 선한 일을 즐겨하며 베풀기를 좋아했다. 또한 경전 읽기를 좋아했고 명문장, 특히 서간문을 잘 써서 명사들의 모범으로 비유될 정도여서 그의 명성은 형인 사마염을 훨씬 앞지르고 있었다. 할아버지인 사마의가 그를 아꼈으며, 아들이 없던 큰아버지 사마사가 그를 아들로 삼으려 했다.

사마소는 사마유를 깊이 사랑했기 때문에 그를 계승자로 삼으려 했다. 사마유는 형인 사마사의 법적 아들이며 자신의 권좌는 본래 사마사의 것이었다. 사마유를 세자로 삼는다면 이러한 이유를 명분으로 들 생각이었다.

사마소의 마음이 이러하자 사마씨 집단의 정통파들은 긴장했다. 산도는 이들 정통파 중 한 사람이었다. 이때의 산도는 사마소의 지위가 올라감에 따라 한 계단 더 높은 지위에 있었다. 사마소는 왕의 작위를 가진 자가 진정한 주인이란 것을 암시하기 위해 공公, 후侯, 백伯, 자子, 남男 5등급의 작위제를 선포하고 작위 형식으로 조신들을 자신의 정치체계 안에 더욱 가까이 들어오게 했다. 그리고 이러한 제도를 통해 자신에게 공이 있는 관원들을 장려했다. 작위를 나누어줄 때 산도도 신답자新沓子작에 봉해졌다. 이와 동시에 그의 직위도 상국좌장사相國左長史로 변했으며, 일군의 군영軍營을 특별히 위임받아 거느리게 되었다.

혜강을 끌어들이는 것과 완적을 자신의 간판 인사로 만드는 데 실패한 후, 사마소는 조정 안에서 명사와 정부가 협력한다는 모범을 세우려 했으며 이를 산도에게서 찾으려 했다. 이에 따라 산도 역시 관방官方이 확정한 명사의 우두머리가 되었다. 아들이 명사와 관계를 맺고, 그를 통해 명사의 기풍을 배우도록 하기 위해 사마소는 사마염에게 산도를 찾아가도록 했다. 이 만남이 가져온 결과는 사마소가 전혀 예상치 못했던 것이었다. 사마염과 산도가 감정적으로 결합되어 서로 정치적 관계를 맺게 되었던 것이다.

산도는 이 만남을 통해 사마염이 미래의 주인이라는 예감을 가졌다. 그는 사마소에게 간언할 수 있는 자신의 위치를 이용해, 사마염이 순조롭게 세자가 될 수 있도록 보호하겠다고 결심했다. 따라서 세자를 확정하는 일에서 사마염이 어려움에 처하게 되자, 산도는 옳은 일은 뒤도 돌아보지 않고 한다는 태도로 감연히 일어나 배수 등과 함께 세자 인선의 방향을 틀려고 했다.

사마소가 사마유를 후사로 정한 나름대로 이유가 있었지만 적장자 제도로 보면 어느 정도 장애물은 남아 있는 셈이었다. 늘 주도면밀한 사마소는 자신이 생각하는 바를 강제로 선포하지 않고, 우선 사마씨 집단에 충성을 다하는 신하들을 불러들였다. 넌지시 마음을 떠보는 방식으로 그들을 설득시켜 여론의 지지를 얻으려 했던 것이다.

우선 배수를 찾았다. 사마소는 배수가 이미 자신의 장래를 사마염에게 걸었다는 사실을 모르고 있었다. 후사를 정하는 데 초점이 된 사마염은 아버지의 뜻이 동생인 사마유에게 있다는 사실을 알고는 불안해했다. 그는 어찌할 수 없는 상황에서 아버지가 총애하는 신하를 찾았고 당시 제천후濟川侯로 봉해졌던 배수에게 도움을 청했다. 배수를 만난 사마염은 감히 직설적으로 말하지 못하고 사람의 관상을 물으며 에둘러 표현했다. 사마염은 머리카락이 땅에 끌리고 두 손이 무릎 아래로 내려오는 특이한 모습을 하고 있었다. 사마염이 단 한마디를 던지자 배수는 그의 마음속 고충을 알아차렸다. 긴 말은 하지 않았지만 사마염을 도와주겠다는 표시를 확실히 했다.

사마소가 물어보았다.

"형님께서 대업을 이루지 못하고 일찍 돌아가시는 바람에 내가 그 업을 이은 것에 불과하오. 따라서 유를 후사로 정해 그 공적을 형에게 돌려주려고 하는데 경의 의견은 어떠하오?"

배수는 사마염의 직위를 들먹이며 미리 생각해 두었던 말로 답했다.

"아니 되옵니다. 중무군中撫軍은 인망이 두터우며, 천성과 용모가 뛰어나 결코 신하가 될 상이 아니옵니다."

배수가 사마염을 돕는 것을 보고는 사마소는 대화를 멈추었다. 며칠이 지나 하증何曾 등 대신을 불러들였다. 대신들은 배수와 같은 태도를 보이며 배수와 똑같이 말했다.

"중무군은 총명하며 무공이 뛰어나고, 절세의 재능을 가지고 있습니다. 땅에 끌리는 머리카락, 무릎 아래로 내려가는 손 등의 외모만 보아도 절대 다른 사람의 신하가 될 사람이 아닙니다."

사마소의 생각이 흔들리기 시작했다. 사마염 쪽으로 마음이 기울기 시작한 것이다. 그러나 사마소는 여전히 결단을 내리지 못하고 산도의 의견을 구했다. 산도의 대답은 간단명료했다.

"장자를 폐하고 어린 사람을 후사로 정하는 것은 예에 어긋나며 상서롭지 못한 일입니다. 국가의 안위는 항상 이 법도를 유지하는 데 달려 있습니다."

산도의 답변은 극단으로 치우치지 않는 그의 성격에 부합하는 것이었다. 직접적으로 누구를 세우고 누구를 폐해야 한다는 말을 하지 않고 전통적인 적장자의 원칙에서 생겨나는 역사의 교훈을 들어 자신의 입장을 밝힌 것이다. 그 간단한 대답은 나라의 흥망성쇠라는 큰 틀에 초점을 맞춘 것이며, 변화가 극심한 역사를 보는 감각과 정치대도의 현실감을 갖고 있는 말이어서 개인의 조건이 이렇고 저렇고 따지는 말보다 더 큰 뜻과 기개를 갖추고 있었다.

이 말에 사마소는 사마유를 후사로 삼으려던 생각을 깨끗이 접었고 적장자 제도를 고려해 사마염을 세자로 세웠다. 사마염은 말로 표현할 수 없을 정도로 감사를 느끼며 직접 그를 찾아가 고마움을 표시했다. 세자를 책봉하는 의식에서, 또한 훗날 세자를 태자로 승격시키는 의식에서 산도는 눈에 띄는 위치에 서게 되었다.

청렴한 관리의 표상이라 할 수 있는 선비, 그가 산도다.

평 선비에서 원로대신으로

사마씨 정권의 영원한 꽃병 산도

왕조가 바뀌고 세대가 변했다.

산도는 사마소가 계승자를 확정한 지 얼마 되지 않아, 왕조가 바뀌는 것을 목도하게 된다. 아니 그 자신이 직접 왕조 교체에 참여했다. 왕조 변천의 주역은 그가 적극 옹호했던 사마염이었다. 그 공로로 산도는 새 왕조의 공신이 되었다.

사마소가 죽은 지 몇 개월 후에 그의 아들인 사마염이 위나라 최후의 황제인 진류왕 조환髤奐을 끌어내리고 황제위에 앉았다. 하지만 속사정이 그럴 뿐 표면적으로는 왕조교체라는 제목의 연극이 펼쳐지고 있었다. 진류왕은 하늘의 뜻과 민심에 순응하려 요순이 선양하는 형식으로 퇴위하고, 황제위를 당시대 최대의 현인인 사마염에게 물려준다는 조서를 내렸다. 그러나 사마염은 이를 감히 받아들일 수 없다고 거듭 거절했다. 한쪽은 선양하고 한쪽은 거절하는 연극이 몇 차례 이루어지고 나서야 비로소 사마염은 문무백관의 재촉 아래 천하만민을 위해 어쩔 수 없다는 듯이 보좌로 향했다. 보좌에 앉은 사마염(시호 진무제晋武帝)은 진

晋 왕조가 성립되었으며 연호를 태시泰始(265)로 한다고 선포했다.

도의적인 면에서 보면 이 천하는 조씨가 사마 가문에 넘겨준 것, 조환이 사마염에게 넘겨준 것이다. 세상 사람들에게 사마 가문이 어질고 의롭다는 것을 보여주기 위해, 사마염이 은혜를 안다는 것을 보여주기 위해 새 왕조는 선물을 주고받는 식의 주선을 했다. 조환을 진류왕으로 봉하고 식읍으로 만 호를 주었으며 업의 궁전에서 천수를 누리도록 했다.

그러나 이것은 사마염의 중요한 정치적 책략이었다. 당시 오나라가 장강의 험난함에 의지해 여전히 버티고 있어 천하는 아직 통일되지 않은 상황이었다. 각양각색의 망국 군주를 살려두는 것은 오나라 군주와 신하들에게 본보기를 보여 한줄기 살길이 있음을 알려주는 것이었다. 산도는 임시로 수대홍려守大鴻臚란 신분으로 퇴위한 위나라 황제를 업 땅으로 호송해 그곳에 거처를 정하도록 하는 중요한 사명을 맡았다. 업 땅으로 가는 진류왕을 보호하는 것은 세심하게 신경써야 하는 일이었다. 안으로는 그의 자살을 막고, 밖으로는 다른 사람이 그를 해치려는 것을 막아야 했다. 조금이라도 문제가 발생하면 안 되는 일이었다. 그렇지 않을 경우 사마염이 진류왕을 모실하라고 넌지시 지시했다는 식으로 외부 사람들의 오해를 불러일으킬 수 있었다.

조심스러우면서도 공손하게 진류왕을 모셔야 했다. 그의 여로가 순탄하도록 돕고 새 거주지에서 정착을 잘 하도록 해, 옛 왕조에 대한 사마염의 우대정책을 체현, 새로운 군주의 덕을 보여주어야 했다. 그리고 자신이 위나라에 여전히 정을 가지고 있음을 보여주어 옛 신하의 의를 다해야 했다. 또한 진류왕이 가는 길의 행색을 분수에 맞게 준비해야 했다. 비록 옛 왕조의 마지막 행렬이지만 위풍당당한 행색을 보여주어야만 망국의 군주가 스스로 어느 정도 굴욕감을 느낄 것이며, 한편으로는 이러한 위풍당당함을 최소한으로 제한해 세상 사람들에게 새로운 기상을 지닌 새 왕조가 이미 들어섰다는 사실을 간접적으로 보여줘야 했다. 망국의 군주를 호송하는 정치적 임무에 사마염의 정치적 의도가 더해진 어려운 임무를 산도는 빼어나게 처리했다.

꩜

낙양은 축제 분위기였다. 사마염은 진류왕의 체온이 아직 남아 있는 용상에 앉아 얼마 전까지만 해도 조씨의 것이었던 궁궐을 바라보며 감개무량해했다. 사마염은 조상들에게 진정한 감사를 느끼며, 다음과 같은 조서를 내렸다.

짐의 조부인 선왕宣王 사마의께서는 황제의 밝음을 가진 덕이 높고 총명한 분으로 시대의 운명에 따라, 제업을 보좌하고 큰 기틀을 열어가셨다. 큰 아버지인 경왕景王 사마사께서는 도를 따르고 길을 넓히신 분으로 조상의 길을 계승해 밖으로 이를 넓히셨다. 짐의 부친인 문왕文王 사마소께서는 재주와 슬기가 뛰어나셔서 그 빛이 멀리까지 발하고, 천지신명과 성실히 화합되었으며, 하늘의 뜻과 시운에 순응하시어 하늘이 내린 명령을 받으셨다. 어짐이 우주의 모든 곳에 미치었으며, 그 공적이 위와 아래에 미치었다. ……짐만이 덕이 적은데 큰 책무를 어깨에 지게 되어, 이를 왕공들의 힘을 빌려 처리하면서, 온 세상을 다스리려야 하니 정말 두렵고 두려워 어찌할 바를 모르겠노라. 오직 모든 힘을 다해 보좌하는 그대들, 충성스러운 문무백관, 조부와 부친이시어 저의 왕업을 도와주셔서 대업을 크게 이루도록 해주시옵소서!(《진서晉書》〈무제기武帝紀〉중에서)

사마염은 법통을 이어받는다는 관념을 충족시키면서, 어느 날 갑자기 등장한 존재로 여겨지는 곤란함을 피하기 위해 조상들의 공로를 회고

하며 진나라 제왕들의 계보를 만들어냈다.

조부인 사마의를 선宣황제로, 큰아버지인 사마사를 경景황제로, 아버지인 사마소를 문文황제로 각각 추존했다. 새 왕조가 들어서자 신하들은 각자의 공적에 따라 포상을 받았다. 산도는 봉차도위奉車都尉의 직위와 신답백新沓伯작의 작위를 받았다.

산도의 봉차도위라는 새로운 직무는 천자의 수레를 관리하고 호위하는 임무로, 잘만 한다면 앞길이 열리는 상당히 좋은 자리였다. 그러나 얼마 지나지 않아 산도는 외직으로 쫓겨나게 된다. 원인은 그가 배수를 옹호하는 말을 해, 당시 정권의 핵심에 있던 양호羊祜의 미움을 받게 되었기 때문이다.

양호는 명문 세가 출신으로 조상들이 조정의 고관을 지냈으며 할아버지와 아버지는 태수太守를 지냈다. 9대에 걸쳐 벼슬을 지낸 집안으로 청렴함과 덕스러움으로 명성이 자자했다. 그는 동한東漢 말 명신이었던 채옹蔡邕의 외손자이며 사마사의 본 부인인 양휘유羊徽瑜와는 같은 어머니 뱃속에서 나온 형제 사이였다. 사마염이 선양을 받는 시기에 금군禁軍(황궁경호대)을 통솔했으며, 재상인 순욱荀勖과 함께 추밀원樞密院을 맡고 있었기에 막강한 권력을 가진 혁혁한 인물로 최고 권력의 교체가 안전하게 이루어지도록 했다.

가문, 관계망, 관직으로 보면 양호의 권력은 막강했다. 따라서 산도가 외직으로 쫓겨난 것이 그가 제멋대로 일을 처리한 결과, 권력으로 사람을 능멸한 결과처럼 보이지만 사정은 그렇게 간단한 것이 아니었다. 또한 양호는 권력을 얻었다고 제멋대로 구는 소인배가 아니었다. 양호의 은둔 경험은 산도 못지않았다. 그는 여러 차례 주州나 군郡의 추천을 거절했고, 조상과 사마소의 부름을 거절한 적이 있었다. 그러나 사마소의 진심과 성의를 알게 되고는 비로소 관직을 받아들였다. 그는 재야에서 청렴하고 소박하게 지내며 만족해했다. 조정에 들어가서도 여러 차례 공작으로 봉해지는 것을 사양하고 그 아래 자리인 후작의 지위에서 흔쾌한 마음으로 지냈다.

양호는 그의 덕망에 대한 칭송이 자자한 인물이었다. 그는 문과 무의 실력 또한 고루 갖추고 있었다. 실력이 출중했으나 겸손과 온화함을 바탕으로 모든 것을 가득 채워서는 안 된다는 원칙을 세워두고 있었으며, 배수 등 조정의 중신들에게 모든 것을 양보했다. 그는 겸손하고 온화했으나 공정함과 정도를 유지했다. 그러나 국법이나 기강을 해치는 자에 대해서는 사사로운 정에 얽매이지 않고 누구든 법대로 처리했다.

양호는 배수와 개인적으로 얽힌 일은 없었다. 반대로 그는 줄곧 배수의 적수였던 종회와 잘 지내지 못했다. 따라서 종회가 날고 기던 시절에는 곤란한 일을 자주 겪었다. 종회가 촉땅에서 죽고 나서야 비로소 곤란한 처지에서 벗어날 수 있었다. 도리상으로 보면 적어도 배수와는 정치적인 동질감을 느껴야 했고, 그와의 관계를 지나치게 어렵게 할 필요는 없었을 것이다.

정치계에서 개인의 은원관계가 상당한 작용을 하기는 하나, 일단 권력이라는 저울에 올라서게 되면 새롭게 권력의 분배와 조정이 일어나게 된다. 양호와 배수의 관계도 똑같은 이치로 이 둘 사이에 미묘한 변화가 일어나기 시작했다. 배수는 나이는 많지 않았으나 사마씨 집단의 원로로서 자격은 양호보다 우위에 있었다. 그는 비교적 이른 시기에 사마소를 따른 사회 명사로, 사마소가 정권을 잡은 후에는 국가 대사와 군사 방면의 일에 참여했다. 종회와의 관계가 긴장의 연속이었으나 같은 수석참모로서 그가 내놓은 계책들이 대다수 받아들여졌다. 그는 제갈탄을 토벌하는 데 후방에서 중요한 전략을 수립하는 공을 세웠고, 황제위 선양 전날에는 관료제도의 개혁을 주재했다. 또한 제 몸값을 받으며 최고 통치계층에 진입했고, 공작의 작위를 받은 소수 중신 중 한 명이 되었다. 관직은 사공司空을 제수받아 신하로서는 최고 지위인 삼공三公 자리에 앉게 되었다. 선양받는 시기에 그는 심오하고 두터운 유학적 소양과 혁명 열정으로 왕명 전달을 주관하는 일을 맡았다. 이로써 사마염의 뛰어난 대변인이 되어, 최고 권력의 이전과 관련한 여론을 유리한 쪽으로 끌고 갔다. 하지만 배수가 정말 유감스럽게 느낀 점은 처음부터 끝까지 국가의 최종 결정을 내리는 핵심원 안에는 자신이 들어갈 수 없었다는 것이다. 대사업을 이룰 수 있는 이러한 위치를 뒤에 등장한 양호가 먼저 차지하게 되었다. 배수는 불편한 기색을 감출 수 없었다.

그러나 이 시기에 배수에게 불리한 일이 두 가지 발생했다. 하나는 안원호군安遠護軍 학익郝翊이 다른 사람과 서신을 주고받는 과정에서 자기가 배수와 잘 알며 그의 보살핌을 받을 수 있다고 허풍을 쳤는데 그것이 발각되었던 것이다. 다른 하나는 기도위騎都尉 유상劉尙이 배수를 위해 관가의 논밭을 점거한 일이 고발된 사건이다. 폐단이 많았던 옛 관료사회에서 보면 이 두 가지 사건은 전혀 큰 일이 아니었으며, 특히 배수와 같이 고위직에 있는 대신에게는 거론할 여지조차 없는 일이었다. 그러나 이 일을 맡은 부문은 엄격하게 법을 적용해 배수의 관직을 파면하고 그를 가둘 것을 요구했다.

다행히 새 천자인 사마염이 나서서 배수가 직접 저지른 잘못이 아니며 공이 많다는 이유로 그를 보호해 그 난국을 벗어나게 했다. 이 과정에서 산도는 과거의 중용적 태도에서 벗어나 배수의 편에 서서 관련 부문이 작은 일을 큰일처럼 떠들면 안 된다고 반박했다. 배수를 탄핵하기 위해 앞에 나선 것은 관련 부문이었지만 사실 뒤에서 이를 지원한 것은 양호였다.

 양호는 예리한 눈길로 배수의 불만스러운 기색을 간파해 냈다. 더욱 중요한 것은 배수가 그의 장애물이며 강력한 경쟁자라는 것, 따라서 그를 제거하지 않으면 후환이 끊임없으리란 것을 간파하고 있었다. 이때 그는 일관되게 내세웠던 덕德스러움을 거두어들이고 권모술수를 부렸다. 조정을 위해 부패를 처벌한다는 기치를 내걸고 정적을 사지로 몰아넣으려고 했다. 그러나 그는 처음부터 끝까지 표면에 나서지 않았다. 직접 나설 경우 다른 사람에게 구실을 줄까봐 이를 두려워했다. 또한 뒤에서 조종을 하게 되면 만일 성공하지 못할 경우에도 퇴로를 마련할 수 있었다. 천자가 변호를 하고 나서자, 양호는 배수에 대한 공격을 포기할 수밖에 없었다. 그는 부득이 차선책을 택했다. 공격의 화살을 지위가 다소 낮은 산도에게로 돌렸다.

 양호는 원래 중용의 도를 지키기로 유명한 산도가 배수 편에 서서 말했다는 것은, 커다란 정치적인 이익이 걸려 있지 않다면 불가능한 일임을 명확히 알고 있었다. 산도는 일찍부터 배수와 깊은 교분을 맺어왔다. 새 왕조 건립의 사회 격변 속에서 그들의 교분은 이미 조정 안에서 중요한 정치적 계파, 이른바 명사들의 계파로 발전했다. 배수는 그 계파의 우두머리였기에 그가 쓰러지면 명사계파 전체가 상당히 피동적인 입장에 처하게 되고, 산도의 앞날 역시 어두워질 것이었다. 산도는 배수가 넘어지도록 그냥 둘 수 없었다. 이러한 이유로 인해 산도는 적당한 대책이 없었지만 배수의 편을 들고 나선 것이다.

 양호는 생각했다. 배수를 제거할 수 없다면 명사계파의 2인자인 산도를 제거하자. 적어도 명사계파의 갈비뼈를 하나 부러뜨려 배수의 기초를 약하게 만들자.

 죄가 없는 산도를 처벌할 수는 없었다. 그러나 인사안배의 대권을 쥐고 있던 양호는 중앙과 지방 정부의 연계 강화라든가, 재능 있는 인물이 한 지방을 맡아야 한다는 등의 이유를 들어 그럴듯하지만 뼈 있는 말을 통해 산도를 기주冀州로 보냈다.

양호의 말은 도리에 맞았기에 사마염은 그의 의견에 동의했다. 양호의 행동이 사실상 자신에게 심각한 타격임에도 산도는 불복종할 이유를 찾아낼 수 없었다. 비록 천자를 보호했던 공이 있다 할지라도 몸을 낮출 수밖에 없었다. 천자에게 작별을 고할 때 그는 늘 짓던 온화한 미소를 지어 보였다.

수도에서 멀리 벗어나 마차가 황톳길 고도를 달릴 때, 서풍이 불고 낙조가 지면서 구름이 흩날리며, 무성한 잡초들이 눈 속으로 들어오자 그때서야 그는 진짜 모습, 불쾌한 모습을 드러냈다.

기주는 낙양에서 북쪽 방향에 있었다. 북쪽에 있는 외직으로 나선 것은 두 번째였다. 우연의 일치인지 모르지만 두 번째 북으로 가는 길은 그가 전에 갔던 길과 완전히 똑같았다. 말 그대로 전철前轍을 밟은 것이다. 처음에 그는 조趙나라의 재상으로 간 것이었고, 이번에는 기주자사冀州刺史 신분으로 간 것이며 거기에 영원장군寧遠將軍이라는 직함을 가지고 있었다. 조나라는 군郡급이었고, 기주는 더 말할 필요도 없이 한 단계 높은 주州급이었다. 조나라는 기주의 예속 행정 단위로 군정부 소재지가 방자房子(지금의 하북성 고읍高邑 서남쪽)에 있었고, 당시 기주의 정부소재지는 신도信都(지금의 하북성 기주시)에 있었으나 진晉나라가 들어선 후에는 방자로 이전했다.

따라서 산도는 다시 익숙한 옛땅 방자로 가서 근무하게 되었다. 그러나 산도 입장에서 보면 입맛이 쓴 일이었다. 나라 재상직은 군 정부의 장관에 불과했으나, 벼슬길로 올라가는 계단이었으며 청운의 푸른 꿈을 실행하는 계단이었다. 반면 이번 기주자사직은 지방 행정기구의 최고 관직이었으나, 상대적으로 그가 중앙정부에서 날개를 활짝 펴려는 상황이었기 때문에 강등되었다고 할 수 있다.

비록 쓴맛을 느꼈을지라도 산도는 이를 감내하면서 마음에 깊이 두지 않는 인물이었다. 노장老莊의 미묘한 말들로 자신을 위로하고, 이왕 왔으니 편히 지내자고 마음먹었다. 기주는 《서경書經》의 〈우공禹貢〉편에 나오는 옛 구주九州의 하나로 위진魏晉 시대에는 그 관할지가 하북성의 중남부 지역, 산동성의 서부 및 하남성의 북부 지역에 해당되었다. 옛사람들이 기주 땅을 평한 글이 있는데 그 내용은 다음과 같다.

> 땅이 험하기도 하고 평이하기도 해 제왕의 도읍이 될 만하다. 세상이 난세에 빠져도 기땅은 안정되고 세상의 기운이 약해지더라도 기땅은 강하며, 황폐해지더라도 기땅은 풍요롭다(《진서晉書》 권14 〈지리지地理志〉 上 중에서).

이러한 평가는 기주의 특수한 정치·지리적 성격을 잘 형상화하고 있다. 기주는 연燕땅과 경계를 접하고 있으며 북쪽으로 향하는 문이자 서쪽의 길목에 해당하는 지역으로 병가兵家상 반드시 얻어야 하는 땅이었다.

그곳은 조나라 영왕靈王이 군대복장을 이민족의 편리한 옷으로 개선했던 일, 늙어도 사라지지 않던 염파廉頗(조나라의 명장) 장군의 영웅적 기질, 40만 대군이 갱살된 장평長平의 원한, 이목李牧 장군의 죽음이 서려 있는 곳이었다. 기주에는 무武를 좋아하는 풍습이 있어 백성을 모으면 바로 군대를 만들 수 있었다. 험지와 평지를 고루 갖춘 지리적 여건으로 커다란 성읍이 되었다. 군대는 강병이고 성은 견고해서, 지방세력들이 그 지역을 나눠 주인 역할을 하거나, 밖에서 온 군벌이 그 땅을 빼앗아 차지할 수 있었다.

기주는 큰 가뭄이나 홍수가 드문 지역이었다. 또한 좋은 날씨도 드물었다. 땅의 지력은 보통이어서 생산물이 풍성하지는 않지만 부족하지도 않았다. 그 땅을 점거하고 있는 사람들에게 화려하지는 않지만 기본 재정지출을 보장해 줄 수 있는 곳이었다. 이와 같은 경제상황은 전쟁을 수행하는 데 편리했고, 전쟁이 끝난 후 복구하는 데도 편리했다.

산도가 기주에 갔을 때 그곳은 조조가 원소를 평정한 후에 여러 해를 전란 없이 지내고 있었지만 무를 숭상하는 정신은 그대로 이어져 내려왔다. 사람들이 다투기를 좋아하고 문화적 소양이 적었다. 이에 따라 지리역사가들은 기주를 속되고 경박한 땅으로 분류했다. 속되고 경박하고, 사람들의 풍습이 사나우며, 모순적인 상황들이 많아 관리하기 어려운 땅이 바로 기주였다. 이제 산도가 이러한 난제를 풀어야 했다.

그는 어떠한 조치를 취하지도, 거창한 사회운동을 펼치지도 않았다. 인내심을 가지고 묻혀 있는 인재, 억울함을 당한 선비들을 찾아내고 그들을 방문했다. 이렇게 30여 명을 찾아내었다. 그런 뒤에는 한 사람 한 사람에게 높은 영예를 주어 신분과 체면을 갖춘 인물들이 되게 했다. 이 방법은 효과적이었다. 이들의 당당한 모습을 보고 민간에서 이를 흠모하게 되었으며, 이러한 흠모의 풍속이 널리 퍼지게 되었다. 사람들이 강퍅함에서 벗어나 부드러워지고 다툼이 화평으로 변하기 시작했으며, 앞 다투어 이를 본받으려 했다. 또한 명사의 반열에 오르려는 바람을 갖고 품격을 갖추려 했다. 단지 품격에 그친 것이 아니라 실리도 상당했다.

가혹한 처벌이나 엄격한 법 없이도, 번잡한 명령 없이도 민풍이 두드러지게 순화되었으며, 싸움과 분쟁이 적어지고 송사가 줄어들었다. 서로 예의를 갖추려 하고 겸손해지고 선한 일을 많이 하게 되었다. 기주의 민속이 일변한 것이다. 누군가는 산도가 기주를 다스리는 동안 실제적으로 한 일이 전혀 없으며, 그저 논 것에 불과하다고 비평했다. 그러나 그를 칭찬하는 사람들은 혼란이 심한 지방을 다스리는 데 새 바람을 일으켜 풍속을 바꾸는 것보다 더 중요한 일이 있는가라고 반문했다. 정치적 업적을 말하라면 치안질서를 개선한 것이 최대의 업적이 아니겠느냐고 반문했다. 비평과 칭찬이 교차했지만, 산도를 칭찬하는 말이 훨씬 많았다.

지방장관이 정치적 업적을 이루게 되면 당시 관료사회의 풍조에 따라 상을 받을 수 있게 된다. 상을 주는 가장 실제적인 방식은 승진을 시켜 주는 것이었다. 산도는 승진해 업鄴성의 방어를 맡는 북중랑장北中郎將이란 군사 직무를 맡게 되었다.

업은 조조의 봉지였다. 그가 건안建安 18년 위왕魏王의 작위를 제수받으면서, 한漢 헌제獻帝를 옮겨오게 해 이곳을 수도로 삼았다. 그의 아들 조비曹丕가 황제위에 오른 후에는 수도를 낙양으로 옮겨갔으나, 업은 여전히 수도급 대성의 지위를 가지고 있어서, 낙양, 초譙, 허창許昌, 장안과 함께 5도都로 불렸다. 진나라가 들어서고도 이러한 정치지리적 국면은 유지되었다.

업성은 중앙 직속이지만 위치는 기주 행정구역 내에 있었으며, 장수漳水가 남쪽에서 흘러 지나갔다. 장수는 업성의 생활을 이루는 근원이자 번영의 근본이면서 또한 화禍와 난亂의 뿌리였다. 전국 시대에 서문표西門豹가 위魏나라의 업령鄴令을 맡았을 때, 장수를 끌어들여 농토를 관개해 백성들이 이로움을 누리도록 했다. 위 무왕武王은 장수를 관리해 20

리의 교차 수로망을 만들어 업땅의 수리체계를 완성했다. 동한東漢 말엽에 업은 원소가 차지하고 있었다. 조조가 여러 차례 공격했으나 함락시키지 못하자 밤을 틈타 장수의 물을 끌어들여 업땅을 물바다로 만들어 성을 차지했다. 북위北魏의 지리학자인 여도원麗道元이 장수 유역을 살펴본 후에 조조가 어떻게 업성을 경영했는지를 간략하게 기술했다.

위魏 무왕武王은 또한 군국郡國의 오래됨으로 장수를 끌어들여 성의 서쪽에서 동쪽으로 흘러 들어가게 했다. (그 물은) 동작대銅雀臺 밑을 거쳐 다시 성의 동쪽으로 흘러들어가는데 이를 장명구長明溝라고 일컬었다. 개천물은 또한 남으로 지차문止車門 밑으로 흐른다. 위魏 무왕武王은 업땅에 봉해졌으며 북궁北宮을 세웠다. 북궁에는 문창전文昌殿이 있다. 하천 물이 남북으로 작은 물길을 이루고 각 지류를 통해 관개해 통하지 않는 곳이 없었으며, 동쪽으로 석두제방石竇堰 아래로 흘러나와 황수隍水로 흘러들어간다. 이에 따라 위魏 무왕武王은 〈등대부登臺賦〉에서 '장명長明을 끌어들여 거리를 관개했다'고 했는데, 이 하천을 말하는 것이다. …… 성의 서북쪽에 세 개의 대臺(동작대銅雀臺, 금호대金虎臺, 빙정대冰井臺)가 있는데 모두 성벽으로 그 기초를 삼았기에 높고 컸는데, 마치 산과 같이 높았으며, 건안建安 15년에 위魏 무왕武王이 세운 것이다. …… 가운데 동작대는 높이가 10장, 방이 101칸이 되었다(《수경주水經注》권10 〈장수漳水〉).

임명서를 받자 산도는 멀지 않은 길을 달려 바로 부임했다. 이번이 세 번째 업땅에 온 것이었다. 처음에는 사마소를 위해 몰락한 조위曹魏 왕족들을 관리하기 위해 왔으며, 두 번째는 사마염을 위해 진류왕을 안치하기 위해서였다. 따라서 그는 업땅이 무척이나 익숙했다. 이번에는 업땅의 방어를 책임지러 온 것이다. 5도의 하나인 업땅을 산도에게 관리토록 맡긴 것을 보면 사마염이 얼마나 그를 신임했는지 알 수 있다.

업은 오吳와는 상당히 먼 거리에 있었기 때문에 천하의 대세를 다투는 관점에서 보면 중대한 전략적 의의는 없는 곳이었다. 중점은 대외 군사적 방어가 아니라 여전히 대내적인 정치적인 관리, 즉 나라를 잃어버린 위 왕족들을 관리하는 것에 있었다. 정치란 허虛와 실實이 얽히고설킨 것이다. 만일 위 황실 사람들이 세력과 이익에 이끌려, 당시 조정과 다른 의도를 가지고 있는 정치세력과 연합한다면, 표면적이던 것이 실세력으로 변하게 되는 것이다. 이런 일이 일어나지 않으리란 보장이 없었다. 따라서 산도의 책임은 그들을 감시하면서 불량한 각종 기미를 싹트기 전에 없애버리는 것이었다. 동시에 표면적으로는 이런 일들을 예의를 다해 처리해, 새 왕조의 우대정책을 실천하고 심리적으로 그들의 적대적 정서를 없애야 했다. 그러는 한편, 전 왕조의 정치적 잔해를 더욱 속 빈 강정이 되도록 해 때가 되면 자연히 사라지도록 해야 했다.

공무를 처리하고 남는 틈을 내어 산도는 장수漳水가에 세워진 서문표西門豹의 사당을 찾아갔다. 고색창연한 정원을 천천히 걸으며, 업땅에 번영을 가져온, 관방과 민간이 모두 깊이 흠모하는 영웅을 추모했다. 사당 동쪽에 세워진 돌비석 앞에서 희미해 구분하기 어려운 글자를 한 자 한 자 식별하며 옛일을 생각했다. 장군인 악양樂羊의 조수가 되어 선봉대로 중산국中山國을 공격하면서 사병보다 앞장서서 화살과 돌멩이가 날아오는 적진을 뚫고 가는 그의 모습을 떠올렸다. '하백河伯(물을 맡은 신)이 여자를 취해야 한다'고 해서 빚어지던 당시의 악풍습을 타파하기 위해 여자 무당과 그 제자들을 물속에 처넣으며 하백에게 가서 소식을 전해 주라고 하던 어리석은 듯하지만 지혜로웠던 그의 모습을 떠올렸다.

산도는 직분 밖의 일은 관여치 않았다. 학리적으로 그는 도가와 유가를 숭상했다. 그러나 관리로서는 법가가 제창한 잠언을 믿었다. '직무

를 명확히 구분해 그 한계를 넘어서지 말라. 관여하는 것이 너무 많으면 좋은 결과를 얻지 못한다.'

업땅에 온 산도는 틀림없이 화려하고 웅장하며, 기예가 가득 담긴 동작대銅雀臺, 금호대金虎臺, 빙정대의 세 누각과 조씨 부자가 이곳에 건축한 인간세상의 천당 같은 건축물들을 돌아보았을 것이다. 당시의 휘황찬란한 유명 건축물을 돌아보며 그 기상에 마음이 움직였을 것이며, 조씨 부자의 기이한 풍류와 위대함에 감정이 격해짐을 느꼈을 것이다. 그는 문학적 재능과 정감을 가지고 있지 않았기 때문에 조비曹丕가 환상에 잠기듯 창조해 낸 〈동작대부銅雀臺賦〉 같은 글이나, 후대의 두목杜牧과 같이 "두 미인이 동작대안에 갇히었으리銅雀春深鎖二喬(두목의 〈적벽赤壁〉에 나오는 글귀)"와 같은 절묘한 문구를 만들어낼 수는 없었다.

그러나 산도는 지혜로운 사람이었기 때문에 격정에서 벗어난 후에는 눈앞의 호화찬란한 누대가 신기루에 불과하다는 것을 느꼈다. 오왕 부차夫差와 서시西施가 넋을 잃고 놀던 고소대姑蘇臺도, 진시황이 누각을 만들고 길을 만들었던 아방궁阿房宮도, 한고조 유방이 힘써 만들었던 미앙궁未央宮도 모두 사라졌다. 이 업땅의 운명도 예외일 리 있겠는가?

업성은 여전히 어깨를 부딪치고 다닐 정도로 사람이 많았다. 동작 뜰에는 아름다운 꽃들이 만발하고 동작대가 우뚝 솟아 있었다. 그러나 주인들은 어디로 갔단 말인가? 그저 하나 하나 부호가 되어 역사책 가운데 남아 있을 뿐이었다. 특히 100리가 못 되는 비좁은 땅이지만, 중국 역사상 혁혁한 이름을 알린 두 왕조가 이곳에서 마지막을 고했다. 하나는 한漢이고 하나는 위魏다. 이와 같이 일세를 풍미했던 왕조도 멸망했거늘 하물며 티끌 같은 인생이야 말해 무엇하리오.

설사 일찍이 자신이 원했듯 삼공三公이 되었다 할지라도, 그래 그것이 어떻다는 말인가? 업땅에서 지내는 동안 산도는 역사의 거대한 비석들이 연이어 무너져내리는 것을 보면서, 다시 한번 노장 사상의 정수를 체득할 수 있었고, 자신이 인생에서 추구하는 길을 반성하게 되었다. 이러한 체득과 반성은 뒷날 그에게 큰 도움이 되었다.

어쩌면 업땅에서 잘 했기 때문에, 아니면 사마염이 그를 그리워했기 때문에, 아니면 조정의 명사계파들이 어떤 힘을 썼기 때문인지는 모르지만 산토는 다시 중앙정부로 들어갔다. 임명서에는 '시중侍中'이라는 관직명이 씌어 있었다.

시중은 천자를 지근에서 모시는 신하로 빈객賓客을 접견하는 의식을 관장했다. 천자가 출행하면 행렬을 호위하고 옥새를 관장했다. 천자가 위에 오르면 그를 부축해 올렸으며, 천자가 질문을 하면 자문을 해주었다. 시중은 수당隋唐 시대에 이르러서는 재상이 되었지만, 이 시기에는 재상의 직위로 변하는 과도기에 있었다. 비록 가까이에서 모시는 일만 하는 신하에 불과했지만 진정한 실권을 갖고 있는, 전도유망한 자리였다.

천자를 지근에서 모시는 신하가 되었지만 산토는 그리 기뻐하지 않았다. 업땅에서 세월의 세례를 받은 후라 마음이 확실히 담백해져 있었다. 그러나 그는 자신의 심경이 어떠하든 관계치 않고 자신에게 맡겨진 일을 잘 처리하는 그런 사람이었다. 따라서 사마염과 가깝게 지내면서, 사람들을 만족하게 할 만 한 업무실적을 보여주었다.

수많은 중신들이 시중을 발판으로 해 더 윗자리로 올라간 것과 같이, 산토 역시 이 발판을 밟고 뛰어 올라가 이부상서吏部尚書가 되었다. 이부상서는 조정 관리의 선발을 맡는 최고의 장관으로 이전에 맡았던 이부랑보다 더욱 명분 있는 자리였다. 권한도 컸으며, 직무 또한 더욱 번거로운 직책이었다. 그 자리는 말 그대로 진정 중요 관직이었다.

〰

황제 등극을 마친 후, 사마염은 아버지의 유지를 받들어 오나라를 멸망시키려는 일을 의사일정으로 올려놓았다. 이것은 아버지의 유지일 뿐만 아니라 자신의 커다란 소망이기도 했다. 그는 조상의 음덕으로 황제위를 얻었기 때문에, 어느 면으로 보든 그에 걸맞은 공훈이 없었다. 다른 사람을 설복시킬 정치적인 자본이 없다는 것은 황제위를 굳건히 하는 데 불리하게 작용했다. 따라서 장강의 천연적 험난함을 안고 있는 오나라를 강남에서 몰아내어 대통일의 판도를 이룰 수 있다면, 부친이 촉을 멸망시킨 것을 이어받아 진시황 이래 두 번째로 천하를 통일하는 쾌거를 이루게 될 것이었다. 이렇게 하면 천하만민이 마음속으로 흔쾌히 복종하는 위대한 군주가 되고, 사마 집안은 청사에 길이 이름을 남기는 위대한 가문이 되며, 황제위는 확실히 사마 가문이 쥐고 흔드는 물건이 될 것이었다.

사마염은 나라를 멸망시키기로 결심했다. 그러려면 최선을 다해 적합한 조건을 만들어내고, 이 중책을 책임질 수 있는 군사적 기재를 뽑아야 했다. 그러던 차에 외척 중에서 그가 바라던 인물인 양호를 발견했다.

양호는 한마디로 사마염의 심사를 집어냈다.

"지금의 주상은 대를 선양받은 아름다움을 갖고 계시나, 공덕이 현저하게 드러나지 않았습니다. 오나라의 학정이 심해졌으니 싸우지 않고도 이길 수 있습니다. 세상을 조화롭게 하시고 문교文教를 크게 일으키시니, 주상은 요순과 같으시옵니다. 신은 옛적 직稷, 설契과 같이 폐하를 받들어 백대에 걸친 성세의 틀을 만들어갈 것입니다."

양호는 걸출한 인물이었다. 싸우면 이기고 공격하면 무너뜨리는 기적을 창조하는 동시에, 《손자병법》에서 최상으로 여기는 심리전을 전략의 핵으로 택해 군사적인 공세보다 정치적인 공세를 강화했다. 그렇게 해 천하는 하나라는 분위기를 조성하면서 상대국의 군대와 민간에게 통일은 거스를 수 없는 역사의 대조류라는 것을 각인시켰다.

정치적 양책을 연달아 실시해 양호의 덕이 오나라 백성들에게도 미치게 했다. 심지어 양호와 대치하고 있는 오나라의 대도독 육항陸抗은 당연히 가져야 하는 적대 정서에 반해 양호의 덕스러움이 춘추명장 악의樂毅와 같으며, 제갈공명보다 낫다고 칭찬하기까지 했다. 육항은 격한 감정을 내뱉기도 했다.

"저들은 덕德을 위주로 하고, 우리는 폭력을 휘두르니 싸우지 않고도 스스로 지게 되었다."

오나라 사람들도 탄복해 양호를 양공羊公이라 높여 부를 정도였다. 양호가 오나라를 평정하는 서막을 열고, 그 기초를 세웠다고 말할 수 있다. 조정의 모든 대신들과 세상 사람들이 양호의 이런 모습을 전부 지켜보았다. 사마염은 이를 지켜보면서, 아무런 거리낌 없이 양호에게 전방의 군사적 지휘권을 넘겨줘 편리하게 일을 처리하도록 했다. 조정 정치 대권의 절반을 떼어 그에게 줘 그가 오나라와 싸우는 데 필요한 것들을 자유로이 조달해 처리할 수 있도록 했다. 일정한 군사 권력과 정치 권력을 양호에게 주지 않는다면, 그가 비록 천하에 보기 드문 군사전략가일지라도 주관적 판단하에 인력, 재력, 병력을 대규모로 투입하는 군사 행동을 취하기 어렵게 되기 때문이다.

비록 양호가 조심에 조심을 다했지만, 큰 공을 세웠고 대권을 장악하고 있었기 때문에, 여타 정치적 중요 인물들의 객관적 지위는 추락했다. 이로 인해 그들의 심리가 불균형하게 되어, 격한 시기와 질투를 불러왔다. 양호와 함께 정국을 주재하던 순욱荀勖, 배수 등의 얼굴에는 불만의 기색이 뚜렷했으며, 양호의 의견에 반대하는 일이 적지 아니했다.

양호는 역대 왕조에서 외척들이 권력을 휘두르다 망한 교훈을 늘 염두에 두고 있었기 때문에, 처세에 조신하도록 노력했으며, 일처리에 공과 사를 분명히 하려 힘썼다. 다만 그는 통일대업에 정신을 쏟고 있었기 때문에 이를 저지하려는 자나 방해하는 자들에 대해서는 인정사정 없이 반격을 가했다.

당시 배수 역시 겉으로는 득의만만했으나 내심은 실의로 가득 차 있었다. 하지만 실의는 실의일 뿐 그는 순욱과 연합해 양호를 공격하는 일 따위는 하지 않았으며, 차가운 눈초리로 사태를 지켜보고 있었다.

모사나 전략에서 종회에게 뒤지지 않는다고 자부하던 배수는 통일이라는 기회를 통해 군사적 재능을 발휘, 세상을 떠들썩하게 할 공훈을 세우고 싶었다. 오나라가 잔혹하고 어리석은 손호孫皓 아래 있을 때, 대군을 보내 그 소굴을 휩쓸어버려야 한다는 것이 그의 주장이었다. 손호가 재위에 있을 때를 군사적 기회로 삼아야 한다는 주장은 양호의 전략적 방향과 같았다. 그러나 급공으로 휩쓸어버려야 한다는 그의 주장은 때가 무르익기를 기다려야 한다는 양호의 주장과는 정반대의 입장이었다.

산도는 사마염의 지지 아래, 정계에서 양호 혼자 정권을 쥐고 흔드는 국면에서 이부상서가 된 것이다. 원로대신인 순욱도 그와 대항할 수 없었고 지모가 많기로 유명한 배수 역시 뒤로 물러났다. 무슨 일이든 할 수 있을 정도의 권력을 쥐고 있던 여타 대신들도 전부 어쩔 수 없는 상황이었다.

그렇다면 일개 이부상서가 무얼 어쩐단 말인가? 관리를 선발하는 것이 이부상서의 일인데 일체의 인사권을 양호가 농단하는 상황에서 어떤 일을 할 수 있다는 말인가? 일을 하려면 양호의 꼭두각시가 되어 양호가 펼치는 상황을 받아들이고, 양호의 낯빛을 살피며 그가 지시하는 일을 따라야 하지 않는가? 그렇게 하고 싶지는 않았다.

사직하는 것이 산도에게 남겨진 유일한 길이었다. 연세가 많은 모친을 모셔야 한다는 구실로 산도는 사마염에게 사직서를 올렸다. 사마염은 이를 허락하지 않고 특별히 조서를 내렸다.

그대의 마음은 (어머니를) 봉양하는 데 있으나, 위와 아래의 직책이 따로 있으므로, 아침저녁으로 (어머니께 드리는) 약이 끊어지지 않을 것이니, 잠시 (부모와의) 친근한 정을 끊고, 나를 위해 힘써주기 바라오. 이 모든 것이 공에게 달려 있소(《진서晉書》 권43 〈산도전山濤傳〉 중에서).

뜻인즉 네 직책은 밤낮으로 바삐 일하는 것이 아니니 여유 있는 시간에 정성을 다해 모친을 받들며 의사를 청해 약을 다려드리면 되니 계속 일하라는 것이었다. 조서를 받은 산도는 여전히 단념하지 않고 사직서를 올렸다. 이와 같이 사직하고 돌려보내기를 수십 차례, 결국에는 사마염이 산도의 굳센 뜻을 꺾지 못하고 어쩔 수 없이 허락했다.

산도가 효도라는 미명으로 사마염을 속일 수는 없었다. 사실 사마염은 누구보다도 명확히 그의 사직 원인을 알고 있었으나 드러내놓고 이야기하지 않았을 뿐이다. 사마염은 양호에게 천자의 권력을 주면 조정에서 분쟁이 일어나리란 것을 일찍부터 예측하고 있었다. 그러나 아무리 많은 대가를 지불하고 큰 위협을 무릅쓰더라도 통일의 대업을 이루어야 한다고 다짐했다. 그는 모든 것에 앞서는 통일의 대업을 눈앞에 두고 만조백관이 도가道家의 심정으로 권력에 어느 정도 초연해야 하고, 유가儒家의 심정으로 국가 대사에 좀더 중시해야 하며, 불가佛家의 심정으로 넓은 마음이 되어 자신의 어려움을 이해하고 양호와 협력해 통일의 대업을 순조롭게 이루어야 한다고 생각하고 있었다. 따라서 순욱의 질투어린 말도 한쪽으로 듣고 한쪽으로 흘렸고, 배수의 실의에 찬 모습을 보면서도 못 본 척했다. 산도가 물러나려 하자 인내심을 가지고 여러 차례 만류하면서 자신의 할 바를 다했다.

그러나 만일 산도를 그대로 놔두어 홀가분하게 산림으로 돌아가 지내도록 한다면 조정의 정치에 크게 불리할 뿐만 아니라 자신의 체면도 구겨지는 일이었다. 생각이 여기에 미치자 사마염은 억지로 산도에게 의랑議郎이라는 한직을 맡겼다. 급여를 받아 호구지책으로 삼으라는 뜻이었다. 그는 때때로 선물을 보내어 관심을 표하기도 했다.

명사와 정치 세계의 관계에 대한 사마염의 견해는 그의 아버지나 할아버지와 별반 다르지 않았다. 대명사를 옭아와 조정의 꽃병으로 삼을 경우 삼엄한 모양의 돌사자를 문 앞에 놓아두는 것보다 그 효용이 훨씬 더 크다고 생각했다. 그는 이들 문사文士들의 뼛속까지 뚫어 보고 있었던 것이다. '산도가 벼슬하기를 불편해한다면 그에게 명성을 주자. 그에게 명성을 주어 최고의 대우를 해주면 그가 어떻게 할 것인가?' 사마염은 명성이란 새끼줄로 산도를 옭아매어 천천히 그를 자신의 곁으로 끌어오기로 작정했다. 어느 정도 시간이 지난 후 사마염은 산도의 심정이 평온해졌다는 것을 파악하고는 새로운 관직인 태상경太常卿의 직위를 내렸다. 그러나 산도는 자신이 병마에 시달리고 있어 정상적 사무를 할 힘이 없다며 부임하지 않았다. 스스로 문사들의 심리를 꿰뚫어보고 있다고 자신하던 사마염은 산도가 관직을 거절하자 어찌할 바를 몰랐다. 정말 몸에 병이든 것인지 아니면 정치적인 병인지를 알 수 없었던 것이다.

사마염이 조치를 취하기 전에 산도의 모친이 죽었다. 산도는 병든 몸을 일으켜 조정의 규례와 민간의 풍속에 따라 모친의 시신을 운구해 고향으로 돌아갔다. 고향인 하내군河內郡 회현으로 돌아간 60이 넘은 산도는 모친에게 마지막 효도를 다했다. 자신이 직접 흙을 날라 무덤을 만들고 소나무, 측백나무를 심고, 묘 주변에 초가를 지어 거기에 살았다. 산도는 너무나 슬퍼했다. 사람들은 예를 다해 상을 치렀다고 칭찬했다. 산도는 무념무상의 상태로 일찍이 삼공三公이 되려 했던 마음과는 한참이나 멀리 떨어져 있었다.

산도는 어머니의 시신을 운구하기 위해 고향으로 돌아간다고 했지만 사실은 그 기회를 틈타 관계에서 도망친 것이었다. 산도가 가고 나서 얼마 되지 않아 사마염은 특별한 조서를 내렸다.

"짐이 그대와 함께 천하를 교화하려 관직을 주는 것이오. 지금 세상의 풍속이 퇴폐하고 사람들의 마음이 경박해졌소. 따라서 좋고 나쁨을 명확히 구별하는 새로운 표준을 세워, 관계에서 자기 멋대로 양보하고 물러나는 나쁜 습관을 바로잡아야 할 때요. 산 태상경은 비록 모친의 상을 모시고 있어 그 정리를 빼앗기 어려우나, 지금 해야 할 일이 너무 많은 상황이어서, 정말로 그대를 묘 옆에서 조용히 지내게 할 수가 없구료. 이에 특별히 그대를 이부상서로 명하는 바이요."

산도는 조서가 도착하자 예의대로 엎드려 절했다. 희어진 머리가 바람에 여기저기 흩날리고 있었다.

조서를 받으면 이에 답해야 한다. 그는 붓을 들어 써내려갔다.

"신은 효를 다해야 할 몸이며, 병이 들었기 때문에 정리상으로든 육체적으로든 황명을 받들 수 없사오니 폐하께서 혜량해 주시기를 바랍니다."

그의 언사는 간절했으며, 진솔한 감정과 뜻이 담겨있었다.

사마염이 산도의 글을 본 후 그가 완강히 거절하고 있음을 알고는 방법을 바꾸었다. 산도에게 하내에 있는 황후 양염楊艷의 시신을 호송해 낙양으로 운구해 오도록 했다. 자신의 모친을 위해 무덤을 지키는 것이 효도를 다하는 것이라면, 천하의 모친(황후)의 시신을 운구해 오는 것은 더 큰 효도이다. 이러한 명령을 받자 산도는 사양할 길이 없었다.

황후의 영구를 모시고 낙양으로 돌아온 산도는 사마염의 계책대로 어쩔 수 없이 이부상서가 되었다. 처음에는 자신의 뜻을 굽히려 하지 않았지만 물 샐 틈 없는 강온책 앞에 이를 어쩌지 못하고 관직을 맡았다.

산도가 다시 부임을 한 후에 아마도 사마염이 조정의 권력 분할을 적절히 조정했던 것 같다. 양호에게 권력행사의 범위를 확실하게 구분지어주고 이부상서가 실권을 사용할 수 있도록 보증해, 산도에게 자기 실력을 발휘할 수 있는 무대를 마련해 주었다.

세상에서 말하기를, 사람 쓰는 것이 어렵다고 하는데 그 어려움은 인재를 사용하기 어렵다는 데 있다. 본래 사람을 보는 눈을 가지고 있던 산도는 이러한 어려움을 극복하고, 그가 단지 고관의 자질만 있는 것이 아니라 인재를 골라 사용하는 진정한 관료라는 것을 증명했다. 그의 방법은 간단했다. 인재의 능력을 가늠해 재능을 펼치게 하고, 장점을 키워 단점을 피하도록 했다. 각자 가지고 있는 장점에 착안해 그 우위점을 발휘토록 하고, 특기를 조정해 자신의 위치에서 실력을 발휘토록 했다. 보기에는 쉬워 보였지만 실제로 그렇게 하기는 굉장히 어려운 일이다. 인재들을 골라서 쓸 수 있는 자야말로 진정한 인재로 산도는 진정한 인재라는 보기 드문 칭호를 들을 만한 인물이었다.

사마염은 산도의 정치적인 업적을 인정했기 때문에 떼를 지어 그를 비방하는 소인들을 개의치 않고 그에게 더욱 높은 관직을 주었다. 예를 들면 태자소부太子少傅, 상서복사尚書僕射 같은 직위를 주어 이부의 인재 선발을 계속 관장토록 했다. 산도가 승진하면서 이부상서 자리가 비게 되었다. 그런데 이부상서에 앉힐 새로운 인물을 두고 산도와 가충賈充 간에 충돌이 일어났다. 가충은 관직이 상서령尚書令으로 산도의 상급자이자, 정권의 핵심에 속하는 인물이었다. 두 사람은 관리선발에 관한 일을 늘 함께 협의했다. 산도는 자신의 사람 보는 눈이 정확하며 천자의 신임 또한 받고 있다고 느껴 자신만만해했다. 그래서 업무협의를 번거로운 절차로만 여겼을 뿐 가충의 의견을 받아들이지 않았다. 이에 가충을 따르는 자가 이 기회에 이부상서를 심복에게 주어, 그와 함께 산도를 밀어내면 관리 선발권을 조종할 수 있게 된다고 건의했다. 가충이 이를 받아들여 그와 가까운 사람인 육량陸亮을 추천했다. 그가 충성스러우며 공사가 분명하다는 것이 추천 이유였다. 산도는 만일 육량이 이부상서 자리에 앉게 된다면 자신에게 어떤 결과가 오리라는 것을 명확히 알고 있었기 때문에 극력 반대했다. 육량은 이부를 주재하기에 적합하지 않은 인물이니 다른 업무를 맡기는 것이 좋겠다고 주장했던 것이다. 이 일이 결론이 나지 않자 사마염이 중재를 맡게 되었다. 하지만 그의 중재 결과는 가충 쪽으로 기울어졌다. 산도는 안 되는 일이라고 거듭 주장했지만 소용 없는 일이었다.

육량이 취임했는데도 산도는 자신의 의견을 고집하며 냉담하게 굴었다. 서로 절대 협력할 수 없으며 협력할 경우 자신의 명성에 손해만 갈 뿐이라고 생각했다. 자신이 늙고 병들어 사직하겠노라고 상주문을 올렸다. 하지만 사마염은 이를 받아들이지 않았다. 산도는 다시 사직서를 올렸으며, 그러기를 수십 차례 반복했다. 사마염이 여전히 이를 받아들이지 않자, 산도는 굳게 마음을 먹고 집으로 돌아와서는 더 이상 조정에 나가지 않았다.

얼마 지나지 않아 이부상서 육량이 뇌물을 받는 죄를 저질러 자리에서 물러나게 되었다. 산도가 어떤 동기에서 그렇게 했든지 사태의 결과는 그의 사람 보는 눈이 정확하다는 것을 증명했다. 그러나 군주가 자신의 잘못을 어떻게 쉽게 인정할 수 있겠는가? 사마염은 잘못을 인정하지 않았을 뿐만 아니라 상서좌승尚書左丞 백포白褒에게 암시를 주어 산도가 장기간 제멋대로 자리를 떠난 데 대해 탄핵을 하도록 했다. 그러나 탄핵의 소장이 올라가자마자, 사마염은 짐짓 모르는 척 그렇게 하면 안 된다고 백포를 책망했다. 산도는 감사의 뜻을 담은 상주문을 올리면서 황제는 늙은 자신을 위해 사사로이 공적인 일을 구부리지 말고 당연히 백포의 탄핵에 따라 자신을 형벌에 처해야 한다고 말했다.

사마염의 회답은 지극히 묘했다. 먼저 백포의 탄핵이 지극히 망령된 일이라고 비난하고, 따라서 황제가 이것을 좇아 행할 수 없다고 말했다. 그리고 나서 산 상서복사는 도량이 큰 사람이니 이런 것을 가지고 다툴 필요가 없으며, 원점으로 돌아가 다시 직무를 맡는 것이 좋겠다는 뜻을 전했다. 사마염의 말이 간절했지만 산도는 여전히 일을 하지 않았다. 별로 상관이 없던 사촌동생 며느리의 상喪을 자신이 다 맡아 처리하면서 종과 북 소리 울려 퍼지는 절간으로 옮겨갔다. 향불이 휘감아 돌고 목어木魚 소리가 울리는 가운데 법당에 좌정하고 앉은 산도는 두 눈을 살포시 감고 있었다.

산도가 절 안으로 들어갔다고 해서 사마염이 그를 끄집어낼 방법이 없다고 생각한다면 큰 오산이다. 신하를 다루는 데 이골이 난 사마염은 조서를 내려보냈다. "산 상서복사가 아직도 돌아오지 않고 밖에서 고생하고 있어 짐의 침식이 불안하다. 만일 산 상서복사의 몸이 아직 회복되지 않았다면, 짐이 쓰는 마차를 보내어 사용토록 하라."

표면적으론 가장 높은 대우를 해주었지만 사실은 마지막 통첩이었다.

사마염의 뜻은 명확했다. 산도 그대가 어떤 구실을 찾아내든 어떤 방법을 쓰든 관계 없이 반드시 취임을 해야 하며, 더는 타협할 여지가 없다는 표시였다.

관청으로 돌아온 산도는 다시 일을 보기 시작했다. 문건을 다루는 산도의 모습은 여전히 온화하고 도타웠다. 그러나 조용한 가운데 변화가 왔다. 결국 천하는 천자의 것이다. 지나치게 자신의 의견을 고집할 필요가 없다. 관료사회도 결국 천자의 것이 아닌가.

원래 빈자리를 대상으로 후보를 선발하게 되는데, 예정된 인원 선발을 위해 사람마다 각각 평가를 내리고 이에 표제를 쓰게 된다. 이것을 '제목題目'이라고 한다. 예를 들면 아래와 같다.

미현眉縣 현령 제갈경諸葛京은 그 조부가 제갈량이며, 한漢 말 큰 혼란을 맞아 중원에서 벗어나 부자父子(제갈공명의 아들 제갈첨諸葛瞻) 두 사람이 촉땅에서 벼슬을 했으며, 비록 왕조가 바뀌는 천명을 깨우치지 못했지만 그 맡은 바 책임을 다했습니다. 제갈경이 미현을 다스리는 데 명성과 칭찬이 자자하오니, 신이 생각하건대 동궁사인東宮舍人의 빈자리를 그로 채우셔서 관리를 임용하는 도를 밝혀 행하시기 바랍니다. 또한 그를 사용하시면 양주梁州, 익주益州 지방의 제갈량에 대한 좋은 여론에도 맞는 일이라 사료되옵니다.

형주荊州 의도宜都의 낭관郎官 왕원지王垣之가 병으로 인해 사직했습니다. 의양군義陽郡 등선鄧選은 재능이 있고 의로운 사람입니다. 그가 벼슬자리에 오른 선비 중에서는 준걸이나 나이가 어리다는 의론이 있습니다. 신이 생각하건대 먼저 등선을 낭관으로 사용해 보심이 좋을 듯합니다.

중서자中庶子 가모賈模가 승진해 그 자리가 비었습니다. 주울周蔚은 사람이 정직하고 깨끗하며 중후한 성품으로 그 자리에 적합합니다.

이것은 한 사람에게 하나의 제목을 달아주는 방식이다. 산도는 세상을 보는 관점이 변하자 제목의 방식을 바꾸었다. 우선 천자의 뜻을 자세히 더듬어본 후 몇 사람을 동시에 후보로 추천했다. 바꾸어 말하면 한 사람당 하나의 표제 방식에서 벗어나 몇 사람을 하나의 표제로 다루고 최종적으로는 천자가 결정토록 했다. 예를 들면 아래와 같다.

시중侍中 자리가 비었으므로, 누가 최고 적합한 사람인지를 다시 선발해야 합니다. 옹주자사雍州刺史 곽혁郭奕, 우위장군右衛將軍 왕제王濟는 모두 성실하고 직솔하며 충성스럽고 뛰어난 재능을 갖고 있으므로 시중으로서 가장 적합한 자들입니다.

중서자의 자리가 비었사오니 가장 우수한 인재를 선발해야 합니다. 제음濟陰 태수太守 유업劉儼, 성양城陽 태수 석숭石崇을 후보로 참가시키려 하는데, 폐하의 의중에 맞는 인물인지 모르겠습니다.

대장군의 자리는 비록 행동거지가 단정할 필요는 없지만 군대에서 힘을 쏟아야 하는 자리인바, 덕성이 출중한 인물을 뽑아야 한다고 생각합니다. 정북대장군征北大將軍 위관衛瓘은 깨끗하고 정직하며 단아한 사람입니다. 중서감中書監 순욱荀勖은 박식하고 사리에 밝은 인물입니다. 두 사람 모두 뛰어난 준걸로 대장군의 자리에 적합한 인사로 생각되옵니다.

산도는 인사 선발의 '제목'을 준비해 두었다가 천자가 어떤 인물을 쓰려고 하면 그 사람을 쓰도록 하면 되지, 서로 비교를 하며 논리적으로 따지고, 과거처럼 얼굴이 붉어지도록 정론을 벌여 서로 불쾌해질 필요가 없다고 생각했다. 그는 이렇게 일을 처리하면서 마음과 힘을 모두 아낄 수 있었고 천자와의 의견 충돌도 피할 수 있었다. 그러나 천자와는 달리 조정대신들과는 평탄하게 지내기 어려웠다. 왜냐하면 산도가 추천한 몇몇은 왕왕 조정대신들이 적합하다고 생각한 인물이 아니었기 때문이다.

이에 산도가 자기 마음대로 인재를 선발하고 있으며 일을 공정하게 처리하지 못하고, 문벌을 배척하는 기개가 없으며 가깝고 먼 것을 따지지 않는 아량이 부족하다는 여론이 일었다. 누군가가 천자에게 이런 말들을 고하자 사마염은 산도에게 주의를 주었다. 사람을 추천할 때는 당연히 인재를 중심으로 해야 하며, 관계의 끈이 없고 단출한 사람들이 배제되지 않도록 해야 한다. 이렇게 해야 천하가 대 화합을 이루게 된다는 말이었다.

산도는 이런 말을 들으면서 입으로는 천자께서 영명하시다고 칭송하며 연신 맞습니다를 연발했다. 그러나 몸을 돌려 나오면서는 들은 것은 들은 것일 뿐 자신의 정해진 방침에 따르겠다고 마음먹었다. 이상한 일이지만 1년 정도 지나자 산도를 겨냥한 좋지 않은 여론이 사라졌다. 천자에게 가서 고하는 사람도 없어졌으며, 모두 산도가 순리에 따라 일을 잘 처리한다고 느끼게 되었다. 사람들은 산도가 관리 후보자들에 대해 만드는 '제목'을 '산공계사山公啓事'라고 부르며 칭찬했다. '산공계사' 10여 년 동안 천자뿐만 아니라 조정대신들도 이론을 제기하지 않았다.

마음을 다해 일할 때는 군주와 신하 모두 불쾌해했다. 그러나 이제 무심의 상태로 일을 하니 아주 깨끗한 경지에 다다르게 되었다. 산도는 노장학의 묘한 용도에 감사하는 동시에 마음으로는 일단의 비애가 스치고 지나감을 느꼈다.

어느 쪽으로도 치우치지 않고 조정에서 중립을 지킨다. 이것은 늙고 쇠약해진 산도가 스스로 정한 좌우명이었다. 산도는 배수가 죽은 후 조정에서 마음을 알아주는 친구를 다시 얻지 못했으며, 죽은 배수를 대신해 명사무리의 우두머리가 될 생각도 없었다. 그는 고독을 유지하며 당파간 싸움에서 멀리 비켜나 있었다.

사실 산도는 사마염에게 실망하고 있었다. 오나라를 평정하고 나서 뛰어난 재주와 대전략을 가진 듯했던 황제가 색을 좋아하는 본성을 아낌없이 드러내며 만여 명의 미녀들을 후궁으로 들여놓았던 것이다. 넋을 잃은 사마염은 국사는 깡그리 잊어버렸다. 비빈궁녀들이 너무 많아 어디에서 자야 할지 모르게 되자 양이 끄는 수레가 멈추는 곳에서 하룻밤을 지내곤 했다. 국사를 다루는 정무는 자연히 황폐해졌다. 그는 대권을 두 번째 황후인 양지楊芷의 아버지, 즉 그의 장인인 양준楊駿을 주축으로 한 무리에게 넘겨주었다. 이로써 외척들이 전권을 휘두르는 싹을 키웠다.

산도는 외척이 선권을 휘두르는 것은 국가의 앞날에 상서롭지 못한 징조라고 여겼다. 따라서 자신이 정한 중립의 원칙을 깨면서까지 사마염에게 간언을 했다. 여러 차례 간언했지만 사마염은 매번 아주 도리에 맞는 말이라고만 할 뿐, 그 뒤에는 언제 그랬느냐는 식으로 행동했다. 사마염의 이런 모습을 본 산도는 다시 물러날 결심을 했다. 그는 표를 올렸다.

신의 나이 80입니다. 이제 명이 얼마 남지 않았으나, 만일 조금이라도 국가의 이익이 된다면 남은 힘을 성세에 보태고 싶습니다. 그러나 이제 늙고 쇠약해져 다시는 일을 하기가 어렵습니다. 오늘날 온 세상이 휴식을 취하고, 천하가 화합을 이루려 하며 이로써 세상이 평온해지고, 백성들은 스스로 바른 길로 가고 있습니다. 풍속과 교화에 힘쓰면 될 뿐 폐하께서 크게 하실 일이 없습니다. 신은 귀가 어둡고 눈이 어두워 스스로를 다그치기도 어렵습니다. 군주와 신하, 부모와 자식 간에는 꾸미는 말이 없다고 신의 우직한 마음을 진솔하게 고하오니 원하는 바를 들도록 해주시옵소서(〈상고퇴소上告退疏〉).

그는 머리에 쓴 관을 벗고 맨발로 몸을 비척거리며 표와 함께 도장을 천자에게 바쳤다. 사마염은 흐릿해진 두 눈을 억지로 뜨며 귀찮다는 듯이 말했다.

"오나라를 평정하고 나서 천하의 일들이 너무 많아져 짐은 여전히 편히 잠을 이루지 못하거늘, 그대는 어찌 조그만 질병으로 물러나려한단 말인가? 다시는 이런 꾸미는 말을 가지고 내게 오지 마시오!"

산도는 진심으로 벼슬에서 떠나고 싶었다. 힘을 다해 물러나려 했지만 그럴 수 없게 되자 옛 수법을 꺼내들었다. 출근하지 않고 집에 누워버린 것이다. 뒤이어 상서령 위관이 탄핵을 했다. 그러자 천자가 산도를 변호하는 말을 발표했다. 그러면 산도는 어쩔 수 없이 다시 일을 했다. 그리고 승진을 했다. 승진한 후에는 다시 사직서를 올렸다. 뒤이어 천자는 이를 거부하는 조서를 내렸다. 그래도 산도는 물러나기를 고집했다. 그러나 천자가 이를 허용하지 않았다.

이와 같은 순환의 고리가 거듭되면서 산도는 사직하려는 일로 명성을 떨치게 되었고, 사마염은 현자를 조정에 남겨둔 일로 명성을 떨치게 되었다. 결국 군신간에 서로의 이름을 높여주는 결과만 가져왔다. 비록 산도는 진심으로 물러나려 했지만, 이러한 반복은 무료하기 짝이 없는 일이었다. 산도는 그 가운데서도 여전히 군주의 녹봉을 받으면, 군주의 일에 충성을 다해야 한다고 생각했다. 따라서 사마염이 천하를 통일한 후에 주州, 군郡의 병마를 다 없애버리는 조치를 취하자, 마지막으로 완곡하게 병가兵家의 각도에서 보면 나라를 다스리는 자는 전쟁을 절대로 잊으면 안 된다는 충언을 했다.

그의 말은 핵심을 찌른 것이고, 사람들은 손자 · 오자 병법과 들어맞는다고 칭찬했다. 사마염도 이 말을 지극히 이치에 맞는 명언이라고 생각했다. 그러나 그뿐이었다. 사마염은 여전히 무武를 중지하고 문文을 일으키는 것을 국책으로 삼아 규모가 큰 주州의 경우에는 무관을 100명, 작은 주의 경우는 50명만 남기게 했다. 영녕永寧(사마염의 아들 진혜제晉惠帝 때의 연호) 시기가 지나면서 중앙에서 8왕자의 난이 일어났다. 이틈을 타 지방의 의용군과 도적들이 벌떼처럼 일어났으나 지방정부는 완전히 제어력을 잃었으며 세상이 대란에 빠져들었다. 산도가 예측한 그대로였다.

산도는 마침내 사도司徒가 되었다. 그가 일찍이 꿈에서도 잊지 못하고 추구하던 삼공三公의 자리에 오른 것이다. 그러나 이미 명경지수明鏡止水 같은 마음의 경지에 다다른 산도는 조금도 흥분을 느끼지 못했다. 그는 늙었다. 80세 가까운 고령, 말 그대로 노인이었다. 백발이 창창하고, 걸음을 떼기가 어려웠으며 이미 반은 흙 속에 묻혀 있는 것과 같았다. 황천으로 가는 문 앞에서 배회하는 사람에게 이 세상의 명성은 모두 헛된 것일 뿐이었다.

그는 표를 올려 이를 거듭 사절했다. 하지만 사마염은 이를 허락하지 않고 조서를 내려 답했다.

경은 나이가 많고 덕이 많은 조정의 뛰어난 인물이요. 그래서 경에게 태부의 자리를 내린 것이오. 그러니 존숭하는 마음으로 사양하지 마시오. 경은 시종일관 정사를 맡아서 짐을 보필해 주시오.

산도는 멈추지 않았다. 다시 표를 올려 감사와 사양의 뜻을 표했다.

신이 천자를 섬긴 지 30여 년이 되었으나 종국에는 천하의 대화합을 이루는 데 조금도 기여한 것이 없습니다. 폐하께서는 신을 사사로이 대하시어 외람되게도 삼사의 직위를 내려주셨습니다. 신이 듣건대 덕이 없으면서 높은 지위를 차지하고, 능력이 없으면서 중임을 맡게 되면 위로는 힘이 모자라 맡은 바 책무를 다하지 못하고, 아래로는 가문의 재앙을 가져옵니다. 원컨대 폐하께서 몇 대에 걸칠 큰 은혜를 내리셔서 신이 퇴직해 고향으로 돌아갈 수 있도록 해주십시오(〈복양사도표復攘司徒表〉).

사마염은 여전히 허락하지 않고 다시 조서를 내렸다.

경은 조정을 보좌하며 황가를 지키고 널리 보좌한 공이 있어 짐이 의존해 온 바이오. 사도의 직책은 백성의 교육을 맡는 직위여서 존경의 뜻으로 그대에게 내리는 것이니 일반 사람들의 바람을 저버리지 말고 그 직을 거두어주기 바라오. 어찌 사양해 스스로 손해를 끼치려 하는 것이오.

사마염은 산도가 계속 시끄럽게 굴까봐, 다시는 사직서를 올리는 것을 허락지 않는다고 명령했다. 또한 사신에게 바로 산도가 있는 곳으로 가라고 일렀다. 산도는 집 안에 누워 있었다. 천자의 사신은 이를 개의치 않고 집 안으로 들어갔다. 말은 공손하기 그지없었지만, 강제로 사도의 표식을 그의 몸에다 걸어주고는 바로 돌아가버렸다.

떠나가는 사신의 뒷모습을 보면서 산도는 쓴웃음을 지으며, 집안사람들에게 말했다.

"죽을 날이 얼마 남지 않은 사람이 어찌 관직官職을 더럽힐 수 있겠느냐."

그는 집안사람들에게 알려, 바로 마차를 준비케 하고는 고향으로 돌아갈 차비를 갖추었다.

하내군 회현은 산도의 옛집이 있는 곳이다. 오래된 그의 집은 누추해 흰 벽 검은 기와가 적막하지만 소박함을 드러내고 있었다. 산도는 고향으로 돌아온 후 줄곧 누워 있었다. 하지만 근자에는 속이 탁 트이는 시원함을 느꼈으며, 노부인 한씨의 부축을 받아 앉아 있고는 했다. 오래된 낡은 의자에 앉아 얇은 홑이불로 반쯤 몸을 덮고 있는 그의 눈동자는 희미했으며, 쭈글쭈글한 눈가에는 눈물이 어른거리는 듯했다. 정오 무렵 한씨는 홑이불이 바닥에 끌리는 것을 보고는, 다시 여며주려 이불을 잡아 올리다가 순간 놀라고 말았다. 남편이 이미 죽어 있었던 것이다. 산도가 죽었다는 소식은 조정과 사마염을 놀라게 했다.

사마염은 모든 것을 다 동원해 산도의 장례를 후하게 치러주라고 했다. 사마염은 산도에게 사도의 직위를 추증하고 강康이란 시호를 내렸다. 이것은 당시 애도를 표시하는 최고의 예우였다. 그러나 이미 죽은 산도가 무엇을 볼 수 있으며 무엇을 들을 수 있겠는가? 사마염은 죽은 산도를 여전히 조정의 꽃병으로 이용한 것이다. 그대 산도는 살아서도 진晉나라 사람이었으며, 죽어서도 진나라의 귀신이라고 중얼거리는 사마염의 소리를 들을 수 있었을 뿐이었다. 관료세계에 발을 들여놓은 산도는 죽어서도 그를 옭아매고 있는 새끼줄에서 벗어날 수 없었던 것이다. 산도의 인생 후반부는 관직 사직사辭職史를 보는 것 같다. 그는 계속 승진했고 끊임없이 사직했으나, 결국은 한 번도 진정으로 사직을 해 보지는 못했다.

산도에게는 다섯 명의 아들이 있었다. 출생 순서대로 배열한 그들의 이름은 산해山該, 산순山淳, 산윤山允, 산모山謨, 산간山簡이었다. 한번은 산해가 짧은 옷을 입고 마차 안에 기대어 앉아 있었다. 사마염이 멀리서 이를 보고는 한번 만나보고 싶으니 아들을 불러오라고 산도에게 말했다. 산도가 가서 아들을 불렀으나 산해는 이를 거절했다.

조용히 침잠하는 정신면에서는 산도가 산해에게 미치지 못한다는 것이 세상 사람들의 평이었다. 산순, 산윤 두 아들은 오척단신에 다리까지 절었으나 총명하기 그지없었다. 사마염이 그 명성을 듣고 만나려고 했으나 역시 그들이 거절했다. 담백하며 자신의 지조와 분수를 지키는 면에서는 산도 스스로 그가 산순, 산윤에 미치지 못한다고 생각했다. 산도가 아무리 검소했다 할지라도 그는 여전히 부유했으며, 아무리 사직을 거듭했다 할지라도 여전히 귀인이었다. 민간에서 말하는 부와 귀함을 겸비했던 사람이었던 것이다.

100여 년 후 남북조의 남조 시대에 속하는 문사 안연지顔延之는 죽림의 현자들을 칭송하는 노래를 지을 때 칠현이 아니라 〈오군영五君詠〉만을 짓고는 산도와 왕융을 빼버렸다. 그 이유는 아주 간단했다.

"산도와 왕융은 아주 귀하게 된 까닭에 (죽림칠현에서) 폐출되었다."

추악한 주신

우주를 마음에 품은 대인 유령

나는 누구인가? 어디서 와서 어디로 가는 것일까?

20세기 문단에서 흔한 물음이었지만, 세월을 거슬러 3세기에 살았던 유령劉伶에게 이 말을 적용해 보아도 딱 들어맞는다.

출생, 가문, 심지어 세상을 떠난 기록도 없었다. 역사가들이 소중히 여기는 기록이 유령에게는 전혀 없다. 유령은 신화 속 인물처럼 천지간에 갑자기 나타났다. 세상으로 갑자기 뛰어나온 유령은 말 그대로 못난 인물이었다. 생긴 모습이 썩은 고목이나 진흙을 이겨놓은 듯해 추악하기 그지없었고 신장은 6척 정도였으며, 사람이 명쾌하지 못하고 큰 병이 있는 듯 걸을 때마다 흔들거렸다.

모습은 그러했으나 마음에 담긴 뜻은 높고 높았다. 우주를 좁게 여기고 만물과 같이하며 당대의 그 누구와도 어깨를 겨룰 수 없을 정도로 뜻이 높았다. 조물주는 추악한 몰골과 높은 뜻을 한 화로에 넣어 유령을 빚어냈다.

시대를 잘못 만나기는 했으나 어찌 보면 시대를 잘 타고 났다. 왜냐하면 정시正始 이후에 청담淸談과 어우러지던 일탈의 행위들을 무수한 명사, 대신들이 행하면서 사회 전체에 이런 일탈의 기풍이 가득 차 있었기 때문이다. 유령은 이러한 사회 기풍 속에서 자신의 고뇌와 답답함을 보았다. 추악하게 생긴 자의 고뇌와 답답함만이 아니라, 선비된 자들의 고뇌와 답답함, 재능은 있으나 기회를 얻지 못하는 자의 울적함, 부귀로 인해 화를 입게 되는 자의 고뇌, 세력에 빌붙어야 하는 힘없는 자의 번뇌, 수없이 많은 무어라 이름 지을 수 없는 고뇌와 울적함을 보았다. 유령은 일탈을 일삼기 시작했고 나름대로의 특별한 격을 갖추게 되었다. 유령이 저지른 일탈의 행위들은 당시 사람들의 화젯거리가 되었다.

그러나 이러한 일탈의 행위는 잠시 동안만 고뇌와 울적함을 털어 버리는 방법 아닌 방법이었다. 일탈자에게 울적함을 뱉어내기는 하지만, 길이 없는 곳에서 길을 가야 하기 때문에 한줄기 가시밭길이었다. 다시 말해 벼슬길이 순탄치 못한 자들에게 그 길은 꾸불꾸불하지만 그윽한 곳으로 이르게 하는 방책이었으며, 명사가 되기 위해 노력하는 길이었다.

명사가 된 유령은 더욱 일탈을 일삼았으며, 더욱 과묵해졌고 모든 일을 홀로 행했다. 집 안은 늘 쓸쓸했으며 한 사람의 친구도 없었다. 다른 사람들이 그와 사귀기 싫어했기 때문이 아니었다. 명사가 되고 나서 사람들이 찾아와 사귀려 했으나, 이를 모두 거절했으며 자신과 사귀기에 적합한 사람이 없다고 생각했다.

하지만 혜강과 완적을 만나게 된 후 조금씩 이런 상황에 변화가 왔다. 천신이라 일컫는 혜강과 풍채가 당당한 완적은 유령의 추함을 혐오하지 않았다. 당대 대명사인 두 사람은 유령의 일탈에 진정한 명사적 뜻이 담겨 있고, 그의 격조가 세상 밖에서 유유자적 거니는 소요유의 신운을 얻었으며, 그의 높은 뜻이 노자와 장자의 정수를 얻었다고 여겼다.

혜강, 완적 두 사람의 눈에는 유령이 호남으로 보였다. 속이 가득 차 빛나는 멋진 남자로, 진정한 기인으로, 천지와 그 기운을 같이하는 남자로 보였다. 그들은 마치 오래 전부터 알아왔던 것처럼 자신들의 고답적 태도를 버리고 끈기 있게 그와 사귀었으며, 빈 마음으로 대화를 나누고 마음을 쏟아 그와 함께 지냈다. 유령은 그들의 태도에 감동을 받았다. 늘 홀로이기를 고집하던 자세에 벗어나 그들과 친구가 되었다.

미남 중 미남인 혜강, 추남 중 추남인 유령 그 둘이 짝을 이루자 흥미진진한 그림이 되었다. 유령은 죽림의 노님에 끼어들었다. 죽림, 이 특수한 대나무 숲이 유령에게 새로운 생기를 불어넣었다. 사실 대나무 숲이 특수한 것이 아니라, 특수한 사람들이 그 속에서 느끼는 생활, 정신, 철학 등이 특수한 것이었다.

죽림에 들어가 그곳에서 각각 그 풍채를 드러내고 있는 현자들이집합체가 되면서 유령은 변해갔다. 활발해졌으며, 정신이 새로워졌다. 그의 변화는 이전과 비교했을 때 그렇다는 것이지 완전히 환골탈퇴했다고는 할 수 없었다. 여전히 추악한 모습이었지만 유령은 더 이상 자신의 모습 때문에 열등감을 갖지 않았다. 죽림의 노님을 통해 빛을 발하면서 명사로서 유령의 등급은 한 계단 더 상승했다.

죽림으로 들어간 후에도 유령은 여전히 일탈을 일삼았다. 그 모습은 다양했지만 그중에서도 술이 최고였다. 죽림칠현은 모두 술을 좋아했는데 그 선봉에 섰던 사람이 유령이다. 그는 온몸을 휘감고 도는 울적함을 술로 씻어내려고 했다. 그는 큰 뜻을 펴지 못하고 깊은 구렁에 빠져 있었기에, 술에서 위안을 얻으려 했다. 그는 친구들과 술로 우의와 우정을 다지려 했다.

한마디로 술꾼이었다. 하루 종일 술 속에 묻혀 사는, 술을 자신의 생명처럼 여긴 보기 드문 술꾼이었다. 술에 취해 서 있는 유령은 술독이었고, 술에 취해 누워 있는 유령은 술지게미를 펼쳐놓은 것이었으며, 술에 취해 비틀비틀 걸어가는 유령은 술 기운 그 자체였다. 어떤 모양을 하든 모두 술의 모습이었다. 술은 유령을 대신하는 대명사가 되었다. 그리고 술은 마침내 유령을 대명사의 반열에 올려놓았다. 동진 시대 왕효백王孝伯은 술과 명사와의 관계를 체득한 말을 남겼다.

"명사는 기이한 재주를 필요로 하지 않는다. 늘 한가함을 빌려 술을 통쾌하게 마시며 굴원의 〈이소離騷〉를 즐겨 읽으면 명사라고 할 수 있다."

유령은 술을 마시며 적잖게 우스갯거리들을 만들어냈다.

유령은 먹고살기 위해 다른 사람의 분객이 되었다. 급여는 계산치 않았으며 오로지 마실 술만 있으면 그것도 크게 취할 기회만 있으면 된다는 간단한 조건을 주인에게 내걸었다.

"내가 어느 날 크게 취해볼 수 있겠습니까?"

주인은 소원을 들어주겠노라 답했다. 그래서 하인에게 술을 빚어 큰 독에 담도록 했다. 술이 다 익은 후 사람을 시켜 술독을 유령의 방에 가져다 놓게 했다. 이튿날 주인이 그의 방으로 들어가보니 술독의 술은 이미 동이 나 있었고, 술지게미 위에 쓰러질 듯이 앉아 있던 유령이 히죽거리며 반문했다.

"그대가 일찍이 나더러 크게 취하게 해준다고 했는데, 어찌 이렇게 한가로이 앉아 쉬게 한단 말인가?"

이 일은 우스갯거리가 되어 뒷날 골계를 다루는 책에 기록되었다.

밖에서는 술로 인해 명성을 얻었지만 집 안에서는 아내가 술로 인해 속을 끓이고 있었다.

그녀는 여러 차례 남편에게 술을 삼가도록 권했으나, 유령은 건성으로 대답할 뿐이었다. 그녀는 더는 방법이 없자 집 안의 술을 모두 나누어주고 술잔, 술독 등을 모조리 부수어버렸다.

술 중독 상태였던 유령은 정말 참을 수가 없었다. 그는 죽어가는 표정을 지으며 아내에게 술을 구걸했다. 유령의 아내는 눈물을 흘리며 남편에게 권고했다.

"그대는 술을 지나치게 마셔 양생의 도를 가로막고 있으니, 반드시 술을 끊어야 합니다."

유령이 이에 답했다.

"자네의 말이 참으로 좋으이. 그러나 내 스스로는 술을 금할 수 없고 귀신 앞에서 맹세를 해야 술을 끊을 수 있소. 그러니 자네는 제사를 지내게 술과 고기를 준비해 오구려."

유령의 아내는 남편의 말이 도리에 맞다고 생각했다. 그래서 술과 고기를 준비해 귀신 화상畵像 앞에 배설해 놓고는 남편이 귀신에게 맹세하기를 기다렸다.

유령이 무릎을 꿇고 입으로 제문 비슷한 것을 읊기 시작했다.

"하늘이 저 유령을 낳아 술로써 이름을 얻게 했습니다. 한번 마시면 열 말을 마시며, 다섯 말은 마셔야 술의 갈증을 풀 수 있습니다. 신이시여 아녀자의 말을 절대 듣지 마시옵소서!"

그는 맹세가 끝나자 제상의 진설물을 끄집어내려 큰 술잔에 담긴 술을 벌컥벌컥 마시고 큰 조각으로 찢어진 고기를 허겁지겁 먹어댔다. 얼마 지나지 않아 제상 아래 취해 널브러졌다. 이 꼴을 본 유령의 아내는 울지도 웃지도 못했다. 이때부터 그가 술을 마시든 말든 더 이상 관계치 않았다.

이 이야기 역시 우스갯거리가 되어 책에 기록되었다.

이러한 우스개들은 당대는 물론 후대에까지 전해지면서 적지 않은 부분이 첨가되었으며, 사람들이 더욱 배를 잡고 웃게 했다. 이런 우스운 이야기 속에서 유령의 모습이 더욱 생생하게 드러난다.

죽림칠현은 한 사람 한 사람이 술의 고수였다. 그들이 같이 모이게 된 데는 의기투합의 주요한 원인이지만, 술을 좋아했다는 것도 중요한 요소 중 하나였다. 죽림칠현에 관한 기록, 그중에서도 일곱 사람을 모두 기록한 사료들은 그들이 늘 죽림에 머물렀으며, 아무런 거리낌 없이 흡족할 때까지 술을 마셨다는 것을 기록하고 있다. '죽림칠현'의 이름은 여기에서 유래되었다. 죽림칠현은 주림酒林칠현이라고 할 수도 있는 것이다. 남북조 시대 남조 량梁의 심약沈約은 〈죽림칠현론〉에서 다음과 같이 쓰고 있다.

혜강, 완적 두 사람은 그 뜻을 자기 보존에 두어, 일찍이 내적 자취를 중시했기 때문에 당연히 그 형식 갖춤을 게을리했다. 형식의 훼파에는 반드시 술이 따라야 하는 까닭에 종일 술잔을 채우고 또 채웠으며, 늘 취해 비틀거리는 몸짓을 했다. 술의 쓰임새는 혼자서 마시는 데 있는 것이 아니라 짝을 얻어야 하며, 짝을 얻은 후에는 즐거워하는 것이다. 유령의 술을 대하는 풍격은 그윽한 맛이 있었으며, 상수 역시 같이 술을 하는 친구였다. 산도와 왕융 두 사람은 그런 풍류를 좋아해 그리로 왔으며, 같이하되 서로 어그러짐이 없었기에 어깨를 같이해 무리지어 노닐었다. 술잔을 머금고 술대접을 받드는 극치에 이르러선, 이 세상의 기묘하고 재미있는 것들을 보고도 못 본 체했다.

심약의 글은 음주의 정치적 용도, 친구들과 함께 마시는 술의 즐거움을 이야기했으며 술잔을 품고 드는 가운데 느껴지는 그 기묘한 진리를 이야기했다. 또한 그들 각자가 같이 술자리를 하는 데 맡았던 역할을 설명했다. 이들은 많을 때는 일곱 사람이 모두 모였지만, 적을 때는 다섯이나 둘, 셋이 모였다. 혼자서 마시거나 외부인들과 함께 마셨다.

죽림칠현 모두 술을 잘 마셨으나 그중에서도 유령이 으뜸이었다. 술을 잘 마신 탓에 그가 죽은 후 산양 땅에 '유령이 술에서 깬 곳[劉伶醒酒臺]'이라 부르는 명승지를 남기게 되었다.

천문산天文山은 오늘날 백가암百家巖이라 부르는데 산양현縣 서북쪽 37리 되는 곳에 위치해 있다. 바위 아래 백여 집이 들어설 정도의 장소가 있어 그로써 백가암이란 이름을 짓게 되었다. 그 위에 정사精舍가 있으며, 또한 쇠를 담금질하던 곳이 있어 사람들이 혜강이 거처하던 곳이라고 일컬었다. 《도경圖經》에는 산 아래 유령이 술에서 깨어난 곳醒酒臺, 도사 손등이 피리를 불던 곳長嘯臺, 완적의 죽림, 혜강이 검을 담금질하던 연못이 이 절 주변에 있다고 기록했다(《태평환우기太平寰宇記》 권53 〈하북도河北道 · 회주懷州 · 수무현修武縣〉).

유령이 술을 마신 이유는 취하기 위해서였다. 따라서 그곳의 이름을 '유령이 술에서 깨어난 곳'이라 하는 것은 부적절하며, 마땅히 '유령이 술취한 곳[劉伶醉酒臺]'이라고 해야 할 것이다. 사실 유령은 지나치게 마셔댔기 때문에 취했다가는 깨고 깨었다가 취했다. 어디까지가 취한 것인지, 어느 때까지가 깨어 있는 것인지 구분이 가지 않았다. 상황이 이러했으니 그 유적지의 이름을 고치지 않아도 그뿐이리라.

죽림칠현은 각자 술 품격과 술 덕[酒德]을 갖추고 있었다. 혜강은 술을 사랑했다. 술을 통해 정치적 소용돌이를 피해갔으며, 취한 걸음으로 죽림의 오솔길과 궁벽한 길을 밟고 다니면서 그 술기운을 산양의 푸른 산 누런 흙 위에 흩뿌려놓았다. 그러나 양생養生에 대한 사색을 통해 술과 색色이 하나이며, 그 둘은 모두 사람의 골수를 마르게 하는 독물毒物이란 것을 깨우치게 되었다. 따라서 그는 이렇게 갈파했다.

몸을 제멋대로 굴리며 절제하지 않으면 일찍 죽지 아니하는 자가 없다. 술과 색이 어떠한 물건이기에 이로 인해 오늘날도 여전히 목숨을 잃는 자가 생겨나는가? 노래로써 이 말을 하려네, 술과 색이 사람을 쇠망케 한다고.
縱體淫姿, 莫不早徂. 酒色何物, 自令不辜. 歌以言之, 酒色令人枯.

(〈추호행칠수秋胡行七首〉 중 네 번째 시의 일부)

술과 색은 공空이다. 혜강은 술과 색이 모두 공이라는 기초 위에서 한 걸음 더 나아가 명성과 지위는 사람을 더욱 꼬이게 하는 낚싯밥, 미끼라는 것을, 일단 그 미끼를 물고 나면 재앙의 강물 속으로 빠져들어간다는 것을 인식하게 되었다. 따라서 술과 색, 명성과 지위에 대처하는 가장 좋은 방법은 철저히 이것들을 잊어버리는 것, 머리를 돌려 전혀 보지 않는 것이라는 사실을 깨우쳤다. 따라서 그는 다시 한번 이렇게 말했다.

따라서 옛 현인들은 주색을 달콤한 독주로 여겨 버린 물건처럼 대했으며, 명예와 지위를 미끼로 여겨 그에게서 아주 멀리 떠나 돌아보지 않았다(〈답난양생론答難養生論〉 중에서).

모두 헛된 것, 혜강은 술을 단념하고 신선술을 배우러갔다.

완적은 술에 탐닉했는데 그 성격은 대체로 혜강과 같았다. 그러나 관리사회에 깊이 속해 있었기 때문에 술을 빌려 화禍를 피하려는 동기는 혜강보다 한층 더 절실했다. 권신 사마소가 그의 딸을 며느리로 맞아들이려 했을 때 그는 대취해 이를 막아냈으며, 간사한 종회가 그에게 흠집을 내려했을 때에도 역시 대취해 이를 넘겨냈다.

완적의 가슴에는 묵직한 것이 쌓여 있었다. 정치적 근심과 분노로 답답하게 쌓인 것, 세상의 풍파를 헤쳐나오며 맺힌 것들은 술로 희석하지 않으면 안 되는 크나큰 매듭이 있었던 것이다. 동진 시대 완적의 글과 술을 논한 이들이 있었다. 왕효백王孝伯이라는 사람이 물어보았다.

"완적과 사마상여를 서로 비교하면 어떠합니까?"

왕대王大라는 사람이 대답했다.

"완적의 가슴속에는 쌓인 것이 있었소. 술로 풀지 않을 수 없었을 것이오."

완적의 가슴에 묵직하게 자리 잡은 것은 술을 마셔도 씻겨내려가지 않고 더욱더 묵직해져만 갔다. 그는 양생하려 하지 않았다. 풍성한 술과 안주의 잔치 속에서, 술병을 싣고 홀로 떠나는 푸른 하늘 아래에서, 깎아지른 절벽 위에 술병을 들고 서서 자신의 몸이 망가지기를 바랐다. 그래서 이 싫은 세상과 영원한 작별을 고하려 했다.

완적은 미친 듯한 태도와 술로 이름을 날렸다. 그를 우러러보든 아니면 공격을 가하든 세상 사람들이 완적과 같은 눈높이에서 그를 보려 하는 경우는 드물었다. 중국 현대 문인인 욱달부郁達夫는 자신이 세상에서 겪은 일을 통해 문인의 할아버지라 할 수 있는 완적을 이해하고는 다음과 같은 글을 남겼다.

가련타! 완적 그대의 미친 듯 날뜀이여.
쓸쓸한 무덤을 대하여 취언醉言을 건네오.

'가련' 하다는 말로 '미친 듯함' 이라는 말의 속내와 '취했다' 는 말이 내포하고 있는 뜻을 드러냈다.

산도는 술을 잘했다. 그러나 그가 술을 마신 이유는 자신의 심심함을 달래거나 세인들과 교제하기 위해서였으며, 응대가 필요한 관리세계에서 살아남기 위해서였다. 그의 주량은 굉장했으나 늘 분수를 지켜 마셨기에 꼬꾸라지도록 술 취한 경우는 드물었다. 산도의 주량은 여덟 말이나 되었는데 그 전에는 절대 취한 모습을 보이지 않았고, 여덟 말을 마시면 바로 술잔을 내려놓고 더 이상 마시지 않았다.

산도가 이렇게 절제할 수 있다는 말을 들은 사마염은 산도의 술 취한 모습을 보고 싶다는 호기심이 발동했다. 그래서 술자리를 마련해 사람을 시켜 몰래 여덟 말을 재도록 하고 겉으로는 술량을 재지 않고 마시도록 명령했다. 산도는 술을 천천히 마시기 시작했다. 그는 술량을 재지 않았지만 여덟 말을 마시자 자연스럽게 술잔을 내려놓았다.

산도는 고관이 되던 했던 사람이다. 풍향을 예측할 수 없는 버슬세계에서 관료가 되려면 모든 면에서 자기를 제어할 수 있어야 했고, 거기에는 술을 마시는 데서의 자기 통제도 포함되어 있었다.

완함阮咸은 술을 탐했다. 그는 줄곧 예교의 속박에서 벗어나려 했으며, 사람됨이 호탕하고 구애받지 않는 성격이었다. 따라서 술 마시는 것역시 호탕했다. 특히 숙부인 완적의 정신을 배워 세상에서의 일탈을 일삼았기에, 술 마시는 것 또한 그러했다.

일찍이 그가 친족들과 함께 술을 마셨는데 흥이 돋자 늘 사용하던 술잔을 치워버리고 큰 함지박을 가져와 거기에 술을 가득 붓고는 서로서로 둘러앉아 마음껏 마셔댔다. 함지박에 얼굴이 묻혀 술 마시는 모양이 보이지 않았으며, 머리를 들자 술이 목 줄기로 줄줄 흘러내려 옷이 흠뻑 젖었다. 술을 마시는 중간에 한 무리의 돼지들이 술 향기를 맡고는 몰려와 함지박의 술을 마시기 시작했다. 이를 본 완함은 다급해졌다. 돼지들이 술을 다 마셔버릴까봐 그 사이로 비집고 들어가 돼지들과 함께 술을 마셨다.

이는 겉으로 보기에는 체면을 중시하지 않은 행동처럼 보이나 사실은 체면을 지극히 중시한 행동이었다. 체면을 던져버리고 술 마시는 방식을 통해 더욱 큰 체면, 명사의 일원이 되는 체면을 구하려 했던 것이다.

유령은 술을 사모했다. 술을 사모하고 또 사모해 주신이 되었다. 주신이 된 후에는 죽음의 신과 가까워졌다. 그는 술을 위해 질식할 듯 숨 막히는 말세를 살아갔다. 그에게 술이 없다면 사는 것이 죽느니만 못했다. 한가할 때면 그는 늘 사슴이 끄는 차를 몰면서, 술 한 병을 꿰차고는 목적지 없이 여기저기 돌아다녔다. 하인에게 삽을 들리고 그를 좇아다니도록 하면서 거리낌 없이 분부했다.

"내가 죽게 되면, 바로 그 자리를 파고 나를 묻거라!"

그는 생명의 질質을 중시했다. 그리고 그 질을 표시하는 지표로 술이 있어야 했다. 술이 있으면 생명의 여로가 길고 짧은 것은 문제가 되지 않았다. 생명에 대한 그의 태도는 시원시원해, 술에 취해 죽게 되는 것이 가장 큰 복이라고 여길 정도였다.

상수는 술을 즐겼다. 그가 술을 즐기지 않았다면 표면상 술과 하나가 되었던 죽림칠현에 들어가지 못했을 것이다. 그러나 죽림칠현 중에서 술에 대해 가장 담담했던 사람이 그였다. 그가 술을 마시는 경우는 대부분 죽림칠현과 같이할 때였다. 그러나 술을 마신다기보다는 여럿이 함께 술을 마시는 그 느낌을 마셨다고 하는 게 옳을 것이다. 장면이 농익으면 그도 따라서 농익어갔다. 그러나 그가 노장학설의 취지를 만들어낸 사람이라는 점을 떠올리면 주량이 적지 않았을 것은 틀림없다.

왕융王戎은 술에 빠졌다. 술에 빠진 그는 만화경처럼 다양한 모습을 보여주었다. 어느 때는 미친 듯이 마구 마셔댔는데 그럴 때는 완적과 비슷했다. 어떤 때는 법도를 지켜가면서 마셨는데 그럴 때는 산도와 유사했다. 여럿이 어울려 마실 때는 상수의 모습을 닮아 있었다. 그러나 그는 자신만의 특징인 속됨을 보여주었다. 그는 인색하기 짝이 없었다. 돈 쓰기가 아까워 좋은 술을 사마시지 않았으며 듬뿍 마시지도 않았다. 그는 혼자서 마실 때도 많이 마시지 않았고 거의 취하지 않았다. 그 이유는 한편으론 돈을 절약하느라 그리했고, 다른 한편으로는 한 순간도 편히 있을 수 없는 난세에 고관이 되었기에, 한눈을 부릅뜨고 관료세계 속의 격랑을 지켜보면서 자신의 배가 가라앉지 않도록 해야 했기 때문이었다.

죽림칠현은 혼란한 시기에 태어나 험악한 세상을 살아갔기에 수많은 근심과 걱정을 안고 있었다. 그들은 더욱이 남보다 재능이 뛰어나 근심에 근심이 더해졌기에 부득이 술을 빌려 그 근심을 떨쳐버릴 수밖에 없었다. 근심은 각자 내용이 달랐기에 술을 빌려 근심을 달래는 방법도 다를 수밖에 없었다. 그들은 술을 빌려 취한 세계에서 거닐고, 만화경 같은 변화를 구했다. 宋송의 엽몽득葉夢得이 이를 잘 묘사했다.

진晉나라 사람들이 술 마시는 것을 두고 심지어는 아주 취하는 자를 놓고 많은 이야기를 했으나 그 본 뜻이 반드시 술에 있었다고 할 수는 없다. 당시 세상이 어지러워 사람들 각자가 화를 입을까 두려워했으며, 오직 술에 취해야 세상의 일을 어느 정도 멀리할 수 있었기 때문이다. 이와 같이 술을 마시는 자는 반드시 마시는 것 자체에 뜻을 둔 것이 아니며, 취한 자가 반드시 술 취하는 것에 마음을 둔 것이 아니다.

죽림의 노님이 시작되기 수십 년 전인 동한 말에 술 잘하기로 유명한 대명사 공융孔融이 일찍이 말한 바 있다.

"자리에는 늘 손님이 가득하고, 술잔은 늘 차 있으니 내 근심할 것이 없노라!"

그는 조조가 내린 금주령에 자신의 생각을 반복해서 말했다.

"하늘에는 술을 나타내는 별이 있고, 땅에는 술의 샘[酒泉](감숙성에 있는 지역 명)이 있고, 사람에게는 맛 좋은 술을 즐기는 덕이 있다."

술을 좋아한 사람은 오래 전부터 각지에 있었지만, 단체를 형성해 주야를 구분치 않고 마셔대며 각자의 풍격을 드러낸 선비들은 죽림칠현이 그 시초였다. 동진 시대 장계절張季節은 완적의 행동을 본떠 술을 좋아하고 거칠 것 없는 일탈을 일삼았다. 당시 사람들은 그를 '강동의 완적[江東步兵]'이라고 불렀다. 누군가가 그를 위해 한마디 했다.

"그대는 마음 내키는 대로 제멋대로 살며, 죽은 후의 명성은 생각하지 않는구려!"

그의 대답은 이러했다.

"죽은 후에 얻는 명성은 지금 한 잔의 술을 드는 것만 못하이."

동진 시대 필세무畢世茂는 이부랑吏部郎의 자리에 있을 때 술을 훔친 죄로 붙잡힌 적이 있다. 그는 "한 손에는 게를 들고 한 손에는 술잔을 들고 술 연못 가운데로 노를 저어간다면 일생이 족하다 할 수 있다"고 말한 적도 있다.

죽림의 일곱 주선, 그들은 입에 술을 머금고 술 안개를 피워냈다. 또한 술 바람을 일으키고 술 비를 내리게 하면서 스스로 취하고 다른 사람도 취하게 했으며, 당시 사람들을 취하게 하고 후세 사람들을 취하게 했다. 이러한 풍류는 동진을 거쳐, 남북조로, 수당 시대로 이어져 내려갔다. 그들이 남긴 풍격이 세상을 가득 채우면서 도연명이 나타나고, 사영운謝靈運이 나타나고, 이태백이 나타났다.

술 주酒자 외에는 유령이 세상과 다툴 것이 없었다. 세속, 세상, 사람들, 시대와 다툴 이유가 없었다. 이러한 경지에 이른 것은 그가 노장철학의 무위無爲의 도를 철저히 깨우쳤기 때문이었다. 한몸의 술기운이 하늘과 땅 사이를 이리저리 지향 없이 흘러 다닌다. 다투지 않음은 그가 열심히 노력해 얻게 된 경지이다. 술을 마셔 흐리멍덩해지면 슬며시 다투려는 생각이 일어났다. 그럴 때마다, 다툼 없는 경지가 저절로 생겨나면서 다투려는 생각을 없애버린다.

어느 날 꼭지가 틀어지도록 술을 마신 그가 길을 가다 한 사람과 마주쳤는데, 어찌 된 일인지 말다툼이 일어났다. 그 사람은 힘쓰기를 좋아하는 사람이어서, 자신의 완력으로 약해 빠진 유령을 혼내주려 주먹을 불끈 쥐고 때리려 했다. 그러나 유령은 전혀 싸우려는 자세를 취하지 않고 변함없는 안색으로 천천히 말했다.

"어찌 그 존귀한 주먹으로 계륵(닭갈비)을 치려 하십니까?"

돌연히 이런 말을 듣게 되자 상대방은 웃음을 터뜨리면서 주먹을 거두고 돌아가버렸다. 이렇듯 유령이 다투지 않았다고 했지만 사실 일반 사람은 감히 다툴 수 없는 특별한 다툼을 벌이고 있었다. 그는 우주와 세월과 다툼을 했던 것이다. 그가 인간을 넘어선 초자연의 대기상과 다툼을 하는 그 호기는 원천적으로는 자신의 천성에 따른 것이지만 후천적 힘은 술을 통해 얻은 것이었다.

술이 없었다면 이러한 영웅적 배포를 갖지 못했을 것이다. 술이 있었기에 그가 남들에게 조롱받는 못생긴 사람에서 만물을 다 끌어안는 대영웅으로 변할 수 있었다. 술이 거나하게 취하면 위대한 기상이 머릿속에서 커져간다. 그는 참을 수 없는 마음으로 술을 찬미했으며, 술이 그에게 준 큰 덕을 칭찬했다. 술은 덕을 가지고 있다. 문필을 휘두른 적 없는 그가 생애 유일한 문장인 〈주덕송酒德頌〉을 써내려갔다.

대인大人선생이 있었는데 그는 광활한 천지를 집으로 삼고, 만 년을 잠깐으로 여기며, 일월을 집 안의 창문으로 여기고, 온 천지사방을 정원의 작은 오솔길로 여겼다. 그는 다닐 때 흔적을 남기지 않았으며, 집 같은 것 없이 하늘을 장막 삼고 땅을 침대 삼아 마음 내키는 대로 뜻 가는 대로 하려는 바를 다 했다. 머물러 있을 때는 네 되들이 술통이나 두 되들이 술통을 쥐고 있으며, 움직일 때는 작은 술 주발이나 술병을 갖고 다니며 종일 술을 마셔댔으니, 다른 일에 어찌 관여했겠는가?
존귀한 자와 벼슬아치들이 대인선생에 대한 소문을 듣고는 그의 행위에 대해 의론을 하면서, 옷자락과 소매를 격하게 휘두르며 노한 눈을 부릅뜨고 이빨을 갈면서 예법을 늘어놓고 비평하는 말들을 주절거렸다.
이러한 때 대인선생은 술병을 받쳐 들고 술 도가니에서 술을 받아 입을 다시며 새로운 탁주를 맛보고, 머리를 풀어헤치고 다리를 쩍 벌리고 앉아, 술누룩을 베개 삼고 술지게미 위에 누워 아무런 근심도 염려도 없이 흔쾌한 마음으로 희희낙락하고 있었다. 그는 깊이 취해 혼곤히 있다가 갑작스레 깨어난다.

조용히 사위의 소리를 들으나 뇌성벽력의 소리를 듣지 못하고, 먼 곳을 주시하지만 태산의 모습을 보지 못한다. 추위와 더위가 피부에 와 닿음을 느끼지 못하고, 영리와 욕망이 성정을 감동시킴을 느끼지 못한다. 복잡하고 어지러운 만물을 굽어보며 큰 강물에 떠 있는 부평초처럼 여기고, 존귀한 자와 벼슬아치가 모시고 서 있는 것을 마치 나나니벌이 애벌레를 데리고 가는 것처럼 여긴다.

'대인선생'은 다름 아닌 바로 유령 자신으로 하늘을 이불 삼고 땅을 침대 삼는 큰 모습으로 그려져 있다. 그는 '대인선생'을 통해 술 구름과 누룩 안개를 타고 가면서 천인합일의 장쾌한 뜻을 풀어냈으며, 서로 다투며 공격을 일삼는 예법이나 따지는 자들을 흘겨보고 생각도 근심도 없는 신선의 즐거움을 묘사했다. 유령은 단순히 말만 한 것이 아니라 이를 행동으로도 옮겼다. 이러한 생각을 말로 표현하며 적지 않은 사람들을 놀라게 했는데, 행동으로 표출하면서 더욱 세상을 놀라게 했다. 그는 혼자 집에 있을 때는 늘 실오라기 하나 걸치지 않은 채 술을 맘껏 퍼마시며 영혼의 자유로움을 누렸다. 손님이 그를 보러 와서는, 알몸을 고스란히 드러내고 있는 추남을 보고는 어쩔 줄 몰라 하거나 수치스럽게 여겨 돌아가곤 했다. 또는 좋은 말로 권유하거나 비웃거나 했다.

손님이 어떻게 하든 유령은 아주 자연스럽게 굴었다. 옷을 단정하게 차려입은 사람보다 더욱 자연스럽게 행동하면서 사람들을 비웃곤 했다.

"나는 천지를 집으로 삼고 집을 내 바지로 생각하는데, 그대가 응당 내 바지 안으로 들어오지 않아야 하며, 이미 들어왔다면 어찌 수치스럽게 여기는가?"

말을 내뱉은 그의 얼굴에는 득의만만함이 가득했다. 이렇듯 알몸을 드러내는 행위는 그가 완적에게 배운 것이었다. 사람이 나무에서 내려와 걸어다니기 시작한 이래로, 부끄러움을 알게 된 이래로, 동한東漢 말 북을 치며 조조를 욕하던 녜형禰衡을 제외하면 이렇게 대담하게 굴었던 대장부가 일찍이 없었다. 유령은 대담하게 자연으로 돌아갔던 것이다. 대중들 앞에 금기시함 없이 사람의 본색을 드러내 자신의 깨끗함을 보여주며, 문명의 허례허식과 싸워나가고 위선적인 도덕의 울타리를 벗어버렸다. 깨끗함을 자연으로 되돌려주려는 속내는 당唐 시대 가장 자유분방했던 이백이 잘 이해하고 있었다. 그는 이를 다음과 같은 시에 담아 말했다.

백우선을 한가로이 흔들며,	懶搖白羽扇
옷 벗어던지고 푸른 숲으로 가네.	裸袒青林中
건巾 벗어 석벽 위에 걸어두니,	脫巾挂石壁
시원한 솔바람이 맨 이마에 불어오네.	露頂灑松風

〈하일산중夏日山中〉

하늘과 땅으로부터 빼어난 품성과 탁주의 기이한 성질을 얻지 못했다면, 결코 완적은 그렇게 하지 않았을 것이며 유령 또한 결코 배우려 하지 않았을 것이다. 유령은 이렇게 일탈행위를 하면서도 장자의 질박함과 진실함으로 돌아가려는 뜻을 명확히 취했으며, 알몸뚱이로 천지를 대하고 옛것을 이어받아 길이 남기려 했다. 하늘, 땅, 사람 삼자가 그의 몸을 통해 하나가 되어 진실한 통일을 이루었다.

한껏 마셔대는 풍조에 휩쓸린 것과 마찬가지로, 유령 역시 청담의 풍조에 휩쓸렸다. 그는 혜강의 지혜, 완적의 원만함, 상수의 명철함, 완함의 깊은 식견, 왕융의 웅장함과는 다른 자신만의 원대함, 천지일월과 같이하는 원대함을 가지고 있었다. 그는 청담을 나눌 때 임기응변의 변설을 잘해 다른 사람을 앞섰다. 다른 사람이 볼 때 그의 청담은 마치 흐리멍덩한 듯했으나, 한번 부딪혀보면 바로 그것이 청담으로, 임기응변의 변설로 거듭되었다.

유령은 강좌를 한 적이 전혀 없었다. 담론의 형식 표현은 다소 산도와 비슷했다. 즉, 고의로 남을 놀라게 하는 말을 하지도 않았으며, 현묘하고도 현묘한 청담을 일상적 말에 담았다.

유령이 가장 잘 논했던 명제는 무위無爲, '하지 않음으로 하지 않는 것이 없다'는 바로 그 '무위'였다. 이러한 명제에 그는 비록 상수와 같이 빼어난 〈장자주莊子注〉를 쓰지는 않았으나, 이와는 다른 길을 찾아내었다. 즉 유가의 천인합일天人合一의 사상을 빌려와 현묘함의 이치를 논했던 것이다. 죽림칠현은 모두 무위를 믿었는데 유령은 특히 여기에 빠져들었다. 그렇지 않았다면 그가 천지를 집으로 삼고, 집을 바지로 삼고, 탁주를 생명으로 여길 수 없었을 것이다.

무위를 숭상하는 것은 바로 '무無'를 떠받드는 것이자 '유有'를 반대하는 것이다. 이러한 주장은 위진魏晉 시대 정시正始(위魏나라 시대 연호 서기 240~249) 기간의 명사 중 우두머리인 하안이 그 뜻을 발전시켰으며 죽림칠현의 대표격인 완적 등이 그 중심을 이어받았고, 서진西晉의 명신으로 이름을 날렸던 왕연王衍이 그 흐름을 펼쳐갔다.

무위란 철학 이론상으로는 인간세상의 번잡함에서 멀리 떠나, 양생을 하고 단약을 먹으며, 장수를 구하고 신선을 따라하는 것을 강조하는 것이었다. 관방의 정치 행위에서도 이를 실현하려 청담에 탐닉하고 예법을 지키지 않으며, 구속됨이 없이 일탈을 일삼고 자리만 차지하고 소임을 다하지 않으면서 국록을 받아먹는 일이 비일비재했다.

왕융의 사위인 배위裴頠는 이러한 사회 기풍을 못마땅해했다. 아무도 당시의 정치에 관심을 기울이지 않고, 아무도 실무를 하려 하지 않았으며 조정 안에는 총명한 밥통들만 가득 차 있었다. 이에 안타까움을 느껴 〈숭유론崇有論〉을 저술해 '무無'에 반박을 가했다. 그러나 '무'가 이미 사회의 기풍이 되어버린 상황에서 배위 혼자 이를 반대 방향으로 돌릴 수 있었겠는가?

청담을 통한 보신保身과 청담으로 인한 국사의 어그러짐은 서진이 멸망할 때까지도 계속 이어졌다. 청담은 서진이 멸망하게 된 원인 중 하나다. 특히 후세 사람들의 주의를 끄는 것은 왕연이 죽기 전에 남긴 후회의 말 한마디였다.

왕연은 가장 높은 삼공三公의 자리까지 올랐던 보기 드문 인물이었다. 그는 풍격이 고아했다. 재능이 빼어난 데다 잘 생겼으며, 그 깨우침의 능력이 발군이었고 현묘한 말을 잘해 조정과 재야에 명성이 자자했다.

왕융은 그를 칭찬했다.

"태위의 신묘한 자태는 고아해, 마치 옥구슬로 된 나무처럼 자연히 속세를 벗어난 외물外物이라 할 수 있습니다."

이렇게 출중한 인물이 진나라 말기 전쟁의 참화에서 갈羯족 무장 세력의 수령인 석륵石勒에게 붙잡혀 처형되기 전에 침울하게 말했다.

"아! 우리 시대가 옛사람만 못했다 할지라도 일찍이 헛된 것을 숭상하지 않고, 힘을 기울여 천하를 다스렸다면 오늘과 같은 일을 당하지 않았으리라."

왕연의 죽음은 청담의 풍조가 서진西晉에 멸망의 재난을 가져다준 원인이었음을 상징한다. 그 근본을 추적해 보면 청담의 풍조는 정시正始의 명사와 죽림칠현에서 발원했다. 후대 학자들은 비판의 화살을 직접 그들에게 돌렸다. 비판자도 두 무리로 나뉘었다. 한 무리는 동진東晉의 범녕范寧을 대표로 하는데, 그들은 하안, 왕필王弼을 우두머리로 하는 정시의 명사들에게 그 죄가 있다고 주장했다. 그들의 죄가 하夏왕조의 폭군 걸桀이나 상商왕조의 폭군 주紂보다 더 커서 도저히 풀 길이 없다는 것이었다.

왕필, 하안 그들은 정통의 문장을 멸시해 폐기처분했으며, 예의와 법도를 존중치 않았고, 내용 없는 화려한 말을 일삼아, 후대 사람들을 혼란으로 끌고 갔다. 화려하고 장식적인 말로 실질적인 것을 가렸으며, 어지러운 글로 세상 사람들을 미혹되게 했다. (여기에 물들은) 벼슬하는 자들이 그 가야 할 길을 완전히 바꾸어, 공맹의 문화가 아득히 나락으로 떨어지게 되었다. 이에 따라 인의仁義가 나락으로 떨어지고, 유가의 우아함이 먼지를 뒤집어쓰게 되었으며, 예의와 음악이 무너지고 (마침내는) 중원이 뒤집히게 되었다. 옛말에 이르기를 그 말이 거짓되며 변론을 일삼고, 그 행위가 간사하나 이를 고집하는 자들이 있다고 했는데 이들을 두고 한 말이 아니겠는가! ……왕필과 하안은 세상의 헛된 명성을 얻기 위해 말의 성찬을 바탕으로 방종했으며, 있지도 않은 신선을 그려내는 것을 재주로 삼고, 무법을 선동하는 것을 풍속으로 삼았다. (이를 보면) 정나라의 그 음악이 음탕했다고 하는 것과, 구변이 좋은 자가 나라를 망하게 했다는 것이 참으로 있는 일임을 알 수 있지 않은가? 나는 정말 한 시대의 화로 그치는 것은 가벼운 일이지만 몇 대에 걸치는 죄는 무겁다고 생각하며, 스스로 다쳐 피를 흘리는 것은 작은 일이지만 대중을 미혹하는 죄는 실로 크다고 생각한다(《진서晉書》 권75 〈범녕전范寧傳〉 중에서).

고염무顧炎武를 대표로 하는 명明조 말엽, 청淸 초의 사람들은 혜강, 완적을 대표로 하는 죽림칠현에게 그 잘못을 돌렸는데, 그들이 청담의 기풍을 불러일으켜 결국은 서진西晉이 멸망했다는 것이다.

위로는 국가를 망하게 했으며, 아래로는 교육이 무너지게 하는 데까지 이르렀다. 오랑캐들이 번갈아 호령하면서 군주와 신하가 여러 차례 바뀌게 되었는데, 이렇게 된 것이 죽림제현의 잘못이 아니면 누구의 잘못이란 말인가?(《일지록日知錄》 권13 〈정시正始〉)

약간 후대인인 전대흔錢大昕은 고염무보다 한발 더 나아가 범녕의 논거 대상을 강제로 바꾸었다. 하안과 왕필을 비난의 대상에서 풀어주고 그 화살을 혜강과 완적에게로 돌렸다.

사마씨가 다스리던 진晉대의 사대부들은 청담을 나라를 잘 다스리고 백성을 고난에서 구하는 경세제민으로 여겼으며, 방종함을 큰 덕으로 여겼다. 이에 따라 앞다투어 헛된 것을 좇았으며 법도를 닦지 않았다. 그리해 집에서는 그 기강이 무너지고 조정에서는 공무가 수행되지 않았다. 이러한 논거를 가지고 현재의 세상 사람들을 경계토록 하는 것은 선한 일이라 하지 않을 수 없다. 그러나 이를 가지고 혜강과 완적에게 죄를 묻는 것은 가하지만, 왕필과 하안에게 죄를 묻는 것은 불가하다.

이 학자들은 청담과 나라가 망한 것과의 관계를 따졌지만 모두 한쪽으로 치우친 말들이었다. 망국의 원인을 개인에게 돌렸을 뿐, 전체 역사적 배경을 검토하지 않았다. 청담을 당시 정국 및 체제와 결부시켜 종합적으로 고찰한 인물은 학자가 아니라 문인 임어당林語堂이었다. 유가 입장에서 그 문제를 평가하는 학자들이 청담이 나라를 망하게 했다는 비난의 논조를 펴는 것은 미인이 나라를 망쳤다는 비난의 논조를 펴는 것과 너무나 유사하다고 임어당은 지적했다. 그들이 결과를 뒤집어 원인으로 여겼을 뿐 청담은 잔혹한 정치 때문에, 제멋대로 날뛰던 무인들 때문에 어쩔 수 없이 생겨난 것으로 역사적 책임을 진 희생양이라는 점을 지적했다. 그의 논조는 이러했다.

혹자는 청담이 나라를 잘못되게 할 수 있다고 한다. 나는 청담이 나라를 잘못되게 할 수도 있으며, 청담이 아니라도 나라를 망칠 수 있다고 말한다. ……동진은 청담을 하는 사람들에 의해 망했다고 하지만, 남송은 청담을 하지 않은 사람들에 의해 망하지 않았던가? 망국의 죄를 청담의 머리에 씌우는 것은 잘못된 것이다. 주紂왕이 미녀인 달기妲己 때문에 망했다고 하는데, 잘 생각해 보면 이 폭군은 달기가 없었더라도 망하지 않았겠는가? 잔혹한 임금과 폭군이 나라를 망치지만 모두 그를 대신해 죄를 짊어질 희생양을 찾게 된다. 어리석은 임금과 폭군이 정치를 잘하지 못하고, 무인들이 날뛰었기 때문에 혜강처럼 깨끗하기 그지없는 사람도 죽음을 피할 수 없었던 것이다. 폭정이 청담에서 생겨난 것이 아니라 청담이 폭정에서 생겨난 것이다. 종래로 유가는 결과와 원인을 뒤집어놓는데 그 정도가 심하다 할 수 있다.

죽림의 현자들은 모두 관리가 되었다. 유령도 당연히 관리가 되었다. 유령의 벼슬살이는 그가 쓴 문장과 마찬가지로 평생에 오직 한 번뿐이었다. 그가 해본 유일한 관직은 건위참군建威參軍직이었다. 참군의 정식 명칭은 참제군부사參諸軍府事로 서진의 관직제도 중 무관의 직위였다.

각 군부軍府의 대장이 명령을 받아 전쟁에 나설 때 임시로 설치하던 직위로 책임은 군사참모였으며, 일이 끝나면 그 자리가 없어졌다. 임시 관직이었기 때문에 유령의 전기에는 건위참군을 한 적이 있었다고 쓰여 있다.

잠시 반짝했던 이 관직 역시 그가 죽림에서 얻은 명성에 따른 것이었다. 이 잠깐의 군대생활을 제외하면 그는 줄곧 집에서 한가하게 지냈다. 그가 관직에 뜻이 없었던 것이 아니라, 벼슬길에 나설 기회가 없었던 것이다. 그가 관직으로 나아가려 한 이유는 진정 관리 노릇을 하기 위해서가 아니라, 벼슬을 해 봉급을 받고 이로써 생계를 꾸려가며 더욱더 많은 술을 마시려는 데 있었다. 벼슬할 기회가 없자 그는 울적해졌으며, 현실에 불만이 커지면 커질수록 술로 인생을 풀어갔다.

기회가 있기는 있었으나 그 기회는 유령 앞에 나타나자마자 다시 연기처럼 사라져버렸다. 서진西晉 시대가 시작되고 나서 얼마 지나지 않아 사마염은 새 정부 관료들의 역량을 강화하기 위해 한漢 문제文帝가 뛰어난 인재를 천거하기 위해 창설했으며, 사책射策과 나란히 시행했던 대책對策을 채용해 천하의 인재를 뽑으려 했다. 사책은 사전에 준비된 문제를 대나무 쪽 위에 쓰고 문제의 크고 작음에 따라 갑甲, 을乙로 구분해 이를 섞어 숨긴 후에 수험생이 제비를 뽑으면, 그 대나무 쪽의 문제에 따라 답을 하도록 하고 우열을 가려 인재를 뽑는 제도이다. 대책은 시험관이 정치, 유가의 경전의 각도에서 문제를 제기하고, 수험자가 답한 문장과 내용이 어떠한가를 보고 그 우열을 가려 인재를 뽑는 제도이다. 문장의 수준에 따라 우열을 정한다고 하지만, 여기에는 시험관의 주관적 선호가 크게 작용했다. 서한西漢 재상인 공손홍公孫弘이 평민시절, 유학자의 신분으로 태상太常이 주재한 대책에 참가했다. 참가한 사람이 100여 명이었는데 그는 하등下等으로 분류되었다. 그러나 한 무제가 다시 답안들을 살펴보았을 때는 도리어 일등이 되었다.

정도는 달랐지만 시험관의 임의성이 유령에게도 영향을 주었다. 조정에서 대책으로 인재를 선발함에 따라 명사였던 유령도 참가하는 행운을 가졌다. 시험관이 낸 문제에 그는 노자의 무위無爲로 만물을 감화시킨다는 요지로 뛰어난 답변을 했다. 유령은 틀림없이 합격되리라고 믿었다. 그러나 합격자 방은 오직 유령만이 낙방했다는 결과를 알려주었다.

유령은 답답하고 울적했다. 오랫동안 추측해 보았지만 여전히 그 이유를 알 수 없었다. 마침내 유령은 그 원인이 바로 눈앞에 있었다는 것을 깨우치게 되었다. 바로 의지할 부모가 없었다는 데, 그를 끌어줄 가족이 없었다는 데, 내세울 명문세가의 계보가 없었다는 데 있다는 것을 깨우쳤다. 그는 당시의 인재선발제도로 인해 손해를 보았던 것이다.

위魏나라 초기에 끊임없는 전쟁으로 인재를 선발하는 정부의 정상적인 통로가 무너졌다. 이에 따라 대신들의 건의로 새로운 인재선발제도인 구품중정제九品中正制를 실시했다. 주州, 군郡에 중정관中正官을 설치해, 인물에 대한 사회 여론과 가세家世, 문벌, 도덕, 재능 등을 기준으로 벼슬에 오른 사람과 아직 오르지 못한 사람의 등급을 아홉 가지로 평하도록 한 제도였다. 상상上上, 상중上中, 상하上下, 중상中上, 중중中中, 중하中下, 하상下上, 하중下中, 하하下下로 평가하고 이를 정부에서 관원을 등용할 때 쓰는 주요한 참고자료로 삼았다.

이 제도는 위魏 문제文帝가 시행하던 초기에는 그래도 재능이 있는 자만 뽑아 쓴다는 원칙을 유지할 수 있었다. 그러나 세월이 흐르면서 문벌들이 정권을 농단하게 되고, 특히 사마씨 집단이 정치적으로 득세를 하게 되자 가세와 가문이 빠르게 이를 대체해 유일한 선발기준이 되었다. 이에 따라 구품중정제는 명문가족들이 관료세계를 장악하고, 정권을 조종하는 수단으로 변질되었다. 이른바 '보잘 것 없는 가문의 사람은 상품上品에 들어가지 못하며, 하품下品에는 명문세족의 사람이 없는' 국면이 되었다.

일반 선비들과 문벌 중에 식견이 있는 사람들이 반대했으나 씨알도 먹히지 않았다. 세상의 별 볼일 없는 가문의 선비들이 모두 그런 손해를 보고 있는데 어찌 유령만이 예외일 수 있었겠는가? 원인을 명확히 알게 된 유령은 도리어 가뿐한 마음이 되었다. 진정한 은둔자는 벼슬을 하지 않는 평민이어야 한다. 이때부터 유령은 스스로 평민이 되었으며, 벼슬하려는 생각을 다시 품지 않았다. 평온하고 고요한 마음으로 은자가 되어 그렇게 일생을 마쳤다. 단지 그는 술에 더욱 연연했다.

유령의 죽음에는 여러 설이 있다. 보병교위步兵校尉가 된 완적을 따라 보병의 주방으로 가 실컷 마셔댔으며, 그 결과 두 사람이 술에 취해 죽었다는 설이다. 이 설은 전 시대 사람인 유효표劉孝標가 터무니없는 이야기라고 가려낸 바 있다.

유령이 술 취해 죽었다는 것은 이태백이 달을 건지기 위해 연못에 뛰어들어 죽었다는 것처럼 믿기 어려운 이야기지만, 사람들이 믿고 싶어하는 아름다운 전설이다. 너무 아름다워 사실을 넘어서는 전설이 되었다. 사실 유령은 완적과 같이 취해 죽지 않았다. 그는 장수했으며 집 안에서 정상적인 죽음을 맞았다. 그의 전기는 '수를 다하고 죽었다竟以壽終'는 말로 끝맺고 있다.

유령은 마음이 깨끗하고 욕심이 적었으며, 관료세계의 억눌림을 받지 않았기에 응당 남보다 10여 년은 더 살 수 있었다. 유령은 순박하고 진실했고, 예전의 속박을 받지 않았기에 응당 남보다 10여 년을 더 살 수 있었다. 유령은 하늘의 정기와 땅의 영을 받아 인간의 더럽고 불결한 기운을 받지 않았기에 응당 남보다 10여 년은 더 살 수 있었다. 이렇게 30여 세를 더하고 나면 유령이 장수하지 못할 까닭이 없다. 주신 유령은 술로 나이를 먹고 장수옹이 되었다.

세상을 퍼마셨던 술꾼, 술을 찬양하는 노래로 이름을 남긴 유령의 모습이다.

©沈亞洲

미인을 말에 태우고 가는 광인

시대의 반항아 완함

죽림의 현자들은 일곱 명에 불과한데 그중에 완阮씨가 두 명이나 있다. 세상에서는 그들을 이완二阮이라 불렀다. 그중 나이 든 자가 완적으로 대완이라고 불렸고, 어린 자가 완함阮咸으로 소완이라 불렸다. 연배로 따지자면 숙부와 조카 관계였지만, 그 둘은 친구처럼 가까웠으며 의기투합했다. 두 사람의 성격과 기질이 서로 맞아 같이 죽림에서 노닐었다. 숙부는 숙부다운 모습이 없었으며, 조카 역시 조카다운 모습이 없었다. 두 사람은 취하고 나면 제멋대로 아무 데서나 드러눕곤 했다. 두 사람이 단잠을 자는 모양은 체통이고 뭐고 없었으며, 말 그대로 장난꾸러기의 모습이었다. 사실 깨어있을 때에도 장난꾸러기였으며, 숙부는 큰 꾸러기 조카는 작은 꾸러기로, 이러한 장난을 통해 당대의 명사가 되고, 역사 속의 유명 인사가 되었다.

　죽림의 노님을 통해 완함은 사회적으로 특수한 지위를 얻게 된다.

　죽림칠현은 위진魏晉 시대의 정시명사正始名士의 뒤를 이은 최대의 명사집단이었다. 더욱이 중국 지식계 인사들이 너무나 잘 알고 있는 명사단체였다. 죽림칠현이 이름을 날리게 된 이유는 집단이라는 종합적 우세를 가지고 있었기 때문이다. 그들은 다방면에 재능을 갖고 있었는데, 그중 절대 경시할 수 없는 것이 바로 죽림칠현 모두 세상 법도에서 일탈을 일삼았다는 것이다. 그들의 일탈은 일반적인 파격이 아니라 일상적인 것을 깨뜨리고 사회를 들썩이게 하며, 새로운 기풍을 만들어내는 그런 것이었다.

일탈은 죽림칠현의 평범하지 않은 행동의 특징이 되었다. 혜강은 좋은 관직을 버리고 온몸에 땀을 흘리며 쇠를 담금질했다. 완적은 마차를 몰고 교외로 나가, 막다른 길까지 가서는 방성대곡을 했다. 산도는 나이에 관계치 않고 젊은이들과 같이 뒹굴었다. 유령은 술을 생명처럼 여겨, 하인에게 마시다 죽으면 바로 그 자리에 묻으라고 했다. 상수는 풀무질을 하고 농원에 물을 대었다. 왕융은 위엄을 전혀 갖추지 않고 감정에 따라 행동했다.

일탈행위로 보면 죽림칠현 중 완함이 대장이라고 할 수 있었다. 그는 술을 좋아했다. 그러나 단순히 취해 즐기기 위한 것이 아니라 별빛 찬란한 심령상의 환각을 추구하고, 온갖 변화를 보이는 감각의 근본에 이르러 이상야릇하며 보기 드문 생명의 야성을 드러내려고 술을 마셨다.

제일 파격적이었던 일은 땅바닥에 큰 대야를 놓고 술을 가득 채운 뒤에 돼지들과 다투어가며 마셔댔던 일이다. 완함은 이러한 일탈행위로 인해 숙부인 완적의 감탄을 자아내며 인정받게 되었다. 그리고 그는 죽림의 노님에 끌려 들어갔다. 죽림의 노님에 참가한 이후 무리의 영향 아래 더욱 일탈을 일삼게 되었다.

죽림의 노님은 완함의 일탈행위를 의미 있는 사회적 차원의 행위로 끌어올렸다. 완함이 혼자 일탈했든, 죽림칠현이 무리지어 일탈했든 그것은 일탈을 위한 일탈이 아니라 일탈 행위를 통해 인생의 새로운 출구를 탐색하기 위한 것이었다.

죽림칠현이 일탈행위를 한 이유에 대해서는 여러 설이 있다. 그들은 원시적이지만 참다운 성격과 기질을 드러내어 허위로 장식된 가면을 벗기려 했으며, 두드러진 기괴한 행동으로 답답하고 질식할 것 같은 세상의 풍조에 충격을 주려 했다. 잘못된 것을 고치기 위해 지나친 행위를 해 이미 질식 직전인 도덕을 바로잡으려 했다. 명예를 잃어버리는 대신 이미 몰락한 지 오래인 개성의 자유를 얻으려 했다. 상당한 위험을 무릅쓰고 정권이 이용하던 유학儒學에 반대하려 했으며, 피 끓는 심령을 갖고 예절이란 질곡에서 벗어나기 위해 일탈을 일삼았다는 설이었다. 이러한 죽림칠현의 행위는 세상 사람들에게 경각심을 주었다. 객관적인 효과가 크고 주관적인 효과는 작았다.

그러나 다른 시각으로 일탈을 보는 설도 있다. 죽림칠현은 일탈을 통해 괴이한 행동으로 명성을 얻게 되었고, 이전에는 생각지도 못했던 명사의 반열에 들어서게 되었다. 이는 자신들의 몸값을 대폭 올려, 명사들을 정권의 꽃병으로 삼으려는 통치자와 흥정을 하기 위한 것이었다는 설이다. 한마디로 자신들의 이익을 위해서 규칙과 법도를 말 그대로 쫓아가기만 하는 무리들이 얻을 수 없었던 큰 이득을 얻기 위해서였다는 것이다.

혈연을 중심축으로 하는 종법宗法이 지배하는 국가에서 가족은 국가 정치제도의 제약을 받는 동시에, 상대적으로 독특한 자체적인 규율과 가문의 풍격을 갖고 있다. 특히, 가문의 어른격인 인물들의 언행은 전 가족 구성원의 처세방식에 영향을 미칠 수 있다.

완함이 출생한 완씨 가문은 대가족이었다. 완우阮瑀는 문학적 재능으로 조조가 북방을 통일하는 데 공을 세운 뒤, 높은 관직과 두툼한 봉록을 받았다. 이를 배경으로 가문을 일으키면서 상층사회에서 인정받는 가문이 되었다. 완씨 가문은 완우가 죽은 후 둘로 나뉘었다. 한 무리는 조상의 공명功名을 세우려는 의지를 이어받아 계속해서 관리가 되었으며 벼슬길을 통해 부귀를 얻었다. 다른 한 무리는 조상의 은둔적 기질을 이어받아 벼슬살이를 거절했다. 거절이 어려운 경우는 조정에서 은둔한다는 마음으로 담백하며 무위적인 것에 중점을 두어 부귀를 뜬 구름과 같이 여겼다.

완씨 가문이 모여 사는 곳의 한가운데에는 큰 길이 있었는데, 가문이 둘로 나뉘어 진 후에는 그 길을 중심으로 갈라져 살았다. 부귀를 취하려 하거나 이미 부귀하게 된 자는 길 북쪽에 살고, 부귀를 뜬 구름처럼 여기던 사람들은 길 남쪽에 살았다. 북쪽의 무리는 화려한 대저택에서 살면서 마차를 타고 다니고 능라비단 옷을 입었으며, 산해진미를 먹었다. 너무나 부귀해 마치 천상에서 사는 사람들 같았다.

남쪽의 무리는 일탈을 일삼던 완적을 우두머리로, 완함을 두 번째 어른으로, 그리고 그들과 같이 일탈을 좋아하던 일군의 자식들과 조카들로 구성되었다. 그들은 이렇다 할 직업을 갖고 있지 않았다. 부족한 돈도 전부 술 마시는 데, 놀러 가는데, 친구를 사귀는 데 써버려 가난하기 짝이 없었고, 집안에는 술 그릇 외에 꺼내 쓸 물건도 없었다. 그렇다면 북쪽의 완씨는 정말 부유한가? 완함은 그렇게 생각하지 않았으며, 경멸의 눈길을 보냈다.

7월 7일에는 당시 풍속에 따라 의복을 끄집어내어 햇볕에 말리곤 했다. 옷을 말리는 것은 곰팡이나 좀이 생기는 것을 막아 옷을 잘 보존하려는 필요에 따른 것이었다. 그러나 이러한 풍속은 오랜 세월이 흘러 서로 눈부신 옷들을 경쟁적으로 자랑하는 날로 변질되었다. 따라서 이날이 되면 북쪽의 완씨들은 의복을 전부 다 끄집어내었다. 꽃무늬의 비단들이 여기저기 휘날리며 햇볕을 받은 그 밝은 색깔의 옷들이 눈을 현란케 했다.

남쪽의 완씨들은 아름다운 의복이 없었다. 그러나 완함은 제일 일반적인 천으로 만든 쇠코잠방이를 끄집어내어 마당 한가운데 말림으로써 북쪽의 완씨들에 대항했다. 완함이 질 나쁜 옷을 말리기 위해 내놓자 사람들이 이해하지 못하겠다는 투로 그 이유를 물었다. 그러자 완함은 머리를 높이 치켜들며 대답했다.

"풍속을 어길 수야 없지요. 조금이라도 있는 것이 없는 것보다 낫지요!"

이건 분명히 핑계일 뿐이다. 사실 그는 이런 일탈행동을 통해 북쪽의 완씨들이 자랑으로 여기는 것은 외물外物이지만, 남쪽의 완씨들은 내재된 소질을 존중한다는 것을, 남쪽의 완씨들이 비록 가난하지만 인격적으로는 절대 북쪽의 완씨들에게 뒤지지 않는다는 것을 나타낸 것이다. 아니 반대로 담백하며 무위적인, 좀더 높은 경지에서는 북쪽의 완씨들을 훨씬 넘어서고 있다는 것을 드러내고 있었다. 빛나지 않는 쇠코잠방이를 높이 휘날리게 해 남쪽 완씨의 풍모와 도량을 드높였다.

완함에게는 두 아들이 있었는데 장자가 완첨阮瞻, 둘째가 완부阮孚였다. 아마 일탈행위의 유전자 때문인지 아니면 그가 몸소 가르쳤는지 모르지만, 두 아들은 장성한 후 모두 아버지의 길을 따랐다. 완첨은 아버지를 본받았지만, 작은 할아버지인 완적을 더 본받았다. 완적은 위진 시대 일탈행위의 원조로 파격의 극치를 보여준 인물이었다. 술을 마셔 혼미한 정신으로 머리를 풀어헤친 채 나신으로 오만하게 책상다리를 튼 그를 보고는 입을 다물지 못했다. 사람들은 완적을 추하다고 여겼지만 완첨은 오히려 작은 할아버지의 그런 모양이 아주 아름답다고 여겼다. 형체미, 의식미를 갖춘 살아 있는 조각품으로, 노자와 장자가 주창하는 대도의 근본을 얻었다고 여겼다. 이에 따라 완첨은 점차 작은 할아버지의 기행을 배워, 명사자제들과 함께 나체가 되기도 했다. 그들은 두건을 풀고, 옷을 전부 벗어 한쪽에 던져버리고는 소리를 질러가며 미친 듯이 놀았다. 놀기를 마치면 스스로 등수를 평가해 가장 미친 듯이 잘 논 사람을 통通이라 하고 두 번째를 달達이라고 했다. 세상 사람들은 그들을 짐승이라고 욕했다.

완부는 형에게 뒤지려 하지 않았다. 그는 진나라가 양자강 이남으로 내려갈 때까지도 일탈을 일삼았다. 관료사회에서 몇 차례나 술로 인해 탄핵을 당한 적도 있었다. 그는 달랑 비누 주머니 하나만을 지닌 채 혼자서 회계會稽(지금의 절강성 소흥紹興)를 여행한 적이 있었다. 한데서 이슬과 바람을 맞으며 먹고 자고, 강남지방의 산수를 즐겼다. 누군가가 물어보았다.

"주머니에는 무엇이 있소?"

그는 솔직하게 이야기했다.

"부끄럽지만 동전 한 닢이 들어 있소."

주머니를 보고 부끄러움을 느낀 일탈자 완부는 이렇게 '주머니가 텅 비었다阮囊羞澁'라는 성어를 남겼다. 남쪽 완씨들이 함께 모여 살았던 까닭은 완적의 사람됨을 흠모했기 때문이다. 완적처럼 생활하는 것에서 의미를 찾았다. 그것은 일반 사람들의 범용함과 속세의 답답함, 예교의 속박을 깨뜨릴 수 있어 사람이 시원스레 살 수 있다고 여겼다. 완씨 종족 중 일탈을 생각하는 자제들은 모두 '완적의 일탈'이라는 깃발 아래 모여들었다.

완적의 조카인 완수阮修는 세상과 격리되어 살았다. 절대로 속인들을 보려 하지 않았으며, 어쩌다 만나게 되면 급히 피해 갔다. 늘 걸어 다녔고, 돈 100전을 지팡이에 매달고 다니다 주막에 이르면 혼자서 술을 흔쾌히 마셔댔다. 집 안에 쌀 한 되 없어도 전혀 걱정 없이 지냈다. 가난 때문에 마흔이 되도록 결혼을 하지 못했다. 집안의 동생뻘인 완방阮放은 청담과 현학을 열심히 실천했다. 집 안의 재산을 불리려 하지 않았으며, 관직이 이부랑吏部郞에 달했지만 배고픔과 추위를 면하지 못했다. 또 다른 집안의 동생뻘인 완유阮裕는 종일 술과 벗을 삼았던 탓에 관직을 잃었다. 괜찮은 마차가 한 대 있었는데 마음 내키는 대로 사람들에게 빌려주다 빌리려는 사람이 없자 마차를 불태워버렸다. 돌아보면 완씨 일문이 가장 일탈적이었고, 그중에서는 완적 일파가, 완적 아래로는 완함의 가정이 가장 일탈적이었다. 남쪽 완씨 촌은 일탈자들이 존경해 마지않는 성지聖地가 되었다.

당시 완함을 포함한 죽림칠현의 거리낌 없는 일탈, 상상을 절한 기발한 행동, 다양하고 괴상한 모습은 한漢 무제武帝 이래 존귀한 위치에 있던 유교와 충돌하게 되었다. 더 직접적으로 말하면 유교제도의 사회도덕 규범, 즉 예교와 충돌하게 되었다. 이러한 충돌은 여러 차원에서 발생했지만, 한마디로 '효孝'의 문제로 귀착되었다. 효는 생리적인 문제에서 시작된 것을 책임 문제로 연역하면서 표출한 윤리도덕이다.

죽림의 현자들도 부모가 건강히 세상에 있을 때는 효도와 존경을 다해 그들이 편안히 천수를 누리도록 하는 것에 반대하지 않았다. 그러나 그들은 부모의 상을 지키는 규범에는 저항했다. 그들은 3년 동안 인생에서 누릴 수 있는 쾌락을 죽은 부모를 따라 어두컴컴한 무덤 속에 묻어두려 하지 않았다. 그들은 부모에게 효도를 다하는 것, 애통함을 다하는 것, 부모의 상을 지키는 것, 스스로 즐기는 것은 모두 각각의 일이라며 이 네 가지를 명확하게 구분했다.

죽림칠현 가운데 가장 막내인 왕융王戎은 완적의 재판이었다. 그 역시 효로 명성이 높은 지극한 효자였다. 모친이 죽은 후에 관직을 버리고 상을 모셨으나, 술과 고기를 멀리하지 않았으며, 다른 사람이 바둑 두는 것을 지켜보는 등 상례喪禮가 규정한 것들을 뒷전으로 밀어놓았다. 그는 자신이 상을 지키지 않는다고 했으나 모친을 잃은 상심으로 인해 용모가 초췌해지고, 지팡이를 짚지 않으면 일어서지 못할 지경이 되었다.

가장 희극적인 인물은 완함이었다. 완함은 모친의 초상 중 대담하게도 낭만적인 연애에 빠져들었다. 그 기간에 애절한 내용으로 사람을 감동시키는 글을 남겨 예교를 떠받들던 사람들의 이야깃거리가 되었다. 완함에게는 고모가 있었는데 어머니가 병이 위급해지자 선비족 출신의 몸종을 데리고 먼 길을 와 그의 집에서 한동안 머물렀다. 완함은 비록 일찍 부인을 맞아들였지만 자기가 여색을 좋아하는 것을 감추지 않았다. 선비족 몸종의 생김이 마음에 들자 몇 마디 달콤한 말과 친근한 동작으로 그녀의 마음을 움직였다. 몇 번 몰래 만나고는 몸과 마음을 합쳤다.

모친이 끝내 세상을 떠나고 초상을 다 치르자 고모가 집으로 돌아가려 했다. 그녀는 자신의 몸종이 조카와 이미 몸을 섞었다는 것을 알았으며 이에 몸종을 남기고 떠나기로 했다. 그러나 떠나는 날 마음이 변해 몸종을 데리고 길을 나섰다.

그때 문상객을 맞고 있던 완함이 그 소식을 듣고는 손님을 아랑곳 않고, 그가 타고 온 말까지 빌려 고모가 간 방향을 향해 쫓아갔다. 그는 선비족 여인을 사랑했을 뿐만 아니라 그녀의 뱃속에 있는 그의 골육을 버릴 수 없었기 때문에 채찍을 가해 말을 몰아갔다. 고모를 따라 잡자 그는 고개를 숙이고 눈을 내리 깔면서 공손하게 몸종을 달라고 요구했다. 고모가 사랑에 푹 빠진 그의 꼴을 보고는 웃으면서 허락했다. 그가 몸종을 데리고 돌아오는 모습은 마치 대장군이 개선하는 것 같았다. 사람은 둘인데 말이 한 필이었기 때문에 그는 그녀를 가슴에 껴안고 말을 탔다. 그리고는 돌아오는 도중에 몸종의 살짝 부른 배를 가리키면서 희롱조로 이야기했다.

"내 씨를 잃어버릴 수는 없지!"

몸종이 배고 있던 아이가 뒷날 세상에 나왔다. 그의 자식이 순조롭게 세상에 태어나도록 한 고모에게 감사하려 장난기 섞인 말로 완함은 편지를 부쳤다. 편지의 원문은 없어졌고, 지금은 단지 한 구절만 남아 전해진다.

"오랑캐 여자라 오랑캐 같은 아들을 낳았습니다그려."

이 아들이 바로 주머니에 한 푼도 없다는 이야기를 남긴 완부이다.

죽림의 현자들이 부모가 살아 있을 때 얼마나 극진히 효자 노릇을 했든, 부모가 죽은 후에 어떻게 애통함을 다했든 간에 상을 치르면서 보여준 행위로 인해 속인들은 그들을 불효자로 여겼다.

그리고 불효자는 자연히 도덕적 비난을 받았다.

완적, 왕융, 완함은 모두 세인들의 비난을 받았다. 그중 일탈행위에 가장 앞장섰던 완적이 가장 심한 비난을 받았다. 그들을 비난하는 소리는 시골의 일상적인 이야깃거리가 되었고, 시끌벅적한 도시 뒷골목의 의론거리가 되었다. 더욱 중요한 일은 금빛 찬란한 대궐의 권위적인 논평에서 비난의 소리가 들려왔다는 것이다.

이것은 이상할 게 없는 일이었다. 조정과 재야에 상당한 영향을 미쳤던 대명사인 그들의 행위는 위와 아래, 방방곡곡에 영향을 미쳤다. 영향의 범위에는 그들의 '불효' 만이 아니라 모든 일탈행위까지 포함되었다.

사상과 행동 면에서 정통을 걷지 않는 명사에 대해 정부가 취하는 최초의 간섭은 보통 함축적이거나 공개적인 경고이다. 경고가 효과가 없으면 문화적인 포위공격을 한다. 이 또한 효과가 없을 때는 반드시 법률의 이름을 빌린 제재가 뒤따르게 된다.

죽림의 현자들에 대한 경고는 다양한 형식으로 여러 차례 있었다. 경고가 쓸모없게 되자 문화적 포위 공격이 시작되었다. 말과 글로 남의 잘못을 폭로하는 문화적 포위 공격은 셀 수 없이 많았다. 그러나 가장 대표적이며 가장 공격적인 것은 복의伏義의 글로, 창끝을 완적을 향하고 있었다. 거침없이 써내려간 글에 완적의 여러 가지 '잘못된 점' 이 열거되었다.

괴이함이 짙은 자들의 행위는 마치 장자, 회남자, 동방삭의 무리들과 같아 모두 그 족적을 예교의 밖에 두고, 그 생각함이 너무 아득하고 비어 있으며, 그 큰 말이 다른 뜻을 가지고 있다. 스스로 일컫기를 하늘의 근본으로 돌아갈 수 있고, 땅의 근원을 들어 올릴 수 있으며 세계를 지탱하는 극을 볼 수 있으며, 이에 따라 사물의 근본을 얻게 된다고 하지만, 홀로이 머리를 세우고 떠들어대며 무리를 지어 세상과 다투고 있다. 또한 삶이란 열심히 노력하고 힘쓰는 것이다라고 스스로 일컫으면서도 그 이론에 맞춰 몸을 세상에 던지지 못한다. 재물을 더러운 것이 쌓인 것이라고 일컫으면서도 재물을 멀리할 수 없어 조롱을 당한다. 이로 보면 (세상에서) 얻지 못하는 것에 대해 깊은 원망을 가지고 있는 까닭에 무욕을 빌려 스스로 통했다고 한다. 자신을 단속하는 데 게으르기 때문에 성인과 달리 스스로 대단하게 여긴다. 무릇 이 몇몇은 모두 기이한 재주와 남과 다른 책략이 있다고 할 수 있어, 세상에 (그들의) 이름을 떨쳐 일어날 수 있었는데, 아무런 공적도 없이 시대를 어둡게 하고 풍속을 어지럽히고 있으니 보물이 깊은 어둠 속에 잠긴 것 같다. 본성이 방탕하고 한결같지 못해 나라의 보배가 될 책임을 방치하는 것과 같다. 말에 일정한 단서가 없으며, 행동이 순수한 궤도에서 벗어나 있어, 세월을 헛되이 낭비하며 스스로 외부의 의심을 산다.

완적은 〈답복의서答伏義書〉를 지어 이에 대꾸했다. 마치 난새와 봉황이 날아오르는 듯한 기개로 복의의 참새와 멧새 같은 속 좁은 시기심을 반박했다. 문화적 포위 공격이 효과를 보지 못하자 정치적 압력이 뒤따랐다. 그 대표자가 된 사람은 이미 고위직에 있으면서 조씨의 위 황실을 배반하고 사마씨 집단에 몸을 판 문인 하증何曾이었다. 하증은 위나라 말기 조정에서 가장 도덕적인 권위를 갖춘 문인이었으며, 도통을 지키는 호위병을 자처하면서 늘 사람들의 마음을 떨리게 하는 위엄을 보였다.

하증은 정정당당한 모습으로 공개적으로 완적을 비난하고 나섰다. 완적이 모친상을 치르면서 보여준 예의에 벗어난 행동은 이미 그를 놀라게 하기에 충분했다. 그러나 그를 더욱 화나게 한 일은 따로 있었다. 완적이 사마소의 총애을 믿고 아무 거리낌 없이 술을 마시고 고기를 먹었다는 것이다. 그것도 사마소 눈앞에서 말이다. 하증은 얼굴빛을 바꾸어 당장 완적에게 훈계했다.

"그대는 기분 내키는 대로 하면서 예의를 지키지 않고 있소. 정말 풍속을 해치는 사람이요. 충성되고 어진 자가 정권을 잡고 있는 오늘 날, 명분과 실제를 전부 고려해 보면 경과 같은 무리의 기풍은 절대 오래 갈 수가 없는 것이요."

완적은 뒤집어져 흰자만 보이는 눈을 하고는 하증을 한 번 흘깃 보고는 마치 아무것도 듣지 못한 척 계속해서 쩝쩝대며 술을 마셔댔다. 또한 정말 맛있다는 표정으로 고기를 먹었다. 완적이 들은 체 만 체하자 하증은 이야기해 봤자 아무 소용 없다고 판단해 얼굴을 사마소에게로 돌렸다. 그는 날카롭고 엄숙한 말로 완적을 사람이 살지 않는 오랑캐 땅으로 유배 보내 벌을 받도록 해야 한다고 주장했다.

"공은 효孝로써 천하를 다스리기 시작했는데, 상을 당해 효를 다해야 할 완적이 이곳에서 술을 마시고 고기를 먹는 것을 못 본 척 내버려두고 있습니다. 마땅히 저자를 오랑캐의 땅으로 유배 보내어, 중화의 땅을 더럽히지 않도록 해야 합니다. 바른 기풍으로 가르쳐야 합니다."

그러나 사마소는 하증을 지지하지 않았을 뿐만 아니라 반대로 완적을 옹호했다. 상을 지키는 기간에 병이 든다면 술을 마시고 고기를 먹는 것이 상례에 어긋나지 않는다는 이유로, 병이 들어 사람 꼴 같지 않은 완적을 가리키며 하증의 요구를 거절했다. 그리고 인정미 넘치게 이야기했다.

"사종嗣宗(완적)이 저와 같이 몸이 상했는데, 설마 그를 동정하는 마음이 일지 않는 것은 아니겠지요? 또한 병이 들면 (회복하려) 술을 마시고 고기를 먹는 것이 상례에 맞는 것이요. 그대는 나를 위해 조금 더 참아 줄 수 없겠소?"

하증은 멈추지 않고 온갖 이치를 따져가며 온 힘을 다해 공격했다. 사마소는 다시 이를 거절해, 마침내 하증의 입을 다물게 했다. 완적은 여전히 술을 마시고 고기를 먹었다. 하증이 완적과 그 문도들을 공격한 것에는 여러 가지 전형적인 뜻이 담겨 있었다. 그가 완적을 비난한 첫 번째 뜻은 효도의 예법을 지키지 않는 일탈행위를 하는 무리들이 유가가 구축하고 있는 도덕체계, 즉 예교에 대해 참을 수 없는 도발을 했다는 것이다. 그들의 일탈행위가 정부를 지탱하고 있는 윤리도덕을 와해시키고, 더 나아가 통치질서를 파괴하려는 죄악이 깃든 마음 씀씀이라는 비난이었다. 이로써 완적 등은 예교의 도덕관념을 위반한 유교의 죄인이 되었다.

하증이 완적을 비난한 또 다른 뜻은 완적 등이 노장의 학설을 빌려와 핵심은 빼버리고 은근히 사람의 마음을 미혹시키는 이단의 사악한 설법을 한다는 것이었다. 의식영역에서 자유로움을 추구해 관료들의 마음을 산란하게 하고, 그들도 모르는 사이에 사악한 설법에 물들도록 해 정부가 기둥으로 삼고 있는 정통의식을 삼켜버려 남에게 절대 이야기할 수 없는 자신들의 목적을 달성하려 한다는 비난이었다. 이로써 완적 등은 사악한 설법을 고취하는 사상적 죄인이 되었다.

하증은 이러한 두 가지 뜻을 가진 비난을 공개적으로 전개할 수 있었다. 사마씨 집단의 논객이란 신분으로 사마 집단을 위해 발언을 하는 것이었기 때문이다. 사마 집단을 위해 이단의 언행들을 제거해, 도덕적으로 사상적으로 이단의 싹이 자라지 않도록 철저히 막았던 것이다. 하지만 하증에게는 정말 그렇게 공적인 마음만 있고 사심은 없었던 것일까?

사실은 그렇지 않았다. 그의 완적에 대한 비난은 사실 음험한 심리로 가득 차 있었다. 하증 역시 문인이었으며, 일찍이 위 명제의 문학을 담당한 신하였다. 빛나는 어용문학御用文學의 자리에서 맴돌았었지만, 자신의 이름을 빛나게 할 만한 문학작품을 전혀 내놓지 못했다. 완적이 세상 사람들이 인정하는 문인의 지위를 얻은 것과 비교하면 스스로 부끄러움을 느껴 질투하지 않을 수 있었겠는가? 도덕만을 놓고 보면 하증의 도덕 역시 다른 사람의 모범이 되기는 어려웠다. 그러나 도덕이 없는 사람이 도덕의 명의를 빌려 덕이 있는 자를 공격하는 일은 세상사에서 흔했다. 완적이 비록 사마소의 우산 아래 있어 어려움을 돌파했다고 하지만, 정치적인 압력이 완전히 해소된 것은 아니었다. 사방에서 시도 때도 없이 그를 향해 압력을 가했다.

완적의 무리가 상상하기 어려운 거대한 압력을 겪은 후에도 당시 실제 최고 통치자인 사마소의 비호를 얻고, 뒷날 최고 통치자가 된 사마염의 명분 있는 관용을 얻게 된 것은 생각해 보면 이상한 일이었다. 더욱이 그들은 자신들의 체면을 손상하지 않고 예전과 마찬가지로 일탈행위를 했으며 그 정도가 전보다 심해졌다. 사마소 부자가 왜 이런 그들을 비호했을까? 예교에 반대하는 그들의 통치를 반대하는 혐의가 있는 명사名士들을 비호한 이유는 무엇이었을까?

사마소가 적극적으로 완적을 보호하고 나선 것은 확실히 수수께끼였다. 이 수수께끼를 풀려면 당초 사마의가 정치 방침을 밝힌 것에서부터 시작해야 한다. 어째서 건국 방침이 아니라 정치 방침이라고 하는가? 고평릉高平陵 사건이 발생한 후에 그가 조위曹魏 황실의 정권을 손에 넣기는 했지만 사직과 강산을 빼앗지는 않았기 때문이다. 그러나 정국의 주역이 바뀐 것은 큰 문제를 야기했다. 도대체 신하들은 누구에게 머리를 조아려야 하는가? 이미 꼭두각시가 되어버린 조씨 황제인가? 아니면 정권을 좌지우지하는 사마씨인가? 답안은 말할 필요도 없는 것이었다. 그러나 조금 더 깊이 생각해 보면 여러 문제가 제기된다. 신하가 군주에게 충성을 다해야 한다는 윤리를 일관되게 제창하지 않고 새로운 주역에게 충성을 바쳐야 한다고 주장한다면, 이는 명백히 군주에게 충성을 다해야 한다는 윤리에 어긋나는 것이다. 참으로 난처한 문제였다. 하지만 달리 생각하면 그리 어려울 것도 없는 문제였다.

정치무대에서는 실력이 중요하다. 언제나 경서를 열심히 공부하고 역사를 익히 잘 아는 문인들이 그들에게 나아가 계책을 올리고, 실제는 아주 오래된 것이지만 겉모습을 새롭게 바꾼 대책을 제공하기 때문이다. 사마의가 부딪힌 어려운 문제는 아주 빨리 해결되었다. 서한西漢 시대에 효孝로써 천하를 다스린다는 윤리규범을 다시 한번 현실 정치로 끌어내왔던 것이다.

공자가 구술하고 증자曾子가 기록한 것으로 전해지는 《효경孝經》은 일찍이 그 관계를 명확히 했다. 아비를 섬기는 것을 근간으로 어미를 섬기면 그 자애로움이 같으며, 아비를 섬기는 것을 근간으로 군주를 섬기면 그 공경함이 같게 된다. 따라서 어미는 그 자애로움을 취하고 군주는 그 공경함을 취하는데 이 둘을 다 겸하는 자가 아비이다. 따라서 효로써 군주를 섬기는 것이 충이며, 공경으로써 윗사람을 섬기는 것이 순順이다. 충과 순을 잃지 않고 그 윗사람을 섬긴 후에야 벼슬을 보전할 수 있고, 제사를 모실 수 있게 되는데, 이를 선비의 효도라고 한다.

선비의 효는 부모에게 효도하는 정신에 근거해 군주에게 효도하는 것이다. 군주에게 효도하는 것이 바로 군주에게 충성을 하는 것이며, 그래야만 비로소 밥그릇을 챙길 수 있고 가족의 권리를 지켜낼 수 있다. 아비에게 효도하는 것은 한 바퀴 빙 돌아 군주에게 충성하는 것이 된다. 효로 충을 대신하면 자연스레 충이 그 속에 있게 되는 게 다. 군주가 아닌 군주, 사마의는 이러한 논리를 기반으로 당당히 명분을 내세워 신하들의 충성을 받을 수 있었으며, 조씨 황제에 대한 충성을 그에 대한 충성으로 대체할 수 있었다.

천하란 본래 한가문의 천하이다. 사마의가 이 가문의 가장이 되었기 때문에, 모든 신하들이 그에게 효를 다하는 것은 자연스레 천지의 대의가 되었다. 사마의는 유가와 공자에게 감사함을 느꼈다. 말로 표현하기에는 너무도 묘한 백성을 다스리는 방책을 제공해준 데 대한 감사였다. 따라서 유교를 높여 예교禮教로 삼았으며, 유교의 예의로 신하들의 종교를 규범지었다. 다른 사람들은 모두 지켜야 하지만 자신만은 제약을 받지 않는 종교로 삼았다.

사마의의 뒤를 이은 사마사도 예교의 깃발을 높이 치켜들었다. 형 사마사의 뒤를 이은 사마소 또한 여전히 예교로 나라를 다스리는 방침을 견지했다. 예교, 효도를 핵심으로 하는 예교는 사마씨 부자의 호신부가 되었다. 예교의 다스림 아래에서 한 사람이 효도를 하느냐 하지 않느냐는 그 사람이 나라를 사랑하고 군주를 사랑하느냐 하지 않느냐의 표지가 되었다. 효의 가치가 이와 같이 높아지자, 사마씨 집단의 통치를 받는 사람들은 효를 다하지 않을 수 없었다. 관료가 되려는 사람은 가능한 모든 방법을 동원해 효도를 해야 했고, 효도를 잘 하면 할수록 관직이 높아지고 재물을 얻을 수 있었다. 관료가 되지 않으려는 사람도 어쩔 수 없이 효도해야 했다. 효도를 하지 않으면 관청에 끌려가 추궁을 받아야 했기 때문이다.

그렇다면 하증이 완적이 효도의 예법을 어겼으므로 엄벌에 처해져야 한다고 질책했을 때, 그 일은 당연히 사마소의 마음에 부합되는 일이어야 했다. 만일 예교가 사마소의 사업에 지극히 중요한 의미를 가진다는 것을 겨냥하지 않았다면, 하증이 아무리 담대하다 할지라도 자신의 의견을 강력하게 주장해 사마소를 난처하게 하지는 않았을 것이다. 그러나 그의 예상을 뒤엎고 사마소는 그의 사정을 받아주지 않았다. 뿐만 아니라 거꾸로 상을 치르는 자가 병중에는 술을 마시고 고기를 먹을 수 있다는 특례를 인용해 완적이 곤경에서 벗어나도록 했으며, 예외적으로 은전까지 내려주었다.

사마소가 사마소인 까닭, 즉 수많은 사람들이 마음에 새겨두고 잊지 못하는 사람이 된 까닭은 그가 다른 사람보다 뛰어난 면이 있었기 때문이다. 즉, 그는 교조적인 것을 지키는 것과 어떤 상황에 처해 임기응변을 해야 한다는 것 사이의 관계를 잘 이해하고 있었다. 그가 보기에 교조적인 것은 지켜야 한다. 아니 전력을 다해 반드시 지켜야 하는 것이다. 그러나 교조적인 것을 지킨다는 게 무엇을 위한 일인가? 그것은 자신의 통치력을 유지하고 강화하기 위한 것이었다. 이 세상에 순수한 것은 없다. 특히 정치세계는 너무도 복잡해 사람들이 다른 데 눈 돌릴 겨를이 없게 된다. 임기응변은 때에 따라 반드시 필요하다. 다시 말해서 임기응변이 교조적인 것과 저촉되면 '이론을 구부려' 이를 수식하게 된다. 겉으로 보기에 합당한 이유를 들어 교조적인 것을 꾸미게 되는 것이다.

사마소가 완적의 하는 짓거리를 모르는 것이 아니었다. 확실히 효도의 예에서 벗어난 것을 알고 있었다. 사마소가 하증의 말을, 그가 자신을 위해 온 힘을 다 바치고 있다는 것을 모르지 않았다. 높은 곳에 앉아 아래를 내려다보는 통치자이자, 권력의 정상과 나락 사이에서 목숨을 걸고 싸우고 있는 준准군주인 그에게 맑은 거울로 비추어 보는 듯한 관찰력과 식별력이 없었다면 그는 절대로 현실 문제를 처리할 수 없었을 것이다. 더 말할 필요 없이 예교를 주창하는 최고 인물인 사마소로서는 완적 등 인사들이 예교에 반하는 행동을 하는 것을 지극히 싫어했다. 그의 성격대로라면 그들을 모두 법대로 처리해, 다른 사람들에게 경계심을 주는 것이 제일 좋을 것이다.

그러나 현실은 그렇게 간단하지 않았다. 그는 사마씨 가문의 역사에 있어 최대의 기회, 즉 정권을 빼앗겠다는 일생일대의 도전을 하고 있었기 때문에 천하의 인심을 얻어야만 했다. 인심의 방향이 어디로 향했느냐는 당시 사회의 조류 속에 뚜렷한 표지를 갖고 있었다. 명사계층의 인심이 어디로 향했느냐가 바로 그 표지였다.

바꾸어 말하면 천하의 인심을 얻는 가장 빠른 방법은 명사들의 마음을 사는 것이다. 특히, 명사들 중에서 우두머리격인 사람들, 즉 대명사의 마음을 사야 했다. 완적은 대명사이자 명사의 우두머리였기 때문에 그 한 사람의 마음을 얻는 것이 일반 사람 수천의 마음을 얻는 것보다 중요했다. 사마소는 마음이 쓰리지만 결심을 했다. 어떤 대가를 치르더라도 완적을 자기편으로 끌어들이기로 한 것이다. 그러나 완적을 자신의 사람이 되도록 하려면 반드시 그의 명사적인 거드름을 눈감아주어야 한다. 명사적인 잰 체하는 행동이 불러오는 부정적인 영향이나 예교로 인한 충격을 용인해 주어야 한다. 물론 이런 방식은 그들이 직접적으로 그의 사업을 반대하지 않는다는 조건으로 다른 모든 명사들에게도 통용되는 것이었다. 이 일은 많은 부작용을 가져오지만 문제는 이러한 부작용의 크기를 명확히 파악하고 어떻게 해결하느냐에 달려 있다.

사마소는 필요한 계산을 끝냈다. 일탈 행위들은 기껏해야 소수의 특이한 기질을 가진 자들의 행동이었다. 그들의 행위에는 자신을 드러내기 위해 남과 다른 특별한 주장을 하는 요소, 군중심리에 영합하려는 요소가 많이 작용하고 있었다. 그들의 목적은 그러한 행동을 통해 더욱 큰 명성을 얻거나 명예감을 만족시키거나 명성을 통해 관직을 얻거나 이익을 얻으려는 것이었다. 눈을 들어 세상을 살펴보면 진정으로 담대한 사람은 극히 적었다. 대다수의 사람들은 규례에 맞는 처세 태도를 보이고, 예교를 지키려 하며 정부가 안배한 대로 따르려 한다. 따라서 사마소는 극히 일부 사람들의 미친짓이 광기어린 태풍을 불러오기는 어려우며, 사마씨 가문의 정권을 위협하는 광풍을 몰아오기는 더욱 어렵다는 것을 알고 있었다.

일탈행위를 하는 이들은 뛰어난 재능과 지혜를 갖춘 인물들로 보통의 사람들과는 다름을 사마소는 꿰뚫어보고 있었다. 이러한 자들은 대적하기가 그리 어렵지 않다. 정말로 목숨을 걸고 끝까지 저항하려는 자들을 제외하면 그렇다는 이야기이다. 즉 할 말이 있으면 좋게 이야기하고, 감정적인 면에 조금만 노력을 기울인다면 그들이 쓸모가 있든 없든 두려워 할 필요가 없는 것이다. 다시 말해 예교란 일반 사람을 대상으로 하는 것이고, 특수한 사람들에게는 적당하게 특수한 대우를 해주면 절대로 예교의 전체적 시행에 영향을 주지 않는다.

그러나 완적 등 명사의 무리를 비호하더라도 필요한 경우에는 경고 또한 해야 했다. 복의伏義의 비평이나 하증의 위협, 아니면 또 다른 형식의 공격들은 모두 필요할 뿐만 아니라 격에 맞는 것이다. 이러한 일들은 일탈 행위자들을 움츠려들게 할 수 있고, 그들이 소란을 피워 사마소를 난처하게 하는 것을 막을 수 있으며, 정부와 예법을 지키는 자들의 입장을 지키게 할 수 있었다.

의심할 필요가 없는 것은 사마소의 내심은 하증에게 깊이 쏠려 있었다는 점이다. 하증이 자신의 사업에 충성을 다하고 있다는 점, 하증이 두려움 없는 용기로 이단과 투쟁을 전개했다는 점에 마음속 깊이 고마워했다. 그 뒤에도 사마소가 여전히 하증을 일등 심복으로 삼은 것을 보면 이를 알 수 있다.

사마소는 완적 등 명사들의 무리를 이용하려 했지만 이러한 것 외에도 인간적으로 서로 마음이 통하는 구석이 있었다. 그것은 바로 서로가 정도는 다르지만 예교를 깨뜨리고 있다는 점이었다. 완적 등은 뒤에서 예교를 깨뜨리고 있었다. 하지만 그들의 행위는 단지 행동상 예법의 구속을 받지 않았다 뿐이지, 기본적으로는 예교에 큰 방해요인은 아니었다. 그러나 반대로 사마씨 부자는 앞에서 예교를 깨고 있었다. 그들은 권력을 빼앗으려 했기 때문에 사람들의 가슴 속에 있는 예법의 전통적 위치를 변화시키려 했다. 이러한 공리적 성격의 위치 변화 시도가 파괴가 아니면 무엇이겠는가? 예법이란 결국 장난감 같은 공구인 것이다. 잘만 가지고 놀면 융통에는 별 문제가 없다.

사마소는 완적, 완함 등 완씨 가문의 자제들에 관대했다. 사마염이 아버지의 기풍을 이어받아 왕융을 받아주었다. 그러나 시대가 변해 대권을 손에 쥔 사마염의 관대함은 이미 그의 아버지와는 달랐다. 그의 관용은 관습이 된 지 오래인 명사의 작풍을 그저 수동적으로 인정하는 관대함이었다. 이미 정권을 손에 넣었기에 그동안 충의 대용품이었던 효가 원래 맛 그대로인 충의 쓸모를 따라갈 필요가 없게 되던 것이다.

겉으로 보기에 완적은 일탈행위를 하며 살아가는 것에 만족한 듯 보였다. 완함도 보기에는 같았다. 하지만 완적과 완함은 이런 생활에 정말 만족했던 것일까? 그렇지 않다. 외부인들이 그들의 속마음을 명확히 이야기하기 어려웠을 뿐만 아니라, 그 자신들조차도 명확히 이야기하지 못했다.

일탈행위는 성인聖人, 유학, 예교에 반대하는 것으로 간주되었다. 완적 등은 이와 같은 반역적 정서와 그들이 결부된다는 사실에 영혼 깊숙한 곳에서 억울함을 느꼈을 것이다. 완적은 정통적으로 내려온 사회와 가문의 학통에 깊은 영향을 받았으며, 본래 예가 아니면 행하지 않는 유학 숭배자였다. 유학을 이용해 앞길을 열어가려는 이상적인 색채가 그의 내면에 가득 차 있었다. 노장의 도와 어느 정도 기질상 일치되기는 했지만, 공자와 맹자의 학설에 담긴 이념을 향한 동경과 비교한다면 거리가 한참 멀었다.

그는 일찍이 시를 지어 자신의 이러한 속내를 드러낸 바 있다.

유학자들은 육예六藝*에 정통해,	儒者通六藝
그 세운 뜻 함부로 범할 수 없네.	立志不可干
예의가 아니면 꿈쩍하지 않으며,	違禮不爲動
법도가 아니면 절대 내뱉지 않네.	非法不可言
목 마르면 맑은 샘물 마시고,	渴飮淸泉流
배고프면 그저 한 그릇 밥으로 족하네.	饑食甘一簞
사계절 때에 맞춘 제사용품이 없으며,	歲時無以祀
얇은 옷 늘 추운 겨울일세.	衣服尙苦寒
헤진 신발을 신고 걸어도 백성의 질고를	
생각해 〈남풍南風〉*을 읊고,	屐履詠南風
허름한 옷을 몸에 걸쳤을망정	
잘사는 높은 관리들 비웃네.	縕袍不華軒
정도를 신봉해 시경, 서경의 말을 지키며,	信道守詩書
의로움을 중히 여겨 허투로 대접을 받지 않네.	義不受一餐
노자가 근심스레 여러 말을 하고,	烈烈褒貶辭
이를 길이 탄식했네.	老氏用長嘆

(〈오언영회시五言詠懷詩〉 중에서)

*육예六藝: 〈역易〉, 〈서書〉, 〈시詩〉, 〈예禮〉, 〈악樂〉, 〈춘추春秋〉의 여섯 경전을 말함.

*남풍南風: 고대 악곡 이름으로 순임금이 지었다고 전해짐.

유학자에 대한 그의 사모의 정이 이처럼 깊었다. 완적 등은 참다운 유학자를 숭배했다. 천하대사를 자기가 다루어야 할 임무로 삼고 부귀해도 음란하지 않으며, 가난해도 뜻을 굽히지 않고 위엄을 보이지만 결코 굴복하지 않는 이들을 숭배했다. 천하에 올바른 도가 행해지기만을 바라며 억조창생을 위해 일하기를 바랄 뿐이었다. 만일 세상에 도가 행해지지 않는다면 끼니를 때우며 누추한 곳에서 일생을 마치더라도 만족하기를 바랐다.

　그러나 인간의 욕망이 어지러이 날리는 말세에 유가는 현실 정치의 필요에 따라 사람들이 내세우는 문패가 되었다. 변색된 유학을 갖고 노는 권력자들은 정권을 탈취하기 위해 싸우느라 바빴고, 국가를 빼앗고 천하를 빼앗느라 정신들이 없었다. 이들은 본래 공자와 맹자의 원저작을 거의 읽은 적도, 공맹의 정신을 음미해 본 적도, 공맹의 진수를 이해한 적도 없으면서도 공맹의 충실한 신도로 자처했다. 그들은 공맹의 이름을 높여 공맹의 학설과 천하만민을 구하는 일, 국가의 운명, 윤리적 대의를 함께 묶어갔다. 권력자들은 천하의 유학자들을 다 끌어 모아 자신들을 위해 사용했다. 그들의 이론에 유학적 해석을 첨가토록 했고, 그들의 행위를 유교적으로 해석토록 했으며, 그들의 둘레를 유교적 테두리로 빛나게 했다.

　높은 곳에서 권력자가 그들을 필요로 하자, 원래 유학을 벼슬길로 통하는 문으로 생각하고 있던 일군의 유학자 무리들이 이에 열심히 응했다. 부귀영화를 얻을 때를 기다리던 복의伏義 같은 무리, 기회를 잡아 가문의 격을 높이려 했던 하증何曾 같은 무리들, 이런 자들이 부지기수였다. 그들은 권력자를 위해 몸을 바쳤다.

　완적을 포함해 혜강, 완함, 유령, 상수는 그렇게 하지 않았다. 수는 적지만 학술적 양심을 가진 선비들은 그렇게 행동하지 않았다. 이처럼 큰 지혜를 갖고 있던 이들은 그 시기가 원대한 유가의 이상과 경지를 실현할 수 없는 시대라는 것을, 만일 어리석게도 계속 유학에 목을 매달면 내적으로는 어떻게 느끼든 권력자가 펼쳐놓은 올가미에 빠져들 수밖에 없다는 사실을 너무나 잘 알고 있었다.

자신의 깨끗함을 위해, 죽은 후 깨끗했다는 역사적 평가를 받기 위해서는 오직 한길, 당시 정치의 더러움과 추함에 물들지 않고 피해가는 길뿐이었다. 더러움을 더러움으로 추함을 추함으로 제어하는 방법뿐이었다. 자신의 외면적 덕행을 더럽히는 것, 유가에서 전환해 노장의 도를 추구하고, 소요유의 묘한 뜻을 배워 세상에서 일탈하며, 예가 아니면 행하지 말라는 공맹의 기풍을 거리낌 없이 행하는 노장의 기풍으로 바꾸는 것이었다.

전부가 미쳐서 바보가 되고, 미치광이가 되었다. 그 결과 사람들이 침을 튀겨가며 그들을 마구 욕했고 노한 눈과 악다문 이빨로 그들을 깎아내렸으며, 수를 헤아릴 수 없을 정도로 많은 사람들이 그들을 공격해 왔다. 그렇게 많은 사람들이 심하게 욕하는 것은 죽림칠현이 바라던 바였다. 그들은 바로 그러한 욕을 원했던 것이다. 이러한 욕설이 있어야 그들은 비로소 자신을 보호할 수 있는 최선의 보호색을 갖게 되기 때문이었다. 이러한 욕설을 가장 잘 퍼붓는 사람들은 권력자를 좇으며 예법을 지킨 유학자들이었다. 죽림칠현은 그들의 욕을 참으면서 기지에 찬 비웃음을 선사했다.

박식한 유생은 예법에 따라 모든 것을 행하고,	洪生資制度
의복은 단정하고 규범을 따르네.	被服正有常
존귀함과 비천함을 순서대로 늘어놓으며,	尊卑設次序
이치를 깨달아 만물이 그 법도로 돌아가도록 한다.	事物齊紀綱
겉의 꾸밈을 중시하고 낯빛을 엄숙히 하며,	容飾整顏色

허리를 깊이 조아리며 규장圭璋*을 손에 잡는다.　　　　磬折執圭璋

당에 오르면 신에게 제사를 지내는 술을 배설하고,　　　　堂上置玄酒

집 안에는 제사지낼 곡식을 가득 담아놓는다.　　　　　　室中盛稻粱

〈오언영회시五言詠懷詩〉 중에서)

*규장圭璋: 옥으로 만든 두 가지 귀중한 예기禮器. 일반적으로 제후가 황제를
배알할 경우에 규圭를 잡으며, 황후를 배알할 때는 장璋을 잡는다.

시는 그럴듯하게 유학자들을 비꼬고 있다. '칭찬' 하는 말투이지만 법
도를 지키는 사람들이 '개' 같다고 조롱하고 있는 것이다. 죽림의 현자
들은 강함을 부드러움 속에 숨기고, 비수를 골계적 표현 속에 숨겼다.

오래 전부터 죽림칠현을 주시했던 학자들은, 그들이 자신들의 높은
재능이 시기의 대상이 될까봐 혹은 커다란 기량이 세상에서 받아들여
지지 않을까봐 두려워했다고 여겼다. 고의로 재능을 감추고 드러내지
않아 사마씨 집단의 의심을 없애고, 세상 사람들의 불평을 잠재우며 닥
쳐올 재난을 피하려 했다는 것이다. 남북조 시대 양梁 시대의 심약沈約
이 이런 설법을 가장 먼저 제기했다. 그는 특히 혜강, 완적, 완함이 그러
한 정치적 기술을 발휘했다고 강조했다.

혜강은 지혜가 가장 뛰어난 사람 가운데 하나로 실로 진실되고 거짓됨이 없
으며, 탁월한 재능을 가지고 있어 세상의 법도로는 이를 담아낼 수 없는 사람
이었다. 그의 풍격은 특별히 뛰어나 천하에 영향을 미치고 그의 언론은 거침
이 없어 세상에서 이와 나란히 할 것이 없었다. 사마씨가 정권을 잡고 지모를
다해 황권을 무너뜨리고 자신들보다 뛰어난 무리, 혜강과 같은 성향의 무리
들을 전부 제거하려 했다. 혜강은 시운을 피해 벼슬길에 나아가 자신의 시대
로 몰아가려 한다면, 너무도 빨리 화가 자신에게 닥쳐오리라는 것을 꿰뚫어

보고 있었다. 그는 정권과 친밀한 관계를 맺고 있지 않아 자신을 온전히 보존하기 어렵다는 것을 알았기에 도가의 신선술로 시작해 그 길에 자신을 의탁했다.

완적의 재능과 기량 또한 크고 넓어, 역시 쇠망해 가는 세상이 이를 받아들일 수 없었다. 그러나 용모나 풍격은 혜강에 미치지 못했으며, 다른 길이 있는 것처럼 세상의 재난에서 벗어나려 했다. 변함없는 태도를 견지하고, 사물의 이치를 따르며, 동시대의 사람들을 앞질러 앞으로 나아갔다면 마찬가지로 사마씨들이 안심하지 못했을 것이다. 따라서 고의로 법도와 예절을 훼파해 그 덕성을 더럽히고, 세상의 속악함을 따라갔으며, 이를 통해 그 몸을 보전했다.

완함은 멸시를 받거나 높이 추켜지지 않았으나, 남을 감화시키는 힘이 있었고, 이치를 담은 문장을 숭상하는 기풍이 있었으며 이를 사모하고 행했다.

현대 현실주의 비판가인 노신魯迅은 조각조각 남아 있는 건조한 역사 자료의 행간을 뚫고, 죽림칠현은 정치적 강자들의 박해를 피하기 위해 어쩔 수 없이 반 예법禮法적 일탈을 행했지만 사실은 예법을 옹호하는 굴절된 반응을 보인 것이라는 독특한 관점을 제시했다.

예를 들면 혜강과 완적의 죄명은 줄곧 예교를 파괴했다는 것이었다. 그러나 내 개인적인 의견으로 이 판단은 틀린 것이다. 위진 시대에는 예교를 상당히 숭상했던 것으로 보인다. 그러나 사실은 예교를 파괴했고, 예교를 믿지 않았다. 표면적으로 예교를 파괴한 (것처럼 보이는) 사람들이 사실은 예교를 인정하고 예교를 지나치게 믿었다. 왜냐하면 위진 시대에 이른바 예교를 숭상한다는 것은 이를 이용해 자신의 이익을 얻으려 한다는 것과 같았기 때문이다. 숭상 역시 우연한 숭상에 불과하다. 조조가 공융孔融을 죽이거나, 사마의가 혜강을 죽인 것은 모두 그들이 불효했다는 것과 관계가 있다. 그러나 실제로 조조와 사마의가 언제 유명한 효자였던 적이 있었는가? 그들은 이러한 명분을 이용해 자기를 반대하는 사람들의 죄를 물은 것에 불과하다. 따라서 성실한 사람들은 이와 같이 효를 이용하는 것은 예교를 모욕하는 것이라고 여겼다. 불평이 극에 달했으나 어찌할 방법이 없자 예교를 논하지 않고 예교를 믿지 않으며, 심지어 예교에 반대하는 태도를 취했다. (중략) 그러나 이러한 태도는 사실 표면적인 것에 불과했으며, 그들의 속마음은 여전히 예교를 믿고 보배로 여겼을 것이다. 그들은 조조와 사마의와 비하면 먼 길을 우회했던 것이다.

노신과 한때 친구였으나 뒷날 절교한 임어당林語堂은 중국의 찻집에 붙어 있던 '국가의 일을 논하지 말라!|莫談國事|'는 공고문에서 착상을 얻고, 이미 서방에서 주요한 흐름이 된 인권문제에서 배움을 얻고, 자신의 생애에서 느껴 얻게 된 것으로부터 죽림칠현의 일탈이 다음과 같은 이유로 생겨났다고 지적했다.

위진 청담의 기풍, 독서인들이 국가대사를 논할 수 없게 되자, 그저 낙천주의에 빠져 제멋대로 굴고 미친 척하는 것을 서로 본받았을 뿐이다. 어떤 이는 미친 척했고 어떤 이는 술을 마셔댔다. 예를 들면 완적은 두 말의 술을 마시고 세 되의 피를 토했으며, 세상 사람들은 그를 현자라고 불렀다. 이른바 현명하다는 것은 총명하다는 것이다. 국가대사를 논할 수 없지만 개인적인 일을 논할 수 있었기 때문에, 욕망을 좇아 인생의 즐거움을 추구했다. 인권이 박탈된 시대에는 필연적으로 이에 대한 사회적인 반응이 나타나게 된다는 것은 예나 지금이나 같다.

서진西晉왕조가 중국 땅에서 사라진 이후에 장강을 건너 남중국으로
갔던 동진東晉사람들은 서진이 어찌해서 망했는지를 검토해, 역사에서
교훈을 얻으려 했다. 여러 사람들이 여러 가지 이야기를 만들어냈지만,
당시 가장 동의를 많이 받았던 의견은 통일을 완성했던 왕조의 멸망이
이미 고인들이 된 죽림칠현과 관계가 있다는 것이었다.

휘황찬란한 왕조의 와해가 어째서 반 은둔 생활을 한 문사文士들과 관
계가 있다는 말인가? 근거 자료에 따르면 이들 문사들은 일탈 행위가
심했으며, 그중에서도 특히 완적은 수많은 사람들을 일탈로 이끌었다
는 것이다. 국가 전체에 일탈이 하나의 기풍이 되면서부터 재난이 몰려
왔으며, 오랑캐들이 빈자리를 넘보게 되고 말을 휘몰아 중원을 피로 물
들이면서 서진의 안뜰을 무너뜨리게 되었다. 이뿐만이 아니라 이러한
일탈의 유풍은 천험의 요새인 장강을 넘어 반만 남은 강산의 작은 조정
에서도 살아남아 편안한 잠을 이루지 못하도록 했다.

유학을 배웠던 대신大臣 우예虞預는 현학의 비실제성을 혐오했다. 그
는 완적의 머리를 산발하고 웃통을 벗어젖히는 오랑캐적 일탈행위가
직접적으로 오랑캐의 중국 침입을 불러왔으며, 그 정도가 분란을 겪었
던 동주東周 시대보다 더했다고 통렬히 비난했다.

일찍이 관계에서 잘 섞여 지냈고 세속을 벗어나 단약을 다렸으며 유
명한 도교이론가가 되었던 갈홍葛洪은 반은 종교적인 방식으로 반은 정
치적인 방식으로 완적 등의 교만 방탕함이 예악을 무너뜨리고 오랑캐
가 중국을 침입하게 되는 전조가 되었다고 비판했다. 그러나 그는 또한
완적 등의 일탈행위는 진짜로 병을 얻었던 서시西施처럼 다른 사람들의
동정을 사는 것이지만, 갈홍이 살던 당시의 사람들이 보이는 일탈행위

는 서시를 본떠 아픈 척을 했던 궁녀들의 행위와 같아 그 속됨을 참을 수 없으며, 지극히 추악하기 짝이 없다고 구분지었다. 우예는 똥바가지를 완적의 머리위에 씌웠으며, 갈홍 역시 그렇게 했지만 그들은 사마염이 여인들의 치마폭에 싸여 나라를 망친 일이나, 권력자들이 부패해 나라의 뿌리를 흔든 일, 왕공들이 서로 싸워 나라의 명맥이 끊어지게 한 일은 추궁하지 않았다.

선비는 당연히 나라에 보답하려는 마음이 있어야 하지만, 그러한 길이 없을 때 권력을 좇는 자들과 같은 패거리가 되는 것을 피하기 위해 미친 짓을 함으로써 생존을 추구하게 된다. 그런데 그런 그들에게 망국의 책임을 지도록 한다는 것은 도리상 지나치다고 할 수 있다.

완적은 일탈행위의 원조이자, 태두이며, 우두머리였기 때문에 그를 거론하지 않으면 정치와의 관계를, 기풍과의 관계를, 역사와의 관계를, 그 수많은 사정들을 도저히 명확히 이야기할 수가 없다.

완함 역시 일탈을 일삼았지만 그의 일탈행위는 그 정도나 폭에 있어서, 영향력이나 의의에 있어서 완적을 넘어서지 못했다. 완적의 영향 아래 깊숙이 파묻혀 있었기 때문에 일탈행위의 영역에서는 조역을 담당할 수밖에 없었다. 완함은 나머지 죽림칠현과 마찬가지로 관리가 되었으며, 관료세계에 전혀 몸을 담지 않았던 초야의 은둔자는 아니었다. 그는 관료가 되는 것을 거절하지 않았다.

완함은 상당히 늦게 벼슬길에 올랐다. 그는 부모의 상을 치르는 동안에 이방의 계집과 정을 통한 일 때문에 조정과 재야의 공격 대상이 되어 벼슬길이 막혔었다. 위魏왕조 시대에는 전혀 관직에 오를 수 없어, 일반 여염에서 일탈을 일삼을 수밖에 없었다. 서진이 들어서고 사마염이 황제위에 앉게 되자 비로소 조정의 문턱을 넘어설 수 있었다. 그는 몇 계단을 올라가 산기시랑散騎侍郎이 되었다. 산기시랑은 높은 직위라 할 수 없었으며, 또한 구체적으로 관리하는 일도 없었다. 단지 황제에게 권고하고 간하는 자리, 명문세가에서 중시하는 깨끗한 자리였다. 한 개인의 신분을 드러내기에는 충분한 자리였다.

완함은 일탈을 일삼았는데 매번 예교에서 벗어났다. 완적이 죽은 후에 숙부의 행동을 이어받아 당대 일탈의 일인자가 되었다. 만조백관들은 이런 그가 산기시랑의 자리를 얻은 것만도 다행한 일이라고 여겼으며, 어느 누구도 그가 국가의 동량이라고 생각하지 않았다.

하지만 오직 한 사람 산도만은 예외였다. 그는 완함이 담백하고 욕심이 적으며, 의지가 굳세고, 마음이 넓다고 판단했다. 사람들의 됨됨이를 잘 알아보고 파당을 좋아하지 않기 때문에, 일단 완함을 조정의 요직에 기용하면 뇌물을 거절하고, 공평무사하게 일을 처리하는 정말로 얻기 어려운 청렴한 관리가 될 것이라고 여겼다. 산도가 완함을 발탁하려는 것은 확실히 조정을 위해 인재를 뽑으려는 것이었으며, 다른 한편으론 죽림에서 우의를 생각해서였다.

산도는 완함을 어느 자리에 놓으려고 했는가? 그것은 바로 십수 년 전에 그가 혜강에게 주려 했으나 거절을 당한 이부랑吏部郎의 자리였다. 바로 전에 이부랑이 자리를 옮겨, 마침 그 자리가 비어 있었다. 산도는 적극적으로 사마염에게 이부의 신책임자 인선을 말했다. 사마염은 그 말을 듣고는 한마디로 거절했다. 이유는 그가 지나치게 술마시는 것을 좋아하고, 행동이 지나치게 비실제적이라는 것이었다. 산도는 세상물정에 밝은 노신하로, 이미 희망이 없음을 알고는 다시는 이를 거론하지 않았다. 산도가 사마염이 완함을 중용하지 않을 것이라는 사실을 알면서도 쓸데없이 힘을 쏟았던 것은 천하의 준재들을 장려하려는 목적이 있었다고 보는 사람도 있었다.

완함을 마음에 들어 했던 사람은 거의 없다. 죽림칠현을 제외하면 고
사高士이자 명사였던 곽혁郭奕만이 그를 아꼈다. 그는 고상하고 식견이
있었으며, 아량이 있는 사람으로 마치 좋은 술을 보면 자기도 모르게 취
하는 듯 완함을 좋아했다. 그는 사마염이 완함을 등용치 않기로 했다는
이야기를 듣고는 옥구슬이 먼지에 묻혀 있어 사람들이 알아보지 못한
다고 깊이 탄식했다. 완함은 산기시랑의 자리에서 맴돌았다. 길고 긴 인
생의 길에서 그가 좀더 높은 자리에 오를 기회를 가질 수 있을지는 아무
도 모르는 일이었다.

완함은 늘 관직이 없는 것보다는 있는 것이 낫다는 태도를 가지고 있
었다. 그는 고위관직은 바라지 않았으며, 평생 낮은 자리에 계속 머무
르더라도 별 문제가 없다고 생각하는 사람이었다. 그러나 주어진 어떠
한 상황이라도 받아들일 수 있는 사람이었다 할지라도 벼슬길에서 시
련을 겪게 되자, 그 역시 한동안 머리를 얻어맞은 것처럼 가슴 답답해
했다. 그는 직위 강등을 당했던 것이다. 그 이유는 조정의 대신인 중서
령中書令 순욱荀勖에게 미움을 샀기 때문이다. 그는 결코 서슬 퍼런 사람
이 아니었다. 당쟁에 참여했던 적도 없으며, 다른 사람과 원수를 진 일
도 없었는데 어찌해서 천자가 아끼는 순욱에게 죄를 짓게 되었는가?
그 뿌리를 캐보면 그의 특기가 순욱의 자존심을 상하게 한 사건을 만날
수 있었다.

완함은 음악의 선율을 잘 다루었다. 혜강이 칠현금을 잘 타는 고수였
다면 그는 비파를 잘 다루는, 당시 전국에서 열 손가락 안에 꼽히는 비
파의 고수였다. 그는 죽림의 친구들을 제외하면 성격이 비슷한 조카 완

수阮修와 비교적 친하게 지냈다. 인생의 긴 어둠 속에서 음악과 비파는 마음을 즐겁게 해주고 고통과 적막감을 없애주는 친구와 같았다. 벼슬 길에 나서기 전이나 나선 후에나 친척과 친한 친구들에게 소리 높여 노래 부르거나, 낮은 소리로 읊조리며 비파를 가슴에 안고 기예를 보여주었다.

완함은 미묘한 음악에 빠져들어 음악가가 되었다. 그는 비파를 변화시켜 일종의 새로운 악기를 발명했는데, 당나라 시대에는 이를 '완함'이라고 했다. 그는 당당하고 특출한 음악가이었다. 어떤 악곡이든지 연주를 듣기만 하면 틀린 곳이 있는지 없는지를 대번에 알 수 있었다. 어떤 악기든지 바른 음인지 아닌지를 구별해낼 수 있었다. 삼국시대 주유(오의 명장. 적벽대전의 주역. 악기를 잘 다루었음)와 비교해도 그는 조금도 뒤떨어지지 않았다. 그는 음률을 잘 해석해 냈는데, 음악계에서는 이를 '신의 경지에 다다른 해석'이라고 해 '신해神解'라고 칭찬했다. 그러나 운명이 고르지 못했던 '신해'는 '암해暗解'를 만나게 되었다.

'암해'는 바로 순욱이었다. 순욱은 본래 천하제일의 음률대사라고 자칭하던 사람이었다. 고대의 악보가 전쟁으로 훼손되었기 때문에 군주의 명을 받들어 묘당廟堂에서 사용하는 음악에 필요한 악보를 그가 다시 제작했다. 악보가 완성되고 조정의 성대한 연회에서 연주 되었는데, 모두 훌륭하다고 했다. 그러나 완함은 명확한 이유를 설명하지 않은 채 은밀히 비평을 가했다. 화가 머리끝까지 치솟은 순욱은 구실을 만들어 그를 외직인 시평태수始平太守로 내쫓았다.

훗날 한 농부가 밭을 갈다가 주周 시대에 악보를 제작하는 옥척玉尺을 발굴했다. 순욱이 이것을 가져다 시험해 보고 나서야 자신이 제작한 음악의 음계가 확실히 짧은 것을 발견하고는 완함의 신적 식별력에 감탄을 금치 못했다.

다른 일설에는 순욱이 악보를 제작해 묘당에서 연주할 때에 완함이 당장에 음색이 너무 높다고 지적하고 나섰다고 한다. 음색이 높으면 슬픔을 나타내는 것이고, 슬픈 음색은 망국의 음이며, 소리와 아악雅樂이 서로 맞지 않으면 덕스러운 정치와 부합되지 않는 것이다. 이는 아마도 옛날과 지금의 음률 척도가 서로 다른 데 따른 것 같다고 했다.

순욱은 본래 자존심이 아주 강한 사람이어서 완함의 이러한 지적으로 체면을 크게 상하게 되었고, 완함을 시평태수로 좌천시켰다는 것이다. 뒷날 어떤 사람이 옛 시대의 동척銅尺을 얻었는데, 이를 가지고 악보를 교정해 보자 순욱의 곡이 확실히 사분四分 정도 짧았다.

또 다른 이야기도 있다. 순욱은 완함과 늘 음률에 대해서 논했는데, 의론이 거듭되면서 완함이 자신보다 한 수 위라는 것을 발견하게 되었다. 여기에서 시기하는 마음이 생겨 완함을 시평군으로 내려보냈다고도 한다.

순욱이 도대체 무슨 구실로, 무슨 사단을 부렸는지 역사서에는 기록이 없다. 추측건대 완함의 '일탈행위'를 구실로 삼았을 것이다. 산도가 살아 있을 때는 완함을 권력의 중추로 불러들일 힘은 없었다 할지라도 그를 보호해주는 커다란 우산 역할을 해주어 전혀 문제가 없이 지낼 수는 있었다. 그러나 산도가 죽고 나자 그는 '조정에 도와줄 사람이 없으면 관료가 되지 말라'는 옛말 그대로의 상황이 되었다. 완함은 임명장을 받아들고는 아무런 불만도 표하지 않았다.

완함은 관중關中에 위치한 시평始平으로 부임했다. 시평은 서진西晉이 세워진 후에 새로 건설된 군郡으로 태시泰始 2년(266) 부풍군扶風郡을 쪼개어 설치되었다. 관청은 괴리槐里(지금의 섬서성 興平 동남쪽)에 있었으며 관할 지역은 오늘날 섬서성 함양咸陽, 호현戶縣의 서쪽, 보계寶鷄, 흥평興

秦의 남쪽, 진령秦嶺의 북쪽 지역이었다. 부임한 후에는 그가 일관되게 숭상했던 학설에 근거해, 도가의 무위無爲의 정치를 지방을 다스리는 원칙으로 삼았다. 무위를 따르니 일이 자연적으로 흘러가게 할 뿐, 정치적 업적을 세울 필요가 없었다. 따라서 남아 있는 역사서에는 그가 시평에서 다스렸던 기록이 전혀 없다.

정치는 돌보지 않거나 아랫사람에게 권한을 위임해 줄 수 있었다. 그러나 그는 두 가지는 결코 손에서 놓지 않으려 했다. 하나는 음악이고, 하나는 술이었다. 악보를 뒤적이며 비파를 연주하고, 맛있는 술을 마시며 시평태수 노릇을 하며, 그의 인생 여정을 마쳤다. 완함은 유령과 마찬가지로 수壽를 누리고 죽었다고 기록되어 있다. 수壽자가 기록된 것을 보면 적어도 60세 이상은 살았다고 할 수 있다.

완함은 숙부 완적을 따라 일탈적인 일생을 보냈다.

숙부와 조카 두 사람은 예교가 엄격했던 시대에 일탈을 통해 심적 평형을 얻었지만, 그와 동시에 이를 위해 비싼 대가를 치러야 했다.

이에 따라 고난을 한껏 맛보았던 완적은 기괴한 행동이 사회적으로 커다란 반발을 불러올 수 있다는 것을 깊이 깨우치고 있었다. 따라서 완씨 가족들의 모든 구성원들이 정상적인 생활을 할 수 있도록, 그들이 일탈적인 행위에 참여하는 것을 결사반대했다.

완씨 자제들이 일탈이 재미있다고 여겨 무리를 지어 이를 따라하자 완적은 정색을 하고 이를 저지했다. 그와 풍류와 기풍이 아주 유사했던 아들 완혼阮渾이 거칠 것 없이 활달함을 사모하고, 작은 것들에 구애되지 않는 태도를 보이자 완적은 얼굴을 바로 하고 그에게 이야기했다.

"중용仲容(완함)이 이미 나와 같은 무리가 되었다. 너는 이를 따르지 말거라!"

　그만 홀로 그러한 것이 아니었다. 같이 죽림의 노님을 시작했던 혜강도 살아생전에 아들 혜소에게 주었던 〈가훈家誡〉을 통해 반드시 예의를 다하는 사람이 되라고 부탁했다. 그렇게 말하는 자의 마음에는 핏물이 맺히고 있었다.

현실의 속박에서 벗어나 정신의 자유를 추구했던 시대의 반항아, 그가 완함이다.

숲 그림자 속의 증인

진정한 죽림의 파수꾼 상수

　사료를 자세히 읽어보지 않고 그저 문구만 보고 뜻을 생각하거나, 지나가는 이야기만을 들은 사람들은 '죽림칠현'이란 글귀를 보면 틀림없이 다음과 같은 인상을 가질 것이다.

　대나무 숲에 일곱 명의 현자가 있다. 그들 사이에는 시간의 차이도 없고, 주요 인물과 그렇지 않은 사람의 구분도 없고, 높고 낮음의 구별도 없다. 그러나 사실 죽림칠현은 이러한 인상과는 거리가 멀었다. 죽림은 산양현山陽縣의 동북, 바로 혜강의 집이 있는 곳이다. 이로 미루어보면 혜강이 죽림의 주인이며 죽림의 노님을 처음 시작한 사람임을 알 수 있다. 죽림에서 거닌 시간은 당연히 그가 제일 길다. 그가 세상을 떠난 후에는 죽림의 노님 또한 자연히 사라졌다. 혜강 다음으로 죽림에 오래 머문 인물은 상수向秀이다. 그는 혜강이 죽을 때까지 줄곧 죽림에 머물렀다. 그 외 다섯 명은 죽림을 오고갔다. 비록 머문 시간의 장단은 다르지만 실제 그들은 모두 죽림의 과객이었다.

　죽림에서의 노님을 깊이 연구하려면 상수를 떼어놓고 생각할 수 없다.

정통 역사서에는 상수의 가계 관련 기록이 전혀 없다. 그는 대나무 숲 속에서 노니는 모습으로 역사 자료에 처음 등장한다. 그가 죽림으로 향했을 때 아직은 세상에 자랑할 만한 자본이 없었다. 문벌, 연령, 학식, 명망, 어느 것 하나 이렇다 할 것이 없었다. 그저 보잘것없는 선비에 불과했다. 그의 가치에 주의를 기울인 사람은 산도였다. 산도는 상수와 같은 하내河內 회현 출신이었다. 산도의 관심을 끈 것은 그가 비록 어린 나이이지만 훌륭한 풍채를 지니고 있을 뿐만 아니라 깨달음의 능력과 멀리 내다보는 능력을 지닌, 시골에 묻혀 있긴 아까운 인물이란 점이었다. 출신이 대단하지 않았지만, 은자의 기풍의 영향을 받은 데다 본래 천성적으로 깨끗함과 맑음을 지닌 상수는 관리가 될 생각을 전혀 하지 않았고 오히려 더러운 관료사회에 반감이 컸다.

상수는 진정으로 전심을 다하려 했다. 그는 학술계의 권위자가 되고, 학술계의 권위자란 신분으로서 대명사가 되고, 대명사란 명망으로 세상의 인정을 받으려고 생각했다. 그는 어떤 분야의 학술을 할 것인지 심각하게 고려했다. 자연히 사회 기풍의 영향을 받아 최후에는 당시에 가장 성행한 현학玄學을 선택했다.

상수는 어느 집단의 힘을 빌려야 자신이 하려는 것을 지탱하고, 세상을 뒤흔드는 효과를 가져올지 깊이 생각했다. 당시 학술방향에 깊은 관심을 가지고 있던 상수는 현학의 주체로 떠오른 죽림의 무리에 초점을 맞추게 되었다. 그들이 뒤에 나타난 연구자를 인정하느냐 하지 않느냐는, 현학 연구자의 학술 성과가 사회적으로 인정을 받을 수 있느냐 없느냐와 관계된다.

상수는 산도에게 접근했다. 산도는 누구나 인정하는 덕망이 높은 연장자였다. 그만이 어떠한 사회적 배경도 없는 보잘것없는 자신을 편견 없이 진정으로 평가하고 도움을 줄 것이라고 생각했다. 혜강과 완적은 달랐다. 다른 것이 문제가 아니라 그 둘은 자존심이 너무도 세서 접근하기가 어려웠다. 산도는 상수가 바랐던 대로 따사로운 손길을 뻗쳐주었다. 산도의 지도 아래 상수는 죽림에 바짝 다가갔다.

대나무 숲에 발을 들여놓은 후 상수는 만물이 혼합된 자연의 기운을 받으며 머리부터 발끝까지, 마음과 골수를 거쳐 단전까지 편안해짐을 느꼈다. 대나무 숲에서 상수는 일생 중 가장 잊기 어려운 세월을 지냈다. 그는 진솔한 사람이었다. 술을 한 잔 들이켜 얼굴이 붉어지고 귀 볼이 얼얼해지면 벌떡 일어나 춤을 추곤 했다. 춤은 술기운을 빌린 춤이요, 걸음걸이는 흔들흔들 술 취한 걸음이었다. 그러나 그 걸음걸이가 날아갈 듯 민첩해 모인 사람들의 갈채를 받곤 했다.

죽림칠현은 대나무 숲과 하나가 되었으며 그들에게는 천상이 따로 없었다. 뒷날 남북조 시대 양梁나라의 시인 유효선劉孝先이 대나무의 기풍과 정신에 대해 다음과 같은 시를 읊었다.

넓은 들에 자란 대나무	竹生空野外
구름에 닿을 듯 높이 자라 바람에 흔들리네.	梢雲聳百尋
그 고고한 지조를 아는 이 없으니	無人賞高節
헛되이 곧은 마음을 품고 있구나.	徒自抱貞心
상비湘妃*의 눈물이 얼룩진 듯 반점이 있는 대나무,	耻染湘妃淚
궁정의 악기 재료가 되는 것을 부끄러이 여기네.	羞入上宮琴
누군가 그 대나무로 피리를 만든다면,	誰能制長笛

틀림없이 마음에 품은 큰 뜻을 토해내리라.　　　　當爲吐龍吟

*상비湘妃: 원래 순임금의 두 비妃인 아황娥皇과 여영女英을 지칭하나 여기서
는 흑색의 반점이 있는 대나무인 상죽湘竹을 의미함. 순임금이 죽었을 때 아
황과 여영 두 비가 슬피 울며 흘린 눈물이 이 대나무에 떨어져 얼룩졌다고 함.

칠현은 오랫동안 죽림에 머물렀지만 대나무 숲의 정취를 읊은 시문을
남긴 적이 없다. 유효선의 이 시는 다른 시기 다른 장소에서 읊은 것이
지만 선비의 대나무에 대한 감정을, 대나무가 선비를 상징하는 뜻을 잘
집어냈다.

그러나 죽림칠현의 정신의 향연도 그리 오래가지 않았다. 애당초 각
자가 자신의 생각에 따라 죽림에 모였듯이 죽림을 떠나는 것 역시 자신
의 생각에 따라 이루어졌다. 상수는 죽림에 굳세게 뿌리를 내려 죽림의
모임이 산만해지고 쇠락해질 무렵에도 주인인 혜강의 편에 남아 있었
다. 죽림의 노님을 처음 시작했던 산도, 완적을 하나하나 떠나보냈으며,
뒤에 참여했던 유령, 완함, 왕융의 떠나감도 하나하나 지켜보았다.

혜강은 직선적인 성격으로 자기 주장이 세고 자존심이 강했다. 완적
은 표면상 심원하고 마음을 비운 것처럼 보였으나 사실은 혜강보다 더
자존심이 강했다. 산도는 가장 연장자이기에 듣기 좋은 말을 하고, 사람
역시 관대했지만 나이와 사회적 지위로 인해 혜강과 완적 두 사람에게
늘 굽히고 있을 수는 없었다. 속담에 사공이 많으면 배가 산으로 올라간
다는 말이 있다. 겨우 일곱 사람인데 그중에 세 사람이 대장이니 어찌
오랫동안 서로 사이좋게 협력해 갈 수 있었겠는가?

지난날 시끌벅적하던 초가집에는 이제 그와 혜강 두 사람만이 남아

있었다. 그러나 상수는 멀리서 소식을 전해도 언제나 군말하지 않고 바로 찾아오곤 했던 여안呂安을 통해 위로를 받았다. 여안은 혜강의 친한 친구로, 세상 사람들이 그를 '죽림의 현자'에는 포함시키지 않았으나 늘 죽림을 찾아왔던 인물이다. 아니 정확히 이야기하면 그 또한 죽림의 주인이라고 할 수 있다. 그가 죽림을 거닌 시간은 완적보다 앞서며 상수보다도 앞선다. 물론 뒤에 가입한 유령, 완함, 왕융보다도 앞선다. 그는 우선 혜강, 산도와 사귄 후에 비로소 완적을 만났으며, 그로부터 죽림에서 노니는 모임의 서막을 열었다.

이런 상황을 보면 '죽림칠현'이 아니라 '죽림팔현'이라고 해야 도리에 맞는다. 어째서 이렇게 부르지 않는지 후대 사람들은 해석할 길이 없다. 여안과 혜강은 사이가 무척 좋았는데 그로 인해 상수가 질투를 느낄 정도였다. 두 사람은 생각나면 불원천리하고 서로 만나 속마음을 터놓으면서 이야기를 나누곤 했다. 혜강과 여안은 여안의 배다른 형인 여손呂巽을 통해 만나게 되었다. 혜강은 먼저 여손을 알고 친한 친구가 되어 친밀하게 오고가던 중 여안을 알게 되었다. 그러나 여안은 혜강하고만 친하게 지냈지 그의 형인 혜희嵇喜는 눈에 들어 하지 않았다. 어느 날 여안이 마차를 몰고 혜강을 찾아갔으나 공교롭게도 만나지 못했다. 마침 혜희가 집 안에 있어 식탁을 깨끗하게 치우고는 정성을 다해 그를 맞았다. 그러나 여안은 건성으로 대구하면서 마차 안에 단정히 앉아 꿈쩍도 하지 않았다. 혜강의 모친이 술과 음식을 준비하고 들어오라고 하자 그때서야 비로소 집 안으로 들어갔다. 그리고는 혜강의 아들 혜소를 불러 한참을 어르고 놀다가 비로소 이별을 고했다. 혜강이 이 일을 알게 되었지만 이를 전혀 따지지 않고 여전히 여안과 잘 지냈다.

혜강은 여안을 중시했다. 그의 넘치는 재기와 의롭고 정취가 있음을 중시했다. 특히 그의 기개를 중시해 그를 진정한 친구로 삼았다. 나중

된 자가 먼저 된다는 식으로 혜강과 여안의 관계는 혜강과 여손의 관계를 넘어섰다. 편지를 받은 지 얼마 되지 않아 여안은 서둘러 죽림에 도착했다. 여안이 먼지를 풀풀 날리며 초가집으로 들어오는 순간 혜강은 상당히 흥분했지만, 담담한 기쁨만을 드러내었다. 상수는 기뻐 어쩔 줄 모르면서 뜨거운 감정을 담아 진정으로 환영하는 모습을 보였다.

세 사람이 무리를 이루었다. 여안이 가입하면서 새로운 죽림의 노님이 이루어졌다. 겨우 세 사람에 불과했지만 이들이 죽림의 정신을 굳게 지켜나갔다. 세 사람이 서로서로 격려해 죽림을 지켜나가는 모습은 왕년에 죽림칠현이 같이 모여 보여주었던 상황과는 비교할 수 없었지만, 그들의 정취는 잘 어울렸으며 지향하는 바가 더욱 가까워졌다. 생계 문제를 해결하기 위해 그들은 분업을 했다. 혜강과 여안이 각자 분야의 일을 맡고, 상수가 그들의 조수가 되었다.

혜강은 주로 대장장이 일을 했으며 대부분의 시간을 산양에서 보냈다. 산양의 일이 많지 않을 때는 낙양에 가서 일감을 찾았다. 상수는 혜강의 조수가 되어 풍구질을 했다. 여안은 산양에 일부 논밭을 개간해 식량을 심고 채소를 가꾸었다. 상수가 쇠를 담금질하는 일감이 많지 않을 때는 매번 와서 여안을 도와주었다. 쇠 담금질, 농원 가꾸기는 일상생활을 꾸려나가기 위해 필요한 일이었다. 여유가 생기면 저축하지 않고, 모두 술과 밥을 사는 데 사용했다.

일이 없는 날은 셋이서 칠현금을 등에 메고, 허리에는 칼을 차고, 어깨에는 술병을 걸치고 밖으로 나갔다. 멀리 펼쳐진 들판을 바라보거나, 높은 산에 올라가거나, 강가에 가거나, 고깃배를 젓거나, 낚싯대를 기울이며 시간을 보냈다. 굳이 어디여야 한다고 따져 묻지 않고, 가까우면 가까운 데로 멀면 먼 데로 흥이 일어나면 그뿐, 그곳이 노니는 곳이었다.

(대낮에는) 일꾼들을 난초 꽃과 향기로운 풀이 자란 들판에서 잠시 쉬게 하고, 말도 온갖 화초가 자란 산에 풀어놓는다. 화살로 새를 맞추고 물가의 땅을 다지며, 낚싯줄을 강물에 드리운다. 눈 들어 집으로 돌아가는 기러기와 작별하고, 손을 들어 옛날 모양의 거문고를 탄다. 이 모든 것에 뿌듯해진 마음으로, 저 현묘한 우주로 날아간다. 낚시하는 노인네가 고기를 낚고는 망태기를 까맣게 잊어버림을 찬양한다(〈형수재공복인군증시兄秀才公穆人軍贈詩〉 중에서).

(저녁에는) 고요한 밤 숙연한 서늘함 속에, 하얀 달빛이 교교히 회랑에 비쳐 들고, 살랑이는 바람결에 옷자락이 흔들리며, 화려한 장막을 걷어올리고 아름다운 술을 잔에 가득 채운다(같은 시 중에서).

흥이 다하면 죽림으로 돌아와 원래의 일을 다시 시작했다. 모루를 때리는 소리에 상수의 심령도 단련되었다. 쇠를 담금질하고, 농원에 물을 주면서, 얼굴빛이 새까만 색으로 변해갔고 늘 땀을 흘렸다.

상수는 여가가 생기면 독서를 했으며 학문을 파고들었다. 학술의 꿈을 이루려는, 현학玄學의 영역에서 한자리를 차지하려는 노력이었다. 그는 일찍이 약관 시절에 유가와 도가의 경전들을 마음 쏟아 읽었으며, 두 학문의 중심 뜻에 상당한 이해를 가지고 있었다. 이에 따라 강렬한 창작의 충동이 생겨났으며, 처녀작인 《유도론儒道論》을 써서 두 학파의 학설을 대비해 연구했다. 하지만 처녀작을 다 쓴 후에도, 스스로 만족하지 못해 책을 한구석에 처박아두어야 했다.

어느 사람이 이 책을 몰래 거두어 숨겨두었다. 일설에는 상수의 집안 사람이 이 책을 썼다고도 한다. 당시 그의 집안 사람들은 명망이 없었기 때문에 책이 나온 후에도 물어보는 사람이 거의 없었다. 명사의 이름을 빌려오는 방법을 택했다. 이에 따라 상수에게 책에 이름을 서명해 달라고 청했으며, 그가 이를 허락했다는 것이다. 상수가 유가학설에 어느 정도 조예가 있었다는 말이다. 그렇지 않았다면, 현학의 깃발을 날리던 죽림 인사들이 상수를 무리 안에 받아들여주지 않았을 것이다.

명사는 독서를 좋아한다. 책은 그들이 입신하는 근본이자 생명의 원천이며 정신적 지주였다. 거기에 천하를 경륜할 재주를 만들어 낼 수 있고, 나라를 다스리고 안전하게 하는 방책을 흡수할 수 있으며, 신선의 양생의 도리를 깨우칠 수 있었다. 책이 없다면, 명사 역시 생장의 토양을 잃게 된다. 책은 명사를 명사답게 하는 까닭이었다.

그러나 어떻게 책을 읽는가? 어떠한 태도와 방식으로 읽는가? 두 가지 선명하게 대비되는 상황이 있다. 하나는 내용을 세밀하게 맛보면서 반복해 음미하고, 정신을 집중해 꿰뚫어보고, 가능한 책 전부를 머릿속에 집어넣는 정독精讀이란 방법이다. 다른 하나는 두루두루 읽는 방법이다. 마음 내키는 대로 이 책 저 책을 펼쳐보고, 글자 하나 문장 한 구절에 얽매이지 않고 전체적인 뜻을 살피며 전면적인 지식을 얻는 동시에, 그 정신을 더듬어보고 사상을 파악, 본뜻을 깨우치는 것이다.

이 두 가지 독서법은 동한 말엽 형주荊州의 명사들 사이에서 적절하게 나타났다. 제갈량이 융중隆中에서 학문을 닦을 때 석광원石廣元, 서원직徐元直, 맹공위孟公威와 벗이 되었다. 이들은 같이 학문에 힘썼는데 제갈량을 제외한 세 사람은 아주 열심이어서, 읽고 또 읽고, 읊조리고, 외우고 해 책이 너덜너덜해질 정도였다. 하지만 제갈량은 대강 보면서 책의 전체적 뜻을 살폈다.

상수는 책읽기를 좋아했고, 석광원, 서원직, 맹공위의 독서법을 따랐다. 혜강, 여안도 책읽기를 좋아했는데 이들은 상수와는 달리 제갈량의 독서법을 따랐다. 상수는 책을 읽을 때 정신을 집중해 전혀 흐트러짐이 없었다. 평소 소탈하고 시원스런 풍격과는 반대로 책벌레가 되었다. 이로 인해 혜강과 여안의 비웃음을 샀으나 흔들림없이 더욱 책을 가까이 했다. 상수는 도대체 무슨 책을 읽었을까? 탈속의 이치를 극점까지 말한 《장자》를 읽었으며, 이 책과 일맥상통하는 여러경전과 관련된 각종 설법을 읽었다. 상수는 《장자》가 현학에 가장 관건이 되는 열쇠이며, 이를 장악한다면 현학을 현세를 초월하는 경지에까지 이르게 할 수 있다고 생각했다.

　　당시 학계를 돌아보면 《장자》만이 죽림의 정신과 가장 잘 맞았다. 물고기가 붕새가 되어 날개를 펼치면 그 아래로는 파란 대나무 숲이 펼쳐진다. 이런 그림이야말로 신선의 경계에 가장 적합한 것이었다.상수보다 앞선 시기에 이미 수십 명에 이르는 사람이 《장자》에 주석을 달았다. 그러나 그가 보기에는 진정으로 《장자》의 핵심을 꿰뚫은 사람이 없었다. 주석들은 대부분 억지로 그 뜻을 갖다 맞춘 것 아니면, 전혀 거리가 먼 이야기들이었다. 따라서 상수는 《장자》에 이전에 없었던 분위기, 깊고 오묘한 것을 탐구, 분석한 묘한 뜻, 사람의 마음을 자기도 모르게 움직이게 하는 효과를 가진 주석을 달고 싶은 마음이 생겼다. 그는 그런 생각을 혜강과 여안에게 말해 그들의 지지, 특히 현학의 대가인 혜강의 동의를 받으려 했다. 그러나 상수에게 돌아온 것은 차가운 말뿐이었다.

　　두 사람은 너무나 독단적으로 말했다.

　　"이 책에 다시 주석을 단다면, 단지 다른 사람의 즐거움을 그르칠 뿐일세!"

　　친구들이 지지하지 않았지만 상수는 관계치 않고 자기 생각대로 추진해 마침내 새로운 주석을 완성했다. 두 사람 앞에 새 주석을 내놓았을 때, 상수는 그들이 놀랐다는 느낌을 받았다. 상수는 반은 겸손하고 반은 득의만만한 마음으로 물어보았다.

"옛 주석들보다 낫지 않은가?"

혜강은 일부러 조심스런 태도를 보이며 회답하지 않았다. 여안은 시원스러운 성격대로 직설적 칭찬을 아끼지 않았다.

"장자가 살아났네그려!"

새 주석은 발 없는 말이 천리를 가듯 온 세상에 퍼져나갔다. 독자들은 탈속의 경지를, 아득히 멀고 밝은 경지를, 천하가 하찮아 보이고, 만물이 작아 보이는 경지를, 속세를 벗어난 외물의 경지를 읽을 수 있었다. 이익만을 좇아 헤매이는 자들조차 이를 읽고 자신의 행위를 돌아보고 탈속의 느낌을 갖게 하는 정도였다.

새로운 주석은 친구를 감복시키는 데 그친 것이 아니라 전 상층사회를 뒤흔들었다. 사람들의 평가는 한 마디로 '묘한 분석이 기이함의 극치를 이루었다' 는 것이었다. 사회의 반응은 '현학의 기풍' 이 크게 일어난 것으로 나타났다.

《장자주》는 《장자》에 대한 새로운 이해였다. 《장자주》는 현학을 연구하는 새로운 길을 열어 그 후 오랜 기간 새로운 권위가 되었다. 상수의 명성은 《장자주》에 기대어 높아갔으며, 그는 당대의 장자가 되었고, 현학의 대가가 되었다. 《장자주》를 통해 그는 꿈을 이루게 되었다. 명성이 높아졌지만 상수는 여전히 쇠를 담금질했으며, 농장에 물을 주었고, 열심히 학문을 닦았다. 그는 또한 《주역》을 주해했는데, 그 내용과 이치가 예리하고 깊었으나 《장자주》처럼 세상을 떠들썩하게 하지는 못했다. 《장자주》는 상수의 대표작이지만, 그가 세상을 떠날 때까지 〈추수秋水〉, 〈지락至樂〉 두 편을 주해하지 못했다. 어찌된 일인지 이렇게 일세를 풍미했던 《장자주》는 상수가 죽은 후에는 소리소문 없이 사라졌다. 비슷한 책자조차 찾기 어려운 지경이었다.

서진 시대에 곽상郭象이라는 품행 나쁜 문인이 몰래 숨겨 두었던 상수의 《장자주》를 가공했다. 〈추수秋水〉, 〈지락至樂〉 두 편은 자신이 직접 주해하고, 〈마제馬蹄〉 편은 고쳐 썼으며 나머지 편들은 조금씩 문구만을 수정해 자기 이름으로 세상에 내놓았다. 뒷날 상수의 《장자주》 책자가 별도로 출현하고 나서야, 비로소 사람들은 곽상의 주석이 기본적으로 상수의 주석이었다는 것을 알게 되었다. 역사에는 너무나 많은 우연이 개재되어 있다. 만일 뒷날 이러한 사실이 발견되지 않았다면, 상수가 평생 심혈을 기울였던 학술이 일순간에 사라지는 물거품이 되고 말았을 것이다.

《장자》 주해가 성공하면서 상수는 전에 없었던 자신감을 느꼈다. 이러한 자신감은 물고기가 붕새가 되어 9만 리 창공을 날아올라 대지를 내려다보는 드높은 느낌을 갖게 했다. 일류 학술을 드러낼 수 있다는, 학문의 대가들과 어깨를 같이 할 수 있다는, 적어도 각자 자신의 장기를 드러내듯 그의 실력 또한 돋보이게 할 수 있다는 자신감을 갖게 되었던 것이다.

상수는 이런 자신감을 갖고 혜강에게 도전하기 시작했다. 상수는 혜강의 학술에 감복하고 있었다. 그러나 혜강의 학술이 높고 정치한 수준에 이르렀다고 찬탄하면서도 한편으로는 정밀한 체계가 부족하다고 생각했다. 체계가 없어 앞뒤가 모순되며, 전체 내용이 뒤섞여 있어 한쪽을 강조하다 보면 다른 쪽이 이상해지는 난처함이 시시때때로 드러났다. 중요한 것은 상수가 혜강을 지나치게 과격하다고 보았다는 것이다.

당시의 학계에 유행한 풍조는 우정은 우정이고 학술은 학술이라는 관점이었다. 학문적으로는 서로 얼굴을 붉혀가며 다툴 수 있고, 책상을 두드리고 의자를 걷어차며 상대방을 심한 말로 희롱할 수 있었다. 그러나 일단 논쟁이 끝나고 나면 여전히 도타운 정을 주고받았다. 이러한 풍조는 비록 위진남북조 시대 이후 사라졌지만, 학문상의 지혜가 자라나는 토양을 마련해 주었다.

어쨌든 그 당시의 풍조에 따라 상수는 혜강에게 도전장을 내밀었으나 서로 감정은 상하지 않았다. 상수는 도전의 계기를 양생養生의 문제에서 선택했다. 혜강은 신선술을 배웠는데 그 요점은 양생에 있었다. 혜강은 양생에 관해 여러 차례 논술한 바가 있었다. 그중 그의 전체적 관점을 가장 잘 반영하는 것은 《양생론》에 집약되어 있었다. 역사서의 기록과 신선학을 체험에 근거해 혜강이 연역해낸 양생의 이론은 이러했다.

신선은 존재한다. 그들 모두 일종의 특수한 기氣를 받은 자들로서 일반 사람들이 배워서 다다를 수 있는 경지가 아니다. 따라서 불로장생의 설법은 황당무계한 것이다. 그러나 양생론을 통해 많게는 천여 년, 적게는 수백 년까지 장수할 수 있다. 그러면 어떻게 그렇게 할 수 있는가? 혜강에 따르면 두 방면으로 힘써야 한다.

하나는 신神, 즉 정신으로 이를 비워 맑고 고요하게 한다. 사사로움을 적게 하고 욕심을 줄이며 명예와 지위, 부귀를 추구하는 잡념을 버리고, 희로애락을 담담한 수준으로 만들어 외부의 사물이 마음의 짐이 되지 않도록 한다. '넓은 마음이 되어 근심을 없이 하며, 고요한 마음이 되어 번거로운 생각을 없이 한다.' 다른 하나는 형形, 즉 신체로 이를 잘 지키는 것이다. 조화를 이루어 신체를 보살피며, 듣기 좋은 소리와 여색, 맛있는 것을 끊어버리고, 자연스러운 기의 들이쉼과 내쉼, 단약의 복용을 통해 신체를 돌본다. '환락을 잊고 나면 참다운 즐거움이 있고, 육체적인 것을 버린 후에 참다운 신체가 있게 된다.' 한마디로 말하면 속세의 욕망을 없애버리라는 것이다.

혜강이 온 힘을 다해 자신의 머리를 하늘로 향하게 할 때, 상수가 일어났다. 그렇게 하면 안 된다고, 현실 그대로 지상에 서 있는 게 가장 좋다고 주장했다. 그는 〈난양생론難養生論〉의 처음부터 힐문을 하기 시작한다.

슬픔과 즐거움을 절제하고, 기쁨과 노함을 누그러뜨리며, 음식을 적절히 조절하고, 추위와 더위를 조화롭게 하는 것은 옛사람이 행했을 뿐만 아니라 효과를 보았던 것이다. 곡물을 끊고, 맛을 제거하고, 정욕을 없이 하고, 부귀를 억누르는 것은 감히 맞장구를 칠 수 없는 것이다.

이어서 분석을 하고 자신의 이론을 전개한다.

사람은 만물의 영靈으로 동물과 초목과 다른 것이 있는데, 주로 지력智力에 의지한다. 지력이 있은 연후에 비로소 스스로 존재할 수 있으며, 지력을 부정한다면 사람의 특성을 부정하는 것과 같다. 사람은 태어나면서부터 감정이 있게 되는데, 만일 감정을 제거한다면 사람의 생生이 없는 것과 같아서 의의가 없게 된다. 향락을 탐내는 것, 영예를 좋아하는 것, 치욕을 싫어하고, 편안함을 좋아하고, 힘든 것을 싫어하는 것은 모두 자연스레 나타나는 것으로 또한 성현들이 소중히 여기는 것이다. 군자가 부귀를 좋아하는 것은 당연한 도리이나, 단지 도道로써 절제하는 것이다. 그렇지 않다면 마치 구더기 무서워 장을 못 담그듯이 평생 식사를 하지 않게 된다.
사람의 입은 다섯 가지 맛을 좋아하고, 눈은 다섯 가지 색을 좇는다. 정욕이 발동하면 성교하는 것을 생각하게 되고, 배고프고 목이 마르면 먹고 마시는 것을 생각하게 된다. 예의와 약속으로 이를 적절히 한다면 지극히 정상적인 일이다. 맛을 끊고 색을 버린다는 것은 말로서는 가능하며 입으로 떠드는 것은 가능하나 정말로 한다면, 반드시 사람의 감성과 기운, 감정과 뜻을 억눌러 통하지 못하게 해 양생에 도움이 되지 않는다.
양생으로 제 격에 이르면, 위로는 천여 세를 아래로는 수백 세에 이를 수 있다는 설법 역시 반드시 그러하지 않다. 만일 이 말이 신뢰성이 있으려면 적어도 누군가 이렇게 했었어야 하는데 지금에 이르도록 그런 사람은 눈을 씻고 찾아보아도 찾을 수가 없다. 만물은 그 기氣를 통해 생겨나는 것으로 각자 그 연수가 있다. 만일 인간의 생명이 사람의 재능의 우열에 따라 길거나 짧다면, 성인聖人은 이理를 밝히고 그 성性을 다하기에, 상황으로 보자면 반드시 장수를 누려야 한다. 그러나 요임금, 순임금, 우임금, 탕왕, 문왕, 무왕, 주공, 공자 같은 대성인들도 위로는 백여 세를 누린 것에 불과하고 아래로는 칠십여 세였다. 이것은 천명이 유한하다는 것을 말하며, 사람의 능력으로 항거할 수 없다는 것을 말한다.

더욱이 인생의 환락이란 애정의 교차와 천리요 인륜으로, 아름다운 얼굴은 사람 마음을 즐겁게 하고, 영화로움은 사람의 뜻을 즐겁게 하며, 음식은 그 맛을 돋우는 것으로 이를 통해 사람의 다섯 가지 감정을 분출시키는 것이다. 소리와 색을 제어하려는 것은 본성과 기氣를 통하게 하려는 것으로 예로부터 선왕이 모두 좇아서 했던 변하지 않는 도리이다.

만일 자연의 도에 반해 가까운 것을 떠나고 즐거움을 버리며, 자신을 제약해 마음을 괴롭게 한다면, 단지 먼지와 이슬을 쌓아서 산과 바다가 이루어지기를 바라는 것에 불과하다. 죽은 뒤에야 공功을 이룰지 모르나 실로 바라는 바가 아니다. 억지로 이를 행한다면 조금이라도 얻는 것이 있긴 하겠지만, 걸어다니는 시체처럼 일생을 보내며 (사람이 아니라) 나무와 돌과만 이웃하게 된다. 이것이 바로 병이 없으나 스스로 재난을 입고, 근심이 없으되 스스로 침묵하며, 상을 당하지 않았으나 소식素食을 하며, 죄가 없는데 스스로 유폐되고, 요행을 추구하되 노고에도 불구하고 공功을 이루지 못한다는 것을 말한다. 이런 식으로 양생을 한다면 그 마땅함을 알지 못하게 된다.

따라서 사마상여司馬相如가 '이렇게 장생불사해 비록 만세를 산다 해도 즐거워할 것이 없다'고 했다. 그 말의 뜻은 정情을 배반하고 성性을 잃게 되는 것을, 천리를 거스르게 되는 것을 비난하는 것이다.

이렇게 생활한다면 장생을 해도 즐거움이 없게 되는데, 하물며 이 짧은 인생에서 그것을 (어떻게) 지킨단 말인가?

상수가 이렇듯 문제를 제기하는 논설을 내어놓자 혜강은 침묵하지 않고 즉각 〈난양생론에 답하는 글答難養生論〉을 써서 반박했다. 그 글은 장편으로 수많은 논거를 더했으며 양생에 관한 그의 이론을 재론하고 자신의 입장을 견지했다.

상수가 바라던 것이 바로 이런 것이었다. 상수가 본래 〈난양생론〉을 쓴 것은 혜강의 양생이론에 확실한 반대 의사를 표시하려 한 것이었으며, 자신의 학술 소양이 그와 차이가 나지 않는다는 것을 증명하려 한 것이었다. 또한 그 역시 논전을 좋아했기 때문에 필력 싸움을 통해 학술을 탐구하려 했던 것이다. 그가 내세운 반론은 바로 혜강의 관심을 한 단계 더 나가게 해 더욱 고상한 논술을 하려 한 것이다. '양생론-난양생론-답난양생론' 논전은 이렇게 마감을 했다. 사실 누가 어떠한 관점을 가지고 있느냐는 중요하지 않다. 중요한 것은 양생과 관련된 당대에 가장 빼어난 논전이 죽림에서 벌어졌다는 것이다. 그러나 두 사람은 아주 중요한 한 가지를 잊고 있었다. 강권정치가 그들을 둘러싸고 있을 때는 양생에 관한 이론이 아무리 빼어나다 할지라도 허튼 소리에 불과하다는 것을 말이다.

그들은 이 논전이 죽림에서 마지막으로 벌인 학술논쟁이 되리라고는 생각지 못했다. 논전에 깊이 빠져 목소리를 높이고 있던 상수, 혜강과 관전자인 여안은 모두 죽림의 대나무에 이미 꽃이 피기 시작했다는 것을 깨닫지 못했던 것이다.

죽림과 작별할 시간이 다가왔다. 혜강, 여안, 상수가 죽림을 껴안으려

하든, 죽림을 못 잊어 하든, 죽림을 굳게 지키려하든 반드시 그들은 죽림을 떠나야만 했다. 이미 그 시간의 한계에 다다랐던 것이다. 그들의 이별에 원인을 제공한 것은 양생養生에서 이야기하던 명제인 정情과 색色이었다. 여기서 정은 우정을 말하며 색은 여색을 말하는데 이 양자가 서로 섞여 충돌하면서 죽림을 무너뜨린 것이다.

일의 발단은 여안의 집에서 발생했다. 그의 형인 여손呂巽이 제수의 미모에 반해 일을 저지른 것이다. 혜강이 나서서 여안을 변호했으나 뜻을 이루지 못했을 뿐만 아니라 그 또한 옥에 갇히고 말았다. 결국에는 혜강과 여안 모두 단두대에 올라가게 되었다. 혜강, 여안과 이별을 한 지 얼마 지나지 않아 상수는 죽림을 떠나갔다.

상수는 이미 쇠를 담금질 할 마음도 농원에 물을 줄 마음도, 학문을 더 연마할 마음도 없었다. 죽림의 주인들이 이미 학을 타고 선경으로 떠나간 마당에 남아서 무엇을 한단 말인가? 그는 하내군河內郡에서 요청한 그해의 인물천거에 응하기로 했다. 대나무 숲을 떠나 벼슬길에 오르기로 한 것이다.

천거 명부상에 적힌 상수의 이름자를 본 사마소는 기쁨을 억누르지 못하고 직접 그와의 면담일정을 잡았다. 상수가 찾아오자 사마소는 직접 그를 맞아 위풍당당하게 대전으로 데리고 들어갔다.

마침내 죽림을 대표하는 상수와 정권을 대표하는 사마소가 얼굴을 마주하였다. 대화는 사마소의 질문으로 시작되었다.

"그대는 기산箕山의 뜻을 품고 있었는데, 어찌해 스스로 굴복해 이곳에 오게 되었는가?"

기산은 옛날 유명한 선비인 허유許由의 은거지였다. 사마소의 뜻은

'네가 죽림에서 더 은거하지 않고 이곳에 온 이유가 무엇이냐?' 그런 것이었다. 상수는 풍자의 뜻을 버리고 상대방의 말을 그대로 받아 대꾸했다.

"소부巢父, 허유는 강개한 선비지만 저는 그들이 요임금의 뜻을 살피지 못했기에 떠받들기 어렵습니다."

소부, 허유는 모두 옛 시대 대표적 은자로 요임금과 순임금이 천하를 물려주려 했으나 이를 거절한 것으로 유명했다. 상수는 그들이 요임금의 뜻을 알지 못했기에 존경할 만하지 않다고 말했다. 이는 기실 사마소를 당대의 요임금, 순임금으로 높이고 자신은 은둔자가 될 뜻이 없으며, 사마소를 위해 온 힘을 다 바치겠다는 뜻이 담긴 말이다. 이 말을 내뱉는 순간 좌중이 모두 기뻐했다. 사마소는 상수의 답변이 민첩하면서도 격에 맞는다고 여겼으며, 그 뒤에 그에 대해 만족하는 감정을 듬뿍 담아 말했다.

이 대화는 간단했지만 거기에는 중요한 뜻이 담겨 있었다. 대권을 장악한 사마소가 전면적으로 판세를 장악했고, 문인이었던 상수가 철저히 굴복했음을 표시한다. 더욱 중요한 것은 이 대화가 죽림의 노님을 마감했다는 것을 뜻한다는 데 있었다.

상수를 굴복시킨 것은 사마소 입장에서 보면 당초 제갈탄諸葛誕을 패배시킨 것에 못지않은 것이었다. 제갈탄을 패배시킨 것은 크게 봐야 군사적 승리에 불과했지만, 상수를 굴복시킨 것은 정치의식의 형태에서 중대한 전환을 뜻했다. 어찌해서 상수가 관계에 발을 들여놓은 후에 죽림에서 사색 끝에 만들어 냈던 《장자주》와 같은 탁월한 작품을 써내지 못했는가? 어찌해서 《장자주》를 철저하게 완성하지 못했는가?

상수는 관리가 되었다. 먼 길을 돌아 관리가 된 것이다. 산기시랑散騎侍郎, 황문시랑黃門侍郎, 산기상시散騎常侍 등 적지 않은 관직에 등용되었으나 모두 중요하지 않은, 구색을 맞추기 위한 자리였다. 사마소가 원한 것은 이러한 구색 맞추기를 통해 명사들이 자신을 옹호하고 있다는 것을 증명하는 것이었다. 상수 역시 일에 관여할 생각이 없었다. 그의 마음은 이미 죽었으며, 그저 먹고사는 것만을 바랄 뿐이었다. 상수는 다시는 양생을 하지 않았고, 어떤 추구함도 없이 그저 흐리멍덩 세속적 생활을 하며, 아내를 맞아들이고 아들을 낳았다. 그는 오래 살지 못하고 죽었는데, 자식이 아직 아주 어릴 때였다.

상수는 살아 있는 동안 한 차례 산양山陽에 돌아갔던 적이 있었다. 일부러 그곳을 찾아간 것이 아니라 일이 있어 가는 길에 들른 것이다.

초겨울, 상수는 도도하게 흐르는 황하를 건너갔다. 산양 옛 거처에 가까이 다가갔을 때, 석양이 천천히 지고 있었다. 짙고 어두운 홍색이 대지에 참혹하게 내려앉았고, 얼어붙은 땅 위에는 얼음이 가득 찬 웅덩이들이 추위를 느끼게 했다. 비스듬히 옆 방향에서 문득 피리소리가 들려오는데 그 소리가 아득히 멀면서 맑았다. 검붉은 석양, 으슬으슬함을 느끼게 하는 하얀 추위, 멀리서 들려오는 맑은 피리소리가 한데 어우러지면서 처량하고, 어두운 풍경을 연출해내고 있었다. 옛 집은 그대로 있었다. 그러나 이미 빈집이 된 그곳의 벽면은 얼룩과 푸른 이끼가 만연했으며, 지붕에는 잡초가 바람결을 따라 흔들리고 있었다.

상수는 옛 집 주변을 돌기 시작했다. 몇 바퀴나 돌았는지 모른다. 상수는 저녁노을을 따라 떠나갔다. 돌아간 후 당시의 감각을 빌려 〈사구부思舊賦〉를 써내려갔다.

나와 혜강, 여안은 서로 흥취와 지향하는 바가 가까웠으며, 두 사람 모두 무엇에도 속박을 받지 않는 재능을 갖추고 있었다. 혜강은 뜻을 높고 먼 곳에 두었으나 행동거지가 세심하지 않았으며, 여안은 마음이 넓었으나 언행이 제멋대로여서, 훗날 이로 인해 두 사람이 죽임을 당했다. 혜강은 각종 기예에 정통했으며, 특히 악기를 잘 다루어 형장에서 처형을 앞두고도 한편으론 태양을 바라보고, 한편으론 칠현금을 갖고 오게 해 연주를 했다. 내가 장차 서녘으로 가려할 때 혜강의 옛 집을 지나갔다. 이때는 서녘으로 해가 뉘엿뉘엿 지고, 얼음이얼고 추위가 매서울 때였다. 인근에 사는 사람이 피리를 부는데 그 소리가 맑고도 멀리 들렸다. 이로 인해 내가 당년에 노닐며 통쾌히 마시던 즐거운 광경을 회상하게 되었고, 피리 소리에 감정이 동해 탄식을 하며 이 글을 짓게 되었다.

명령을 받고 머나먼 성城으로 떠나게 되어,
즉시 되돌아와 북쪽을 향해 간다.
황하를 건너며 파도를 헤쳐 배를 저으니,
산양山陽의 옛 집을 거쳐 가게 되누나.
머리 들어 바라보니 처량하고 소슬한 광야의 풍경,
그곳의 빈 터에 잠시 마차를 멈추게 하네.
혜강, 여안 두 사람의 앞서간 발자국을 따라 밟으며,
그 누추한 길로 빈집을 찾아간다.
아! 시경의 〈서리黍離〉가 망한 주周왕실을 가련하게 여기듯,
은의 기자箕子가 〈맥수麥秀〉의 시를 지어 은의 폐허를 가련케 여기듯,
지나간 일을 빌려 옛 친구들을 회상하니,
마음의 평온함을 얻기 어려워 이리저리 배회하노라.
옛 집의 기둥들은 무너지지 않고 그대로 남아 있는데,
옛 친구들의 모습과 정신은 어디를 헤매고 있는가?
진秦의 승상 이사李斯가 무고한 죄를 얻어 죽게 되었을 때,

누렁개를 끌고 토끼를 쫓는 즐거움을 다시 못 얻게 되자
울면서 그것을 길이 탄식했었네.
아! 이제 혜강이 이 세상과 영별할 때를 추념하노니,
그는 해 그림자를 바라보며 칠현금을 연주했었네.
운명과 처지를 인생의 열리고 닫힘에 맡기니,
여생을 짧고 짧은 시간에 맡기노라.
인근에서 들려오는 마음을 움직이게 하는 피리소리,
그 아름답고 미묘한 음이 그쳤다 이어졌다 들려오네.
기다리고 있던 마차가 갈 길이 멀다 하니,
붓을 들어 내려쓰며 내 마음을 적어보노라.

혜강을 애도하고, 여안을 추념하는 〈사구부〉는 마치 친구를 애도해 쓴 것 같다. 그러나 과연 친구를 애도한 것에 불과한 것일까? 그는 사실 친구를 추념하는 형식을 빌려 양심의 가책을 느끼는 자신의 영혼을 위안한 것이다. 친구를 추념하는 명의를 빌려 자신을 위한 애도문을 쓴 것이며, 살아 있는 자신의 제사를 지낸 것이다.

'남은 생을 짧고 짧은 시간에 맡기노라.'

이 문장은 '마음을 적어보노라[寫心]'는 두 글자로 끝을 맺는다. 그러나 그는 진정으로 '마음'을 적으려 한 것일까? 그는 절대로 적어내려갈 수 없었다. 정말 적어내려가려 했다면, 결코 죽림을 떠나지 않았을 것이다. 정말 써내려가려 했다면 사마소를 요임금과 순임금으로 비유하지 않았을 것이다. 정말 써내려 가려 했다면, 관리가 되어 그 비리고 더러운 밥그릇을 푸지 않았을 것이다. 정말로 하고 싶은 말을 쓸 수 없었기 때문에 '마음을 적어보노라'라고 썼을 때 바로 멈춘 것이다.

ⓒ沈亞洲

그 누구도 아닌 바로 자신에게 변절한 선비, 그가 상수였다.

빼어난 속물

재주와 인품이 어긋난 왕융

죽림칠현의 이름을 늘어놓을 때 가장 끝자리에 오는 것이 왕융王戎이
다. 우선은 나이가 가장 어렸고, 죽림에 가장 늦게 합류한 데다가, 뒷날
명예와 이익에 열중한 나머지 관료, 그것도 전형적인 고위관료가 되었
기 때문이다. 뒷날의 행동을 놓고 보면, 그가 죽림칠현의 한 자리를 차
지하고 청사에 길이 이름을 남길 수 있었던 것은, 그가 부린 조화이자
시대적인 오해였으며, 역사적으로는 유감스러운 일이었다. 남북조 시
대 송宋의 안연지顔延之는 시대의 오해를 인정하지 않고 왕융을 죽림칠
현에서 빼버렸다.

역사자료를 검토해 보면 대다수 죽림칠현의 어린 시절 기록은 아예
없거나 있어도 몇 자에 불과하지만, 왕융만은 예외라는 것을 어렵지 않
게 발견할 수 있다. 그의 가문은 부귀영화를 누리지는 못했지만 지위가
높은 집안이었다. 할아버지인 왕웅王雄은 유주자사幽州刺史를 지냈고, 아
버지 왕혼王渾은 양주자사凉州刺史를 지냈으며, 작위가 훨씬 높아져 정릉
정후貞陵亭侯로 후작侯爵이 되었다. 자사는 지방 최고 행정기구인 주州의

최고장관이며, 후작은 공작 다음의 작위인 말 그대로 귀족이었다. 이런 가문의 배경으로 인해 왕융은 태어나자마자 반은 관료세계의 사람이 되어 관리가 되는 것은 문제 없는 일이었다.

왕융은 자라나면서 왕씨 가문 사람들이 기뻐할 만한 모습들을 보여주었다. 풍채가 잘났을 뿐만 아니라 총명하고 영리했다. 깨닫는 능력이 극히 뛰어나 하나만 알려주면 그것을 전부 꿰뚫어 알았으며 어린 나이에 어울리지 않는 지혜가 가득한 말들을 뱉어내곤 했다. 더욱 기이한 것은 그가 두 눈을 들어 태양을 바라보아도 전혀 어지러움을 느끼지 않았다는 것이다. 그의 총각 시절 친구인 배해裴楷는 이에 감탄해 말했다.

"왕융의 눈이 반짝거리는 것이 마치 바위 아래에서 번개가 치는 것과 같다."

왕융에게 얽힌 기이한 일은 한 차례 대중집회에서 나타났다. 위 명제가 제위에 있을 때였다. 큰 공적을 자랑하기 좋아하는 명제는 촉과 오와의 전쟁에서 사람들의 마음을 격동시킬 만한 업적을 세우지 못해 답답해하고 있었다. 한번은 호랑이를 궁성 앞의 무술훈련장에 풀어놓고 호랑이의 발톱과 이빨을 부러뜨려 자신의 넘치는 정력을 자랑하려 했다.

이런 일은 드문 일이라 모든 백성들이 관람할 수 있도록 특별히 허용되었다. 광장은 구경꾼으로 빽빽하게 들어찼다. 육, 칠세나 되었을 왕융역시 가족들과 함께 사람들 틈에 섞여 이를 보고 있었다. 호랑이는 울타리 안에 갇혀 있었다. 용사가 날카로운 무기로 발톱을 잘라버리자 호랑이는 아픔을 견디지 못하고 울부짖었다. 호랑이가 온 천지가 쩌렁쩌렁 울리도록 소리를 치며, 울타리에 몸을 쾅쾅 부딪치자, 울타리 난간이 무너져 호랑이가 튀어나올 것만 같았다. 오랫동안 도시에서만 살았던 사람들은 이 장면을 보고는 순식간에 얼굴이 하얗게 질려 땅바닥에 주저앉거나 놀라서 달아나기도 했다. 그러나 오직 왕융만은 그 자리에 서서 얼굴색 하나 변하지 않은 채 그 광경을 재미있게 지켜보고 있었다. 높은 누각에서 이를 내려다보던 위 명제는 어린 아이가 그처럼 담이 큰 것을 보고는 기이한 일이라고 찬탄을 하며 사람을 시켜 이름을 알아오도록 했다.

천자가 신기하게 여기니 천하 사람들이 모두 기이하게 여기게 되었다. 왕융의 담이 크다는 명성이 널리 퍼졌다. 굉장한 소동을 일으켰던 호랑이 유희는 천자의 위엄과 명성을 더해주지는 못했지만, 왕융의 이름을 알리는 계기가 되었다.

왕융의 큰 담은 결코 하룻강아지 범 무서운 줄 모르는 그런 것이 아니었다. 그는 사리를 이해했으며, 어른들도 다다르지 못한 성숙의 정도에 이르렀다. 호랑이 유희를 보고난 지 얼마 지나지 않아 그와 아이들이 길가에서 놀고 있었다. 속담에 육, 칠세 아이들은 개도 싫어한다는 말이 있다. 그 뜻은 이 나이 또래의 아이들은 개조차 싫어할 정도로 말을 듣지 않는다는 것이다. 그들이 길가에서 신나게 놀다가 오얏나무에 과일이 주렁주렁 달려 있는 것을 보고는, 환호성을 지르며 원숭이마냥 나무로 달려가 서로 앞다투어 가지를 꺾으려 했다. 왕융은 멀리서 바라만 볼 뿐 꼼짝도 하지 않고 서 있었다. 지나가던 사람이 이 모습을 보고는 이상하게 여겨 왜 그러냐고 물어보았다. 그의 대답은 무척 뜻밖이었다.

"길가에 있는 나무에 과일이 많이 달려 있다면, 반드시 과일 맛이 쓸 것이기 때문입니다."

어린 아이가 사람을 감동시키는 이런 말을 내뱉었으니 그는 틀림없이 총명한 아이였다. 또한 그 말 속에는 인생을 관조하는 깊은 사고가 가득 차 있었으며, 사람의 가치관이 인생의 재난을 몰고 올 수 있다는 선禪적 암시를 함축하고 있었다. 당시는 현학적 기풍이 막 퍼져나가던 시기였다. 이 말이 현학자의 귀에 들어가자 그들은 이 아이가 보통 아이가 아니며, 현학적 뜻과 남다른 안목을 갖고 있어 신묘한 이치를 깨우치고 있다고 느꼈다.

대담함을 갖추어 관료가 될 자질이 충분한 데다, 좋은 집안 배경으로 왕융의 앞길은 탄탄대로였다. 사람을 놀라게 하는 신묘한 이치, 당시 막 서막을 열어가고 있던 현학이 왕융의 바짓가랑이를 적시기 시작했다. 관직에 나설 것인가? 학문을 닦을 것인가? 나이 어린 왕융은 곧게 뻗어 있는 두 길의 입구에 서 있었다.

사람과 사람 사이는 연분을 따진다. 왕융과 완적은 연분이 있었다. 왕융은 완적보다 20여 세 아래였지만, 나이를 잊은 교분을 나누었다. 완적은 원래 같은 상서랑尙書郎이었던 왕혼王渾과 서로 사이좋게 지내며 늘 왕래를 가졌다. 그러나 몇 번 오가면서 겨우 15세에 불과한 왕혼의 아들 왕융이 특별히 마음에 들게 되어 나이를 잊고 친구로 사귀게 되었다. 완적은 소탈하기 그지없는 사람이 아닌가? 왕융과 사귀게 되자 고기를 얻고 나면 통발을 잊어버린다는 식으로 왕혼을 향한 관심은 식어 그의 집을 방문하게 되면 왕혼과 건성으로 몇 마디 주고받고는 바로 왕융에게로 달려갔다. 한번 말을 나누기 시작하면 반나절은 보통이었다. 흥이 나면 해가 뜰 때부터 질 때까지 이야기를 나누곤 했다. 왕융의 거처를 나오면서 완적은 이해하지 못하겠다는 왕혼의 표정을 보았지만, 상대방이 어떻게 느낄까를 전혀 고려하지 않았다. 아직도 이야기를 다 끝내지 못했다는 식으로 왕융의 자字와 어릴 적 이름을 입에 담으면서 말했다.

"준충濬沖은 맑고 시원스러우이. 그대와 같지 않구려. 그대와 말하느니 아융阿戎과 말하는 것이 낫구려."

친구는 옆으로 제쳐놓고 친구의 아들을 벗으로 삼는 일은 자연스럽고 대범한 성격의 완적만이 가능한 일이었을 것이다. 더욱이 완적은 진심을 다해 왕융을 대했기 때문에 왕혼은 더는 할 말이 없었다. 왕혼은 할 말이 없었을 뿐만 아니라 자기의 아들이 완적에게 높이 평가되고 있어 얼굴에 웃음을 띨 수밖에 없었다.

완적은 아주 오만했다. 고매한 선비를 만날 때는 눈을 똑바로 떴으나[청안靑眼], 속물들에게는 눈알을 뒤집고[백안白眼] 대했다. 수많은 명사들이 앞을 다투어 그와 사귀려 했지만, 대부분 백안시 되었다. 그런데 겨우 15세 된 아이가 완적에게 존중을 받았다는 것은 왕융이 사림에서 몸값을 보장받은 것과 같은 일이었다.

완적은 왕융을 높이 평가했다. 너무 늦게 그를 만난 것을 한스럽게 생각할 정도였다. 완적이 왕융을 좋아했던 이유는 무엇이었을까? 완적은 왕융의 뛰어난 풍채를 높이 샀다. 그것은 기골이 장대한 풍채라기보다는 밖으로는 평온하면서 안으로는 빼어남을 보여주는 그런 것이었다. 용모의 품격을 따지던 위진魏晉 시대에 왕융은 아주 불리한 입장에 있었다. 마치 옥으로 다듬어진 신선 같은 용모를 연출해내던 혜강과는 달리 5척 단구에 불과했다. 덩치가 무척 컸던 완적에 비해도 너무 작은 체구였다.

그러나 왕융은 자신이 찬양했던 산도와 유사하게 금을 숨기고 있는 거친 옥과 같았다. 평범 담백함 속에 고귀함이 엿보였고, 못생긴 용모 속에 기이한 품격을 감추고 있었으며, 평범한 자세 속에 빼어난 자태를 드러냈다. 마치 진흙탕 속에서 구름과 안개가 피어오르는 듯한 기세를 가지고 있었다. 완적은 왕융의 이런 기세에 압도되어 그의 곁을 떠나지 못했다.

완적은 왕융의 소탈함이 마음에 들었다. 그의 소탈함은 일부러 만들어낸 가벼운 소탈함이 아니라 자연스레 표출되는 소탈함이었다. 그는 대범하게 세상의 속물스러움을 벗어던졌으며 꾸밈이 없었다. 일부러 속 깊은 척하지도 고의로 장식을 하지도 않았다. 만물이 자연히 성장하는 그 모습대로 인생을 대했으며 물物과 자신이 하나가 되는 경지에서 인생의 희로애락을 대했다. 이런 기풍이어서 왕융의 얼굴은 위엄을 띠고 있지 않았으나 남들이 그를 가벼이 볼 수 없는 기운이 있었으며, 뿜어져 나오는 맑고 시원스러움이 있었다. 완적은 이러한 시원스러움에 매료되었으며, 산속의 맑은 샘물을 대하는 듯한 느낌을 가졌다.

완적은 왕융의 말솜씨에 매료되었다. 그의 말솜씨는 말솜씨 자체를 자랑하려는 것이 아니라 현묘함이 배어 있는 능변이었다. 그는 화두를 잘 끄집어냈고, 요점을 잘 집어냈으며, 거침없는 웅변을 쏟아냈다. 하고 싶은 이야기는 무엇이든 다했다. 말을 하면 마음대로 바람을 일으키고, 격앙되면 천하를 논하고 은근할 때는 가을비가 연잎에 듣는 듯한 느낌을 주었다. 왕융은 의견을 시원스레 털어놓지만 절대 한쪽으로 치우치지 않았으며, 논하는 일마다 도리에 맞았고, 사람을 평하면 평하는 사람마다 딱 들어맞았다. 그는 벼슬과 은둔, 물러섬과 들어섬, 권위와 천성에 대한 해석에서 특별히 빼어난 말솜씨를 보여주었다. 이와 같은 명제들은 현학의 대명제이자 선비들이 세상을 살아가는 방법에 대한 명제였다. 이러한 명제들은 완적을 사로잡았으며, 나이 차이를 잊게 했다.

완적은 진심으로 왕융을 높이 평가했다. 사실 완적은 겸허한 자세로 아래 연배의 선비를 예의로 대접해야 하는 정치가가 아니었을 뿐만 아니라 그가 귀족 자제에게 잘 보여서 배경세력을 조성해야만 하는 가난하고 소박한 선비가 아니었다. 완적은 왕융에게서 자신의 그림자를 보앉고, 처세의 풍격이, 생존태도의 도리가 자신과 같음을 보았기에 그를 진정 높게 평가했다.

완적이 왕융을 높이 평가한 것은 사실 자기 자신을 높이 평가하는 것이었다. 자기 자신의 행위를 긍정한 것이며, 자신의 생각을 반영한 것이었다. 이는 고독하고 길고 긴 인생길에서 외로움을 어느 정도 가라앉혀 주었다. 왕융과 완적의 교제는 서로가 서로를 높여주는 그런 것이었다. 서로의 능력을 더욱 잘 나타내주는 사귐이야말로 수많은 장애를 넘어서며, 오랜 시간 계속될 수 있고, 좀더 깊이 마음을 나눌 수 있는 사귐이었다.

왕융은 완적의 총애를 받아 실력 있는 선비 대열에 끼게 되었지만 아직 이름난 선비, 즉 명사가 된 것은 아니었다. 명사가 명사라고 불릴 수 있는 조건은 바로 이름名이 알려졌느냐에 달려 있었다. 사회적으로는 실력 있는 선비들이 많이 있지만 그중에서도 대접받는 것은 명사들뿐이었다. 따라서 일개 선비의 입장에서 보면 제일 중요한 것은 명성을 쌓는 것이었고, 명성은 크면 클수록 좋은 것이었다.

왕융은 명성을 원했다, 그것도 아주 강렬하게. 선비는 오랜 세월 쌓아온 도덕적 수양이나, 출중한 문화적인 자질, 우연한 기회에 만난 기이한 일과 이적들에 따라 명성을 얻게 되는데, 어느 하나만 갖춘다고 되는 일은 아니다. 왕융이 명성을 얻게 된 계기는 집안의 불행에 기인했다. 그의 아버지인 왕혼王渾이 죽었다. 왕혼은 식읍이 많은 후작은 아니었지만 조정에서 명성을 누릴 수 있었던, 문하생과 그의 도움을 받은 관리들이 수없이 많은 후작이었다. 그 당시에는 문하생과 도움을 받은 관리들이 자신들을 돌봐준 은사를 주인처럼 섬기던 시절이다. 그들은 일생 은사에게 예를 다했으며, 자신의 부모에게 하는 것보다 더한 효를 보여주었다. 왕혼은 양주凉州의 부임지에서 죽었다. 그 소식이 전해지자 문하생과 관리들이 앞다투어 그곳으로 향했으며, 상갓집 장막 안팎에 구름처럼 모여들었다. 그들은 울면서 조상하고, 땅에 머리를 조아리며 상가를 지켰다. 또한 각자 효심을 표해 거액의 부의금을 내놓았는데, 총 100만 전이 넘는 엄청난 금액이었다. 그러나 상주인 왕융은 딱 잘라 거절했다. 문하생과 관리들이 주는 부의금은 본래 유족들에게 생활 자금으로 주는 것으로 부의금을 받는 것이 당시 풍속에 어긋나는 일은 아니었다. 그러나 뜻밖에도 왕융은 대범하게 이를 거절하고 그로써 명성을 얻었다.

노장철학에서는 재물을 불필요한 것으로 여긴다. 왕융이 천문학적 숫자의 돈을 사양한 것을 일부러 떠들어대지는 않았지만 이는 선전효과가 굉장히 큰 행동이었다. 그가 현학을 깊이 이해하고 있으며, 노장의 도를 직접 실천했다는 것을 드러낸 일이었다.

이러한 행위로 인해 명성이 자자해지면서 왕융은 실력만 있던 선비에서 당대의 명사가 되었다. 명사가 되자 청담이 장기인 왕융은 바빠지기 시작했다. 여기저기에서 그를 초청했다. 그의 말은 생동감이 넘치고, 해학과 묘미가 넘쳐흘러 듣는 사람들이 숨을 죽이고 귀를 기울이게 만들었다. 그의 말 속에는 사람들이 생각은 할 수 있지만 말로 나타내기 어려운 진리가 담겨 있었다. 일상에서 오묘한 철리를 끄집어내곤 했다.

왕융의 강론은 어디서나 환영을 받았다. 그는 역사 기록으로 볼 때 낙수가에서 열린 성대한 모임에서 가장 훌륭한 강론을 펼쳤다. 이 것은 사실 의식을 지내는 모임이었다. 계禊, 또는 해계解禊, 수계修禊라고 불리는 이 의식은 고대로부터 전해져 내려온 것으로 봄과 가을 두 계절에 요사를 물리치기 위해 물가에서 지내던 제사였다. 서예에서 경전으로 꼽히는 작품 중 하나인 〈난정집서蘭亭集序〉는 동진 왕희지王羲之가 산음山陰 난정에서 수계를 하면서 일필휘지로 내려 쓴 글이다. 따라서 송나라 시대에는 〈난정집서〉를 〈임하서臨河書〉, 〈계첩禊帖〉, 〈계서禊書〉라고 바꾸어 부르기도 했다.

뒷날 일어날 난정의 집회처럼 왕융이 참가했던 그 낙수의 수계에도 현자들이 모여들었다. 깊은 산, 험준한 고개가 아니었고, 무성한 숲과 대나무는 없었지만 맑은 물이 콸콸 흐르고, 맑고 투명한 하늘, 화창한 기운을 느끼게 하는 훈풍이 있었다. 아니 도리어 황토 고원인 북국의 아득한 모습이 남방인 산음의 습하고 찌는 듯한 날씨보다 훨씬 더 기개가 있었다. 그곳에 도착한 대표적인 인물은 《박물지博物志》로 명성이 자자했던 문학가 장화張華, 역사에 정통한 명리학자 배위, 풍채가 뛰어난 청담의 대가 왕연王衍, 그리고 왕융이었다.

수계와 기도로 복을 구하고 재난을 막는 의식, 인생의 어지러운 행로에서 부침을 거듭하는 선비들이 기꺼이 받아들이는 의식이었다. 제사를 지내고 난 후에는 즐기는 일이 이어진다. 일반인들은 역귀를 쫓는 놀이를 하며 사자춤 같은 집단놀이를 즐겼다. 선비들은 문학적 소양을 가지고 마음의 지혜를 겨루는 놀이를 했다. 시를 읊고 대구를 맞추며 기생을 옆에 끼고 악기를 연주하며 노래를 불렀다.

수계를 마친 후에 왕융 등 명사들은 청담을 주고받는 놀이를 했다. 차례차례 돌아가며 담론을 주고받는 방식으로 자신이 가장 잘하는 분야를 이야기하는 것이었다. 장화는 정통의 역사를 이야기했다. 사마천의 《사기史記》와 반고班固의 《한서漢書》가 주 내용이었다. 본래 문학으로 이름난 사람인 데다 보고들은 것이 많았기 때문에, 그의 담론은 문학과 역사적인 색채가 풍부했으며, 감정과 현실이 잘 융합되어 사람들이 그 경지에 빠져들도록 했다. 장화의 강연이 끝나자 한바탕 박수 소리가 일었다. 배위는 옛 현인들의 언행을 이야기했다. 그들의 멋진 말, 유명한 말, 지극히 도리에 맞는 말을 이야기하고, 그들의 높고 뛰어난 행실, 영명하고 훌륭한 행동을 이야기했다. 말 속에서 오묘함을 찾고 행동 속에서 깊은 조예를 구했다. 그의 말솜씨는 마치 불가에서 정법을 듣는 듯했다.

왕융이 이야기할 차례가 되었다. 그는 춘추 시대 오나라의 계찰季札과 한나라 초기의 장량張良을 논했다. 계찰이 오나라를 위해 어떻게 임기응변을 발휘해 외교적 공세를 폈는지, 어떻게 예의를 다해 자리를 양보했는지를 이야기했다. 그리고는 장량이 어떻게 장막에 앉아 천하를 계획했으며, 유방을 도와 천하를 취했는지, 공을 이룬 후에 어떻게 물러나 기꺼운 마음으로 청담을 하며 은거했는지를 이야기했다. 이 두 사람을 예로 들어 선비들이 어떻게 큰 공적을 이루고 역사에 길이 남을 이름을 얻게 되는지, 그리고 어떻게 권위와 부귀를 거절하고 정치적인 소용돌이에 빠지지 않는지, 그럼으로써 편안히 천수를 누리게 되는지를 강구했다. 왕융은 서술과 의론을 동시에 진행했다. 곡절이 많은 역사적 사실을 서술하면서 깨끗하게 세상 밖에서 거니는 현묘함을 논했다. 그의 강연은 속세를 벗어나 있었으며, 자리에 있던 수많은 사람들의 마음을 움직이게 했다.

왕융이 강연을 끝내자 갈채가 파도같이 일었다. 그 모임은 위진 시대 현학사에서 최대의 집회였다. 이 성대한 집회를 통해 왕융은 다시 한번 명성을 높였으며 그 성가로 현학계를 뒤흔들었다.

왕융이 명성을 얻어 역사적으로 이름을 날리게 된 것은 엄청난 재물을 거절한 시원스런 행동이나, 도도하게 쏟아내는 현학 이론 때문이 아니라 대나무 숲 때문이었다.

죽림칠현에 뒤늦게 합류한 이들에겐 각자 그들을 이끌어준 사람들이 있었다. 산도의 인도로 상수가 죽림에 들어온 것과 같이, 왕융은 완적의 인도로 죽림에 들어왔다. 완적은 왕융을 죽림으로 이끌면서그가 걸출한 인물이라고 판단했다. 인재의 구조로 보면 죽림의 진용이 막강해졌고, 현학 연구 방면에서는 깨우침이 빠르고 능통한 뛰어난 후배를 더하게 되었으며, 죽림현자들의 연령으로 보면 대를 이을 미래의 핵심인물을 얻게 되었다고 여겼던 것이다.

왕융은 확실히 걸출한 인물이었으며, 다른 현자들도 그를 걸출한 인물이라고 여겼다. 그는 죽림의 일원이 되고 나서도 완적과 가장 가깝게 지냈다. 완적을 아버지로 여겼으며, 모범으로 삼아 높이 올려다봤다. 모든 면에서 대명사인 완적을 따랐다. 다른 사람의 좋고 나쁨을 거론하지 않는 방법을 배웠고, 털털하면서 외물에 얽매이지 않는 법을 배웠으며, 미친 듯한 행동으로 진실한 마음을 가리는 법을 배웠다.

왕융은 완적을 같이 놀고 즐길 수 있는 친구로 여기기도 했다. 그와 완적은 만나기만 하면 술을 마셨다. 고상하고 우아하게 마실 때는 서너 잔만을 건네며 갈증을 풀고, 흥이 나면 큰 독 작은 독을 가리지 않고 바닥이 보일 때까지 마셔댔다. 처음에는 옷깃을 여미고 좌정하고 앉아 마시지만 취하고 나면 탁자가 엉망진창이 되었다.

완적은 술을 마실 때 색色을 가장 좋은 안주로 여겼으며, 그 여인의 생김이 아름다우면 아름다울수록 술맛이 좋아졌다. 집에서 가까운 곳의 여주인이 사람의 눈길을 끌 만한 자태를 가지고 있을 뿐만 아니라 술맛이 좋은 주막이 있었다. 완적은 늘 왕융의 손을 끌고 그곳으로 달려갔다. 그는 취하면 비틀거리며 여주인의 곁으로 걸어가 다른 사람이 어떻게 생각하든, 그녀의 남편이 어떻게 여기든 개의치 않고 다리를 쭉 뻗고 드러누웠다.

왕융에게는 너무나 익숙한 장면이었지만 같이 가서 드러누울 용기는 없었다. 때때로 술에 취한 것인지 아니면 색에 취한 것인지 모를 몽롱한 눈을 뜨고는 미인과 명사가 어우러지는 그림을 바라보면서 침을 삼켰다. 왕융의 담이 작은 것, 완적은 그 속에 속물스러움이 있음을 보았다. 왕융을 죽림의 은자라고 하기보다는 죽림에 놀러 온 손님이라고 하는 것이 더 적합했다. 여기서 말하는 노님玩의 뜻은 글자 그대로 실제적인 즐김, 진솔함으로 가득 찬 것, 생애의 적막함을 해소하는 것을 함축하고 있다. 좀더 높은 차원에서 보면 그의 노님은 명사의 풍격을 얻으려는 것이었다. 이른바 명사의 풍격이란 물화된 예술품이 아니라 살아 있는 것으로 이를 펼쳐 보여줄 필요가 있었다. 명사들은 자신의 품격을 높일 수 있는 노님의 방법을 찾아다녔는데, 그 노님의 품격이 높으면 높을수록 명사의 품격도 높아져갔다. 더 깊은 단계에서 보면 그는 은둔자의 오묘함을 가지고 놀았던 것이다. 은둔은 일종의 인내이자 자본이며, 지름길이었다. 은둔의 정도가 신출귀몰한 경지에 이르면 높은 벼슬에 오를 수 있게 된다.

왕융은 수완을 부려 전력을 다해 노닐었으며 확실히 나름대로의 경지에 다달았다. 그는 완적에게서 많은 것을 배웠다. 그러나 배우고 또 배워도 그저 완적의 껍데기를 배우는 데 그쳤을 뿐 정신적인 내면을 배우지 못했다. 혼탁한 세상과 허허롭게 지내면서 속으로는 고집스럽게 바른 기운을 보존하려 노력한 완적의 영웅적 기질은 배우지 못했던 것이다.

시간이 흐르면서 완적은 속과 겉이 다른 왕융의 참모습을 알아차리게 되었다. 후학이 맑고 명랑한 기질을 가지고 있기는 하다. 그러나 맑음은 그저 표면적이며, 명랑함은 그저 입가에서 맴돌 뿐이다. 그는 교묘히 꾸미는 데 능하다. 노장철학을 빌려 자신의 한몸을 깨끗하고 단아하면서, 거칠 것이 없는 모양으로 위장할 수 있다. 그러나 그가 조심하지 않을 때 언뜻언뜻 속물스러움이 드러나곤 한다. 부귀를 얻으려는 그 속물스러움을, 벼슬아치의 말투를 드러내는 속물스러움을, 시정잡배의 속물스러움을 드러내고 있다.

사람은 오곡도 잡곡도 먹어야 하며 다른 사람과 어울려야 한다. 아무리 용모가 신과 같고 품격이 신선과 같더라도 뼛속 깊이 있는 속물스러움을 완전히 씻어내지는 못한다. 죽림의 현자들도 속물스러움을 벗어나지 못했지만, 가장 속물스러웠던 사람이 바로 왕융이었다.

모두가 왕융의 속됨에 눈살을 찌푸렸지만 체면을 고려해 누구도 그런 말을 입밖에 내지 않았다. 하지만 죽림의 어른인 완적만은 여러 사람 앞에서 시원스럽게 그가 속물이라고 이야기했다.

한번은 상수, 완함을 빼고 나머지 다섯 사람이 죽림에 모이기로 약속을 했다. 혜강, 완적, 산도, 유령은 제 시간에 도착했는데, 왕융은 아무리 기다려도 오지 않았다. 그들은 더 이상 기다리지 못하고 술그릇을 펼쳐놓고 마시기 시작했다. 왕융은 한참 분위기가 무르익을 때가 돼서야 도착해서는 전혀 미안한 기색도 없이 의자를 당겨 자리에 앉았다.

술기운이 돌아 반쯤 취한 완적이 첫마디를 내뱉었다.

"속물이 이제야 오다니. 정말 우리 뜻을 어그러지게 하는군!"

이 말을 들은 왕융은 조금도 위축되지 않고 미소를 머금으며 공손히 대꾸했다.

"그대들의 뜻은 너무 쉽게 어그러집니다그려."

완적의 입에서 속물이란 말이 나왔다. 그 말은 너그러운 마음으로 보면 친근함을 담은 가벼운 욕설이지만, 깊이 생각해 보면 그와 왕융 사이에 이미 틈이 생겼다는 것을 알 수 있다. 그 둘이 같은 점은 일탈을 일삼는 외면적인 모습이었을 뿐, 그들의 타고난 기질과 절조는 달랐다. 깨끗함을 귀하게 여기는 은둔자에게 속물이라고 욕설을 퍼부은 것은 완적의 왕융을 대하는 태도가 완전히 바뀌었음을 드러내는 것이었다. 완적은 일찍이 왕융이 깨끗하고 밝은 기질을 가지고 있다고 칭찬했는데 이제는 속물이라고 배척하고 있다.

서로 추구하는 도道가 다르면 같이 일을 도모하지 않는 법이라 완적과 왕융의 연분은 끝을 향해 달려가기 시작했다. 죽림의 현자들과 같이 있는 시간이 길어지면서, 왕융의 숭배 대상은 완적에서 산도로 전환되었다. 그는 자신이 단지 완적의 모습을 가지고 있을 뿐, 지향점은 산도에 더욱 가깝다고 느꼈다. 죽림은 그저 잠시 머무는 곳이며 그의 목표는 대관리가 되는 것이었다. 이에 따라 그는 진심으로 산도를 찬미했다.

"마치 다듬어지지 않은 옥과 금 같은 사람이다. 사람들은 그 아름다움에 찬탄을 금치 못하지만, 그 그릇이 어떠한지를 알지 못한다."

왕융이 산도를 칭찬한 것은 사실 자신을 독려하는 것이었다. 죽림의 주인인 혜강에 왕융은 상당히 탄복했다. 그가 희로애락을 얼굴에 드러내지 않는 점에 감탄했고, 속인을 넘어선 신선과 같은 풍모를 가진 것에 탄복했다. 왕융은 뒷날 옛일을 회고하며 말했다.

"혜강과 20년을 같이 지냈지만, 기뻐하거나 노여워하는 표정을 본 적이 없었다."

한번은 어느 사람이 혜강의 아들 혜소를 칭찬했다.

"정말 뛰어나이. 군계일학일세!"

왕융은 경험자의 자격을 가진 윗사람의 말투로 이야기했다.

"그대가 그의 아버지를 보지 못해서 그렇게 말하는 것일세!"

왕융은 진심으로 혜강에게 탄복했다. 기쁨과 노여움을 얼굴에 드러내지 않는 것은 명사의 자질에 견주어볼 때 중요한 표준 중 하나였으며, 용모가 속세를 벗어난 신선과 같이 뛰어나느냐 그렇지 않느냐는 명사의 풍격을 재량하는 표준 중 하나였다. 왕융은 자신이 그보다 못함을 한탄하며 마음속으로 혜강을 부러워하고 있었다.

혜강과 20년을 함께 지냈다는 왕융의 말은 사실 자신을 과시하기 위한 수단에 불과했다. 왕융은 훗날 죽림에 가긴했지만 그 횟수가 아주 드물었다. 현재 남아 있는 모든 기록을 살펴보면 그는 혜강과 절실한 정신적인 교감을 가진 적이 없었다. 무리를 지어 청담을 나누던 일반적인 일 외에는 상수처럼 혜강과 학술적인 대토론을 벌였다든가, 여안처럼 혜강과 밀접한 관계를 가졌던 적이 전혀 없었다.

왕융의 겉은 혜강, 완적과 비슷해 보였으나 정신은 그들과 멀리 떨어져 있었다. 오히려 왕융은 혜강과 완적이 경멸하는 종회鍾會와 의기투합했다. 종회는 왕융보다 아홉 살이 많았다. 그들의 관계는 어린 시절까지 거슬러 올라간다. 왕융이 완적과 처음 긴 시간 이야기를 나누던 때에 그는 이미 종회와 사귀고 있었다. 왕융에게는 어린 시절부터 절친한 배해裴楷라는 친구가 있었다. 그는 명신이었던 배수裴秀의 조카로 아주 똑똑한 아이였다. 어린 나이에 이미 《노자》, 《주역》을 꿰차고 있었다. 왕융은 청담을 잘했고, 배해는 현학의 이론에 정통했다. 두 사람은 학식에 있어 서로 통했으며 그 명성이 상당했다.

두 사람은 늘 같이 어울렸는데, 한번은 종회의 집에 가게 되었다. 종회는 당시 이미 사마씨 집단에서 중시한 인물로 정치계에 머리를 내밀고 있던 때였다. 그는 오랜 기간 현학을 공부했었기 때문에 어린 두 학자가 오는 것을 보고는 하던 일을 제쳐놓고 열정적으로 그들을 맞아들였다. 서로 말을 나눈 시간은 그리 길지 않았지만, 누군가가 두 아이들이 어떠냐고 물었을 때 종회는 사람들을 놀라게 하는 말을 내뱉었다.

"배해는 기상이 맑고 사리에 정통했고, 왕융은 처신이 간결하면서 사물의 요체를 꿰뚫고 있소. 20년 후에 이 두 현자가 이부상서가 될 것이며, 그때가 되면 천하의 인재들을 고루 쓸 수 있게 될 거요."

그 후에 왕융과 종회는 지속적으로 접촉을 가졌다. 만날 때마다 왕융은 종회에게 점점 더 깊은 인상과 호감을 주었다. 따라서 종회는 사람들이 왕융의 이름을 들먹일 때 마다 칭찬하는 말을 아끼지 않았다.

"아융阿戎은 다른 사람의 뜻을 정말 잘 헤아리지."

종회는 왕융의 앞날이 무한하다고 생각했다. 왕융은 귀족 가문이라는 배경을 가지고 있어 벼슬을 걱정할 필요가 없었다. 그는 부친 왕혼이 죽은 후에 조정의 관리체제 법률에 따라 아버지의 작위를 이어받아 정릉정후貞陵亭侯가 되었다. 그러나 부친의 작위를 이어받아 귀족이 되는 것과, 구체적인 의미를 갖는 관직을 얻는 것은 또 다른 일이었다. 왕융은 낮에는 죽림의 현자들과 청정무위淸靜無爲를 논하며, 마치 학이 홀로이 소나무 숲에 고요히 서 있는 듯 행동했다. 그러나 밤이 되면 달빛 쏟아지는 창가를 마주하고 어떻게 중앙 정권의 핵심에 들어갈 수 있을까를 생각하며 잠을 이루지 못했다.

왕융은 조급해 할 필요가 없었다. 보이지 않는 가운데 귀인이 나타나 그를 도와줄 것이기 때문이었다. 그 귀인은 다름 아닌, 어린 시절 그를 극도로 마음에 들어 했던 종회였다. 종회는 사마소가 상국相國의 지위를 얻은 후에는, 사마씨 집단이 정권을 탈취하도록 모든 힘을 다 쏟았다. 그리고 이를 위해 사마소가 필요로 하는 능력 있는 인재들을 선발했다.

그가 호주머니에 감추어두었던 추천인사 명단에는 일찍이 왕융의 이름이 써 있었으며, 그와 함께 이름을 날리던 배해의 이름도 있었다. 종회는 정치의 도리를 잘 알고 있었기에 인내심을 가지고 시기를 엿보았다. 사마소가 사람이 필요하다고 이야기하는 바로 그때 인재를 추천해야 가장 효과가 있기 때문이었다.

마침내 그 시기가 왔다. 상국부相國府에 연속掾屬(상국부에 속하는 관리)을 추가할 필요가 생기자 사마소가 종회에게 누가 그 자리에 적합한지 의견을 물었던 것이다. 종회는 깊이 생각할 필요도 없이 왕융과 배회를 추천했다. 추천 이유는 수년 전 그가 그 두 사람을 평했던 대로였다.

"배해는 성품이 맑고 사리에 정통하고, 왕융은 간결하면서 사리의 요체를 꿰뚫고 있습니다. 모두 적합한 인물이라 생각됩니다."

왕융, 배해에 대한 이러한 평가는 종회 한 사람만의 견해는 아니었다. 사마소 또한 그들의 이야기를 익히 듣고 있던 터라 바로 그렇게 하라고 결정했다. 이 일에 또 다른 설도 존재한다. 사마소에게 요구했던 것은 상국부의 속관 자리가 아니라 이부랑이었다고 한다.

어쨌든 종회의 추천을 통해 왕융은 형식상으로는 2급 기관이지만 실제적으로는 당시 정권의 중심 중의 중심인 상국부에 발을 들여놓게 되었으며, 사마소와 정치적으로 함께 가는 상국부 속관이 되었다. 권신인 사마소의 심부름꾼이 된다는 것은 비단길 같은 앞길이 열렸다는 뜻이다. 벼슬길에 오른 왕융은 가슴 가득 기쁨을 느꼈다. 중앙정부의 정권을 사마씨 집단이 제어하고, 모든 일이 사마소의 말에 따라 이루어지며, 조씨 황제는 그저 이름만 있는 괴뢰에 불과한 것이 당시의 정치 실상이었다. 왕융은 이것을 명확히 알고 있었다. 따라서 이러한 시기에 정치계에 발을 들여놓으면 반드시 명확한 행동방식을 가지고 있어야 했다. 비록 자기 가문의 귀족 지위가 조씨의 위황실이 내려준 것이긴 하지만 조씨 천하의 태양은 지평선 너머로 지고 있는 상황이었기에, 혜강처럼 절개와 지조를 지키기 위해 목숨을 바치는 순장품이 되고 싶지는 않았다.

왕융이 이렇게 하기로 결정한 이유는 단순히 사마씨 집단의 힘이 세었기 때문에 내린 정치적인 투기는 아니었다. 사마씨 집단이 인심을 얻고 있다는 것과 역사의 조류를 따라가고 있다는 것, 새로운 기상을 보여주고 있으며, 천하통일의 능력이 있다는 것, 몰락한 조씨의 위 황실을 대신해 정치의 정통이 될 수 있다는 것을 인정하고 있었다. 당시 왕융의 이러한 정치적 감각은 그 개인만이 아니라 사마씨 집단 내부 구성원들의 공통된 감각이었다.

사마소가 종회를 총사령관으로 삼아 하늘처럼 아득해 공격하기 어렵다는 촉을 공격토록 했을 때, 아직 강동 지방에서 편안히 있던 오나라에서는 위와 촉 사이에 벌어진 전쟁의 승패를 점치는 일이 있었다. 누군가가 양양襄陽인인 장제張悌에게 말했다.

"사마씨가 정치를 장악한 이래, 반란이 끊임없이 일어났으며, 백성들이 복종하지 않고 있다. 또한 오늘날 군대를 휘몰아 멀리로 원정을 가니, 반드시 패할 것이다. 결코 적을 제압해 이길 수 없을 것이다."

장제는 머리를 흔들며 분명한 반대 의견을 이야기했다.

"그렇지 않소. 조조의 공적이 중원을 덮었으나, 백성들은 그 위세를 두려워했을 뿐, 덕을 기리지는 않았소. 조비曹丕, 조예曹叡가 그 뒤를 이었으나, 형벌과 노역이 과중했으며, 여기저기 전쟁을 일삼아 편안한 날이 없었소. (그러나) 사마의 부자는 큰 공을 쌓아왔으며, 백성들의 번거로움을 없애주고, 은혜를 베풀었소. 주인이 되려 꾀했기에 백성을 위해 그 고통을 덜어주었고, 민심이 그들에게 쏠린 지 오래되었소. 그렇기 때문에 회남淮南에서 세 번이나 반란이 일어났지만, 마음속으로 전혀 근심하지 않았으며, 조모曹髦가 죽었을 때에도 천하가 조용했던 것이오. 사마씨는 현자를 임용하고 능력 있는 자들을 부렸기에 그들 각자가 마음을 다 바쳤소. (따라서) 그 기반이 견고해졌으며, 그 간교한 계책이 자리를 잡게 된 것이오. 오늘날 촉나라는 환관들이 조정에서 전횡을 일삼고 있으며, 나라에는 정령이 서지 않고, 군대는 곤하면서도 제멋대로요. 따라서 백성은 피로하고, 외적인 이익을 다툴 뿐 전혀 수비를 하지 않고 있소이다. 위나라는 강하고 촉나라는 약한 형세일 뿐만 아니라, 지혜로 보아도 역시 위가 앞서고 있소. 촉의 위기를 틈타 공격하면 이기지 못할 것이 없소. 그러나 저들이 성공하는 것이 우리의 근심이 되니 이를 어찌하리오!"

장제의 이 말을 조금만 바꾸면 바로 왕융의 마음이었다. 산도와 마찬가지로 왕융과 종회는 서로가 서로의 마음을 꿰뚫어볼 수 있는 관계였다. 혜강이 해를 당한 후에도 그들의 관계는 여전히 유지되고 있었다. 왕융과 종회의 공통점은 엄청난 공적을 세우려는 마음이었다. 그러나 공통을 넘어서면 그 둘의 차이점이 뚜렷해진다. 종회는 용감하게 앞으로 전진하면서, 최정상에 오를 때까지 도전을 멈추지 않는 성격이었다. 왕융은 좋은 것을 보면 취해 가지되, 위험을 보면 물러나 몸보신을 하는 것을 상책으로 삼는 성격이었다.

군대를 이끌고 촉나라를 정벌하러 떠나기 전에 종회가 왕융에게 작별을 고하며 묘책이 있는지를 물어보았다. 왕융은 구체적인 대답을 피했다. 단지, 종회에 대한 그의 인식, 조정의 의론, 자신의 학식과 처세태도를 가지고 간단하지만 뜻이 담긴 말로 종회의 주의를 촉구했다.

"도가에 '이룬 것이 있다고 뽐내지 말라'는 말이 있지 않습니까? 성공하는 것이 어려운 것이 아니라, 그것을 지키는 것이 어렵다고 했습니다.”

종회는 떠나갔다. 왕융의 말을 까맣게 잊은 채. 그리고 그는 다시는 돌아올 수 없었다. 떠나기 전 작별이 삶과 죽음이 갈리는 마지막 길이었다. 혜강은 종회의 입 때문에 죽었고, 종회는 사마소의 계책에 걸려 죽었다. 한 사람은 죽림의 술 친구이며, 한 사람은 조정의 정치적인 친구였다. 두 친구의 참혹한 죽음을 보며 왕융은 깨달은 바가 있었다. 직접 두 막의 비극을 보고서 왕융은 도가道家라는 새끼줄을 꽉 거머쥐었다. 그 새끼줄로 벼슬살이의 험난한 파도에 흔들리는 캄캄한 배 위에 자신을 칭칭 동여매었다.

사마씨 부자가 비록 조씨 천자들을 다루는 데 악랄하기로 유명했고, 내외의 반항과 정변을 평정하는 데 잔혹하기로 유명했지만, 대인관계는 아주 너그러웠다고 할 수 있다. 한 가문의 힘으로 한 나라의 실권을 빼앗으려면 세상의 인심을 얻어야했다. 조정 신하들의 인심, 특히 사림士林의 인심을 얻어야 했다. 정치정략이란 당시의 형세에 따른 것으로 사마씨들이 너그럽지 않다할지라도 관용을 베풀어야만 했다.

사마씨 부자 세 사람 중에서 사마소가 왕조를 갈아치울 수 있는 위치에 가장 가까이 다가갔다. 따라서 그는 관용이 가지고 오는 정치적효과를 잘 느낄 수 있었다. 그러나 관용에는 일정한 한계가 있다고 생각했다. 그 한계선은 아주 간단한 것이었다. 사마씨의 정치 행태에 반대하는 입장이냐 찬성하는 입장이냐를 기준으로 삼고 이 선을 넘어서지 않으면 모든 것을 용서했다. 이에 따라, 그는 혜강의 명백한 반대 행동에 극형이라는 강력한 처벌로 대응했다. 그는 완적이 자신에게 협력하는 것을 원치 않는다는 사실을 알고 있었으나 그 뜻을 겉으로 드러내지 않자 그를 포용했다. 또한 사마소는 종회가 사고를 저지른 후에도 그와 교류했던 산도와 왕융에게는 여전히 신뢰를 보내주었다. 이에 감격한 왕융은 사마씨에게 더욱 가까이 다가갔다.

王융이 진정으로 날개를 편 것은 진晉나라가 세워진 뒤였다. 사마염이 새 조정의 관원 명단을 발표하면서, 왕융의 이름을 불렀을 때 그의 귓가에는 이부황문랑吏部黃門郎이라는 단어가 맴돌고 있었다. 황문랑은 진秦나라 때 급사황문給事黃門으로 불렸으며 황제의 시중을 들던 관직이었다. 한漢대에는 급사황문시랑으로 불렸고 황제의 시중을 드는 것 외에 제후나 왕王 등을 접견하는 일을 맡았던 요직이었다. 위진魏晉 시대에는 관련 직위에 네 명을 두고 있었다. 이부황문랑이라는 직책은 역사서에 기록되어 있지 않다. 그러나 황문랑 자체의 직능을 이전 기록과 후대의 직능으로 미루어 판단해보면 위진 시대에 중앙정부 핵심기구의 중고급관원이었다는 것을 알 수 있다. 또한 직책이 이부에 설치되었다는 점을 보면 이부상서吏部尚書의 조수 역할을 한 것으로 보인다.

이부에서 잠시 근무를 하고 나자, 속말로 왕융의 관운을 나타내는 별이 빛을 발하기 시작했다. 그는 우선 조정에서 산기상시散騎常侍로 승진했으며, 얼마 지나지 않아 외직인 하동태수河東太守가 되었다. 하동군은 사예교위司隸校尉에 속한 사주司州로서 행정 중심을 안읍安邑(지금 산서성山西省 하현夏縣 동북 소재)에 두고 있었으며, 관할 지역은 현재의 산서성 심수沁水의 서쪽, 곽산霍山의 남쪽 지역이었다. 어떻게 해석하든 왕융이 하동군에 부임한 후 공적을 올렸음에 틀림없다. 적어도 사마염은 그것을 인정했다. 그렇지 않았다면 그가 그리 길지 않은 시간에 다시 영전해 형주자사荊州刺史가 되지는 못했을 것이다.

형주 곳곳에 역사의 큰 줄기가 지나간다. 삼국시대 영웅들은 그곳에 가장 큰 줄기를 남겨놓았다. 주랑周郎 주유의 웅혼한 자태와 영명한 모습, 공명의 깃털부채와 윤건綸巾, 그 둘이 웃으면서 이야기하는 사이에 한줄기 불길이 조맹덕(조조)의 백만 대군을 연기 속에 사라지게 한 적벽대전이 그 곳에서 발생했다. 관운장(관우)이 북벌을 하려다 뜻을 이루지 못하고 형주를 잃고 맥성麥城에서 죽어간 일도 바로 그곳에서 일어났다. 유현덕(유비)이 700리에 걸쳐 군영을 지었으나, 육손의 화공에 그 기세가 완전히 꺾인 이릉夷陵의 전쟁 역시 그곳에서 벌어졌다.

형주는 삼국이 실력을 겨루던 대 전쟁터였다. 형주는 영웅들이 풍류를 겨루던 큰 무대였다. 만리장강의 험난함은 형주 땅에 있다는 속담이 있다. 형주는 지리적으로 가장 뼈세어 길들여지지 않는 곳이자, 영웅들의 활동이 가장 반짝거리는 지역이었다. 영웅들의 웅대한 기세에 따라 형주는 조각이 났다. 처음에는 위와 오가 각각 반쪽을 점령해 두 쪽이 되었다. 뒤이어 위, 촉, 오가 각각 한 조각씩 차지하면서 세 쪽이 되었다. 촉이 멸망한 후에는 다시 두 쪽이 되었다. 형주의 나뉨과 합쳐짐은 바로 중국의 나뉨과 합쳐짐을 축소해 놓은 것이다.

형주가 다시 합해져야만 그가 진정한 의미의 형주자사가 될 수 있었다. 그러나 그는 진정한 의미의 형주자사가 되기도 전에, 그 반쪽 형주자사의 직위마저 잃어버릴 뻔한 위기를 겪게 된다. 그가 부하를 파견해 집과 정원을 수리한 일이 문제가 되어 사법기관의 탄핵을 당했던 것이다. 사실 이것은 왕조 시대에는 아주 사소한 일로, 심지어는 정상으로 간주되던 일이기도 했다.

진晉나라 초기에는 법률이 아주 엄격하게 적용되었다. 관련 부문에서는 이러한 일은 공적인 일을 빌려 사리사욕을 채운 것으로 범죄나 다름 없으니 삭탈관직을 해야 한다고 주장했다. 다행히 사마염이 나서서 그의 편을 들어줘 속죄금을 내는 것으로 일이 마무리 되었다. 그 후 왕융은 계속해서 형주자사를 했으나 씁쓸함은 지울 수 없었다.

왕융은 체면이 서지 않는 상황에서도 형주에서 세월을 보낼 수 밖에 없었다. 그런데 이런 곤란함은 오래지 않아 해소되게 된다. 형주자사와 같은 직위인 예주자사豫州刺史로 옮겨가게 된 것이다. 삼국시대는 영웅들이 나타난 시대였다. 하늘과 땅을 뒤덮는 영웅의 기상에 영향을 받았기 때문에 왕융 역시 영웅이 되어 천하를 유력하려 했다. 사람의 포부란 시대적 배경의 영향을 받게 된다. 왕융은 천하가 들끓어 삼척검을 옆에 차고 제후들을 좇아다니는 시대를 만나지는 못했지만, 천하가 장차 하나의 명령으로 통일되는, 군왕에게 보답을 할 수 있는 기회는 만났던 것이다.

왕융은 예주에 부임하고 나서 형주에서는 할 수 없었던 영웅의 회포를 풀게 된다. 그를 예주로 보낸 것은 진나라 조정이 천하통일의 대전략에 따라 취한 구체적인 조치 중의 하나였다. 왕융이 예주로 가서 맡은 주요 직무는 통상적인 정무를 다스리며 백성을 돌보는 것이 아니라, 형주도독 양호羊祜의 지휘 통솔을 받아 오나라 공격을 돕는 것이었다. 사마염은 왕융의 군대지도자로서의 신분을 두드러지게 하려고 그에게 건위장군建威將軍이란 칭호를 더해주었다.

만리장강의 형세를 중국에만 있는 용龍에 비유하면 건업建業(지금의 강소성 남경)의 동쪽이 용의 머리가 되고, 무창武昌(지금 호북성 무한남부)에서 강릉江陵(호북성 강릉)이 용의 배가 되며, 파군巴郡(지금의 중경)의 서쪽이 용의 꼬리가 된다. 용의 꼬리는 촉나라를 정복한 이후에 이미 진나라의 수중에 들어왔고, 용의 머리는 아직 잠잠한 지역이었다. 따라서 용의 배 부분이 진나라와 오나라가 쟁탈하려는 초점 지역이되어 있었다. 용의 배를 확실히 밟으면 용의 명줄을 움켜쥐게 되는 상황이었다. 병가의 전략을 꿰고 있는 양호는 자신이 직접 무창에 가까운 남하南夏에 진주해 군대를 통솔하면서 오나라에 정치, 군사 쌍방향의 공세를 펼치고 있었다.

예주 지역은 지금의 하남성河南省 동부와 안휘성安徽省 북부 지역으로 남으로는 형주와 인접해 있으며, 좁고 긴 지역을 사이에 두고 오나라의 정치, 군사 중심 지역이 자리 잡고 있는 형주 땅 강하군江夏郡(무창을 중심으로 하고 있음)과 마주하고 있었다. 이러한 지리적 위치에서 군대를 통솔하는 경우 영웅이 아니라 할지라도 영웅의 길을 걸어갈 수밖에 없게 된다. 왕융의 앞길은 성공 아니면 실패였다. 진나라의 형세가 강대했기 때문에 당연히 성공의 희망이 컸다. 게다가 양호의 효과적 공세로 왕융의 앞길은 순탄해야 했다. 그러나 왕융이 공을 세우기도 전에 머리를 잃어버릴 위험에 처하는 일이 발생했다.

당시 오의 서릉西陵(지금의 호북성 의창宜昌 동남부)을 방어하고 있던 장군 보천步闡은 거듭되는 양호의 거대한 정치적인 호소의 영향을 받고 천하대세가 진나라에 유리하게 돌아가는 형국이라는 판단 아래 진나라에 항복했다. 오나라 내부의 정치적인 알력 역시 크게 작용했다.

서릉은 삼협의 동쪽 끝에 위치한 지역으로 파촉巴蜀에서 강릉江陵으로 들어가는 서쪽의 문이자 북에서 남으로 공격해 오는 군대를 막는 요새의 하나로 형주 지역의 방패와도 같은 지역이었다. 오나라의 방어 체제에는 지극히 중요한 전략적인 의의를 갖고 있었다. 오나라 군대를 지휘하고 있던 육항陸抗은 일찍이 서릉의 전략적 의의를 다음과 같은 글을 올려 아뢴 적이 있다.

서릉, 건평建平은 우리나라의 번국藩國으로 하류에 있지만 두 방향에서 적을 맞고 있는 지역입니다. 만일 적이 장강의 물줄기를 타고 꼬리에 꼬리를 물고 배를 번개 치듯 몰아서 갑자기 그곳에 다다르면, 반드시 다른 부서를 움직여 그 위기를 구해야만 합니다. 그곳은 사직의 안위가 걸린 곳으로, 단지 국경이 침범당하는 작은 피해만 입는 것이 아닙니다. 신의 부친인 육손陸遜이 옛적에 서쪽 지역에 대해 말씀하시기를 서릉은 나라의 서문으로 수비하기 쉬운 곳이지만 또한 잃기도 쉬운 곳이다. 만일 지키지 못한다면 한 개의 군郡을 잃는 것에 그치는 것이 아니라, 형주가 오의 땅에서 떨어져 나가게 될 것이다라고 했습니다. 그곳에 어려움이 있으면 마땅히 온 국력을 기울여 싸워야 합니다.

보천이 진나라에 항복했다는 소식을 듣자 육항은 밤낮을 가리지 않고 서릉으로 향해, 서릉성을 몇 겹으로 둘러쌌다. 반드시 서릉성을 다시 얻겠다는 뜻이었다. 사마염이 보고를 듣고는 양호에게 그것에 잘 대응하도록 지급으로 명령을 내렸다. 그러나 양호는 서릉의 형세를 면밀하게 살피지 못했다. 자신의 군사적 배치에 근거해 직접 군대를 이끌고 서쪽으로 강릉을 공략했다. 서릉이 아니라 다른 쪽을 공격해 서릉을 포위하고 있던 육항의 기수를 그곳으로 돌리게 하려던 계책이었다. 따라서 형주자사 양조楊肇에게 일부 군대만 이끌고 서릉으로 진격토록 했다. 본래 양조가 명장 육항의 적수가 되지 못한데다, 군사력에서도 차이가 컸기 때문에 근본적으로 서릉성에 접근할 방법이 없었다. 격전을 벌였으나 수많은 군사를 잃었으며 사상자가 엄청났다. 양호는 계책이 궁해졌다. 육항을 유인해 낼 수 없게 되자 되돌아와 양조를 지원했으나 이미 승패의 대세가 결정된 상황이었다. 그저 멀리서 서릉성을 바라보며 한숨을 내쉬고는 돌아설 수밖에 없었다. 원군 없이 홀로 남게 된 서릉성은 얼마 지나지 않아 함락되었고 포로로 잡힌 보천은 형장의 이슬로 사라졌다. 서릉성에 다시 오나라 깃발이 휘날리게 되었다.

양호는 이번의 군사적인 실패를 검토하면서 배치가 잘못된 것이 아니라 인근의 예주자사 왕융이 바라만 보고 군사를 움직이지 않은데 책임이 있다고 여겼다. 그가 군법을 심각하게 위반했으니 군법에 따라 군영 밖에서 참수해야 한다고 판단했다.

사마염은 왕융에게 잘못이 있다고 보지 않았다. 낙양에서 처형하지 말라는 명령이 내려왔다. 양호는 본래 조정의 중신이었기에 나무가 커지면 그만큼 바람을 많이 맞게 된다는 식으로, 알게 모르게 그와 적대관계가 된 사람들이 부지기수로 생겨났다. 실패 후에 그를 탄핵하는 상소문이 황제의 책상에 쌓이기 시작했다.

사마염은 서릉을 얻었다가 다시 잃어버린 것을 아주 아까워했다. 양호가 그의 뜻을 집행하지 못하고 이와 같은 국면을 초래한 것에 깊은 유감을 느꼈고, 양조의 무능함이 한스러웠다. 생각 끝에 그는 붓을 들어 붉은 주사에 적신 후 글을 써내려갔다. 양호를 평남장군平南將軍으로 직위를 강등하고, 양조는 서인으로 폐하라는 내용이었다.

다행히 왕융에게는 아무 일도 없었다. 그는 양호가 죄를 자신에게 미루어 하마터면 목숨을 잃을 뻔했다고 생각하게 되자, 그와 원수지간이 되었다. 그리 되자, 역시 양호에게 업신여김을 받고 있었던 왕융의 사촌동생 양연王衍이 사촌형과 같은 편이 되었다. 그 둘은 기회가 있을 때마다 양호를 공격했다. 원래 공정하고 청렴함으로 명성이 높았던 양호를 덕행이 전혀 없는 사람으로 만드는 데 온 힘을 기울였다. 왕씨 형제는 이러한 공격을 양호가 중병이 들어 죽을 때까지, 자신들이 조정의 고관 자리에 오를 때까지 포기하지 않았다. 당시 사람들도 이것을 보고 있을 수만은 없어 그들에게 한마디 했다.

"두 왕씨가 국정을 다스리니 양공의 덕이 사라졌네."

장군별이 떨어졌다. 양호는 오나라를 멸망시키기 위해 갖은 조화를 부리며 총공략을 펼치다 불행하게도 병을 얻어 죽었다. 그를 대신해 형주도독의 자리에 앉은 사람은 그가 유언을 하며 적극 추천했던 두예杜預였다. 양호는 정말 적합한 인물을 추천했다. 두예는 보기 드문 장군감이자 명성과 행동이 일치되는 유가적 덕장이었다. 그는 말을 타지 않았으며, 몸에 무기를 가지고 다니지 않았고 사람을 대하거나 사물을 받아들이는 데 공경과 예의를 다했다. 솔직했으며, 대화를 나눌 때에도 무슨 꿍꿍이가 있는 말을 하지 않았다. 《춘추春秋》에 능통했으며 사람을 가르치는 데 게을리 하지 않았고, 일을 하는 데 민첩했으며 말을 하는 데 신중했다.

두예는 오나라와의 전쟁을 주재하게 되면서, 양호가 설정한 방향을 그대로 따랐다. 전쟁에 지친 병사와 백성들을 고무시켰으며, 양호의 특색이라 할 수 있는 정치, 군사 양방면 공격을 연출했다. 또한 승세를 타고 적을 깨뜨리는 새로운 전략을 보여주기도 했다. 모든 준비가 갖추어지자 사마염이 공격 명령을 내렸다. 천 리 장강의 여러 지역에서 동시에 오나라를 전면공격했다.

기세가 가장 드높았던 공격로는 두 곳이었다. 하나는 두예가 직접 지휘한 공격로로 강릉을 돌파 지점으로 삼았다. 그런 후에 북에서 남을 향해 오나라 영토를 가로질러 교광交廣까지 깊숙이 공격해 들어갔다. 다른 하나는 왕준王濬이 지휘하는 공격로로, 이는 이전에 없었던 웅장한 규모를 갖춘 수군이었다. 그들은 파촉에서 출발해 서쪽에서 동쪽을 향해 물길을 따라 지세가 험난한 건업으로 향했다.

두 공격로의 군세가 커다란 좌표가 되어 100여 년 강동을 지배했던 오나라를 사지로 몰아넣었다. 오나라 군대가 꼼짝 못했으며, 각지의 성城들이 군세에 눌려 항복했다. 이렇게 되자 오나라 마지막 황제인 손호孫皓가 자신을 죄인이라 칭하면서 항복한다는 표를 올렸다. 좌표에 맞추어 남하해 동으로 진격하면서 오나라 땅이 점점 진나라 땅으로 변해갔다.

삼국이 진나라로 통일된 사실에 왕융이 세운 공훈도 기록되어야 한다. 확실한 사료에 따르면 죽림칠현 가운데 왕융만이 유일하게 통일대업에 참가해 공을 세웠다. 아마도 서로의 문인 기질이 통한 것이리라. 두예가 양호를 대신한 후에 왕융은 새로운 상사와 원만하게 지냈다. 진나라 조정이 오나라를 총공격하기 위해 왕융은 일방면의 군대를 통솔했다. 그의 사명은 본대의 병마를 통솔해 장강변에서 대기하고 있다가, 서쪽에서 오는 왕준의 수군과 합류한 후 무창을 직접 공격해 용의 배 부분을 동강내는 것이었다. 그렇게 하면 장강의 오나라 요새를 훼파할 수 있고, 오나라 군대의 주의력을 그곳으로 돌려 강릉에서 교광까지 진격하는 진나라 군대가 받는 압력을 분산시킬 수 있었다.

오나라 입장에서 보면 무창은 한가로이 놔둘 수 없는 정치 군사적의의를 지니고 있는 땅이었다. 정치적으로는 당초 손권이 이곳에 도읍을 정했었으며, 뒷날 건업으로 천도한 후에는 오나라의 두 번째 정치중심이 되었다. 수도에 버금가는 도시로 손호가 멸망하기 수년 전에 이곳으로 도읍을 옮긴 적이 있었다. 군사적으로는 천 리 장강의 방어선을 구축하고 있는 생명줄로, 동으로는 수도인 건업의 안전이 달려 있었고, 서로는 파촉에서 습격해 오는 배후의 적을 막을 수 있는 지역이었으며, 북쪽으로는 진나라 군대와 저항할 수 있는 대문 역할을 하는 곳이었다.

무창을 빼앗는 것은 오나라의 대문을 활짝 여는 것과 같았고, 오나라가 정치적으로 반쯤은 무너졌다는 것을 의미했다. 무창 탈취전은 오나라를 정벌하는 전쟁의 핵심이 되었다. 전쟁 경력이 없던 왕융은 유교 덕장의 자세로 군사회의를 열고 장수들에게 명령을 내렸다. 무창 일전은 아주 중대한 전쟁으로 어떠한 대가를 치르더라도 반드시 이겨야 한다. 그는 참군參軍 나상羅尙, 유교劉喬가 선봉에 서서 정병으로 구성된 선봉부대를 이끌고 강하江夏 방어선을 돌파해, 강을 건너 직접 무창을 공격하라고 명령했다. 그리고 자신은 대군을 통솔해 후위에서 지원하기로 했다. 당시 오나라는 장강북안에 교두보를 세워놓았는데, 기춘蘄春(지금의 호북성 기춘 서남 지역)과 주邾(지금의 호북성 黃岡 서북쪽 지역) 두 현의 성城이 있었다. 동남방향에서 북서방향으로 가로지르면서 무창의 맞은편 강안을 지키고 있었다.

나상과 유교는 명령을 받자 군대를 나누어 기춘과 주 두 성을 둘러쌌다. 하지만 공격을 하지 않고 포위만 한 채, 주력군을 휘몰아 오나라 군대가 강북에 설치한 방어선을 바로 공격해 들어갔다. 용병술이 적당했던지 아니면 오나라 군대가 여러 해 동안 진행된 진나라의 공세에 싸울 마음이 없어진 탓이었는지 방어선은 모래성처럼 무너져내렸다. 오나라 장군인 양옹楊雍, 손술孫述 등이 차례로 무기를 내려놓았다. 수많은 배가 앞다투어 출발했다. 진나라 군대는 천험의 요새인 장강을 넘어 무창성 아래 집결했다. 오나라 강하태수 유랑劉朗이 성문을 열고 항복했다.

왕융은 대군을 통솔하고 그 뒤를 따랐다. 높은 곳에 올라 목을 빼고 멀리 보이는 맞은편 강안을 바라보았으며, 머리를 숙여 장강을 굽어보았다. 모든 지역 구석구석 진나라의 깃발이 바람에 펄럭였다. 강변에도 강의 남과 북에도 무창성에도 진나라 깃발이 펄럭였다. 그는 승리한 장군의 풍격을 느끼게 하는 미소를 지어보였다.

산 아래로 내려와 유랑 등 오나라 군대의 항복의식을 주재하고, 대범하고 너그럽게 줄지어 늘어서 있는 오나라 장령들을 위로하면서, 그의 가슴은 군인으로서의 최대 성취감을 느꼈다.

좋은 소식이 거듭 전해졌다. 오나라의 이빨 역할을 하던 맹태孟泰 장군이 기춘과 주현을 바치며 항복했다. 왕융은 강을 건널 준비를 했다. 새로 항복한 오나라 사람들을 안정시키기 위해서였다. 천하가 통일되었다. 왕융은 통일사업에 공을 세우며 확실히 영웅의 한 사람이 되었다. 하늘이 소망을 들어주어, 그가 어린 시절 장량張良처럼 천하를 다루려 했던 꿈을 조금이나마 이루어주었던 것이다.

부귀만을 애타게 쫓는 속물, 이미 선비도 더더욱 현자도 아닌 왕융의 모습이다.

©沈亞洲

화롯불 위에서 구어낸 명예

왕융의 처세술

오나라가 평정되자 드디어 천하가 통일되었다. 온 나라가 환호에 휩싸였고, 경축연의 소리 속에서 공신들은 다 같이 천자가 내리는 상을 받았다. 무창 대첩으로 이름을 날린 왕융은 식읍 6,000호, 비단 6,000필을 하사받았다.

왕융은 후작으로 봉해져 안풍현후安豊縣侯가 되었다. 그가 숭상한 장량 또한 천하대세가 결정된 후에 후작으로 봉해져 유후留侯가 되었다. 장량은 유후가 된 후에 적송자赤松子를 좇아 세상 밖에서 소요하기로 뜻을 세웠다. 왕융이 어린 시절 소망한 대로 한다면 장량을 본받아 관리세계에서 벗어나 도학과 신선술을 배워야 했다.

그러나 왕융은 그런 뜻을 조금도 내비치지 않았다.

⁜

왕융은 강동의 새로 얻은 땅에서 바쁘게 지냈다. 강동의 험난한 지형은 왕융이 평생 처음 밟아본 곳이었다. 똑같은 중국의 땅이었지만 오랜 시간 분리되었던 땅, 하수로가 서로 교차하며 물안개가 피어오르던 땅, 수산물이 풍부하고 기름이 흐르는 벼가 풍부한 땅, 만황의 땅으로 불렸지만 실제로는 아주 부드러운 땅, 왕융은 오나라를 접수하는 대장의 신분으로 강을 건너온 것이다. 대군을 무창성 밖에 남겨두고 자신은 문무관원을 이끌고 성으로 들어갔다.

장강을 건너온 이래 왕융은 가는 곳마다 통일의 좋은 점, 진나라의 위세와 황제의 은혜가 크고 넓음을 선전하며 인심무마 공작을 펼쳤다. 이러한 위무공작은 여덟 자로 요약할 수 있다. 새로운 귀속지를 위무하고, 위엄과 은혜를 선전한다[綏慰新附, 宣揚威惠].

여러 해 동안 왕융은 양호와 사이가 좋지 않았으나, 자신도 모르는 사이 정치와 군사 양방향을 동시에 아우르는 옛 상사의 영향을 깊이 받아 왕융의 행동방식이 되었다. 자신이 마음먹은 대로 행동해도 양호의 기술을 사용하게 되는 그런 지경에 이르렀다. 군사적으로 연전연승을 거둔 후에 그는 주의력을 전부 형주 땅의 인심을 붙잡는 데 쏟아부어 이 일을 빼어나게 해내었다.

이 중에서도 그가 가장 빼어나게 잘 했던 일은 오나라의 옛 신하였던 석위石偉를 감화시킨 것이었다. 석위의 본래 관직은 광록훈이었으며, 정직함으로 오나라에서 명성이 높은 인물이었다. 그러나 부패가 극에 달한 오나라 조정에서 그의 정직함은 기울어져가는 사직을 지탱하는 기둥이 되기 어려웠다. 오히려 각 방면에서 공격을 받게 되었고, 윗사람이든 아랫사람이든 모두 그를 포용하지 못하는 상황이었다. 조정에서 중용되지 못하자 화가 난 그는 병이 들었다는 핑계를 대고는 집으로 돌아가 버렸다. 왕융은 석위가 시류에 영합하지 않고, 높은 품격과 기개를 지켰던 것, 천하에 도가 행해지지 않을 때에도 자신만의 도를 깨끗이 닦아온 점을 높이 샀다. 왕융은 진나라 조정에 석위를 추천하는 보고서를 올렸다. 사마염은 이런 인물을 필요로 하고 있었다. 이를 일종의 모범으로 삼아, 오나라가 멸망한 것은 정치가 썩어서 지사와 어진 사람들이 오나라를 받아들지 못해서 그런 것이라는 사실을 입증하려 했다. 그는 기꺼이 이런 사람들을 받아들여 진왕조가 깨끗하고 밝다는 것을, 지사와 어진 사람들의 마음이 귀속되는 곳이란 것을 드러내려 했다. 이후 석위를 의랑議郎으로 삼고 이천단의 봉록을 주어 남은 생애를 편히 지내도록 했다.

이 일로 형주 땅의 인심은 진나라로 돌아서게 됐다. 형주 땅의 질서가 잡히고 평안을 얻게 된 것이다. 군사적 공적을 세운 뒤 왕융은 다시 한 번 정치적 공적을 세웠다. 두 방면의 공적이 합해지면서 조정에서 주목하는 큰 공이 되었다. 이 큰 공적으로 왕융의 관직은 위로 올라가기 시작해 시중의 자리를 손에 쥐게 되었다.

시중侍中의 자리에 오르면서 왕융은 중앙정부의 고위관리가 되었다. 그러나 얼마 되지 않아 그에 대한 탄핵이 꼬리를 물고 일어났다. 이전에 형주자사 임직 시 받았던 탄핵의 이유와 비슷했다. 모두 재물을 탐한 것과 관계가 있었다.

사예교위司隷校尉였던 유의劉毅가 왕융을 탄핵했다. 절대로 사적인 것을 허용치 않는 철의 얼굴, 왕공 귀족들이 바라만 보아도 두려움을 느끼던 사람, 사마염을 바로 앞에 두고 한漢나라의 어리석은 군주인 환제桓帝, 영제靈帝 두 군주에도 못 미친다고 비평을 가했던 사람, 구품중정제의 폐단을 일일이 지적하며 맹렬하게 공격했던 그 사람, 바로 유의였다. 유의는 살아 숨 쉬는 정치무대에서 확고부동한 자세를 견지했다. 희극의 무대에서 흔들림이 없었던 포증包拯(송 시대 청렴결백했던 판관으로 유명. 포청천이라 함. 중국에서 여러 차례 극화되었음)보다도 진실되고, 흔들림이 없었으며 공평무사한 인물이었다.

유의는 공평무사한 태도를 견지하며 탄핵의 표表를 올렸다. 왕융이 예주자사 시절에 남군태수 유조劉肇에게서 통중세포筒中細布 50단端을 뇌물로 받은 적이 있는 바, 그를 엄정하게 처리해야 한다는 것이었다. 통중세포는 촉 지방에서 나는 귀한 특산품으로, 1단端은 약 2장丈(열 자. 약 3.3미터)으로 가격이 수 금金에 달하는 것이었다. 그러니 상당히 많은 뇌물이었다.

사마염이 탄핵상서를 읽어보고는 다시 자세히 조사해 보라 일렀다. 사람을 파견해 조사한 결과 사건의 전말이 드러났다. 유조가 세포를 선물한 것은 사실이지만, 왕융은 이를 거절하고 유조에게 답신을 보내 감사의 뜻을 표했다. 유의는 다시 상주했다. 유조는 정위廷尉(형벌과 옥을 관리하던 관리)에게 보내 죄를 다스려야 하며, 왕융은 세포를 받지 않았으니 죄를 면해야 한다. 죄는 면했지만 이를 비난하는 언론이 여기저기에서 일어났다. 비난의 핵심은 왕융이 유조에게 감사의 뜻을 표한 게 대신의 명예와 지조에서 벗어나는 일이라는 것이었다. 왕융은 명사였다. 그것도 일반 명사가 아니라 대명사였다. 대명사를 조정의 보배로 여기고 있던 사마염이 다시 한번 나서서 일을 원만하게 해결해 주었다. 사마염은 일찍이 왕융이 방대한 수량의 조문금을 거절했던 사례를 들어 말했다.

"왕융의 행위는 사적 욕심으로 남을 속이려 했던 것이 아니요. 사실은 다른 사람들과 지나치게 구별되는 것을 원치 않았던 것일 뿐이요."

천자의 한마디 변론이 신하들의 입을 다물게 했다. 그러나 천자의 변론은 신하들이 조정에서 떠드는 것만을 막을 수 있을 뿐이었다. 일단 조정에서 물러나오면 사적으로는 왕융이 잘못한 것이라는 의론이 분분했다. 이 일로 인해 깨끗이 몸을 삼가는 사람들이 왕융을 낮추어 보게 되어 왕융의 명성에 오점이 남았다. 천자의 변호를 받았지만 왕융은 감사의 말을 하지 않았다. 명사의 풍격을 지킨 것이다. 답례를 하지 않아 음으로 오히려 명사의 대담한 풍모를 보였으며, 사마염은 이로 인해 그를 더욱 중시했다. 왕융의 시중 노릇은 반석 위에 올려놓은 집 같았다.

시중은 천자를 가까이서 모시는 신하로 조정의 중요한 자리였다. 가장 중요한 것은 천자에게 바로 의견을 올릴 수 있었기 때문에 나라의 주요한 정책에 일정한 영향을 미칠 수 있었다. 시중 자리에 있었을 때의 왕융의 행장은 '아주 특별한 것을 이룬 것은 없었지만, 상당히 많은 일들을 처리했다'는 말로 요약할 수 있다.

이러한 실적은 평가하기가 아주 애매했다. 괜찮은 실적을 거두었다고 말하기에는 그것에 어울리는 특별한 사례를 찾아내기가 어려웠다. 그렇다고 신통치 않았다고 이야기하기에는 나름대로 괜찮은 면이 있었다. 그에게 재능이 있었다고 보면 실적이 없었다. 또 그가 그저 그날그날 살아가는 식으로 일을 처리했다고 이야기하기에는 무리가 있었다. 왜냐하면 해야 할 일은 모두 다했기 때문이다. 이러한 일처리는 두드러진 공적을 세우려 하지는 않지만, 자신이 맡은 일에는 잘못을 하지 않으려는 것이었다. 이 시기에 그가 보여준 모습은 이전에 장강을 넘어가던 영웅의 기상과는 상당한 거리가 있었다.

눈에 보이는 공만이 진정한 공이 아니었다. 잘못을 만들지 않는 것 또한 공을 세우는 일이었다. 허영을 버려야 진정한 영화를 얻을 수 있으며, 명예를 추구하지 않아야 진정한 명예가 찾아오는 것이다. 관료세계에서는 삼가고, 참고 견디며, 평이해야 한다. 왕융은 이 세 가지 면에 있어 나름대로 경지에 도달했다. 깊은 뜻을 터득한 왕융에게 큰 행운이 찾아온 것은 바로 그 뒤였다.

큰 행운이 다가왔다. 왕융이 아홉 명의 장관九卿 중 하나인 광록훈光祿勳이 된 것이다. 대구경大九卿은 삼공三公 바로 밑의 자리로 중앙정부의 관직 중에서도 도드라진 자리였다. 진한秦漢 시절에는 승상丞相, 태위太尉, 어사대부御史大夫를 삼공이라고 했으며, 훗날 그 이름이 사도司徒, 사마司馬, 사공司空으로 바뀌었다. 대구경은 아홉 명의 장관을 전문적으로 지칭하는 말이 아니라 여러 장관들을 듣기 좋게 부르는 말이었다. 장관들은 다음과 같았다. 태상太常, 광록훈光祿勳, 위위衛尉, 태복太僕, 정위廷尉, 대홍려大鴻臚, 종정宗正, 대사농大司農, 소부少府, 장작대장將作大匠, 태후삼경太后三卿, 대장추大長秋.

당시 광록훈은 요직이었다. 중앙 금군禁軍의 정예부대를 장악하고 황궁수비의 임무를 맡았으며, 궁성 내부 일을 관리하는 중요한 직책이었다. 바꾸어 말하면 이 자리는 황제와 조정의 안전과 관계되는 자리였다. 특별히 신임하지 않는다면 사마염이 왕융에게 이러한 자리를 맡겼을 리가 없다. 이 자리를 잘 안배해야만 황제가 베개를 높이고 편히 잘 수 있는 것이다. 사마염은 왕융을 엄밀하게 살펴본 후에 그 자리에 앉혔다. 왕융은 새로운 일을 만들어내지 않는다. 새로운 일을 만들려 하지 않아야 서둘러 공적을 세우려는 마음이 없으며, 그래야 당파를 짓고 사리를 추구하는 소용돌이에 빠지지 않고, 그래야 군주에게 충성을 다하게 된다. 군주에게 충성을 다 해야 비로소 이러한 중요한 임무를 맡길 수 있다.

왕융은 사마염이 안심하도록 일을 잘 했다. 사마염이 보기에 왕융과 산도는 닮은 구석이 있었다. 그들은 성실하고 공평타당했으며, 관대했다. 성실함은 과장되게 굴지 않는 성실함이었고, 공평타당함은 객관적으로 사물과 일을 평가하는 공평타당함이었으며, 관대함은대범하게 품어주는 관대함이었다. 이러한 성실, 공평타당, 관대함을 근거로 사마염은 왕융에게 가장 적합한 자리는 인재선발을 담당하는 이부상서라고 여겼다. 궁정을 방위하는 일도 중요하지만 인재를 선발하는 것이 더 중요했다. 이에 따라 사마염은 산도가 떠나간 후에 왕융에게 광록훈의 일을 내어놓고 이부상서직을 맡도록 했다.

천자가 밝은 눈을 가지고 그를 알아주었기 때문에, 왕융은 흡족한 마음으로 이부상서직을 맡았다. 그는 이부의 최고 책임자로서의 풍격을 가지고 모든 일을 반드시 직접 챙기는 번거로움에서 벗어나 큰 국면만 장악하고 구체적인 관원 선발의 업무는 부하인 이부랑에게 맡겼다. 당시 이부랑은 두 사람이었다. 한 사람은 깨끗함으로 이름이 난 이중李重이었으며, 다른 한 사람은 사리에 통달하고 지식이 많은 이의李毅였다. 두 사람은 각자 장기를 가지고 있었으나 서로에 대한 편견으로 인해 인재를 어떻게 선발할 것인지는 각자의 의견을 고집했다. 왕융은 내부의 이러한 상황을 장점은 살리고 단점은 피하면서 두 사람 각자가 자신의 의견에 따라 일을 행하도록 했다.

윗사람이 권한을 주자 이중, 이의는 자신이 가지고 있는 장점을 발휘하기 시작했다. 두 이부랑이 적재적소에 쓰이면서 다양한 인재들이 다양한 경로를 통해 기용되기 시작했다. 정부란 단일한 방향의 인재 기용을 피해야 한다. 왕융은 요직을 한직으로 바꾸었으나 고도의 정치적 도를 발휘했다. 만일 이와 같은 도를 변함없이 지켜간다면 이부에서 좋은 성적을 많이 낼 수 있었을 것이다. 그러나 왕융의 모친이 갑자기 세상을 떠났다. 상을 치러야 하는 규례에 따라 이부상서직에서 물러나 모친의 상을 지켰다. 상을 지키는 동안 슬픔이 지나쳤던 까닭에 그의 몸이 많이 상했다. 그는 본래 토질吐疾이 있었기 때문에 사람 꼴이 말이 아니었다.

평소 왕융을 아끼던 사마염은 어의를 보내고 탕약을 하사하는 등 상당한 관심을 쏟았다. 또한 빈객의 내방을 맞지 말고 잠시 휴식을 취하라고 명령하기까지 했다.

왕융은 처소에서 한 발짝도 밖으로 나오지 않으며 요양에 전념했다. 왕융의 신체도 마음도 모두 요양을 필요로 했다. 그동안 왕융은 조정 안에서 뭔가가 잘못되어가고 있음을 느꼈다. 그는 요양을 기회로 외부세계와 일정한 거리를 두었다. 앞으로 어떠한 길을 걸어갈지 헤아려보는 것이 필요한 시기였다.

※

왕융은 뭔가 일이 어그러지고 있음을 느꼈다. 잘못의 근본은 천자인 사마염이 여인들과 노는 일에 너무 치중해 몸을 상하게 했다는 데 있었다. 한번 병들어 눕자 일어나지 못하고 임종 상태가 되었다.

원래 군주가 나이가 들어 병이 들고 그래서 죽는 것은 지극히 정상적인 일이었다. 그러나 천하를 통일한, 도량과 뜻이 큰 사람이자, 천하대사를 잘 도모하던 군주, 간언을 잘 받아들이던 군주였던 사마염은 자신이 죽은 후의 일에 대해서는 어찌해 볼 수 없을 정도로 상황을 엉망으로 만들어놓았다.

그는 적장자를 후계로 삼는다는 전통 제도에 따라 태자를 세웠다. 태자는 첫 황후인 양염楊艶이 낳은 사마충司馬衷이었다. 그러나 사마충은 듣기 좋게 말하면 저능아였고, 조금 심하게 말하면 말 그대로 백치였다. 사마염은 이런 아들이 대통을 이을 수 없다는 것을 명확히 알고 있었다. 그러나 정통관념을 고집하는 대신들의 건의와 태자비인 가남풍賈南風의 각종 술책을 견뎌내지 못하고 사마충을 후계자로 삼았다. 그러나 사마염은 내심 총명하고 조부인 사마의를 닮은 손자 사마휼司馬遹을 마음에 들어하고 있었다. 여러 반대의견을 물리치고 대사를 결정해버렸다. 사마염은 황제가 된 후에 황제위의 안정을 위해 바로 아래 동생인 제왕齊王 사마유司馬攸를 제거했다. 사마유는 이전에 사마사의 후사가 되었으며, 한때 사마소에 의해 암묵적인 계승자로 선정되기도 한 인물이었다. 사마염이 등극한 후에 사마유의 명성은 그의 일관된 인품과 학식과 재능으로 인해 수직으로 상승했다. 조정에서는 그를 주공周公과 같은 인물로 여겼다. 사마염은 이런 뛰어난 동생으로 인해 위로받지 못했을 뿐만 아니라, 사마유의 정적들의 부추김으로 그를 잠재적인 위협세력으로 보았다. 따라서 동생이 중병에 걸려 자리에 누워 있을 때 강제로 그에게 번국蕃國으로 부임해 가라고 명령했다. 이런 조치에 화가 치민 사마유는 그만 병상에서 피를 토하고 죽고 말았다.

사마염은 급한 김에 현재 황후인 양지楊芷의 부친인 양준楊駿에게 보정대신의 중임을 맡겼다. 원래 그가 정했던 인원안배는 종실인 여남왕汝南王 사마량司馬亮과 양준이 공동으로 정사를 보필하도록 하는 것으로, 이러한 뜻을 유서로 작성해 놓았다. 그러나 양준은 사마염이 인사불성이 되자 유서를 감추어버렸다. 사마염이 다시 의식이 돌아왔을 때 양지는 관원을 시켜 조서를 작성해 병상에서 이를 읽도록 해, 양준을 태위太尉, 태자태부太子太傅, 도독중외제군사都督中外諸軍事, 시중侍中, 녹상서사錄尙書事로 삼았다. 사마염은 이미 이를 새롭게 교정할 힘이 없어 아무 말 없이 듣기만 했다. 남편이 아무 말도 하지 않자 양지는 황제가 동의하는 것이라고 확정했다. 사마염은 사마윤을 한 번 더 보고 싶어 했다. 그러나 그 말을 내 뱉자마자 혼절하고 이 한 번의 혼절 후에 다시는 깨어나지 못했다. 천자가 붕어하면서 만조백관이 애도에 들어갔다.

사마충司馬衷(묘호는 혜제惠帝)이 사마염의 영전에서 즉위했고 천하에 대사령을 내렸다. 군주가 죽었기 때문에 더 이상 대질할 필요도 없이 양준이 혼자서 보정대신輔政大臣이 되었다. 당시 사마충은 이미 서른을 넘긴 나이였기에 다른 사람이 그의 정사를 보필할 필요가 없었다. 그러나 그는 저능아였기 때문에 기껏해야 상징적인 존재에 불과했다. 말할 필요도 없이 양준이 대권을 쥐었다. 양준은 한 손으로 하늘을 가리고 이미 태후가 된 딸 양지와 한통속이 되어, 사마씨의 천하를 양씨의 천하로 만들었다.

대권을 손에 쥐었지만 양준은 자신이 인망을 얻지 못하고 있다는 치명적 약점이 있음을 알고 있었다. 보정대신은 인망이 두터워야 했다. 덕망이 없으면 만조백관의 마음을 거두어들일 수 없기 때문이다. 부득이하게 그는 하책을 택했다. 위魏 명제明帝처럼 대규모로 작위를 봉하고 상을 주는 방법을 취해, 사람들의 환심을 사려고 했다. 사람들을 각각 앉은 자리에서 한 계단씩 승진시켰으며, 국상에 참여한 사람들은 그 직위를 두 계단씩 올려주었다. 이에 따라 작위가 온 천하에 널려 있는 상황이 되고 말았다. 양준은 사람들이 모두 좋아하리라고 생각했지만 결과는 처음에 생각했던 것과 다른 방향으로 흘러갔다. 좋아하는 사람이 아주 적었으며, 그나마 그들도 그저 공도 없이 봉록을 받은 자들뿐이었다. 사마염을 도와 진 왕조를 세운 공신들이나, 오나라를 평정한 공신들은 이를 좋아하지 않았고 여타 다른 공신들도 마찬가지였다.

사람들이 좋아하든 말든 다른 방법이 없었던 양준은 그렇게 할 수 밖에 없었다. 작위와 상을 주는 과정에서 상을 당한 왕융도 다시 조정에 나오라는 요청을 받았다. 왕융의 몸이 회복이 되었는지 그의 사고가 정리되었는지는 알 수 없지만, 왕융은 양준의 요청을 받고 다시 벼슬길에 올랐다.

집 안에 몸을 숨기고 있던 왕융은 모친상을 계기로 벼슬길을 그만둔 것이 아니라 형세가 명확해지기를 기다리고 있었다. 그는 계산을 상당히 잘 하고 있었다. 자신은 대명사이기 때문에 어느 정파가 정권을 잡더라도 자신을 간판 화병으로 사용할 것이므로 절대 서두를 필요가 없다는 계산이었다. 왕융의 계산은 아주 정확했다. 과연 새로운 황제가 등극하자 양준이 바로 그를 초청했다.

다시 조정에 들어온 그는 태자태부가 되었다. 태자는 다른 사람이 아니라 바로 사마염이 생전에 지극히 총애했던 사마휼이었다. 황제는 백치였지만 태자는 너무나 총명했다. 만약 순리대로 일이 진행되어, 그가 훗날 제위를 이어받게 된다면 앞길이 창창할 것으로 예상되었다. 앞날이 무한한 태자의 스승이 된다면 왕융의 앞날도 무한할 것이다. 그러나 형세가 이를 허락할 것인가?

✻

혼자서 나라의 대권을 쥔 양준은 기세가 등등했다. 양준은 새 황제를 나무인형처럼 여겨 제멋대로 다루었다. 백치와 다름없는 새 황제는 국가 대사는 물론 상식적인 일들조차 알지 못해, 종종 우스개 이야기를 만들어냈다. 그가 황제의 정원인 화림원華林園에서 노닐다가 두꺼비가 우는 소리를 듣고는 좌우의 시종들에게 물어보았다.

"저 두꺼비는 공적인 일 때문에 우는 것인가? 아니면 사적인 일로 우는 것인가?"

시종들은 웃지도 울지도 못하고 장난기를 섞어 대답했다.

"폐하! 공적인 곳에서는 공적으로 울고, 사적인 곳에서는 사적으로 우옵니다."

이런 이야기도 있다. 천하에 대란이 일면서 가뭄이 들어 백성들이 굶어 죽는 일들이 발생하자 그 소문이 궁중에 전해졌다. 그는 이해를 못하겠다는 듯이 말했다.

"어째서 고기죽을 먹지 않는 것이오?"

천자의 어리석고 황당함이 이 정도였으니, 어찌 양준이 이러한 조정을 쥐고 흔들지 않았겠는가? 그러나 양준은 겉모습만 위세가 등등했지 속은 전혀 차 있지 않은 인물이었다. 군사적인 실력을 가지고 있는 사마씨 종실이 그와 잘 지내지 못할까봐 두려워했다. 그는 그 속을 헤아릴 길 없는 조정대신들이 어려운 문제를 제기할까봐 두려워했다. 그러나 그가 가장 두려워한 것은 당시 황후였던 가남풍이었다. 사마충은 역사상 보기 드문 백치 황제였으나, 그와 선명하게 대비되는 것은 그의 아내인 가남풍이었다. 그녀는 역사상 몇 손가락 안에 꼽히는 대단한 황후였다. 가남풍에겐 무능한 남편의 황제위만 중요했을 뿐이었다. 그녀는 욕망으로 가득 찬 여인이었다. 여인으로서의 유감스러움을 채우기 위해 과감하게 미남자들과 놀아나기 시작했다. 공개적으로 조정신하들 중 놀 대상을 찾기도 했으며, 민간에서 놀 만한 사람을 고를 때는 은근한 방법을 사용했다. 노는 것이 싫증이 나면 그를 죽여서 입을 막았다. 가남풍이 미남자를 갖고 논다는 일을 누구나 알게 되었고, 여기저기에서 추문이 일었다. 그녀의 욕망은 권력욕에서도 유감없이 드러났다. 그녀가 보기에 지극히 높은 대권은 본래 남편인 황제에게 속하는 것이지만, 남편이 무능하기 때문에 당연히 국모인 자신이 장악해야 하는 것이었다. 절대로 외성씨인 양준에게 돌아가게 할 수는 없었다. 원래 그녀는 태후인 양지楊芷에게 뼛속 깊이 사무치는 원한을 가지고 있었다. 게다가 권력의 문제로 양씨 부녀와의 갈등은 더욱 심각해졌다.

당시 낙양 지역에는 다음과 같은 동요가 전해졌다.

남풍이 황사를 맹렬하게 실어온다.
멀리 노나라를 바라보니 그 산세가 더욱 높고 험하네.

3월이 오기 전 누구의 집을 멸하려 하는가?

낙양 곳곳에서 불리던 이 동요의 첫머리 '남풍'이라는 두 자는 가남 풍의 이름과 교묘하게 맞아떨어진다. 정치와 모든 것이 연계되는 나라에서 이러한 동요의 지향점은 오로지 하나로 집중된다.

가남풍은 권력을 원했다. 그러나 권력은 양준이 장악하고 있었다. 그녀는 정치적인 일에 간여하기 시작하면서 양준의 동향을 탐색했다. 양준은 이 여인을 두려워하며 작은 일부터 철저히 막아야 한다는 것을 이해하고 있었다. 그렇지 않으면 길고 긴 뚝이 작은 개미굴로 인해 무너지는 결과가 발생할 수 있었다. 따라서 그는 가남풍의 정치적 행동을 강력히 억제했다.

가남풍은 매번 정치에 참여하려 했지만 양준이 이를 가로막았다. 가남풍은 화가 치밀어 대응 방법을 생각하기 시작했다. 양준의 제약을 받으며 사느니 차라리 그의 정치체제를 모조리 요절내기로 작정했다. 그녀는 온갖 방법을 다 동원해 남편에게 양준이 늑대 같은 야심을 가지고 있어 사직에 위해를 가하게 될 것이라고 경고했다. 그리고 다른 한편으로는 심복과 비밀리에 양준을 죽이고 태후를 폐위시킬 계획을 세웠다. 그러나 그들이 사람도 적고 세력이 약해 단번에 양준 세력을 뒤집기가 어렵다는 결론을 내렸다. 좀더 안전하게 일을 추진하려면 병력을 보유하고 있는 종실 세력을 끌어들여 일을 도모해야 했다. 그녀는 우선 사람을 허창許昌으로 보내, 양준에게 밀려나 예주도독豫州都督으로 있던 여남왕汝南王 사마량司馬亮을 찾았다. 사마량은 일찍이 종실에서 도덕과 학문에 조예가 깊고 명망 높은 사람이었다. 그러나 그는 양준의 악행이 세상에 가득 차 좋은 결말을 맺지 못할 것이라고 말하며 사양했다. 그녀는 젊고 기력이 넘치는 형주도독荊州都督 초왕楚王 사마위司馬瑋를 찾아 협력을 요청했다. 그는 그 제의에 흔쾌히 동의했다.

　사마위는 오래전부터 중앙정부로 진출하기를 바라고 있었으나 기회를 얻지 못해 줄곧 애태우고 있었다. 가남풍의 요청을 받게 되자 너무 기쁜 나머지 양주도독揚州都督 회남왕淮南王 사마윤司馬允까지 이 일에 끌여들었다. 그들은 양준에게 조정에 들어가 그를 도울 수 있도록 해달라고 부탁했다. 양준은 사마씨 집안의 유명한 풍운아인 그를 줄곧 두려워하고 있었기 때문에, 만일 그의 요청을 거절할 경우 엄청난 번거로움을 불러올지도 모른다고 생각했다. 인정을 베풀어 열렬히 그를 환영하는 것이 종실을 제압하는 계책이라고 여겼다. 양준은 두말할 필요 없이 그의 청을 받아들였다. 비준을 얻은 사마위, 사마윤이 잇달아 서울로 올라왔다.

　양준이 계책에 걸려든 것이다. 두 달이 채 못 되어 가남풍은 사마충을 꼬드겨, 양준이 모반을 꾀했으니 조서를 내려 그를 제거해야 한다고 말했다. 그와 별도로 동안공東安公 사마요司馬繇에게 병사 400명을 이끌고 양준의 공관으로 가 그를 주살하라고 명령했다. 사마위에게는 수도에 병력을 배치해 전면 계엄을 실시하도록 했다. 조상曹爽의 옛 공관을 자신의 공관으로 삼고 있던 양준은 싸움에 지면서 피살당했다. 이어서 양준 일당들의 삼족이 멸족을 당했고, 태후는 냉궁冷宮에 갇혀 굶어죽었다.

　가남풍은 사마량과 왕년에 촉나라에서 종회와 등애를 제거한 위관衛瓘을 중앙정부로 불러들였다. 그리고 한 사람은 종실의 웃어른이며 한 사람은 조정의 덕망 높은 신하로 삼아 그 둘이 공동으로 정치를 보좌토록 했다. 사마량은 양준이 취했던 길을 다시 밟았다. 사람들의 환심을 사려고 되는 대로 상을 주고 관직을 주었다. 사마위는 북군중후北軍中候를 맡아 금군禁軍을 관리하게 되었다. 사마요는 작위가 올라가 동안왕이 되었다. 한바탕 정변이 휩쓸고 지나가자 궁전에는 핏자국만 남았다.

　태자태부였던 왕융은 격변의 와중에 태자가 있는 동궁에서 사태를 바라만 보고 있었다. 사태에 휘말려 들어가지 않았다. 그의 처세철학으로 보면 이는 당연한 일이었다. 비록 일에 개입하지는 않았지만 격변이 지나고 나서 논공행상을 할 때 대명사인 그 역시 아주 후한 대접을 받았다. 중서령中書令으로 전직하면서 광록대부光祿大夫가 되었으며, 50명의 병사들이 그를 호위하게 되었다. 중서령은 조정의 기밀을 맡는 자리로 '봉황지鳳凰池'라는 다른 이름을 가지고 있었다. 광록대부는 조정에서 원로대신에게 존경을 표하는 명예지위로 상당히 괜찮은 대우를 누릴 수 있었다.

　광록대부의 차림새는 어떠했을까? 머리에는 진현관進賢冠(문관이 쓰던 사각형 모양의 관)이나 흑색의 두건을 썼으며, 몸에는 화려한 조복朝服을 걸치고 허리에는 푸른 옥을 패용했다. 광록대부는 어떠한 대우를 받았는가? 매일 30말의 식량을 받고 봄에는 50필의 비단을 하사 받았으며, 가을에는 100필의 비단, 면綿 100근을 받았고, 채소밭 600무畝(1무는 약 200평), 하인 6명을 하사 받았다. 그를 보좌하는 사람으로는 주부主簿, 공조사功曹史, 문정장門亭長, 문하서좌門下書佐 각각 한 명이 있었다.

✳

　가남풍이 밖에 있던 종실의 왕을 조정으로 불러들여 양준을 죽인 일은 이후 장장 16년에 걸쳐 지속된 '팔왕의 난'의 서막에 불과했다. '팔왕의 난', 왕들은 사실 여덟 명보다 더 많다. 보통은 다음을 팔왕이라 일컫는다.

　여남왕汝南王 사마량司馬亮-사마의의 넷째 아들

초왕楚王 사마위司馬瑋-사마염의 다섯째 아들

조왕趙王 사마윤司馬倫-사마의의 아홉째 아들

제왕齊王 사마경司馬冏-사마유의 아들

장사왕長沙王 사마예司馬乂-사마염의 여섯째 아들

성도왕成都王 사마영司馬穎-사마염의 열여섯째 아들

하간왕河間王 사마옹司馬顒-사마의의 동생 사마부司馬孚의 손자

동해왕東海王 사마월司馬越-사마의의 셋째 동생 사마규司馬馗의 손자

'팔왕의 난'을 일으킨 가장 큰 책임은 가남풍에게 있는 것처럼 보이지만, 근원을 따지고 보면 그 책임은 이미 죽은 사마염에게 있었다. 서한西漢이 제후를 봉하지 않고 황제 홀로 모든 것을 다하다가 망한 진秦의 병폐를 없애려고, 종실의 사람들을 왕으로 삼아 봉토를 나누어주고 그 봉국封國으로 나라를 지키는 울타리를 삼았다. 이와 마찬가지로 사마염은 조위曹魏가 형제간에 질투심이 강하고 서로 잔혹하게 지내다 나라를 지켜줄 사람을 잃게 되었던 것을 교훈 삼아 종실을 제후로 책봉해 나라를 지키는 군대로 삼았다. 그리고 여기에 더해 주州와 군郡의 무장 해제하고 제후국만이 군대를 둘 수 있도록 허락했다. 만일 조정에 변란이 발생해 국가가 혼란에 휩싸이면 자기 가문의 자제들만이 시국을 장악할 수 있으리란 희망에서였다. 이와 같이 해야 사마씨의 황제위가 비로소 금수강산과 세월을 같이 할 수 있었기 때문이다.

사마염은 생각에 생각을 거듭해 세심하게 정국을 안배했다. 하지만 그는 앞선 서한에서 오초칠국吳楚七國의 난이 발생했다는 사실을 까맣게 잊어버리고 있었다. 그는 자기가 죽은 후 그러한 배치가 팔왕의 난을 빚어내리라곤 생각하지 못했을 것이다.

사실 분봉分封을 하든 하지 않든 모두 형식에 불과했다. 형식은 형식

일 뿐 실제 중요한 요점은 해결하지 못하는 법이다. 사마염 등 군왕들은 절대권력이 사람들을 부패시킬 수 있다는 제일 중요한 점을 소홀히 했다.

권력의 부패를 해결하지 못하면 비록 선례가 있었다 할지라도 다시 그 길을 밟을 수밖에 없게 되며, 어떤 뛰어난 제도라도 모두 쇠락하게 된다. 사마염은 부패를 해결하는 데 힘을 쏟지 않고 왕을 봉하기만 했기 때문에, 대동란이 발생하는 원인만 강화시키는 결과를 낳았다. '팔왕의 난'은 진晉의 원기를 크게 상하게 했고, 통일한 지 얼마 되지 않은 서진을 멸망의 길로 내몰았다.

❋

양준을 죽인 정변은 격변의 시작에 불과했다. 거대한 변화는 그 뒤에 있었다. 보아하니 모든 것이 평온을 찾은 것 같았다. 정권의 핵심이 다시 구성되었다. 사마량과 위관이 상층부에 포진했으며, 가남풍 집안에 양자로 들어간 가남풍의 조카 가밀賈謐, 집안 형뻘인 가모賈模, 재종삼촌 곽창郭彰과 사마위, 사마요가 국정에 공통으로 참여했다. 가남풍은 가씨 집안의 세 사람을 밀어넣으면서 권력을 나누어 가졌다. 가밀의 무리는 상당히 많아 스물네 명의 친구라고 불렸는데, 부호로 명성을 드날린 석숭石崇, 문학적인 재능으로 당대에 이름을 떨친 육기陸機, 반악潘岳, 좌사左思가 모두 그 안에 들어 있었다. 막강한 무리의 지지를 얻게 되자 가남풍은 조정 안에서 당당하게 권력을 휘두르게 되었다.

이 중에서 가장 활발히 움직인 사람은 동안왕 사마요였다. 그는 자신이 양준을 죽였기 때문에, 자신의 공이 가장 크다고 여기고 있었다. 또한 권력을 제멋대로 휘두르는 것을 좋아해 정변이 발생한 후 조정에서 가장 위세 등등한 인물이 되었다. 사마요는 제갈탄의 외조카로 외삼촌을 위해 원수를 갚았다. 외삼촌의 원수들을 큰 사건으로 옭아매어 단두대로 보냈다. 그는 맹렬한 기세로 돌격해 조정을 휘저으며 대공신이 되었고 원훈이 되었다. 조정을 장악해나갔으며 기회를 틈타 사마량을 대신해 종실의 대표가 될 수 있다고 생각했다. 그러나 사마요는 자신이 심부름꾼에 불과하다는 것을, 단지 고급 경호원에 불과하다는 것을 알지 못했다. 그는 모든 사람들이 움츠려 있을 때 가남풍과 사마량에게 이용당했을 뿐이었다. 사마요는 일단 사태가 진정되고 나면, 각자의 위치는 각자의 실력에 따라 변화할 수 있다는 것을 전혀 모르고 있었다. 그랬기에 혼자서 모든 것을 처리하며 상벌을 주었고, 그 위세로 조야를 흔들었다.

줄곧 말없이 조용히 있던 왕융은 옆에서 그를 지켜보면서 모든 상황을 명확히 파악하고 있었다. 동안왕이 식견을 갖추지 못했다는 것을, 일을 처리하며 퇴로를 마련하지 않고 있다는 것을 보았다. 동안왕에게 조만간 큰 일이 발생할 것이란 사실을 예감했다. 반은 그를 구하기 위해 반은 조정이 다시 혼란에 빠져드는 것을 막기 위해 그에게 간곡한 말로 경고를 했다.

"큰일을 이룬 후에는 마땅히 깊고 멀리 보아야 합니다."

왕융의 말은 길지 않았으나 그 뜻은 명확했다. 장량을 본보기로 삼아 과감히 물러나야 하며 그렇게 하지 않으면 닥칠 화와 복을 예측하기 어렵다는 뜻이었다. 왕융은 이러한 말을 드러내놓고 했다. 사마량이 알게 되더라도 가남풍이 알게 되더라도 문제가 없다는 것을 알았기 때문이다.

하지만 사마요는 그 말을 콧등으로도 듣지 않았다. 아니 그 정도가 아니라 그 행동이 더욱 심해져 다시 한번 최대의 정치적 위험을 향해 돌진했다. 그는 대권을 혼자 휘두르기를 원했지만, 가남풍이 권력을 빼앗으려 했기 때문에 그 둘은 물과 불의 관계가 되었다. 그는 조정에서 최대의 장애인 가남풍을 황후의 자리에서 폐위시키기 위해 비밀리에 일을 추진했다. 이 소식을 들은 가남풍은 두려움을 느껴 사마량과 협의를 했다. 그녀는 사마량에게 전횡을 일삼고 있는 사마요를 제거할 방법을 생각해내도록 요청했다. 사마량도 오래 전부터 사마요를 뼛속 깊이 혐오하고 있었다. 게다가 사람들이 끊임없이 사마요에 대해 이런저런 말들을 해대고 있었다. 이에 따라 그는 황제의 조서를 받아 사마요가 외람되고 광망된 말을 했다는 죄명을 뒤집어씌워 관직을 삭탈하고, 멀리 요동의 삭막한 땅으로 쫓아 보냈다. 사마요는 낙심해 떠나갔다.

왕융은 노장의 도리로 사람들에게 권유를 잘 했다. 일찍이 종회에게 권유한 적이 있으나 종회는 그의 말을 듣지 않고 비명에 죽었다. 이번에는 다시 사마요에게 권유를 했으나 그 역시 왕융의 말을 듣지 않아 삭막한 땅으로 쫓겨갔다.

⁂

사마요가 떠나자 조정의 정치 균형이 깨졌다. 사마량과 위관 두 보정 대신이 서로 마음을 합쳐 국사를 처리함으로써 전체 정치체제를 일관되게 유지할 수 있었지만, 근심거리였던 사마요를 제거한 것은 그들이 기대고 있던 성城을 허문 게 되었기 때문이다. 사마요가 조정을 떠나간 후에 사마위의 세력이 팽창하기 시작했다. 사마위는 강퍅하고 제멋대로 일을 처리하는 사람이었다. 게다가 궁성수비대인 금군을 장악하고 있었기 때문에 사마량과 위관에겐 직접적인 위협이 되고 있었다. 사마위의 세력이 더 커지면 안 된다고 느낀 사마량과 위관은 상의 끝에 먼저 손을 쓰기로 했다. 배해裴楷에게 사마위가 가지고 있던 북군중후北軍中候의 직위를 넘겨주고 바로 자신의 번국으로 돌아가도록 압박을 가했다.

사마위는 수도를 떠날 생각이 조금도 없었다. 그는 부하의 계책에 따라 가남풍에게 기대었다. 가남풍이 그를 두둔하며 태자소부太子少傅의 지위를 주어 수도에 남아 있을 수 있도록 했다. 사마위의 지위가 극히 위험하게 흔들리는 것을 본 그의 심복인 공손굉公孫宏, 기성岐盛은 다시 계책을 내 사마위의 명의로 가남풍에게 거짓 보고를 했다. 사마량과 위관이 그녀를 폐하기로 모의하고 있다는 것이었다. 가남풍은 본래 그 둘이 정권을 쥐고 있다는 것에 불만을 가지고 있었다. 그녀는 남편인 사마충을 설득해 두 사람을 파면하는 조서를 내리도록 하고 이를 사마위가 집행토록 했다.

가남풍의 원래 계획은 그저 사마량과 위관의 관직을 파면하는 것이었다. 허나 조서를 받아든 사마위는 그러한 조치가 자신의 뜻을 충족시키지 못한다고 여겼다. 그는 조서를 날조해 역적을 토벌한다는 명의로 병사를 동원해 마음의 근심거리를 제거했다. 사마량과 위관은 예상치 못한 일이라 마음을 놓고 있다가 칼날 아래 목이 날아갔다.

사마위가 실권을 장악하자 기성岐盛은 조서를 날조한 죄가 엄청난 것이라고 여겼다. 그는 사마위에게 당시의 형세를 이용해 가밀, 가모, 곽창 등을 죽이고 정권을 완전히 장악해, 가남풍이 이를 기정사실로 받아들이도록 하라고 건의했다. 그러나 사마위는 머뭇거리며, 거사를 이행하려 하지 않았다. 지극히 위험한 순간에 태자소부인 장화張華가 나섰다. 그는 왕실을 보호한다는 입장에 섰다. 그는 사마위가 두 보정대신을 죽이고 천하의 권세를 자기 손에 넣을 것이라고 보았으며, 그러기 전에 마땅히 조서를 내려 제멋대로 대신을 죽인 죄를 물어야 한다고 판단했다. 그는 그러한 뜻을 가남풍에게 전달했다.

가남풍은 본래 사마위에게 전혀 호감을 갖고 있지 않았다. 앞전에 그를 보호해준 이유는 사마량과 위관의 세력을 견제하기 위해서였다. 두 사람이 죽고 사마위의 부정적인 면이 표면으로 드러나기 시작하자 그녀는 장화의 의견을 즉시 받아들였다. 다만 사마위가 군대를 장악하고 있어 처리하기 쉽지 않다는 것이 문제였다. 하지만 걱정할 필요가 없었다. 장화가 이미 명확한 계획을 가지고 있었기 때문이다. 사마위 부대는 궁성 밖에 집결해 있었다. 장화의 계책에 따라 천자의 명령을 받은 전중장군殿中將軍 왕궁王宮이 성문에 올라가 병사들을 향해 큰 소리로 외쳤다.

"초왕이 황제의 조서를 날조했다. 절대 그의 말을 듣지 말라!"

이 말을 들은 병사들은 즉시 무기를 내려놓고 뿔뿔이 흩어졌다. 결국 사마위는 체포되어 며칠 후 형장에서 참수를 당했다. 그는 죽기 전에 그가 받았던 조서를 형벌을 담당한 관리에게 보여주며 억울함을 호소했고, 이로 인해 공손굉, 기성은 삼족이 멸족을 당했다.

마침내 가남풍이 득세하게 되었다. 사마량, 위관, 사마위가 연달아 죽어 조정에는 이미 가남풍과 적수가 될 만한 사람이 없었다. 그녀는 백치 남편을 앞에 세우고 전권을 휘두르기 시작했다. 그러나 여자였기 때문에 공개적으로 수렴청정을 할 수 없어 여러 면에서 불편함이 있었다. 따라서 그녀는 인내심과 덕망을 갖춘 인물들을 물색해 권력의 핵심을 구성하고, 정치적인 업적을 만들어내어 천하인심을 거두어 들이기로 마음먹었다. 물론 이들 핵심 구성원에는 자신의 친신이 들어가야 했다.

그래서 가밀, 곽창의 지위를 유지시키고 명성이 있었던 가모의 지위를 높여 주었다. 조정대신들 쪽에는 유교적 우아함을 갖추었고, 책략이 깊고 풍부하며 인망이 있던 장화, 걸출한 인재로 칭송받으며 친족이기도 한 배위, 소년 시절부터 같이 명성을 떨치고 커서는 대명사가 된 배해裵楷, 왕융王戎을 기용했다. 가밀, 곽창은 반쯤 막후에 있으면서 가남풍을 위한 모사요 심복이 되었다. 장화, 배위, 가모는 공동으로 정권을 보좌했고, 배해, 왕융은 주요 기구를 장악했다. 이러한 핵심 구성원에는 가남풍이 싫어했던 종실 세력이 배제되었으며, 명사와 명망이 높은 신하들이 포함되었다. 가남풍과 그들의 관계가 나름대로 협조적이었으며 상대적으로 안정적인 국면이 몇 년간 유지되었다.

가남풍이 정치에 간여하는 때에 왕융은 정권의 핵심인물이 되었다. 이로 인해 당시의 식견 있는 선비들이 그를 상당히 경멸했다. 또한 후세 역사가들의 공격을 받았다. 왕융과 달리 배해는 병을 앓고 있었기 때문에 그가 담당했던 중서령中書令의 자리를 사임했다. 왕융은 여론에 신경 쓰지 않고 권력의 중심에 남아 있었다. 그가 그렇게 한 데는 그 나름대로 충분한 이유가 있었다. 자신이 이전에 오나라를 멸망시키는 데 공훈을 세우기는 했지만 그것은 국부적인 공훈에 불과했으며, 국가 전체를 위한 공훈을 세울 기회를 잡지 못했다고 여겼다. 따라서 눈앞에 놓여 있는 입각의 기회는 그에게는 절호의 기회였다. 가남풍이 비록 황후의 신분으로 정치에 간여하고 있었지만, 황제는 여전히 사마충이었다. 게다가 장화 등 일반 명신들이 모두 내각에 포진하고 있었기에 그 또한 남아 있을 수 있었다. 따라서 이러한 정권에서 일하는 것을 불법이라든가 비정통적이라고 할 수는 없었다.

왕융은 일하기를 원했다. 그는 마음을 단단히 먹었다. 왕융은 상서좌복사尙書左僕射로 이부의 일을 담당했다. 전에 이부상서를 해보았기 때문에 이부의 일에는 아주 익숙했다. 그는 부재상급의 인물로, 수하에 있는 이부상서가 구체적인 관리를 맡도록 했다. 따라서 그는 문서를 열람하고 서명하는 일만 처리했으나 공명심, 경험과 격정 그리고 책임감으로 인해 이부의 업무 중 병폐가 있는 것은 개혁했다.

왕융의 이부 업무 개혁은 역사적으로는 '갑오제甲午制'라고 불렸다. '갑오제'의 요점은 관원들의 정치적 행위를 개혁하는 것, 청담만 할 뿐

실제적인 일엔 힘을 쏟지 않는 기풍을 바로잡는 것, 도사처럼 먼지털이만 흔들 줄 알 뿐 농업은 전혀 모르는 괴벽들을 고치는 것, 내용이 없는 허망한 것들은 숭상하면서도 백성들의 어려움은 무시하는 나쁜 습관들을 뿌리 뽑자는 것이었다. 구체적인 실행 방법으로 관원을 선발할 때 백성을 다스린 경력이 있는지, 밑바닥 업무를 해본 경험이 있는지, 지방에서 근무한 적이 있는지를 중점적으로 따졌다. 그런 경험이 있으면 모두 기용되었고, 경험이 없으면 배척되었다. 윗사람이 하는 것을 아랫사람이 그대로 따라하는 기풍이 있었던 거대한 제국에서 왕융은 잘못된 것들을 바로 잡는 데 힘을 쏟을 수밖에 없었다.

이에 따라 관료세계가 요동을 쳤다. 관원들은 앞 다투어 지방으로 내려가려 했다. 그리고 일단 지방 관아의 문에 들어서면 앉은 자리가 덥혀지기도 전에 갖가지 방법을 동원해 다시 수도로 전직했다. 오고가는 마차들이 길에 줄을 지었으며, 지방으로 내려가는 자와 서울로 돌아오는 자들이 어깨를 스치며 지나갔다. 오고가느라 바쁘기 짝이 없는 모습들이 한 폭의 그림을 만들어냈다. 모든 사람들이 왕융이 정한 형식을 맞추느라, 승진하고 재산을 챙기느라 정신이 없었다. 여전히 아무도 백성의 일을 돌보며, 수확이 좋은지의 여부를 따지고, 지방을 잘 다스리려 하지 않았다.

잘못된 것을 바로잡는 데 힘을 쏟은 결과 또 다른 잘못을 낳고 말았던 것이다. 결국 왕융의 개혁은 백성들을 힘들게 하고 재물을 축나게만 했을 뿐 아무런 성과도 거두지 못했다. 직언을 잘 하기로 유명했던 사예교위司隷校尉 부함傅咸이 탄핵상서를 올려 왕융을 파면하라고 요구했다.

《상서》에서 말하길 "3년의 기간을 가지고 성적을 평가하며, 3년의 기간을 가지고 강등과 승진을 결정해 (관리의) 어리석음과 현명함을 판단한다"고 했습니다. 그러나 지금 왕융은 내관 외관 할 것 없이 모든 관리들이 그 직무를 맡고나서 기한이 되지 않았는데도 그들이 돌아오도록 상주하고 있습니다. 또한 (관리간의) 우열이 정해지지 않았는데도, 도리어 (관리들이 오가며) 송구영신을 하고, 길 위에서 서로가 서로를 마주보는 상황이 되었습니다. 이에 따라 사기와 교묘한 일들이 생겨났으며, 농업을 망치고 정치를 해치게 되었습니다. 왕융은 요순임금이 정한 전례를 따르지 않고, (사람들이) 화려함만을 좇도록 해 풍속을 해치었습니다. 세상에 이익됨이 없는 것은 물론 도리어 큰 손실을 입혔습니다. 마땅히 왕융의 관직을 파면해 풍속을 순화시켜야 합니다.

왕융과 가賈씨 가문은 혼인관계에 있었다. 따라서 큰일은 작게 만들고, 작은 일은 없었던 것처럼 처리하는 전통 방식에 따라 이 일은 흐지부지 되었다. 순전히 청담에만 힘쓰는 것을 반대하고, 실제적인 민생문제를 중시하려는 동기에서 출발한 개혁은 그의 일생에서 빛이 발한 순간이었다. 그러나 그 순간이 지나가자 왕융은 다시 옛 모습으로 돌아갔다.

❋

어쩌다 드러났던 왕융의 뛰어난 재능과 품격을 보여준 예기가 개혁이 실패하면서로 완전히 사라져버렸다. 그 뒤로는 모든 생각을 자신의 관직을 보전하고 승진하는 데 쏟아부었다. 그의 능력, 명망, 근본을 중시한 가남풍 무리는 개혁실패에 책임을 묻지 않고, 오히려 그를 국가의 동량으로 여겼다. 그리고 오래지 않아 그를 삼공三公 중에서도 가장 높은 사도司徒에 임명했다.

사도가 된 왕융은 명실상부한 재상이 되었다. 사도는 일인지하 만인지상의 자리로 벼슬세계에 발을 들여놓은 사람이라면 누구나 필생을 두고 쟁취하려 노력하는 목표였다. 그러나 당시는 그가 삼공을 할 만한 시기가 아니었다. 나라가 태평하고 백성이 편안히 지내던 치세治世가 아니라 도처에 위기가 숨어있는 난세였기 때문이다.

치세이든 난세이든 왕융은 삼공을 하려고 했다. 삼공을 해야만 비로소 자신의 비범한 재주를 증명할 수 있으며, 빼어난 인생을 살았다고 증명할 수 있다고 여겼기 때문이다. 대명사이자 사도가 되었으니 후세의 역사가들이 아무리 비판하더라도 역사의 한 페이지에 남는 것을 막기는 어려우리라 보았다.

사도가 된 후에 왕융은 단지 사도 노릇만 했다. 자신의 지위를 지키기 위해 온갖 생각을 짜내어 책략을 사용했다. 그는 명사의 품격을 잃는 것도 개의치 않았다. 자리를 지키기 위해 가남풍에게 아첨을 하거나, 가씨 집단에게 잘 보이려 했고, 그의 지위에 영향을 주는 사람들에게 가까이 다가갔다. 그러나 그에게는 정치에 깊이 관련되는 말이나 행동을 절대로 하지 않는다는 원칙이 있었다. 단지 도가의 말로 적당히 언급하는 데 그쳤기 때문에 어느 정파에게도 절대로 미움을 사지 않았다.

가남풍은 자식을 낳지 못해 줄곧 허전해했으며, 이에 따라 태자인 사마휼을 적대시했다. 게다가 가밀賈謐이 불난 집에 부채질하는 행동을 해 양측 간의 모순이 곧바로 조정 내 모순이 되었다. 그녀는 동생의 남편인 한수韓壽의 아들을 자기가 낳은 것처럼 해 태자를 바꾸려는 계획을 추진했다. 사정이 급해지자 누군가가 장화張華에게 병력을 동원해 가남풍을 폐하고 천하의 기틀인 태자를 보호하라고 권했으나 장화는 꿈쩍도 하지 않았다. 고립무원에 빠진 태자 사마휼은 가씨 집단이 꾸민 술책에 걸려들어 끝내 동궁에서 쫓겨나고 말았다.

장화와 배위는 태자가 폐위될 때 그 일에 대해 몇 마디 도리에 닿는 말을 했으나 대세를 돌릴 수는 없었다. 이때 왕융은 한마디도 내뱉지 않았다. 사마충이 태자폐위의 조서를 내리는 것을, 태자가 서인이 되는 것을, 태자의 모친인 사謝 재인才人 등이 처형당하는 것을 보고도 못 본 척했다. 왕융은 태자태부를 지냈었다. 이 한 가지만으로도 그는 비록 소용이 없었을지라도, 아니 위험이 따를지라도 책임감 있게 태자를 위해 도의적인 말을 몇 마디는 했어야 했다. 그러나 그는 가씨 집단에게 미움을 사 관직을 잃을까봐 당연히 벌렸어야 했을 입을 꾹 다물었다. 이 때문에 그를 향한 비난 여론이 여기저기서 일어났다.

✳

태자가 폐위되었다. 조정 안은 분노와 원망의 분위기로 휩싸였다. 천하의 억울함을 씻어내기 위해 태자당 구성원인 사마아司馬雅, 허초許超 등이 가남풍을 폐위시키고, 태자를 복귀시키려 비밀리에 거사를 계획했다. 그러나 이러한 일은 단순히 동궁의 세력만 가지고는 부족했다. 마땅히 정국에 영향을 줄 수 있는 정치적인 세력과 연합해야 했다. 현재 정국을 맡고 있는 장화, 배위 등은 어느 정도 법도를 지키고 있었지만, 그들은 현실에 안주해 관직을 지키려고만 할 뿐이었다. 게다가 가씨 집단과 복잡한 관계로 얽혀 있어, 그들이 앞에 나서 사태를 이끌 수 없었다. 그러나 우군장군右軍將軍 조왕趙王 사마륜司馬倫은 금군禁軍의 일부를 장악하고 있는 데다 정치적 야심을 품고 있는 인물로, 그들의 구미에 맞는 이용하기 좋은 대상이었다. 그들은 내부적인 의론이 끝나자 이해관계를 들어 사마륜의 심복인 손수孫秀를 만났다.

손수는 그들의 의견에 동의를 표하고, 사마륜에게 하늘이 준 이 기회를 잡아 조정의 대권을 빼앗으라고 권했다. 본래 사마륜은 옹졸하고 어리석은 사람이었다. 그는 손수가 안배한 내용을 그대로 다 받아들였다. 그런데 모든 것이 준비되자 갑자기 생각을 바꾸었다. 사마륜에게 조금 더 기다리면서 가남풍과 태자와의 관계를 더욱 악화시켜 가남풍이 폐위된 태자를 죽이면 거사를 치르자고 했던 것이다. 그렇게 하면 당당하게 사마휼을 위한 깃발을 내걸 수 있으며, 거사가 성공한 후에 자신들이 버림당할 위험을 피할 수 있다고 했다.

손수는 민간에 사람들을 풀어 동궁에 있는 누군가가 황후를 폐하고 태자를 다시 세우려 한다는 소문을 퍼뜨렸다. 원래 가남풍은 민간에 정탐꾼을 풀어놓고 있었기 때문에 이러한 소문은 바로 그녀에게 전달되었다. 이 소식을 들은 가남풍은 자세히 헤아려보지도 않고 사람을 보내 사마휼을 독살했다. 이러한 사건이 만천하에 드러나게 되자 사마륜은 금군을 움직였다. 거짓 조서를 내려 가남풍을 서인으로 폐하고 가씨 집단들을 잡아 죽였으며, 그들과 이해관계로 얽힌 장화, 배위 등도 죽였다.

정권은 사마륜 집단의 손으로 넘어갔다. 하지만 사마륜은 자리만 지켰을 뿐이며 모든 일을 손수가 처리했다. 중호군中護軍 회남왕淮南王 사마윤司馬允은 사마륜司馬倫이 내심 다른 생각을 품고 있다는 것을 알아차렸다. 또한 사마륜이 자신을 배제하고 있다는 데 분함을 느껴, 자신의 전 병력을 동원해 그를 공격했다. 그러나 이 공격은 무위로 돌아갔고, 이로 인해 사마윤은 목숨을 잃고 말았다.

손수는 본래 하급 관리였다. 그는 밑바닥에서 시작해 점점 높은 벼슬로 올라갔고, 그 과정에서 권력자들에게 무시와 능욕을 당해 울분을 쌓아두고 있었다. 신분이 바뀌자 두 번에 걸친 큰 사건을 기화로 자신이 원수로 여기던 사람들을 샅샅이 찾아내어 죽였다. 장화, 배위, 반악, 석숭을 포함한 많은 사람을 죽여 낙양이 피 비린내로 가득 찰 지경이었다. 하지만 손수는 인정을 베풀어 왕융은 죽이지 않았다.

왕융이 살해되지 않은 것은 그가 일찍이 은혜라고 하기도 민망한 은혜를 손수에게 베푼 적이 있었기 때문이다. 이전에 손수는 낭야군에서 하급 관리직을 맡고 있을 때 구품중정제의 평가에 참여하려 했다. 평가를 주재했던 왕연王衍은 그의 사람됨을 좋게 여기지 않았기 때문에 그를 평가대상에서 제외하려 했다. 그 당시 왕융이 왕연에게 권고해 그를 평가대상에 넣음으로써 손수의 소원이 이루어졌던 것이다. 손수는 이 은혜를 기억하고 있었기 때문에 왕융과 왕연을 놓아 주었다.

그러나 왕융은 죽음을 면했을 뿐, 그가 온 힘을 다해 지키려 했던 관직은 잃고 말았다. 배위가 그의 사위였기 때문에 연좌제에 걸려 장인인 그가 사위의 죄에 책임져야 했던 것이다. 다시 말해 그 역시 가씨 집단을 위해 적잖은 힘을 기울였다는 뜻이었다. 왕융은 다행히도 목숨을 보존했지만 어쩔 수 없이 '은둔자'로 지내야 했다. 그러나 은둔자 왕융은 세상사가 공空이란 것을 깨우치지 못했다. 사람들은 관직에서 떠나면 몸이 가뿐해진다고 하는데 왕융은 도리어 관직에서 물러나자 온몸이 허전해짐을 느꼈다.

✳

정권을 잡은 사마륜과 손수는 아주 짧은 시간 세상을 만족시켰을 뿐이었다. 조정에는 똑똑한 인물들이 하나도 남아 있지 않았고, 황제는 아무렇게나 처리할 수 있는 백치에 불과했기에 그들을 막을 수 있는 세력은 아무도 없었다. 따라서 그들은 아예 천하를 장악하려는 더 큰 욕심을 갖게 되었다. 그들은 아무런 저항도 받지 않고 사마충을 낙양에서 떠나도록 해 연금 상태인 태상황으로 삼았다. 그리고 사마륜이 용포를 걸치고 천하를 호령했다. 손수는 조정을 장악하고 제멋대로 모든 일을 처리했다.

그들이 벌인 이러한 일은 수많은 사람들의 미움을 샀고, 그중에서제왕齊王 사마경의 미움을 사게 되었다. 그는 사마륜을 위해 가씨 집단을 제거하는 데 선봉에 서서 공을 세웠으나, 겨우 동평장군東平將軍이라는 직위만을 얻고 허창許昌으로 가야 했다. 그는 이 일로 사마륜에게 불만을 갖고 있었다. 따라서 사마륜이 황제를 몰아내는 천하의 금기를 저지르는 것을 보고 황실을 바로 잡는다는 명분을 내세워 업에 나가 있던 성도왕 사마영司馬穎, 관중에 나가 있던 하간왕河間王 사마옹과 연합해 낙양을 삼면에서 공격해 들어갔다.

형세가 급변하면서 낙양이 위기에 처했다. 말 그대로 사면초가에 빠진 손수는 왕융 등 명사들을 강제로 궁성으로 불러들여 인질로 삼았다. 왕융은 오나라를 멸망시킨 전쟁에서 뛰어난 공적을 세운 바 있었다. 사마륜의 아들은 왕융의 군사적인 경험을 이용하려고 했다. 그를 군사軍司로 삼아 날로 가까이 다가오는 연합군에게 대항하려고 했던 것이다. 그러나 박사인 왕요王繇가 "왕융은 교활하고 꾀가 많은 사람입니다. 어찌 젊은 시절을 기대하겠습니까?"라고 말하며 이를 말렸다.

패전의 소식이 연이어 전해져왔다. 사마륜 집단의 세력이 이미 기울기 시작했던 것이다. 황궁수비대인 금군이 세 왕의 호소에 응해 손수 등 무리들을 주살했다. 사마륜은 폐위 당한 후 독살되었다. 사마충이 다시 황제의 자리에 앉았다. 이로써 세 왕이 공동으로 국정을 다스렸으며, 왕융은 상서령尚書令이 되었다. 그러나 위로 세 명의 왕이 있었기 때문에 왕융의 상서령직은 속빈 강정과 같았다. 순전히 명사라는 까닭으로 장식품 역할을 할 뿐이었다. 하지만 왕융은 기꺼이 장식품 역할을 맡으려 했다. 그는 이미 높은 직위와 후한 봉록을 떠나서는 생활할 수 없는 지경에 이르러 있었다.

세 왕이 손을 맞잡고 조정을 평정했으며, 국정을 다스려나가면서 순조롭게 융합되는 모습을 보여주었다. 오랫만에 조정에는 평화로운 기운이 흘렀다. 그러나 이러한 분위기는 표면적인 것일 뿐, 겉모습은 속일 수 있었지만 스스로의 마음은 속일 수 없었다. 그들은 더욱 큰 이익을 얻기 위해 잠시 힘을 합친 것일 뿐이다. 각자의 가슴속에는 남에게 이야기하기 어려운 생각들을 품고 있었다. 서로의 오래된 매듭과 새로이 생긴 원한들로 인해 아주 짧은 기간만 협력을 했던 것이다. 정권을 잡은 지 얼마 지나지 않아 성도왕 사마영, 하간왕 사마옹이 그럴듯한 구실을 내세워 각자의 관할지로 돌아가버리자 제왕 사마경만이 홀로 남아 집정을 하게 되었다.

임지로 돌아간 후 정객들의 선동에 넘어간 사마옹이 먼저 난을 일으켰다. 사마경을 대신해 정권을 잡게 해준다는 조건으로 사마영을 설득해 손을 잡고는 신야왕新野王 사마흠司馬歆, 범양왕范陽王 사마효司馬虓를 자기 진영으로 끌어들였다. 다시 한번 칼끝이 낙양으로 향했다. 사마옹은 조정을 엉망으로 다스렸으며 간사한 소인들과 어울려 제멋대로 모든 일을 처리했다는 이유를 들어 사마경의 죄를 물었다. 그를 토벌하는 격문을 발표하면서 조정에 있는 장사왕長沙王 사마의司馬義에게 사마경을 폐하고 사저로 돌아가게 하라고 요구했다. 격문이 낙양으로 날아들자 아직 조정을 철저히 장악하지 못한 사마경은 크게 놀라 황급히 만조백관을 소집했다. 그는 왕융에게 눈길을 주며 계책을 물었다.

"손수가 역적질을 해 천자가 유폐되었었다. 그래서 내가 의병을 모아 악을 제거하고 신하의 도리로 광명정대함을 밝혔다. 두 왕이 잘못된 말만을 믿고 큰 난을 일으켜 충성스러운 말을 듣지도 평화로움으로 타협하지도 않았다. 이제 경들은 나를 위해 좋은 계책을 말해 주기 바라오."

왕융은 사마경의 물음을 피해갈 수 없게 되자 다른 사람에게 한 수 가르치던 옛 수법으로 말을 꺼냈다.

"왕께서 먼저 의거를 일으켜, 진의 대업을 바로 잡으셨습니다. 천지가 개벽한 이래 일찍이 없었던 큰 공을 세웠습니다. 그러나 논공행상에 있어 수고한 자가 상을 얻지 못했기에 그들이 다른 마음을 품게 된 것입니다. 오늘 두 왕이 100만의 대군을 이끌고 공격해 오고 있으니 그 세력을 감당하기 어렵습니다. 만일 왕께서 정권을 내놓으시고 사저로 돌아가신다면, 작위를 잃지 않으실 것입니다. 권력을 내어놓으시는 것이 안전을 도모하는 계책입니다."

사마경이 이에 답을 하기도 전에 그의 참모인 갈여葛譽가 화를 내며 말했다.

"두 왕이 참언을 하며 역모에 나섰으니 마땅히 토벌해야 하는데, 너는 어찌 잘못된 격문에 기대어 왕더러 사저로 가라고 하느냐? 한나라와 위나라 이래로 왕후가 관직을 내어놓고 나서 가정을 보전한 예가 있었단 말이냐? 이런 이야기를 하는 자는 목을 쳐야 마땅하다."

'목을 친다'는 말을 듣자 왕융은 갑자기 벼락을 맞은 느낌이었다. 그는 격문에 쓰인 뜻에 따라 계책을 냈을 뿐이었다. 만일 사마경이 그의 말을 듣는다면 그는 양쪽 모두의 비위를 맞추게 되는 것이다. 즉, 사마경을 위해 그럴듯한 활로를 찾아주는 것이며, 두 왕에게는 그들이 일을 성사시키는 데 도움을 주는 것이었다.

이번 일을 보면 사람들이 왜 왕융을 교활하다고 하는지 그 이유를 알수 있다. 왕융은 어떠한 경우든 위험을 무릅쓰려 하지 않았다. 그러나 그는 이 말이 자신의 목숨을 위협하는 위험한 말이 되리라고는 미처 생각하지 못했다. 그는 갈여에 이어 사마경이 자신의 죄를 묻는 것을 피하기 위해 연극을 했다. 변소를 가서 마치 먹은 약이 잘못되어 발작을 일으키는 듯 꾸미며 똥 속으로 빠졌다. 똥과 오줌으로 범벅이 된 온몸에서 하늘을 찌를 듯한 악취가 풍겼다. 그의 이런 몰골을 본 사마경은 그가 약을 잘못 먹어 정신이 혼미한 것으로 여겨 잘못을 더 이상 추궁하지 않았다. 이로 인해 왕융은 큰 화를 모면했다. 식은땀이 흘러 속옷을 적셨다. 왕융은 자신을 지키는 데는 술책이 뛰어났다. 그 방면에서는 산도보다 한 수 위였다. 현대의 반 은둔자인 문인 욱달부郁達夫가 시를 지어 읊었다.

셋째로 태어났지만, 아융(왕융)은 원래 청출어람일세.

욱달부가 도대체 왕융의 어떤 점을 보고 청출어람이려고 했는지 알수 없다. 그러나 왕융은 열악하고 위험한 환경 속에서 자신의 몸을 지키고 관직을 지키는 기술에서는 확실히 청출어람이었다. 당대의 어느 누구보다도 뛰어났던 것이다. 그의 술책 중 어느 한 부분은 오대 시대의 풍도馮道(난세의 격랑 속에서 5왕조 11군주를 섬기며 비난과 찬사를 동시에 받았던 인물) 역시 더듬어 살펴봐야 할 정도였다. 이때 사마영, 사마옹은 계속해서 낙양을 압박해 오고 있었다. 그들이 아직 낙양에 이르기도 전에 장사왕 사마의가 100여 사람을 이끌고 사마부중을 공격해 사마경을 죽였다.

✳

진나라 황실은 아직 그대로였지만 정권은 거듭 바뀌었다. 여전히 계속되는 싸움, 그 불길이 온 조정을 뒤덮었다. 싸움은 끊임없이 계속되었으며, 온 나라가 대 전란에 휩싸였다.

사마경을 죽인 후 사마의가 정권을 잡았지만, 얼마 지나지 않아 사마영, 사마옹과 갈등이 발생했다. 서로 물고 물리는 싸움이 다시 시작되었다. 사마의 세력이 점차 약해지자 그와 협력하던 동해왕東海王 사마월司馬越이 사마의를 죽이고 두 왕에게로 돌아섰다. 그 후 사마월이 조정의 일을 주관하게 되었으며, 사마충의 큰 동생인 사마영이 황태제皇太弟로 책봉되어 업 땅에서 정권을 조정했다. 사마영은 지나치게 사치스러운 생활을 했다. 사마월의 무리가 천자를 대동하고 업 땅을 공격했다. 하지만 황제의 군대가 패하면서 사마월이 달아나자, 사마충은 사마영에게 잡히는 몸이 되었다. 그러자 지방의 장군들이 여기저기에서 군대를 일으켰다. 사마영은 더는 버틸 수 없게 되었다. 그는 사마충을 끌고 낙양으로 향했으나, 낙양은 오래 전에 이미 사마옹의 대장군인 장방張方이 장악하고 있었다. 사마영이 세력을 상실하자 장방은 사마충, 사마영을 끌고 장안長安으로 갔으며, 사마옹 또한 장안으로 들어와 정권을 장악했다. 사마월이 천자를 다시 맞아들여야 한다고 호소해 군대의 호응을 얻게 되었고 이로 인해 사마옹과 대립했다. 장안의 군사력은 날이 갈수록 약해졌다. 사마영은 도망가다 살해당했으며, 사마옹 역시 휴전을 요구하다 살해당하고 말았다.

사마월은 정권을 얻게 되자 사마충을 독살하고 사마치司馬熾(회제懷帝)를 황제의 자리에 앉혔다. 사마씨 가문은 끝없이 골육상쟁을 벌였다. 강과 하천이 피로 붉게 물들었으며, 들녘에는 여기저기 시체가 나뒹굴었다. 국가의 재정은 바닥나고 도시가 퇴락했다. 아니 이런 것은 그래도 사소한 일에 불과했다. 싸움이 얼마나 오래 계속되었는지 상층 하층 할 것 없이 나라의 기강이 전부 무너져내렸으며, 사직의 뿌리가 흔들렸다. 사방에는 전부 떠돌아다니는 백성들뿐이었다.

마침내 변방의 이민족이 중원으로 쳐내려왔다. 이로 인해 진나라 황실이 끝내 동쪽으로 옮겨가야 했다. 결국 통일을 이룬 지 얼마 되지 않아 국토가 다시 분열되었으며, 250여 년에 걸친 대 분열의 시대로 빠져들었다. '돈황오룡敦煌五龍'의 하나로 불리던 색정素靖이 혜제惠帝 초엽, 진나라 황실에 잠재한 위기를 간파하고는 낙양황궁 앞의 동銅으로 만든 낙타를 가리키며 길게 탄식한 적이 있었다.

"저것들이 가시덤불에 나뒹구는 것을 보게 되리라!"

이 말은 불행히도 뒷날 그대로 맞아떨어지고 말았다.

✳

왕융은 팔왕의 난이 대체로 종말을 고하기 1년 전까지 계속 벼슬을 유지했다.

사마경이 처형된 후에 왕융은 다시 중용되었다. 그는 이부吏部를 관할했다. 그리고 관청을 산골짜기 삼아 그 속에 은둔했다. 간언을 하지 않았으며 책임질 일을 거의 하지 않았다. 관리를 선발할 때에는 '구품중정제의 상품上品에 보잘것없는 집안 출신은 없으며, 하품下品에는 권문세가가 없다'는 풍조에 따랐다. 청담이 세상의 풍조가 됨에 따라 고위직은 현학의 이론을 도도하게 늘어놓는 말씨 좋은 자들에게 돌아갔다.

이러면서 왕융은 문벌세력의 호감을 얻어, 다시 사도司徒의 자리에 앉게 되었다. 사도가 되었지만 그는 재상의 허명을 가지고 있었을 뿐 기본적으로 일에는 관여하지 않았다. 다른 사람들이 시켜서 그런 것이 아니라 스스로 관여하기를 원치 않았기 때문이다. 그는 진 황실이 이미 수습할 수 없는 혼란에 빠졌다는 것을 잘 알고 있으면서도 고위직을 결코 포기하려 하지 않았다. 고위직의 후한 대우가 그 이유였다. 정치적 충돌과 전쟁의 재난이 가져다주는 위험을 피하기 위해 그는 춘추 시대 위衛나라 대부인 거백옥蘧伯玉을 본떠 평범하게 행동했다. 재능을 숨기고 조정에서 은둔자로 지냈다. 일상적인 사무는 아랫사람이 처리하도록 했다. 자신은 평범한 차림으로 작은 말을 타고 도처를 돌아다니며 노닐었다. 외부인들은 그가 삼공이란 것을 전혀 알지 못했다.

왕융은 재물 모으는 것을 너무 좋아했다. 주택, 화원, 좋은 논, 물방아, 소와 말 등을 닥치는 대로 사들였다. 사람들은 그가 천하를 주유한다고 꼬집었다. 집 안에 엄청난 돈이 쌓여 있어도 여전히 만족할 줄을 몰랐다. 매번 아내와 함께 상아로 만든 산가지를 손에 쥐고는 밤낮으로 재산이 얼마나 불어났는지, 이익을 얼마나 더 낼 수 있는지, 돈을 벌 수 있는 또 다른 사업은 무엇이 있는지를 계산했다.

그렇게 재산이 많고 돈이 많았지만 그는 인색하기로 유명했다. 딸이 배위에게 시집을 가면서 그에게 수만 관의 돈을 빌려가고는 오래도록 갚지 않았다. 자식이 부모를 뵈러 친정에 돌아왔으나 그는 기쁜 낯빛을 보이지 않았다. 딸이 돈을 돌려주고 나서야 비로소 얼굴에 웃음을 보였다. 조카가 혼례를 올릴 때 그에게 옷을 한 벌 빌렸는데, 그는 혼례가 끝나자마자 그것을 돌려달라고 재촉해댔다. 또한 그는 상등품의 오얏을 갖고 있었는데 이를 내다 팔면서 다른 사람들이 그 종자를 얻을까봐 팔기 전에 그 속의 씨를 파내기까지 했다. 그는 다른 사람에게 인색할 뿐만 아니라, 자신에게도 인색했다. 먹는 것, 입는 것, 쓰는 것을 아까워했다. 따라서 당시 사람들에게서 뼛속 깊이 병이 들었다는 비웃음을 샀다.

왕융이 이렇게 극도로 인색했던 것을 어떻게 해석해야 할까? 당년에 천문학적 숫자에 달했던 조의금은 왜 거절했던 것일까? 절대적인 모순을 왕융에게서 볼 수 있다. 사람들은 왕융이 그처럼 인색했던 것은, 대신의 체통을 구기는 추악하기 짝이 없는 일이라고 평했다. 누군가는 왕융이 인색했던 것은 사실 난세에 지혜롭게 보신하기 위해 어쩔 수 없이 취한 자세라고 했다. 그가 재능을 속에 감추고, 마치 조그만 이익만을 다툴 뿐 가슴에는 큰뜻이 없는 듯이 꾸미며, 정객들의 시기를 모면했다는 것이다. 사실 왕융은 재물을 좋아했다. 당초 조의금을 거절한 것은 명성을 얻기 위해 그러했던 것이다. 그는 재물에 얽혀 몇 차례 탄핵을 당하고 여론의 비난을 받았었다. 재물을 거두어들이는 것, 그것은 부귀에 대한 그의 갈망을 채워주면서 또한 그의 재능을 숨기는 호신부가 되기도 했으니 일거양득의 좋은 일이라 어찌 즐거워하지 않았겠는가? 관직을 보전하고, 재물을 보전하고, 생명을 보전하는 것이라면 왕융은 사람들이 어떤 말을 해도 개의치 않았다.

다른 사람의 말을 두려워하지 않는 왕융은 난세의 정계에서 보기 드문 오뚝이였다. 왕융은 사직을 한 적이 없었다. 머리가 백발이 되도록 단 한 차례도 사직서를 낸 적이 없었다. 공을 이루면 물러나겠다던 그의 뜻은 그저 혈기왕성하던 시절의 충동이었을 뿐 끝내 행동으로 옮겨지지 않았다. 일찍이 그의 마음에 자리 잡았던 장량張良을 까맣게 잊고 있었다.

✳

왕융은 부귀를, 영화를, 명예를 떠나서는 도저히 살 수가 없었다. 그는 이것들을 너무나 필요로 했다. 따라서 배척당하는 것을, 치욕을, 재난과 화를 참으며 부귀와 영화와 명예를 움켜쥐었다. 죽을지언정 손에서 놓으려 하지 않았다. 그는 이런 것들을 확실하게 움켜잡았다. 그러나 이와 동시에 가슴속에는 견디기 어려운 씁쓸함을 가슴속에 품고 있어야 했다. 정 참기 어려울 때면 부귀를 거부했던 혜강을, 명예를 비켜갔던 완적을, 그의 일생 중 가장 귀중한 시간이었던 죽림의 노님을 생각하며 자신을 책망하곤 했다.

한번은 그가 어떤 사람과 작은 마차를 타고 외출한 적이 있었다. 가는 길에 옛날 혜강, 완적과 늘 같이 가서 술을 마시던 주막을 지나게 되었다. 그는 실컷 술을 마시던 당시를 생각하면서 탄식에 가득 찬 어조로 말했다.

"내가 옛날 혜숙야(혜강), 완사종(완적)과 이 주막에서 실컷 술을 마셨으며, 죽림에서도 끝 자리에 앉곤 했었지. 혜강이 일찍 세상을 등지고, 완적이 떠나간 후에는 세상사에 얽혀 와보지 못했었네. 오늘 이 주막을 가까이에서 보기는 하지만 옛날 그 즐겁던 모습이 아득하네그려!"

누군가는 이것이 말하기 좋아하는 사람들이 꾸며낸 이야기라고 한다. 사실 이런 일은 사실이냐 아니냐가 중요한 것이 아니다. 중요한 것은 이러한 이야기가 왕융의 심리 상태를 보여준다는 점이다. 일생동안 벼슬 세계에서 부침을 거듭하며 대관료로 지냈던 그 심리 상태말이다.

주요 연대표

6년(232) 위 군대가 요동의 공손연을 공격하
였으나 성과없이 돌아옴. 조식曹植
죽음.

청룡靑龍

원년(233) 제갈량이 목우木牛로 양식을 운반하
여 사곡斜谷의 입구에 주둔. 위나라
를 공격할 준비를 함.
2년(234) **왕융王戎 출생.** 제갈량이 오장원五丈
原에서 죽음.
3년(235) 위나라 낙양의 궁궐을 고침. 사마의
가 태위太尉의 직위에 오름.
4년(236) 위나라에서 재능과 덕을 겸비한 인
재들을 각 지방에서 중앙정부로 천
거토록 함.

경초景初

원년(237) 위나라가 대규모로 토목공사를 일
으킴. 장안長安의 종鐘을 낙양으로
옮기고, 동인銅人을 만듦.
2년(238) 사마의가 공손연을 공격.
3년(239) 조예 죽음. 조방曹芳이 황제 위를 계
승. 조상曹爽, 사마의司馬懿가 보정
대신으로 보필.

제왕齊王(조방曹芳)

정시正始

원년(240) 사마의가 요동에서 돌아옴. 명제릉
공사를 그칠 것을 간언.
2년(241) 사마의가 남으로 내려가 오나라 군
대를 물리침.
3년(242) 위나라의 남안군南安郡, 위군魏郡에
연달아 지진 발생. 화북華北지역에
수리水利사업.
4년(243) 사마의가 오나라 제갈각諸葛恪을 패
퇴시킴.
5년(244) 조상曹爽이 촉나라 정벌에 나섰으나
전세가 불리하여 퇴군.

6년(245) 위나라 남안군에 지진 발생. 조상이
동생 조희曹羲에게 병사를 이끌도
록 함.
7년(246) 위나라 장수 무구검毌丘儉이 고구려
를 공격.
8년(247) 강유姜維가 농우隴右에서 나와 위군
을 공격.
9년(248) 사마의가 조상의 의심을 살까 병든
척함.

가평嘉平

원년(249) 사마의가 고평릉高平陵 사건을 일으
켜 정권을 빼앗음.
2년(250) 사마의가 조상, 하안何晏등의 삼족
을 멸함.
3년(251) 사마의가 왕릉王凌의 황제를 바꾸려
는 계획을 좌절시킴. 그 이후 병사함.
4년(252) 사마사司馬師가 대장군이 됨. 손권이
죽고 손량孫亮이 제위에 오름.
5년(253) 제갈각이 위나라를 공격하였으나
공을 세우지 못하고 퇴각함.

고귀향공高貴鄕公(조모曹髦)

정원正元

원년(254) 하후현夏侯玄 등이 정권을 잡으려 하
였지만 패하여 일족이 피살당함. 조
방이 물러나고 조모曹髦가 제위에
오름.
2년(255) 무구검이 병력을 일으켜 사마사를
토벌하다 패하여 멸족당함. 사마사
전쟁터에서 급서.

감로甘露

원년(256) 강유가 기산祁山에서 위나라를 공격
하였으나, 등애鄧艾가 공격. 사마소
司馬昭가 대도독의 지위를 더함.
2년(257) 제갈탄諸葛誕이 오나라에 붙어 회남
淮南에서 거병함. 사마소가 토벌에

나섬.

3년(258)	사마소가 제갈탄 및 오나라의 구원군을 격파.
4년(259)	사마소의 정권을 잡으려는 마음은 누구나 다 안다는 말이 퍼짐司馬昭之心路人皆知.

원제元帝(조환曹奐)

경원景元

원년(260)	조모가 스스로 사마소를 토벌하다 패하여 죽음. 조환曹奐이 등극.
2년(261)	사마소가 진공晉公이 됨.
3년(262)	**혜강이 사마소에게 살해됨.**
4년(263)	**완적 죽음.** 종회와 등애가 길을 나누어 촉을 공격. 촉나라 망함.

함희咸熙

원년(264)	종회가 반란을 일으켜 강유와 같이 전란 중에 죽음. 등애 피살당함.
2년(265)	사마소가 죽음. 사마염이 제위에 오름.

서진西晉 시대

무제武帝(사마염司馬炎)

태시泰始

원년(265)	12월 사마염이 황제로 등극. 조환을 진류왕陳留王으로 삼음.
2년(266)	위나라가 동한왕실에 대해 내렸던 금고禁錮를 해제토록 조서를 내림.
3년(267)	공자의 후예인 종성후宗聖侯를 성정후聖亭侯로 바꾸어 봉함.
4년(268)	오나라가 진나라를 공격하였다가 패하여 돌아감. 현량방정賢良方正을 천거하도록 조서를 내림.
5년(269)	무위도식과 상업판매행위 금지. 양

	호羊祜가 형주荊州도독으로 부임하여 오나라와의 전쟁을 지휘.
7년(271)	오나라가 대규모로 진을 공격하다, 중도에 그침.
8년(272)	**상수向秀 죽음.** 오나라 서릉西陵태수 보천步闡이 진나라에 항복함. 오나라 군대에 패하여 멸족당함.
9년(273)	공경公卿 이하 가정의 여자들을 궁궐로 뽑아 들이기 위해, 잠시 국내의 결혼을 금지시킴.
10년(274)	조서를 내려 민간의 여자 5천 명을 입궁시킴. 오나라가 진나라의 강하江夏를 공격하였다가 패퇴.

함녕咸寧

원년(275)	낙양에 큰 역병이 돌아, 죽은 자가 수만에 이름.
2년(276)	양호가 정남대장군征南大將軍이 되어 오나라를 토벌하겠다는 표表를 올림.
3년(277)	종실의 왕들을 다시 봉하여 봉읍을 3등급으로 나누고 그에 따라 군대를 배치.
4년(278)	양호의 병이 위급해지자, 두예杜預를 자신의 후임으로 천거.
5년(279)	여섯 길로 나누어 오나라를 공격함. 왕준王濬이 익주益州에서 장강을 따라 오나라를 공격.

태강太康

원년(280)	왕준이 건업建業을 공격하자, 오나라 군주인 손호孫皓가 항복하고, 오나라가 망함.
2년(281)	오나라 궁녀 5천 명을 선발하여 입궁시킴. 요서遼西에서 선비鮮卑를 격퇴시킴.
3년(282)	동이東夷 29개국이 복속. 선비를 대파.
4년(283)	**산도山濤 죽음.** 연주兗州에 홍수가 남.
5년(284)	유의劉毅가 상서를 올려 구품중정

제를 공격.

6년(285) 네 군국郡國에 가뭄이 듦. 열 군국에 홍수 남. 남안산南安山 산사태 발생.

7년(286) 동이족 11개 국이 중국에 복속. 여러 곳에 대재난 발생. 선비족鮮卑 요동遼東 공격.

8년(287) 남강南康, 해안海安, 오흥吳興 등 지역 사건 발생.

9년(288) 이십사 군국에 메뚜기 떼가 나타남.

10년(289) 모용외慕容廆를 선비도독으로, 유연劉淵을 흉노교위校尉로 삼음.

태희泰熙

원년(290) 사마염 죽음.

혜제惠帝(사마충司馬衷)

영희泰熙

원년(290) 사마충이 제위를 계승. 가남풍賈南風이 황후가 되었으며, 양준楊駿이 보정輔政대신이 됨.

영평永平

원년(291) 가남풍賈南風이 초왕 사마위 등을 조정으로 불러들여 양준楊駿을 주살.

원강元康

원년(291) 3월 연호를 원강으로 바꿈. 여남왕汝南王 량亮, 위관衛瓘이 정권을 잡았으나, 주살당함.

2년(292) 가남풍이 황태후 양지楊芷를 살해.

3년(293) 모용회가 진을 공격했으나 패퇴당함.

4년(294) 흉노 학산郝散 상당上黨군 공격. 연이어 산사태, 지진, 홍수 발생.

5년(295) 무기고에 큰 불 발생. 200만 명 분 장비 및 보물이 모두 불타버림.

6년(296) 진주秦州, 옹주雍州 두 주가 흉노에 대응. 관중 지방에 대 기근.

8년(298) 형주 등 5개 주에 홍수. 굶주린 백성들이 한중漢中으로 몰려듦. 이특李特 촉 땅으로 들어감.

9년(299) 가남풍이 황태자 사마휼司馬遹을 폐위시킴.

영강永康

원년(300) 조왕趙王 윤倫이 가남풍을 폐위시키고, 장화張華 등을 살해.

영녕永寧

원년(301) 조왕이 황제로 등극. 제齊왕, 성도成都왕, 하간河間왕이 공동으로 토벌에 나서서 주살함.

태안太安

원년(302) 성도成都왕, 하간河間왕이 제왕을 토벌함. 장사長沙왕이 제왕을 죽임.

2년(303) 성도成都왕, 하간河間왕이 장사왕을 토벌하고 군대를 몰아 낙양洛陽으로 들어감.

영안永安

원년(304) 동해왕東海王이 장사왕을 구금. 장사왕이 피살당함.

건무建武

원년(304) 동해왕이 황제를 옹위하고 성도왕을 토벌하였으나 패함. 연호를 건무로 바꿈.

영안永安

원년(304) 11월 장방張方이 황제를 위협하여 장안長安으로 천도. 다시 연호를 영안으로 바꿈.

영흥永興

원년(304) 12월 하간왕이 정권을 쥐고 흔들면서 영흥으로 연호를 바꿈.

2년(305) 왕융王戎 죽음. 동해왕을 맹주로 삼고 하간왕을 토벌함.

찾아보기